科学技术·教育·卫生健康·生态环保

预算绩效评价
方法与指标

财政部预算评审中心　编著

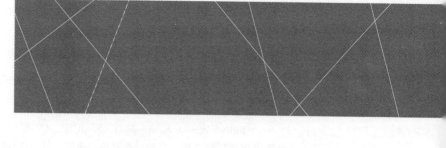

中国财经出版传媒集团

经济科学出版社
Economic Science Press

图书在版编目（CIP）数据

科学技术·教育·卫生健康·生态环保预算绩效评价方法与指标/财政部预算评审中心编著. -- 北京：经济科学出版社，2023.1
ISBN 978 - 7 - 5218 - 4495 - 5

Ⅰ. ①科… Ⅱ. ①财… Ⅲ. ①国家预算 - 经济绩效 - 预算管理 - 研究 - 中国 Ⅳ. ①F812.3

中国国家版本馆 CIP 数据核字（2023）第 009251 号

责任编辑：孙丽丽　纪小小
责任校对：蒋子明
责任印制：范　艳

科学技术·教育·卫生健康·生态环保
预算绩效评价方法与指标
财政部预算评审中心　编著
经济科学出版社出版、发行　新华书店经销
社址：北京市海淀区阜成路甲 28 号　邮编：100142
总编部电话：010 - 88191217　发行部电话：010 - 88191522
网址：www.esp.com.cn
电子邮箱：esp@esp.com.cn
天猫网店：经济科学出版社旗舰店
网址：http://jjkxcbs.tmall.com
北京季蜂印刷有限公司印装
710 × 1000　16 开　24.25 印张　450000 字
2023 年 2 月第 1 版　2023 年 2 月第 1 次印刷
ISBN 978 - 7 - 5218 - 4495 - 5　定价：88.00 元
（图书出现印装问题，本社负责调换。电话：010 - 88191510）
（版权所有　侵权必究　打击盗版　举报热线：010 - 88191661
QQ：2242791300　营销中心电话：010 - 88191537
电子邮箱：dbts@esp.com.cn）

编著委员会

主　　编：李方旺

编　　委：（按姓氏笔画排序）

马跃峰　王艳芳　王美桃　邓秋云　田　薇

吕　阳　刘　力　刘文军　杜育红　李小梅

吴少龙　何文盛　宋向梅　宋玲玲　张　丹

张仲芳　阿儒涵　郑方辉　钟　玮　侯郭琦

贺颖奇　常海林　童　伟　薛　伟　薛　莹

前　　言

　　政府预算，一方面反映着政府活动的范围、方向和政策，另一方面也体现着国家权力机构和人民对政府活动的监督。从实践来看，预算绩效是政府部门履职行政的最好体现。对政府预算实施绩效管理，将绩效理念和管理方法融入预算编制、执行和监督全过程，既是新形势下优化财政资源配置、提升预算效能的重要途径，也是新时期推进国家治理体系和治理能力现代化、全面贯彻新发展理念、促进高质量发展的重要手段。

　　党中央、国务院高度重视预算绩效管理。早在 2003 年，党的十六届三中全会审议通过的《中共中央关于完善社会主义市场经济体制若干问题的决定》中首次提出了要"建立预算绩效评价体系"。2013 年，党的十八届三中全会审议通过的《中共中央关于全面深化改革若干重大问题的决定》明确提出财政是国家治理的基础和重要支柱，并对新时代建立现代财政制度提出了明确的基本框架。2017 年，党的十九大报告提出要"建立全面规范透明、标准科学、约束有力的预算制度，全面实施绩效管理"，标志着我国现代预算制度建设及预算绩效管理工作步入了新阶段。2022 年，党的二十大报告提出要"健全现代预算制度"，为新时代做好财政预算工作提供了根本遵循，预算绩效管理已然成为财政管理工作的重要内容。与此相应，2015 年，新修订的《中华人民共和国预算法》，为预算绩效管理奠定了法制基础。2020 年，《中华人民共和国预算法实施条例》从法律层面进一步明确了实施预算绩效管理的具体制度。2018 年，《中共中央 国务院关于全面实施预算绩效管理的意见》对全面实施预算绩效管理做出了总体部署，提出要建立全方位、全过程、全覆盖的预算绩效管理体系。2021 年，《国务院关于进一步深化预算管理制度改革的意见》立足新发展阶段，以推动高质量发展为主题，对推动预算绩效管理提质增效提出了新的要求。

　　党的二十大从新的时代条件出发，针对我国改革发展面临的新形势新任务，从战略全局上对党和国家事业作出总体规划和全面部署，开启全面建设社会主义现代化国家新征程，以中国式现代化全面推进中华民族伟大复兴。在这一伟大征程中，加强预算绩效管理正当其时。第一，建立现代预算制度，加强预算绩效管理，"花钱必问效，无效必问责"，推动责任政府、效率政府的建设，理当是国家治理体系和治理能力现代化的题中应有之义。第二，预算活动关乎着国民收入的分配，对于维护社会公平与正义、提高民生福祉具有重要的保障作用。加强预算绩效管理，提高财政资金效益，更好地推动现代化建设成果更多更公平惠及全体人民，实现全体人民共同富裕，更是以人民为中心的发展思想的内在要求。第三，当前我国经济增长放缓，财政处于紧平衡状态，收支矛盾较为突出，预算管理中还存在资金低效无效、资源配置效率有待提高等问题。加强预算绩效管理，对于更好地落实党政机关过紧日子要求，消除预算管理中的浪费、低效、支出固化、责任不清的问题，促进财政结构优化和效能提升具有重要的现实意义。

近些年来，为落实党中央、国务院关于预算绩效管理的要求，财政部着力完善预算绩效管理体系，各级政府、各部门积极实践，预算绩效管理改革驶入了快车道。经过几年努力，我国预算绩效管理已经开创了新的局面，取得了显著的成效。一是预算绩效管理已从预算项目拓展到了财政政策、部门整体预算乃至政府层面，"全方位"预算绩效管理格局已基本形成。二是事前绩效评估机制逐步完善，绩效目标管理更加规范，事中绩效监控稳步实施，事后绩效评价全面推开，绩效结果运用逐步加强，"全过程"预算绩效管理链条已基本建立。三是预算绩效管理已从一般公共预算、政府性基金预算延伸至国有资本经营预算、社会保险基金预算，"全覆盖"的预算绩效管理体系已初步形成。

预算绩效评价是全面实施预算绩效管理的重要环节和重要工具。财政部积极组织、有效推动绩效评价工作，一方面加强顶层设计，建立健全制度体系；另一方面，加强实践探索，逐步加大政策性强、覆盖面广、影响力大、社会关注度高的支出项目和财政政策以及中央部门整体预算等方面绩效评价工作力度。财政部预算评审中心作为财政部预算绩效评价工作的具体实施者，积极实践、大胆探索，不断完善评价体系，着力提升评价质量和效率，切实发挥全国预算绩效评价工作的引领作用。总的来看，我国预算绩效评价工作已经迈出了坚实的步伐，预算绩效评价已成为加强预算管理的"利器"。但与西方发达国家相比，我国预算绩效评价工作起步较晚，理论基础还比较薄弱，评价体系还不够健全，评价的科学性和独立性还需要进一步提升，预算绩效评价的作用还没有得到充分发挥。

多年来，在实际工作中，预算评审中心注重理论与实践的结合，广泛吸纳专家学者参与，深入开展专项课题研究，不断探索中国特色的预算绩效评价体系建设。近期，预算评审中心联合高等院校、科研机构等，以工作实践为基础，对预算绩效评价理论、重点领域绩效评价指标与方法等进行研究梳理，形成了《预算绩效评价方法与指标》一书。本书阐述了国家治理创新及现代财政制度建设下的预算绩效评价理论，构建了科学技术、教育、卫生健康、生态环保等重点领域的绩效评价指标与方法，既有理论研究，又有实践经验总结和典型案例分析。希望本书对从事绩效管理相关研究工作的专家学者、政府部门绩效管理人员以及从事或关注预算绩效评价具体工作的社会各界人士，都有所启发和借鉴。

目　　录

第一章

预算绩效评价基础理论探索

第一节　总结经验规律、夯实创新基础，加强预算绩效评价理论研究

一、我国预算绩效评价理论体系亟待完善

党的十九大明确提出"全面实施绩效管理"。近年来，在习近平新时代中国特色社会主义思想指引下，各级财政评审机构深入贯彻党中央决策部署及《预算法》有关要求，聚焦重点领域、重点政策、重大项目，创新方式方法、强化组织保障，积极推进预算绩效评价体系建设，评价机制日臻完善，评价工作行稳致远。2021 年全国各级财政评审机构开展绩效评价业务涉及资金规模达到 3.6 万亿元，是上年的 2.2 倍。① 预算绩效评价在促进资源优化配置、深化财政管理体制改革、提升政府责任意识等方面发挥了基础性作用，为推动构建新发展格局提供了重要工具。但同时也要看到，预算绩效评价研究仍相对滞后，对其价值取向、概念范畴、功能定位等基本认识尚未上升至理论层面，对于"为什么评、评什么、怎么评"等基本问题的认识相对模糊，对实践中的一些难点问题也缺少方法论指导，直接影响评价效果，更难以有效支撑预算绩效评价法规制定、行业监管等需要，成为制约预算绩效评价工作发展的短板。

① 《2021 年数字看评审：评审力度持续加大"精打细算"成效显著》，财政部官网，http：//tzps. mof. gov. cn/shujudongtai/202203/t20220318_3796076. htm，2022 年 3 月 18 日。

习近平总书记强调："理念是行动的先导，一定的发展实践都是由一定的发展理念来引领的。发展理念是否对头，从根本上决定着发展成效乃至成败。实践告诉我们，发展是一个不断变化的进程，发展环境不会一成不变，发展条件不会一成不变，发展理念自然也不会一成不变。"① 贯彻新发展理念不仅是新时代预算绩效评价的工作要求，更是政治使命，事关国家治理体系和治理能力现代化进程，必须紧扣习近平新时代中国特色社会主义思想，全面分析预算绩效评价工作中面临的形势问题、系统总结经验规律、回应时代改革需求，逐步推动形成能够服务中国实践的预算绩效评价理论体系。

二、预算绩效评价理论研究应牢牢把握三大基本原则

（一）深入贯彻以人民为中心的发展思想，提升预算绩效评价政治力

中国特色社会主义预算绩效评价核心和最底层的是价值取向。民心是最大的政治，确立以人民为中心的价值取向是新时代开展预算绩效评价工作的方向性、根本性问题。预算绩效评价在指标设计、评价方法选择、数据循证、满意度调查等各个环节不仅要看评价对象本身绩效目标的实现程度，更要落实到人的发展上，将是否符合最广大人民的利益作为预算绩效评价的前提，将人民满意作为开展评价工作的出发点和落脚点，在评价过程中保障人民在预算绩效评价中的参与权和监督权，在评价结果中积极回应人民群众的诉求和期待。预算绩效评价需要通过提高政治站位、深刻分析阐释人民利益的财政内涵，为准确把握预算绩效评价工作定位、提升工作层次、促进科学评价奠定扎实的理论基础。

（二）立足新时代财政改革发展实践研以致用，改进预算绩效评价执行力

当前，我国财政预算改革持续深入，预算管理法规制度不断完善、各项税制改革有序开展、转移支付制度不断完善，中央与地方事权与支出责任划分取得积极进展，地方政府债务管理机制趋于健全，这些举措虽然为预算绩效评价工作推进营造了良好的政策制度环境，但也要看到，"十四

---

① 详见《习近平谈治国理政》第四卷，外文出版社 2022 年版，第 167 页。

五"时期财政支持全面建设社会主义现代化国家的任务艰巨，支出速度快于收入增速的情况还将在一定范围持续存在，特别是财政资金直达机制、更大力度的减税降费等创新性政策工具的运用，对财政收入的可持续性、财政资源统筹度、支出精准度要求更高，成本费用管控更严，预算绩效评价面临着新课题，这就需要预算绩效评价围绕如何发挥好对各领域资金配置、使用的信号器、指挥棒作用，适应新形势、新要求开展研究。

另外，也要围绕预算绩效评价体制机制中存在的问题开展研究。近年来，从中央到地方各级财政部门都对预算绩效评价进行了深入探索，但由于承担主体站位和理解的差异，在评价目标、导向重点、效益指标选取考量等方面各有侧重。一些评价揭示绩效和反映问题的深度、广度不够，在预算理念机制上表现为"重分配、轻管理，重支出、轻绩效"的传统观念，以及盲目决策、造假虚报等不当行为。一些政府部门存在内部评价能力不足、自我评价的动力欠缺等问题。特别是在财政资金紧张的部门和单位，更加需要评价结果改进工作，但评价经费却被压减。评价结果应用不够充分，与预算安排和政策调整的挂钩机制尚未建立，奖优罚劣的作用未充分发挥。这就需要站在国家治理的高度坚持问题导向、理论先行，再系统加以解决。

（三）以质量求生存，赢得预算绩效评价公信力

习近平总书记多次强调，质量体现着人类的劳动创造和智慧结晶，体现着人们对美好生活的向往[1]；让提高供给质量的理念，深入到每个行业、每个企业心目中，使重视质量、创造质量成为社会风尚[2]。我国通过对预算绩效评价方法、指标等进行长期实践和努力探索，预算绩效评价理念已深入人心，但一些评价机构专业深度不够，评价流于形式。在预算绩效评价方法工具上：评价范围和对象不明确、绩效评价指标体系中对各类评价对象的权重分值设置主要依靠主观确定，评价方法不当；现代信息科技大数据技术应用不足，包括项目决策与管理信息、产出和效益信息等的信息数据质量缺少保障。数据和结论不匹配，未能站在客观公允的立场上发现问题、提出改进建议，公开力度不够等。这些问题事关预算绩效评价的质量和公信力，应从提高预算绩效评价真实性、规范性、完整性、及时性、

---

① 见2017年9月15日，习近平给第二届中国质量（上海）大会的致信。
② 见2017年2月28日，习近平在中央财经领导小组第十五次会议上的讲话。

可追溯、可监督等方面"真研究问题，研究真问题"，力求找到各项资金成本最低、实施效果最好的解决路径。

三、预算绩效评价理论研究应处理好三组关系

（一）大局属性与治理工具的关系

新时代预算绩效改革进程即顶层设计与实践探索的互动渐进过程，中共中央、国务院印发的《关于全面实施预算绩效管理的意见》明确要求将"全面实施预算绩效管理"作为推动财政资金聚力增效，提高公共服务供给质量，增强政府公信力和执行力的关键点和突破口，这就需要预算绩效评价"高站位、远谋划"，以建立现代财政制度为目标，从"五位一体"总体布局和"四个全面"战略布局中找准定位，在促进经济发展方式转型、公共资源优化配置和服务能力提升、完善财政宏观调控、保障风险可控和可持续发展等方面统揽经济社会发展全局主动作为，用体制机制的顶层设计引领和指导基层大胆探索创新。与此同时，更要立足预算绩效评价自身职能作用，瞄准具体难点和痛点问题，与预算部门和资金使用单位密切配合，提高评价效率，引导和促进财政资金科学配置，扎实推进"具体工作"走深走实。

（二）西方理论与中国经验的关系

新时代下，如何处理西方理论普遍性与中国特色的关系需要深度思考。列宁说："理论要由实践赋予活力，由实践来修正，由实践来检验。"[1] 钱学森也提出，"我国社会工程的工作者面临的长远规划任务就是以党和国家规定的方针政策为依据，设计出一个宏伟的方案，怎样发挥社会主义制度的优越性，和利用科学技术的最新成就"。[2] 为此，"要从大量的典型和建议中得出改进我国每一项生产和其他社会活动的措施，列出清单，并明确其投资和效果，如提高劳动生产率多少，降低成本多少等等"。[3] 预算绩效评价理论与经验结合的路径是什么？是吸取各方先进经

---

① 李忠杰：《中国共产党历史通识课》，中共中央党校出版社 2021 年版。
② 钱学森：《钱学森系统科学思想文选》，中国宇航出版社 2011 年版。
③ 邹家培：《组织管理社会主义建设的技术—社会工程》，载于《经济管理》1979 年第 1 期。

验作为规范，还是先设定好改革目标，然后围绕目标根据经验设计各项规则？以往我国在坚持马克思主义理论指导的基础上，已经广泛吸收借鉴了西方发达国家和国际组织的绩效评价学理思想，如新公共理论、委托代理理论、管理经济学 3E、4E、5E① 原则等，这些理论的兴起曾经为西方国家实施预算绩效评价提供了重要的理论基础，也为我国改进实际工作质量等提供了有益借鉴。但毋庸讳言，西方这些理论的核心理念是"像管理企业一样管理政府"，将"理性人"假设下的个体价值实现作为公共价值实现的前提，将经济价值作为绩效的首要标准，通过引入市场竞争实现所谓的"政府再造"。实践证明，这些"工具理性"的做法存在很多缺陷，如政府各机构只关注内部绩效目标而各行其是；为片面追求效率而过度压缩删减政府既有的行政程序和法定规则，直接影响了公平和民主。特别是预算绩效评价中把所有的政府行政活动变成数据，进而通过系统批量化处理以确定优劣，这又造成片面追求评价手段和方法的先进性，忽视了"绩效"真正的公共属性和社会价值，即演变成为了"评价"而"评价"。因此，对待西方国家的评价经验，不能简单地"拿来主义"、照抄照搬。

另外，如前所述，我国预算绩效评价在实践中也积累了诸多宝贵经验，尤其是我国跳出了项目评价的范畴，将评价对象拓展到政策和部门整体，从决策、管理、产出和效果四个维度，系统梳理各自的评价重点以全面反映绩效等行之有效的经验做法。对此，亚洲开发银行独立评价局局长马文·泰勒—多尔蒙德曾感叹：中国政府设计决策的宏伟目标，让我们对推进预算绩效评价有了更多的期许。毫无疑问，中国政府的决心，通过中国的实践已经展示出来。但直至今日，中国特色预算绩效评价话语体系尚属空白，未来预算绩效评价研究不仅需要关注国际比较借鉴，从制度等角度深入分析差异原因，促进西方理论本土化，更要着力提炼建构中国特色的预算绩效评价理论，以此深化指导实践，打造中国品牌，提升国际影响力和竞争力。

（三）评价与监督的关系

评价和监督都是公共管理的重要内容，监督源于受托责任，主要是按照既定法规考察政府作为纳税人的代理人履行行政事务管理、维护公共资

---

① 3E 指经济性（Economy）、效率性（Efficiency）、有效性（Effectiveness），4E 和 5E 指在此基础上延伸出的公平性（Equity）和环境性（Environment）。

产保值增值及偿债等责任的情况，其具体形式之一就是审计。如我国的《审计法》第二条即规定：审计机关对财政收支或者财务收支的真实、合法和效益，依法进行审计监督。评价通常不会确定底线，而更多的是看其公共价值达到何种水平，即所谓"上线"。我国的预算绩效评价理论研究中同样需要关注两者的关系，如果以受托责任为导向，即认同规范优于绩效，一方面是对预先设定的绩效指标是否实现发表意见，另一方面应从是否符合《预算法》的要求，财政资金使用单位是否依法依规履职，事权与支出责任是否匹配等角度进行考量，得出信息是否真实的验证结论后工作就结束了，现实中一些第三方机构出具的"打分式"预算绩效评价报告就属于把其理解为受托责任，评价结果有没有用以及如何运用并未被纳入预算绩效评价工作本身的范畴。

预算绩效评价不应仅作为一种对公共服务责任的监督手段，是否有效益既不是监督的重点也没有明确的法律判定标准。同时，监督往往是"有错推定"，和绩效的"无错"前提存在对立，以绩效验证为主评价思维会直接导致预算决策、执行和监督各环节中关注过程轻视结果，挫伤预算部门和单位创新管理、提升效率效益的积极性。因此，预算绩效评价的目标应当重在服务决策，具体来说，首先是提供国家（地区）层面预算绩效计划目标，随同预算报同级人民代表大会，作为审查批准国民经济和社会发展计划的决策依据参考，这应当是绩效评价最顶层、最为重要的职能。其次是在政府部门内部运用预算绩效评价结果科学安排预算资金、改进管理。最后是用于问责和放权。

当然，尽管监督与评价二者追求的最终价值是一致的，即维护人民群众的根本利益，但治理目标和实现方式并不一样。因此，监督和评价也绝不是完全对立、此消彼长的关系，而应当相互促进、相得益彰，如对于绩效自评报告，需要引入审计或财政监督机制，就其是否符合《预算法》《政府采购法》《会计法》等的要求，发表专业鉴证意见，倒逼其改进质量；对于评价结果应用，需要进一步细分报告使用者在预算编制、工作质量改进、风险管理方面的需求，针对性地在评价中引入合规性考察内容，以便为利益相关方提供更有价值的绩效决策信息。同时，也要以评价结果为抓手落实主体责任，杜绝短期行为，接受社会公众监督，更好地践行"把权力装进制度的笼子"的使命要求。

四、预算绩效评价理论研究尚需聚焦四大难题

当前，我国预算绩效评价已步入"深水区"，一些新情况、新问题没有现成经验可循，西方理论更是难以解释。初步考虑，有以下四大难题需要突破。

（一）同类项目或资金间缺少可比性

为提高评价精准性，在设定指标时，预算绩效评价往往采用"一事一议、量身定制"的工作方式，这就造成评价结果无法直接比较，也不能简单地以评价分数高低来进行取舍决策、分析偏差，国际上为突破这一问题，开发了超越项目层面的项目评估分级（Program Assessment Rating Tool，PART）、结果链等工具，实践中也发挥了一定的积极作用。然而，要突破这一问题仅停留在工具方法层面是不够的，需要统一评价要素，构建预算绩效评价准则规范体系，统一绩效信息的生成、处理标准。特别值得注意的是，2021 年国际财务报告准则基金会（IFRS Foundation）正式设立了与国际会计准则理事会（IASB）平级的机构——可持续发展准则理事会（ISSB），专门针对可持续发展出台判定标准。预算绩效评价可以借鉴这一改革思路，吸纳预算监管部门、理论界、市场机构等领域专业人士，启动准则体系的研究制定，在基本准则中明确预算绩效评价概念界定、评价框架、原则、评价目标、质量要求、独立性、对第三方及专家工作的利用等内容，对各类评价对象合理分类并出台具体准则及操作指南。这样既能杜绝评价工作中指标操作、回避问题等缺陷，改善绩效信息质量，更能从根本上提升执业的公信力和专业水准。

（二）成本计量的科学性不高

自 2019 年起，我国在政府会计体系已引入了权责发生制下的费用要素，设定了对应的会计科目，并且对行政事业单位开展成本核算管理出台了相关指引，但在预算绩效评价中，成本的理念和方法没有得到深入应用，多数情况下依然把收付实现制下的资金投入计为当期成本。在具体核算时，有的采用统计方法，如调查、参数估计、因果推断等，也有的采用会计方法，以会计凭证为依据进而确认计量。方法不统一直接影响了预算绩效评价结果的客观性、可靠性进而导致其可能与绩效错配，造成决策失

误。预算绩效评价应针对评价对象的特点和绩效信息需求选取适当的成本计量方法，在评价中关注成本来源、生成过程及是否与效益配比等。选取政策性强、资金量大、社会关注度高、资金需求迫切的重点领域开展成本专项评价，研发成本规模、结构的测算方法，加快成本会计体系建设，推动成本定额标准和公共服务标准相契合并形成预算绩效指标审定的强制标准，建立成本应用和调整机制，为公共产品和服务定价、成本补偿等提供决策参考。当然，讨论成本问题并不意味着仅仅涉及会计核算，需要借助经济、科技、管理、法律等各专业的既有理论基础开展跨专业的研究探索，从而将社会成本、生态成本等也合理纳入、科学评价，拓展绩效的成本范畴。

（三）"花钱"与"办事"绩效口径不匹配

在宏观层面，这一问题表现为两个方面：一方面，预算绩效目标与政府及部门规划目标、年度计划的衔接度不够。欲解决这一问题，除了要继续优化各级政府事权和支出责任外，也建议各项规划制定过程中要吸纳财政部门深度参与，促进部门协同联动，解决好"两张皮"问题，为预算绩效评价打好基础。另一方面，又表现为收入的"钱"和产出的"事"不匹配。政府的收入主要源自税收，政府提供特定公共产品和服务不像企业提供商品那样能够直观地计量收入和投入，口径一致，所以财政预算绩效评价要做到口径统一，就要拓宽预算绩效评价的范围，使其不仅要包括支出，还要包括税收政策、投资基金等，以综合反映政府收入与产出。对于一般公共预算资金，要研究收入侧预算绩效评价的理论与方法，为调节收入结构、提高征收效率、制定和调整收入政策提供精准支持。对于其他政府收入，应当关注质量、结构等，并站在收支统筹的角度就如何加强四本预算衔接提供专业意见。

针对具体的评价对象，现实中往往是一笔资金对应多个项目，抑或一个项目对应多笔资金，如何衡量各方的贡献是绩效评价的难点。对此，可以借鉴预算指标账的思路，创新性引入绩效指标账，对资金指标下设明细账，动态反映年初确认批复、年中执行再到年末决算各阶段情况，实现预算绩效信息指标的可分解，这样既能从中发现改进表现的路径和方式，又能将责任落实到部门和个人、配套相关的激励约束措施，对各类资金和项目在绩效指标总账（表）中进行勾稽反映，以便于各司其职、统一决策和准确评价。

在机制上解决这一问题要形成"参与式预算绩效评价"机制。因为各方对于绩效的理解和衡量标准多存在差异，本位主义也会影响财政资金发挥整体效益。因此，通过项目决策部门、行业专家、利益相关者各方群策群力，强化比选论证，权衡各方评价做出综合判断，不仅有利于支出对象与方案本身的优胜劣汰，更能从国家和社会经济发展的全局出发，从最大限度满足人民美好生活的需要出发，得出预算分配的最大公约数，促进预算结果公正、资源配置与目标达成的综合平衡。

（四）当期评价和长期绩效的矛盾

从评价周期看，目前开展的预算绩效评价多数属于年度评价，某些情况下，当期资金的支出很难立竿见影在当年产生效益，而中长期绩效又难以评测。更为重要的是，公共产品和服务具有经济学的外部性特征，对应的绩效也较为发散抽象。为解决这一问题，我们除了要求开展年度评价，还应针对性地设立中长期绩效跟踪评价机制，关注中长期和可持续风险及代际公平。此外，在调研、信息数据挖掘、指标体系设计、理论模型与工具开发、结果应用等方面应积极探索当前利益与长远利益、整体利益与局部利益、经济利益与社会利益、根本利益与具体利益之间的平衡路径及方法。

综上所述，没有放之四海而皆准的理论，解决中国问题需要依靠中国理论。习近平总书记指出："我们既要坚持好、巩固好经过长期实践检验的我国国家制度和国家治理体系，又要完善好、发展好我国国家制度和国家治理体系，不断把我国制度优势更好转化为国家治理效能。"[①] 在新时代，预算绩效评价工作必须围绕新形势、新问题，以及评价对象本身的新特点和新需求建立一套理论来完整、系统地描述、解释和预测预算绩效评价的理念、政策、方法和工具，突破实践难题，实现中国预算绩效评价的理论逻辑、历史逻辑和现实逻辑的有机统一。为此，我们必须坚持四个自信，立足国情实际，用党的创新理论武装头脑。

财政部预算评审中心在评价实践中非常注重发挥专家的作用，从工作方案拟定到结项每个环节都聘请相关领域资深专家参与指导，效果明显，这已成为预算绩效评价工作的重要机制。

---

① 《坚持和完善中国特色社会主义制度推进国家治理体系和治理能力现代化》，人民网，https：//baijiahao. baidu. com/s？id＝1654511537268507571&wfr＝spider&for＝pc，2020 年 1 月 1 日。

第二节　国家治理创新及现代财政制度建设下预算绩效评价理论探索

一、国家治理创新及现代财政制度建设下，预算绩效评价基础理论构建核心诉求

治理理论强调善治、强调公民参与，认为国家和公民双方的角色在善治中会发生根本性改变。国家能力主要体现在整合、动员、把握进程和管制等方面，公民不再是消极被动的承受者，而是积极的决策参与者、公共事务的管理者和社会政策的执行者。治理理论认为：（1）在公共服务供给中，政府应当扮演一种推动者、规制者以及标准设定者的角色，而非直接的提供者或决定具体方向与服务内容的角色。（2）公共服务提供本身必须是多元的，以便公民有机会参与到有关公共服务提供的决策之中。（3）问责应更全面，公民应拥有更多的机会与公共服务提供者进行直接对话，并对后者的绩效进行监督。

治理理论的上述核心思想被充分反映到国家治理创新之中，形成国家治理现代化的核心诉求：（1）国家治理创新提出了以人民为中心的发展观，昭示了政府提供公共服务的理想未来，也成为预算绩效评价价值构造的依据和诉求，预算绩效评价要着眼于社会发展长期的根本利益和公民普遍共同的利益来开展评价活动，构建评价指标体系，选择评价方法，确定评价标准。（2）公平正义作为基本政治要素，是衡量社会制度能否合法体现的前提和条件，也是公共精神能否满足、优越性能否体现的价值维度。党的十九大报告指出，公共服务要对公共利益加以保护，体现公平正义的价值取向也应成为预算绩效评价的价值诉求。（3）政府的服务效果和质量取决于社会公众的认同，预算绩效评价应转向公民所期望的结果，公众满意度成为评价政府绩效、改进服务、制定政策的主要参考，在本质上体现了公民选择、参与和评价公共服务的权利，这也成为预算绩效评价重要的价值诉求。（4）以公共利益为目的的公共服务不但要关注公众需求，还应允许公民通过参与公共服务来表达其公民权。强调以公民为中心是预算绩效评价的核心价值诉求。（5）倡导"以结果为导向"的理念，使预算绩

效评价着眼于向公民展示绩效水平，并通过评价结果运用所产生的激励与约束力，推动政府切实履行责任义务，重塑政府责任机制。

党的十八届三中全会提出"财政是国家治理的基础与重要支柱"，构成了我国当前和未来相当长时间内财政制度改革的战略坐标。党的十九大报告进一步指出，要"加快建设现代财政制度，建立全面规范透明、标准科学、约束有力的预算制度，全面实现绩效管理"①，为未来建设现代财政制度提出了新要求和新期望，即要将全面预算绩效评价纳入现代财政体系并发挥应有的作用。

国家治理创新及现代财政制度建设的上述核心诉求，也逐步演变为全面推进预算绩效评价的价值诉求，深刻体现并反映在预算绩效评价制度构建、体系设计与标准设定之中。由此，在预算绩效评价过程中，通过法治化、制度化、理性化、民主化、透明化、可问责的国家治理现代化努力以及现代财政制度构建，规范绩效评价制度、完善绩效评价体系、扩大社会公众参与、促进预算绩效透明度和可问责性、提高政府的执行力和公信力，成为现代预算绩效评价理论构建的基础。

从政治学的角度来看，"制度＋结构＋绩效"是国家治理能力现代化的主要标示。其中，精良的制度是基础，合理的结构是支柱，充分的绩效是特征。在此框架下，预算绩效评价理论构建的基础应着重关注以下领域：（1）以法治化与制度化为核心，构建预算绩效评价的法理基础与制度框架；（2）以激励与约束为核心，完善预算绩效评价体系结构；（3）以目标性与优先性以及效率性与有效性为核心，强化预算绩效评价的重心；（4）以责任感与义务性为核心，构建预算绩效评价责任机制；（5）以参与性与权力共享为核心，促进预算绩效评价多元共治。

二、以法治化与制度化为核心，构建预算绩效评价的法理基础与制度框架

预算本身就是在一套严格界定的程序下年复一年、日复一日完成运作的。这套程序复杂而又重要，以至于现代社会大部分公共政策都依照此程序制定和推动，并成为社会有效运行最重要的"元素"之一，社会各界都

---

① 2013 年 11 月 12 日，中国共产党第十八届中央委员会第三次全体会议通过的《中共中央关于全面深化改革若干重大问题的决定》，中华人民共和国国务院新闻办公室，http://www.scio.gov.cn/zxbd/nd/2013/Document/1374228/1374228.htm, 2013 年 11 月 15 日。

以某种方式参与到预算程序之中，使预算成为最为复杂的集合体和最大的利益争夺舞台，法治化与制度化便成其中最为基本的要求，也成为预算绩效评价理论构建应关注的重要基础。

（一）以法治化奠定预算绩效评价的法理基础

法治化是影响国家治理的重要机理，必须将宪法、法律确认为社会的最高权威，以控权制度确立和国家法定权力与法律责任相统一为基本前提，实现国家治理过程中法治思维与法治方向的转变，并以之约束从立法、司法、执法，到法律监督的全过程，最终"使善法达到真治"。

由此，法治化是预算绩效评价的基础，是预算绩效评价权威性的保障，法理上的有力支持可降低预算绩效评价推进难度，突破改革约束，推动预算绩效评价依照既定的道路前行。法治化也是世界各国推进预算绩效评价的普遍做法，例如美国 1993 年通过的《政府绩效与结果法案》（GPRA），是全球第一部关于政府绩效的管理法，使政府绩效管理首次在法律层面上得以确立，并强制要求政府部门根据部门使命呈报战略规划、编制年度绩效计划、提交绩效报告。2010 年，美国国会通过了《政府绩效与结果现代化法案》（GPRAMA），对《政府绩效与结果法案》的框架做出进一步的补充修订，使绩效预算改革以法律的形式予以确立，而不会因行政首脑的换届停滞不前。

法国于 2001 年颁布《财政组织法》，提出了以结果为导向的预算模式，规定从 2006 年开始全面实施。[1] 波兰绩效预算的法律基础是由 2009 年的《公共财政法》奠定的，该法要求审查机构监督绩效计划的实施，规定内阁在提交年度绩效报告的同时，引入三年期财政框架。[2] 新西兰的预算绩效改革始于 20 世纪 80 年代末，一个突出特点就是通过一系列立法来推动改革的进程，如先后颁布《国家部门法》《公共财政法》《财政责任法》。[3] 澳大利亚通过《预算诚实宪章》和《财政管理及问责法》等法律法规，规范了支出机构的预算管理。[4]

---

① Performance Forum. La genesis de la LOLF. 2012 – 07 – 25，https：//www. performance – publique. budget. gov. fr/performance – gestion – publiques/gestion – publique – axee – performance/essentiel/fondamentaux/genese – lolf#. WnMcs3aWaUk，2018 – 01 – 30.

② Moynihan D，Beazley I. *Toward Next-generation Performance Budgeting*：*lessons from the experiences of seven reforming countries*. Washington DC：World Bank，2016.

③ 苟燕楠：《绩效预算：模式与路径》，中国财政经济出版社 2011 年版。

④ Hawje l. Performance budgeting in Australia. *OECD Journal on Budgeting*，2007，7（3）.

总体来看，成功实施新绩效预算改革的国家几乎都有相应的法律基础，一系列法律法规的颁布为这些国家预算绩效管理改革的推行提供了强有力的法律支撑，保障了预算绩效管理改革的顺利推进。

（二）以制度化为核心构建预算绩效评价的制度框架

"制度提供基本的结构，在整个人类历史上，人们通过这个基本结构来创造秩序并减少交换中的不确定性。它与所采用的技术一起，决定了交易费用和转型成本，进而决定着从事经济活动获利的可能性与可行性。制度将过去、现在与未来连接在一起，从而历史在很大程度上就是一个渐进的制度演化过程，在这一过程中，历史上经济绩效只能被理解为一个连续过程中的一个个片段。制度是理解政治与经济之间的关系以及这种相互关系对经济成长（或停滞、衰退）之影响的关键。"①"任何政体的稳定都依赖于政治参与水平和政治制度化程度之间的关系"。②

基于此，制度也成为国家治理能力建设的关键变量和核心要素，是国家治理的有效工具和基本遵循，制度化成为国家治理能力现代化的基本表征。正如诺斯所提出的"制度是一个社会的博弈规则，或者更规范地说，它们是一些人为设计的、型塑人们互动关系的约束"③，要维护政治秩序的稳定，必须加强制度建设以保证各种力量参与政治的规范化和有序性。对此，制度作为一种规则，不仅是经济发展的保障，也是国家治理的重要工具。国家治理主要就是对发生在国家共同体内部和外部的各项事务（尤其是各种问题和麻烦）进行有效的管控。对某种事务或某种行为进行有效管控的关键就是"制度供给"，即定规则、定规章、定规矩，为行为提供自由的边界，使任何个人、组织和团体的行动都受到必要的约束和限制。实际上，国家治理就是通过有效的制度供给，克服或避免国家生活出现混乱局面。

随着中国改革向纵深领域发展，社会主体更加多元化、组织形式更加多样化、社会关系更加复杂化，客观上要求威权型国家管理向法理型国家治理转型，充分发挥制度在治理规范和程序建设、利益表达和利益整合方面的作用。通过构建层次分明、功能完备、科学规范、运行有效的制度体系，以"规则和程序之治代替人治"，规范国家政权的所有者、管理者、

---

①③　［美］道格拉斯·C. 诺斯：《制度、制度变迁与经济绩效》，杭行/韦森（译审），格致出版社、上海人民出版社2014年版。
②　［美］萨缪尔·P. 亨廷顿：《变革社会中的政治秩序》，华夏出版社1998年版。

利益相关者的行为，限制和约束公共权力，使个人、局部、部门利益与国家利益趋向一致，并通过体制机制的创新保证制度实施的完整性、有效性，以减少国家治理的风险和不确定性，提高国家治理的效能。

1. 制度的层次框架与预算绩效评价制度定位

制度依据其在国家治理中提供规范的普遍适用性、对国家生活规范的重要性以及规则适用的时效性，可以被划分为不同的层级，例如元制度、基本制度、具体制度和操作规则。所谓元制度，包括宪法、市场经济制度和民主制度等。元制度作为国家治理制度体系的根基和基本理念，既要求相关法律和制度体现国家治理的基本内涵，又要求国家治理制度体系与宪法、市场经济和民主制度的基本精神相契合。在宪法中要确立法治化的理念，并推动国家治理体系的法治化进程。

所谓基本制度，其规定了国家经济政治文化以及社会生活的基本方式，明确了行为主体的权力职责和行为规则，以及各行为主体之间的相互关系，包括基本法、相关程序法和实体法。基本法是国家某一领域活动的基本规范和准则，以明确相关领域活动的基本原则、管理体制、管理职能等基本事项。同时，相关的程序法和实体法也是指导某一领域建设的基本制度。以财政预算领域为例，《预算法》《税收征收管理法》《个人所得税法》等都属于此范围。

所谓具体制度，则是在更加微观的层面对相应制度的实施程序、条件等问题做出规定。对于财政预算领域来说，包括财政组织制度、财政收入制度、财政支出制度，以及包含预算绩效评价在内的政府预算管理制度和财政调控制度等内容。

所谓操作规则，对于财政预算领域来说，是在具体财政领域和具体工作中的实施规范，是制度的最基本单位。相对来说，预算绩效评价相关制度构建就属于操作规则层级的制度。

2. 依据有效性评估方法对既有预算绩效评价制度进行检视与完善

何为有效的制度以及如何评估制度的有效性，是一个复杂的问题。基于国家制度体系的构成是多元而复杂的，对制度的有效性进行评估的标准和方法也必然是多样的。总体来看，可以从两个方面考察制度有效性：一是制度供给，二是制度执行。

制度供给反映的是规则是否存在以及规则是否完善，制度执行反映的是规则实施的状况。例如，要评估一个国家或一个地区的法治水平，首先要看其"法制度的供给"，其次要看其"法制度的执行"。"无法可依"指的是法制度供给不足，"有法不依"说的是法制度执行无效。从行人自由穿越马路，到行人必须走斑马线，这就是法制度供给，但如果这个规定不能很好地执行，人们依然自由穿行，那么，这一制度就会形同虚设。现实的问题通常是，一方面，法制度规定存在问题，或者不完善，留有"空白"，或者不合理，存在"霸王条款"，或者停留在原则层面，不具有现实可操作性。另一方面，法制度执行存在问题，不能及时发现、及时惩治和及时校正违规者，使跟进及随从者众，久而久之，规则被分为"显规则"和"潜规则"，守规则成为"傻子"，不守规则是"机灵"。在这种情况下，漠视规则的机会主义行为最终演变成较为普遍的行为选择。

由此可见，制度供给和制度执行两个要素决定着国家治理效能及其制度有效性。能否有效解决现实社会问题，是检验国家制度体系和治理能力的根本标准。国家治理能力实际上就是一个国家（尤其是执掌国家政权的政党、权力机关）运用国家制度解决现实问题的根本能力。

如上所述，依据制度供给的目标和执行状况可以形成制度评估的基本原则，例如，制度制定的合法性、制度规则和体系的完备性、制度执行的可操作性、制度实施的成效性。据此对既有预算绩效评价办法进行全面梳理，可发现，目前虽然主管部门及部分地区已出台一系列有关预算绩效评价的法律规范、管理制度与实施办法，但还存在以下问题：尚未形成全面系统的预算绩效管理法律法规体系；制度文件变更较为频繁，体系构建不够稳定；文件制定的顶层设计不够清晰，部分文件间协调衔接不够紧密，缺乏统一的规制。

（1）缺乏全面系统的预算绩效评价相关法律。目前，我国的预算绩效管理工作仍处于起步阶段，规章制度的法律层级偏低，主要限于部门规章层级。一是现行《预算法》对绩效管理并未做出明确的规定，虽然第十二条规定各级预算应当讲求绩效，第三十二条规定要依据绩效评价结果和绩效目标管理要求编制预算，第五十七条要求各级政府各部门各单位开展绩效评价，但就全面实施预算绩效管理而言，《预算法》的相关规定仍是不够系统与完善的，例如，《预算法》对预算绩效管理的内涵及外延未做清晰界定，对预算绩效管理包含哪些领域、涉及哪些内容，各部门对此负有哪些职责、享有哪些义务、应该开展哪些活动、采取何种方式，如何进行激励与约束等，都未有明确规定，以至于各级各地的预算绩效管理改革一直处于摸着石头过河阶段，试错的成本代价偏高。

二是《预算法》未明确绩效问责。将支出绩效与财政问责联系起来是预算绩效管理的重要标志，两者联系的方式是根据绩效状况调整支出项目、改变支出权限，但《预算法》仍然延续规范治理背景下的问责机制，即以是否遵循特定的规则作为问责依据，以传统的行政处分作为问责方式，这样的问责机制与绩效管理的理念存在较大差异。

三是《预算法》确定的预算分类对绩效管理支撑度不足。绩效目标的设定及绩效评价的开展一般都与一定的支出政策或项目相关，按照政策或项目对支出进行分类并负载相应的绩效管理要素（绩效目标、绩效评估等），才能准确反映资金的具体流向及其使用效果，但《预算法》所提供的预算支出分类只有"功能"与"经济性质"，并不包括政策和项目，制约了绩效信息的获取，影响了绩效管理质量的提升。

四是缺乏针对绩效信息公开的要求。绩效信息形成后并不应仅仅在政府及立法机关间流动，还应向社会公众披露，但《预算法》关于预算公开的规定并未明确包含绩效信息方面的内容，导致社会参与度不足，外部监督不力。

（2）制度设计有待进一步完善，体系构建不够稳定。预算绩效评价制度应包含组织体系构成、绩效规划制定、工作流程设计、绩效信息收集、绩效评价实施、绩效报告撰写、绩效结果应用、激励约束实施等一系列内容。总结近年来的改革实践，制度供给不到位是影响我国预算绩效评价改革有效推进的一个重要原因。

目前在推进预算绩效评价工作时，主管部门出台的规章和各地方发布的规范性文件仍是主要依据，多为指导性意见，相关配套措施不够明确，对地方和部门的指导缺乏系统性和有效性，难以满足具体工作开展的需求。

因无明确规范，目前在中央部门及地方政府开展绩效评价的过程中，既可采用2013年的共性评价指标体系，也可采用2020年的绩效评价指标体系，使评价结果可纵向比对、可横向衡量存在一定的困难。

此外，政策调整的过于密集，使彼此内容重叠、交叉重复，以至于时有冲突，导致执行层面难以适从。例如，近两年来，中央层面发布的与预算绩效评价相关联的政策文件就达6个之多，这些文件叠床架屋，关于评价指标、评价权重、评价标准都出现了明显差异。由此，还应统筹设计，整合文件的发布与要求，使法律规范进一步明晰。

（3）不尽完善的制度规范给预算绩效评价带来一定困扰。一是预算绩效评价结果的应用约束力不强，多数地方存在绩效评价结果应用形式不一，随意性、随机性较大，对预算管理的硬性约束力较小等问题。在实际操作过程中还存在预算与绩效"双软约束"的情况。二是预算绩效评价规范性不足和质量不高。现行相关制度在预算绩效评价流程上基本明确，但具体操作上还没有统一的办法，缺乏规范的操作流程和标准。在具体工作中，各地采取的方法不一，非标准化和非规范化操作势必会影响绩效评价结果的科学性、权威性和公信力，预算绩效评价结果也因此缺乏应用基础。三是地方对预算绩效评价的定位、模式和工作重点难以把握。当前预算绩效评价涵盖项目支出、部门整体支出、转移支付支出、政策评价、制度评价、政府性基金评价、对下级财政管理的综合评价，以及对 PPP、政府购买服务、政府投资基金、国有资本经营预算、社会保险基金预算的评价，在没有形成统一的认识和安排的情况下，地方很难找准发力点以全面推进相关工作。同时，由于预算绩效评价各级各地模式不统一，也难以实现上下联动。由此，亟须从制度构建的层面对当前所有的政策性文件进行统一梳理，对相互矛盾、前后不一致的，与当前管理要求不符的予以重新规制。

（4）预算绩效评价制度化完善路径选择。应对照党的十九大报告关于现代政府预算制度构建以及《关于全面实施预算绩效管理的意见》指示精神，从中央层面开始对现行相关办法、规章进行全面梳理，提炼其中经过实践证明行之有效、规范可取之处，废除其间自相矛盾且与中央改革精神不符之处，构架全新预算绩效评价制度体系。

依据相关法律法规，出台更高层级的专门绩效预算评价制度。一是完善相关法律法规，应对《预算法》的相关内容进行拓展与深化，同时，出台部门法——《预算绩效评价法》，补充完善有关预算绩效评价方面的立法内容，对"绩效""预算绩效管理""预算绩效评价"等概念，预算绩效评价的目的、目标、程序、制度、管理主体及其权责进行法律诠释与法定规范。发达市场经济国家的改革经验说明，只有逐步建立起依法开展预算绩效管理改革的法律框架，各项制度安排才能得以规范。

二是制定相对规范统一的绩效评价工作流程和操作细则，例如，在原有制度框架结构基础之上，制定出"1＋N"综合管理体系。所谓的1，是指应在梳理既有文件的基础上，出台《关于全面实施预算绩效评价总体办法》，该办法应全方位、全过程、全覆盖预算绩效评价体系构建的所有内容，对预算绩效评价的政策目标、遵循原则、实施范围、主体内容、指标体系、实施方法、操作程序、透明度要求和相关责任等予以全面界定，以保障《中共中央　国务院关于全面实施预算绩效管理的意见》的准确落实。

三是保障制度体系的稳定性，避免制度频繁更迭给部门及地方相关工作带来困扰。

自 2011 年起近十几年中国预算绩效评价相关政策更迭文件见表 1 – 1。

表 1 – 1　　　　自 2011 年起近十几年预算绩效评价相关政策文件

序号	发布时间	文件名称	主要相关内容
1	2011 年 4 月	《财政支出绩效评价管理暂行办法》	对原来办法进行修改，建立更加科学、合理的绩效评价管理体系
2	2011 年 7 月	《关于推进预算绩效管理的指导意见》	提出全过程预算绩效管理，标志着我国的预算绩效改革进入新阶段
3	2012 年 9 月	《预算绩效管理工作规划（2012 – 2015 年)》	对现状和问题进行总结，指出未来我国预算绩效管理工作的总体目标、主要任务和重点工作
4	2013 年 4 月	《预算绩效评价共性指标体系框架》	建立项目支出、部门整体支出和财政预算绩效评价共性指标体系框架
5	2013 年 4 月	《经济建设项目资金预算绩效管理规则》	规范工作流程，加强经济建设项目资金预算绩效管理，提高预算支出绩效
6	2014 年 3 月	《地方财政管理绩效综合评价方案》	推动地方深化财税体制改革，出台地方财政管理绩效综合评价方案
7	2014 年 8 月	全国人大常委会关于修改《中华人民共和国预算法》的决定	将绩效原则作为预算管理的核心原则之一，以法律的形式确定，提供预算绩效管理的法律基础
8	2014 年 9 月	《关于深化预算管理制度改革的决定》	按照新修订的《预算法》，改进预算管理，实施全面规范、公开透明的预算制度，健全预算绩效管理机制
9	2015 年 5 月	《中央部门预算绩效目标管理办法》	对中央部门和中央对地方专项转移支付的绩效目标的定义、设定、审核、批复、调整与应用等做了全方位的规定
10	2015 年 9 月	《中央对地方专项转移支付绩效目标管理暂行办法》	
11	2017 年 10 月	《决胜全面建成小康社会　夺取新时代中国特色社会主义伟大胜利——在中国共产党第十九次全国代表大会上的报告》	建立全面规范透明、标准科学、约束有力的预算制度，全面实施绩效管理，为推动我国预算绩效管理改革指明了新方向
12	2018 年 3 月	《关于人大预算审查监督重点向支出预算和政策拓展的指导意见》	预算监督体系改革，人大预算审查监督重点改变，向支出预算和政策拓展，加强绩效管理监督问责

续表

序号	发布时间	文件名称	主要相关内容
13	2018 年 9 月	《关于全面实施预算绩效管理的意见》	对全面实施预算绩效管理作出顶层设计和重大部署，标志着我国预算绩效改革的新阶段
14	2018 年 11 月	《关于贯彻落实〈中共中央　国务院关于全面实施预算绩效管理的意见〉的通知》	落实全面实施预算绩效管理部署，加快建成全方位、全过程、全覆盖的预算绩效管理体系
15	2019 年 6 月	《中央部门预算绩效运行监控管理暂行办法》	对绩效目标实现程度和预算执行进度实行"双监控"，发现问题要及时纠正，确保绩效目标如期保质保量实现
16	2020 年 2 月	《项目支出绩效评价管理办法》	明确绩效评价的对象和内容、绩效评价指标标准和方法、绩效评价的组织管理与实施、绩效评价结果应用及公开要求
17	2021 年 2 月	《关于委托第三方机构参与预算绩效管理的指导意见》	委托第三方机构开展绩效管理，聚焦贯彻落实党中央、国务院重大决策部署和本部门主体职责的政策与项目
18	2021 年 3 月	《关于进一步深化政府预算管理制度改革》	推动预算绩效管理提质增效。将落实党中央、国务院重大决策部署作为预算绩效管理重点，加强财政政策评估评价
19	2021 年 4 月	《第三方机构预算绩效评价业务监督管理暂行办法》	引导和规范第三方机构参与预算绩效评价，切实提高绩效评价执业质量和水平
20	2021 年 6 月	《地方政府专项债券项目资金绩效管理办法》	以专项债券支持项目为对象，通过事前绩效评估、绩效目标管理、绩效运行监控、绩效评价管理、评价结果应用等环节，推动提升债券资金配置效率和使用效益
21	2021 年 8 月	《中央部门项目支出核心绩效目标和指标设置及取值指引（试行)》	设置绩效目标遵循确定项目总目标并逐步分解的方式，确保不同层级的绩效目标和指标相互衔接、协调配套

资料来源：根据相关文件自制。

三、以激励与约束为核心，完善预算绩效评价体系结构

合理的激励约束机制应使预算实施者在履行合约责任后所获实际收益

不低于预期，并促进预算实施者在进行行为模式选择时，能够在满足自身利益最大化的同时，实现预算组织者的收益最大化，以达成预算组织方与实施方双方目标函数的协调一致，实现激励与约束的共进。

相比之下，中国当前的预算绩效评价管理约束偏多、激励偏少，例如《中共中央 国务院关于全面实施预算绩效管理的意见》明确提出要强化绩效管理责任约束，要求完善绩效管理的责任约束机制，各级政府和部门领导对本地区和本单位预算绩效负责，项目责任人终身追责；要加强绩效管理监督问责，财政、审计、纪检监察机关依法对预算绩效评价进行监督；绩效评价结果纳入政府绩效和干部政绩考核体系，工作推进不力的要约谈并责令整改。但针对激励的则偏少，主要体现为绩效评价结果与预算安排的挂钩，绩效好的原则上优先保障，绩效一般的督促改进，低效无效的一律削减或取消。但事实上能否得到预算的优先保障，绩效评价结果并非一票否决项，能否取得财政资金、能在何时以及能在多大程度上获得财政资金，更多地取决于所处行业，重要的民生及基础设施建设领域，即使绩效评价结果不佳，预算资金也会予以优先足额保障。

除激励作用体现不够充分外，当前的绩效激励机制还存在典型的不相容特征，例如节约成本、提高效率虽有利于社会整体效益的增进，却无益于部门利益的提升，反而会使部门预算因资金结余被削减、部门绩效因支出目标未达成被扣分。部门不仅不能从资金节约、效率提升中获益，这种逆向奖赏资金浪费、惩罚效益提升的管理机制，还会使部门利益与社会利益相悖，同时也与绩效预算改进政府行为模式，提高资金使用效益，以较低的成本为社会公众提供更为充足高质量服务的要求背道而驰。而当下开展的预算绩效评价不仅未能对此一系列问题进行揭示，开展针对性评价，并提出改进完善的意见，反而起到一种推波助澜的逆激励作用。由此，还应通过完善预算绩效评价流程、改进预算奖惩机制，构建相容性绩效评价激励机制，以诱导部门在自身利益最大化的同时选择最优社会行为，实现社会效益与部门利益的共同增进。

（一）预算绩效评价激励机制的理论原理与实施流程

波特和劳勒综合激励理论认为，激励由"期望→努力→绩效→奖励→满意度→再努力"等一系列因素组成，在对付出怎样的努力可达成预期目标，达成预期目标之后会获得怎样的奖赏，获得的奖赏是否能够满足预期，是否具有足够的吸引力①等问题进行深入思考后，责任主体会做出相应的行为选择，即目标是否值得努力，应该如何努力。为此，应从期望、努力、绩效、报酬和满意度等方面构建激励流程，且这几者间成正相关关系，即期望↑→努力↑→绩效↑→报酬↑→满意度↑→持续努力积极性↑。②

从上述分析可见，综合激励理论的核心在于责任主体对报酬效价的主观预期，亦即，要达到有效的激励必须处理好期望→努力→绩效→报酬→满意度之间的关系，只有这样，才能充分调动责任主体的积极性，建立有效的激励机制，其大致流程如图1-1所示。

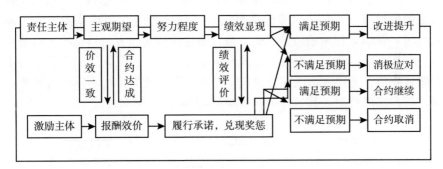

图1-1　基于主观预期的预算绩效评价激励机制

（二）预算绩效评价激励机制构建的主要内容及实施流程

预算天然具有激励效应，预算过程中的资金配置规模及拨付时效都会对部门行为产生影响，但却不一定能起到正向激励作用。因为绩效目标设置是否科学合理，绩效考评实施是否公平公正，绩效奖惩制度设计是否具有吸引力等，都会对预算激励效应产生显著影响。要构建与预算绩效管理相适应的激励机制，还应从目标预期、结果评判以及奖惩兑现等方面入手，将激励机制内嵌于预算绩效管理流程之中。

其中，"目标预期"是指责任主体对目标投入效价的判断以及对目标实现可能性的预期，目标投入效价判断越高，责任主体的努力程度则会越

---

① 刘轩宇、方有云：《关于建立公共预算激励约束机制的粗略构想》，载于《预算管理与会计》2015年第8期。

② Lyman W. Porter, Edward E. Lawler. *Perspectives on Behavior in Organizations*. New York：McGraw-Hill book Companies, 1977.

高；所谓"结果评判"，是指对责任主体目标达成程度的评价，既包括评价的方法，也包括评价的标准和指标体系，该方法与标准不仅应相对稳定，还应在投入效价中予以事先体现与规范，以保障绩效评价结果的可预期；所谓"奖惩兑现"，是指依据评价结果实施奖励和处罚，当奖励与处罚结果符合责任主体的预期时，会激励责任主体改进行为模式、提升行为绩效，当奖励与处罚结果不符合责任主体的预期时，则责任主体会消极怠工，失去努力的动机。

基于此，对照预算绩效管理流程，合理的激励机制应包括：（1）用于投入效价判断的绩效目标；（2）实施结果评判的评价指标体系以及评价方法；（3）依据评价结果对责任主体进行奖励与处罚的奖惩措施。这三大领域的制度规范，可有效保障预算组织方（财政部门）和预算实施方（预算部门）就绩效报酬的效价达成一致，通过预算实施方对目标投入报酬价值的合理预期，激发其努力工作的内生动力，并通过预算组织方公平公正的绩效评价、奖惩承诺的充分兑现，促进预算实施方持续不断改进预算行为、提高部门效率。其运行机理如图 1 - 2 所示。

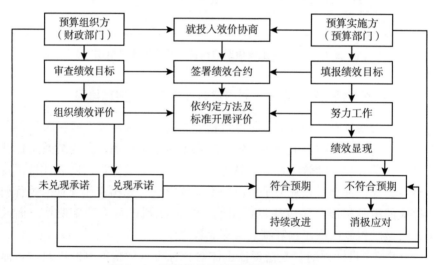

图 1 - 2　预算绩效评价激励机制运行流程

（三）预算绩效评价激励机制的问题表象及产生根源

合理的激励机制，既要通过一定的惩罚措施将个人行为限定在合理范围，更要依托明确的奖励措施鼓励改革与创新，为发展提供可靠的动力。

中国当前的预算绩效管理在激励机制构建方面，与这一要求相差甚远，还存在着明显的激励本位错位、激励流程失当、奖惩措施失效等方面的问题。

1. 以部门为本位的预算单元加剧激励不相容

目前，中国的预算编制仍以部门为基础，预算资源申请者只要是政府部门，提出申请资源的数量和用途说明，就可以获得预算资源，并以一定基数不断增长。在这种预算编制模式下，每个部门都在想方设法攫取更多的预算资源，却并不关心资源使用效益与使用结果，因为节约成本、提高效率虽有利于社会整体效益的增进，却无益于部门利益的提升：节约成本、提高效率带来的资金结余意味着部门不需要更多的资金，将导致部门预算被削减，部门绩效评价也会因预算执行率下降被扣分。而花掉所有资金，哪怕是浪费性支出，则表明部门工作量庞大、资金不够使用，反而会使部门预算不断扩张，抑或不增加但也不至于受到损害，绩效评价也不会因此而降级降分。

这种导致部门利益与社会利益不相容的预算编制模式，使预算资源申请者仅关注"多少"（即部门攫取的预算资源越多越好），而忽视"多好"（即追求预算资源的使用效益），致使中国当前的预算管理完全不具有正向激励作用，各部门年底突击花钱的现象屡禁不止，无效、低效支出比比皆是。如果不改变这种不相容的逆向激励机制，中国的预算改革和政府改革要想取得成功是非常困难的。

与此同时，以部门为单元的预算资源配置本位，还促使部门只关注自身利益，不关心公共利益，使预算编制与国家战略脱节、与民众偏好脱节。尽管预算资金的申请者也希望预算的分配能够反映国家的战略目标、民众的需求与偏好，但却拒绝放弃已经获得的利益，致使大量预算资金长期滞留在效益低下的地方，国家重点战略领域、民众需求强烈领域投入严重不足，公共服务质量下降，成本不断上升。而这正是中国预算管理激励错位最为不良的后果。

2. 激励流程失当，无法保障激励预期的实现

在预算管理中，应运用各种激励因素和激励手段，通过改进和完善预算管理各个环节，将绩效目标设置、目标执行评价和评价结果应用这三个彼此衔接并相互影响的要素融合在一起，以激发部门履职的积极性。但目前我国在绩效目标管理、绩效执行评价、评价结果应用三个方面都还存在着明显的不足。

（1）绩效目标未能充分反映绩效管理的核心要点。美国心理学教授洛克认为激励因素通过目标影响工作动机，设置合适的目标就是最好的动机激励方式。[①] 由此，设置合理的绩效目标不仅是基于预算的管理要求，更是基于激励机制的构建要求。

一是绩效目标未能发挥引领预算编制、约束项目实施、促进成果显现的作用。对于预算绩效管理，绩效目标是预算实施方的具体工作内容，同时也是预算组织方进行考核评价和实施激励与处罚的依据，直接关系到预算实施方的最终利益。绩效目标实际上是联结预算组织方及实施方双方目标利益的桥梁。绩效目标的填报与审批也因之成为预算组织方及实施方之间受托责任的全面体现，是双方就预算资金领用达成的契约。

绩效目标的申报是预算实施方对合约的发起与提出，目标的审核与批复是预算组织方对合约的批准与首肯，绩效目标一旦批复即意味着合约开始发挥效力。预算实施方应依照绩效目标履行职责义务，预算组织方应依照约定的评价体系和评价方法对预算实施方绩效目标的完成情况进行评判，并依据约定的奖惩措施予以奖励或处罚。在这样一种绩效合约的强制性约束下，激励机制才能发挥应有效应。

但我国当前的绩效目标填报和审批都还存在着明显的缺陷：在绩效目标填报之时，预算实施方（即预算部门）对预算投入的可行性、必要性未有充分论证，对预算投入可能取得的成果、效益及影响知之不详，相对应，其绩效目标的设定也就难以精确，相关指标也做不到细化量化，在完整性、科学性和逻辑性等方面都存在明显不足；在绩效目标审核时，因对项目特点、行业标准等信息掌握不充分，预算组织方（即财政部门）较为被动，只能以预算单位填报的指标作为主要参考依据。此外，绩效目标涉及的行业多、领域广泛、专业性较强，再加上绩效目标审核时间紧、任务重，导致财政部门对绩效目标的审核偏于宽松，不少地方流于形式。

由此形成的绩效目标在专业性、逻辑性、全面性、完整性方面均存在较为明显的缺陷，既无法准确体现预算实施方应承担的履职义务，无法指导与约束预算实施方任务的完成，预算组织方也无法据此对预算实施方的目标完成情况进行合理评判，这样的绩效目标不仅使其激励效应全面丧失，也使其管理效应无法显现。

---

① Locke，E. A. Toward a theory of task motivation and incentives. *Organizational Behavior and Human Performance*，1968（3）.

绩效目标不完备还直接导致各部门组织的绩效自评价结果不佳。2018年，96个中央部门公布了172个项目的绩效自评报告，自评报告平均得分95.96分，其中79个项目同时开展了第三方评价，除16个项目第三方评价分数与自评价相同外，有63个项目第三方评价分数明显低于自评价得分，差异率高达79.7%，差异最大的多达十余分，例如，"西部和农村地区邮政普遍服务基础设施建设"项目自评价得分为93.80分，第三方评价得分为84.88分，相差8.40分；"出国经贸展览会及服务贸易、品牌建设展示"项目自评价得分为96.4分，第三方评价得分为84.20分，相差12.2分；"反兴奋剂专项"项目自评价得分为98.0分，第三方评价得分为88.0分，相差10.0分。

对于同一项目开展的预算绩效评价，评价结果出现明显差异，其主要原因就在于评价的依据不同。自评价的依据为绩效目标，绩效目标填报得不准确、不完备，使自评价未能触及项目的核心要义，评价扣分主要缘于预算支出进度滞后，以至于只要支出进度完成，自评价得分就能获得满分。但实际上，这些项目在决策、过程、产出和效果等方面都还存在明显缺陷，这也就是为什么在引入第三方评价后，依据更加科学规范的绩效指标开展评价，得分会与自评价出现明显差异。

各部门各单位对预算执行情况以及政策、项目实施效果开展绩效自评，既是《中共中央　国务院关于全面实施预算绩效管理的意见》提出的明确要求，也是预算绩效评价全方位、全过程、全覆盖推行的基础。为大力提高绩效自评价的质量，保障绩效评价结果的公平公正客观，还应尽快加强绩效目标管理，使绩效目标能够真正发挥引领预算编制、约束项目实施、促进成果显现的功效。

二是绩效目标设置内容存在明显缺陷。绩效指标设置内容不够完善也是当前绩效目标管理中存在的较为明显的缺陷，主要表现为绩效目标申报表欠缺预算编制方面的内容。绩效目标设置的本意是通过对职责履行、任务完成的合理预期，确定与目标达成相一致的资金需求，使预算资金既能满足绩效目标的实现，又能符合受托人的支出意图。这样一种管理模式使预算成为真正意义上的支出需求测算，而非投入预算中固化的定量拨款，可最大限度避免定量拨款中预算编制依据不充分、测算不科学、与工作任务及达成目标不够匹配的痼疾。但若对绩效目标的申报并无详尽的预算要求，则很容易使绩效目标的申报重新沦为支出固化的奴隶，使绩效目标的申报与预算编制的科学合理脱节，也使绩效目标管理无法发挥改变当前投入预算的重大弊端——因钱设事的作用，投入预算支出固化的格局也因之难以得到彻底根除和根本性改变。

（2）绩效评价结果利用手段单一，结果应用有效性下降。在我国当前的预算绩效管理与评价中，绩效评价结果未能得到有效应用是实际存在并十分突出的问题。绩效评价结果应用偏弱的原因主要来自两个方面：一个是主观原因，即被评价单位的绩效意识还较为淡薄，还存在重投入轻管理、重支出轻绩效的现象，开展预算绩效评价只是为了完成财政部门布置的任务，缺乏主动性和积极性。

另一个则是客观原因，即绩效评价结果难以应用，而这是从技术上完善绩效评价结果应用需更加关注的问题。当前的绩效评价结果应用存在明显的时滞性，绩效评价一般针对上年完成的项目开展，绩效评价结果通常应用于下一年度的预算决策之中，其间需要跨越三个预算年度，被评价项目在第三个预算年度是否依然保留，评价提出的问题在第三个预算年度是否依然存在，评价提出的改进意见在第三个预算年度是否依然适用……这些问题的实际存在，使绩效评价结果的应用存在明显的局限性，也使通过绩效评价结果应用达成督促部门改进预算决策、优化预算安排、增进施政责任的评价目的难以实现。

3. 奖励不当，不利于绩效意识的树立与良好预期的形成

《中共中央　国务院关于全面实施预算绩效管理的意见》指出，针对绩效评价结果应用，应着力加强与预算安排的挂钩，绩效好的应优先保障，绩效一般的应督促改进。但实际上，能否得到预算的优先保障，绩效评价结果并非唯一依据，更主要取决于其与战略和政策的关联度、与民众需求和偏好的紧密度，重要的支出领域即使绩效评价结果不佳，预算资金也会按时按量予以重点保障。这也使部分重点支出领域对绩效评价结果并不在意，因为所谓的预算资金配置与绩效评价结果挂钩，不会对重点部门及重点项目产生根本性影响。而对于非核心部门和非核心项目来说，在内部控制越来越严格、预算资金支出越来越困难、部门懒政怠政时有发生的情况下，削减预算资金、取消项目立项，并不会对部门产生实质性触动。这样一种绩效评价结果与预算安排的挂钩，使工作努力的部门未得到应有的奖赏，工作懈怠的部门未受到应有的处罚，绩效评价结果应用的效果也因之大打折扣，并由此形成一种对于预算绩效激励来说极为不良的预期与影响。

（四）完善核心流程，构建相容性预算绩效评价激励机制

有效的激励机制应能抑恶扬善。为抑恶——应构建严格的处罚机制；为扬善——应构建激励相容的奖励制度[①]，这是保证预算绩效管理顺利推进的前提条件。由此，合理的激励机制应使预算实施方在履行合约责任后所获实际收益不低于其预期，并促进预算实施方在进行行为模式选择时，能够在满足自身利益最大化的同时，实现预算组织方收益最大化，以达成预算组织与实施方双方目标函数的协调一致。

1. 强化绩效目标的管理效应及契约精神

目标管理是绩效管理的重要前提与基础，绩效目标不仅是预算实施方对资金使用结果的预期，还是预算组织方约束控制资金需求方的方法与手段，绩效目标的填报与审核实质上是预算组织方与实施方就绩效合约内容、就控制与被控制达成的协议。

洛克认为，如果想要通过绩效目标的设立，实现对组织成员行为动机的有效影响，绩效目标应明确而具体，虽然具有一定的难度，但又可通过努力得以实现，这样的绩效目标才能够产生良好的激励效应。绩效目标的设定不仅应考虑上述因素，还应综合参考目标的往年完成情况、绩效评价的结果、投入产出标准以及部门预算控制数等，只有据此对预算绩效目标进行充分论证，同时强化绩效目标与绩效指标的结合，并加强内外部专业审核，才能促使绩效目标填报质量的有效提高。

对于绩效目标的审批来说，预算组织方应该进一步慎重，因为经由财政部门审核并随预算批准下达的绩效目标，将被视为财政部门与预算部门针对预算资金领用达成的协议，具有绩效合约的约束效应。财政部门还应进一步提升对绩效目标审核的重视程度，并着重对绩效指标和标准值的完整性、客观性和科学性，预算投入和产出目标的匹配性，预算资金对绩效目标实现程度的保障性，评价指标与绩效目标之间的对应性等方面进行审核。

此外，财政部门还应进一步完善绩效目标申报内容。首先，应拓展绩效目标申报表中关于预算资金的内容，仅填报预算投入总规模是难以判断预算投入与预期产出和成果之间对应关系的。其次，对于产出成本指标的

[①] 马蔡琛：《全球公共预算改革的最新演化趋势：基于 21 世纪以来的考察》，载于《财政研究》2018 年第 1 期。

内容应予以清晰界定，对何为产出成本，产出成本涉及哪些要素，要填报哪些内容，应有明确规定。最后，关于预算编制的科学性、准确性，以及其与产出数量、产出质量与产出效果之间的关系是否对应，仅仅只是提交几个数据还难以反映全面的内容，应提供关于预算编制的补充说明，对预算编制的成本核算依据、核算过程予以充分体现。

2. 强化结果应用，着力推进事前绩效评估

绩效评价结果应用是预算绩效管理的核心和归宿。绩效评价结果的应用应在优化预算资金配置、提高预算资金使用效益、增进部门基本公共服务责任等方面发挥重要作用。为增强绩效评价结果应用，我国各级各地开展了大量工作，如反馈与整改、与预算挂钩、向社会公开等，并取得了一定成效。但不可否认的是，事后评价已很难改变一个事实，即稀缺而宝贵的财政资金已经消耗殆尽，其实施结果好与不好，都已成为事实，难以改变。在这样一种状况下，应强化事前绩效评估，通过绩效评价结果的直接应用，将存在于立项与决策阶段的问题消弭于起始阶段，最大限度降低无效低效支出。

《中共中央 国务院关于全面实施预算绩效管理的意见》为此明确指出，"要加强新增重大政策和项目预算审核，开展事前绩效评估，将审核和评估结果作为预算安排的重要参考依据"。由此，不仅应加强事前绩效评估，还应出台相关规定，强制一定额度以上的重大政策或重点项目开展事前绩效评估。

3. 以绩效责任换取管理自由，构建符合部门期望的奖励办法

预算的奖励要建立在部门的期望之上，奖励应与部门目标、部门满意度正向相关，使部门在实现社会效益的同时能够得到相应的奖励，促使部门责任意识不断增强。由此，在构建符合部门期望的绩效奖励办法时，应突出奖励与部门目标、部门满意度的结合，应关注部门预算管理权限的扩大及其灵活性的增加。

绩效预算是一种结果导向型预算，其目的在于通过绩效责任换取管理自由，将使用预算资金的权限赋予资金管理者，在预算管理中实现战略目标与管理结果的有机融合。为强化部门预算管理责任，增加部门管理灵活性，美国出台了《1993年政府绩效与成果法案》。该法案规定，当机构绩效任务完成情况良好并获得一定的绩效美誉度时，作为对机构责任感的回报，机构在编制绩效计划时可享有更多的管理权限，例如可以在一定限度内不经批准便扩大人员编制数量、提高工资补贴额度、在部分预算科目间

调剂资金等。新西兰出台的《公共财政法》也明确指出，支出部门享有不经议会批准在产出类别间调整预算资源的权限。澳大利亚赋予部门的预算管理自主权限更大，在促进目标结果与管理有机融合方面，澳大利亚支出部门可以灵活选择实现绩效目标的途径和方法。

我国当前的预算管理强调规范性，对预算调剂不仅予以严格限制，挤占挪用还属于极为严重的违规行为，会受到严厉处罚，而这一管理模式显然与绩效预算的结果导向相悖。由此，还应在强化预算部门绩效管理职责的同时，扩大其预算管理权限，预算管理者应可根据部门特点及环境变化，对项目内及项目间的预算进行自由调配，以选择对公共服务供给最为有利的投入方式。与此同时，预算部门还可享有利润分享的权利，即部门合理范围内的预算结余可结转到下一预算年度，使部门不必担心预算被收走而年底突击花钱。利润分享还可部分用于员工奖励，以激励部门节约资金、减少浪费，使奖励与部门的期望及满意度一致，最终实现部门利益与社会利益的互利互惠、激励相容。总体来看，全面实施预算绩效管理，还需从改进预算绩效评价结构、完善预算奖惩机制入手，构建相容性预算激励机制，促使部门在谋取自身利益最大化的同时，选择最优社会行为，以实现社会整体效益与部门利益的共同增进。

4. 实施相关改革，促进预算绩效评价基础更加稳健

实施相关改革，应以预算编制改革为核心，引入规划预算。规划是政府部门为实现某一目标而开展的一系列活动，规划的设立以社会活动目标的实现为基础，与公共服务的供给者分属哪一部门无关。这一预算模式将预算管理的重点从财政支出的购买对象（即提供公共服务的部门）转向财政支出的目的（即向社会提供的公共服务），使预算编制的单元由部门转向规划，为打破预算资源竞争中根深蒂固的部门本位主义，促进预算资源配置优化奠定基础。基于规划制定的强制性要求，规划预算使公共部门从关注部门可获取多少预算资金，转向关注部门如何更好地完成规划任务，使政府部门及其每一员工更加清晰地认知本职工作与部门产出的关系，与国家战略及民众需求的关系，将个人利益与部门利益以及社会利益紧密联系在一起，从而实现个人利益、部门利益及社会利益目标函数的相容与一致。

此外，与按部门编制预算不同，规划预算编制时应设立明确的规划目标，该目标应与国家战略及民众需求相关，同时还应构建相关评价指标体系。这一预算编制方式既可督促预算资金配置与国家战略及民众偏好相

符，还可确保对规划结果进行考评，从而能够通过评价发现各个部门规划目标的完成情况，为更为精细地审查预算，减少无效低效资源配置和浪费提供更佳工具。规划预算在众多转轨国家得到实施，并取得了良好的效果。

四、以目标性与优先性以及效率性与有效性为核心，强化预算绩效评价的重心

预算是在一套严格界定的程序下年复一年、日复一日完成运作的。这套程序复杂而又重要，以至于现代社会大部分公共政策都依照此程序制定和推动，并构成一个社会最重要的"元素"，社会各界都以某种方式参与到预算程序之中，使预算成为最为复杂的集合体和最大的利益争夺舞台。

但与私人部门不同的是，公共部门需要面对众多经济、社会和政治目标，而且这些目标常常相互冲突。面对有限的资源总量和无限可能的支出用途，预算制度必须以国家战略和公共政策为导向，基于效率和有效性建立适当的优先性排序，确保把稀缺资源优先用于更具价值的用途。为此，构建一套行之有效的管理机制，并确保这套管理机制和价值体系能够很好地融入预算程序之中，成为预算绩效管理的基础，也使目标性和优先性以及效率性和有效性成为评判这套机制与体系效用的核心，同时使目标性和优先性以及效率性和有效性成为构建预算绩效评价指标框架的基础。

（一）以目标性与优先性为核心，强化预算决策评价标尺

预算过程涉及许多技术方法的应用，但政府预算并非简单的技术工具，而是现代政府最重要的政策工具。在一个复杂而又充满不确定性且资源有限的世界里，通过预算为政府部门建立目标并设定其优先方向极为重要。

现代政府的基本经济职能包括：稳定（宏观经济）、配置（提供公共物品）和再分配（收入）。预算与此三者紧密相连，并强有力地影响着这些职能的实现。作为财政政策工具，政府预算通过对稀缺财政资源的分配，实现社会资源在公共部门和私人部门间的配置，向公众提供各种形式的公共产品和公共服务；通过对不同人群间利益的合理分配，促进社会公平，实现再分配职能；通过综合政策的作用，促进经济适度增长、高就业、低通胀，实现宏观经济稳定职能。政府预算就此成为反映政府战略重

点和政策优先方向的最重要的施政工具，具有典型的目标性与优先性工具功能，也成为对政府决策行为进行评价的基础。

1. 目标性和优先性

从传统绩效预算走向新绩效预算，代表了现代政府预算制度的发展方向。新绩效预算认为，应在一个长远的框架内以及总额约束条件下，根据核心使命确定战略目标及支出重点，再根据目标选择其达成的最优路径与活动内容，同时根据对活动结果绩效的测度分配资源，最终促使效益的全面提升。由此，新绩效预算将预算资源的配置与活动实施结果联结起来，力求最大限度实现公共资金的"货币价值"。[①]

尽管各国在新绩效预算理念实践中联结资源与绩效的方式不同，但基本上都强调，在总额约束的条件下根据政策目标战略性地将资源配置到更加重要的领域，并运用绩效信息引导预算决策的重要性。在这个过程中，必须确保在战略目标、结果和产出之间建立起密切的联系，并在此基础上分配绩效责任。

图 1 - 3 描述了战略、结果和产出目标之间的关系。每个战略目标至少必须有一个相关联的结果目标，而该结果目标也必须与至少一个（通常是多个）产出目标相联系。

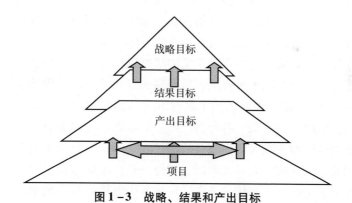

图 1 - 3　战略、结果和产出目标

需要注意的是，虽然新绩效预算的决策重点是支出实现的结果，但是仍然需要关于政府部门的投入和产出信息。而且政府部门的结果经常受环境的影响，图 1 - 4 展示了政府部门活动的资源、投入、产出与结果之间

---

① 马峻：《新新绩效预算》，载于《中央财经大学学报》2004 年第 8 期。

的关联，以及外部环境对结果的影响。

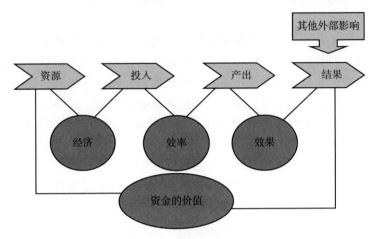

图 1 - 4　绩效链条及环境

　　尽管各国的实践不同，但是新绩效预算有两个非常重要的环节：一是确定支出重点和优先方向；二是明确绩效目标。

　　2. 强调预算决策的支出重点和优先方向

　　确定支出重点和优先方向是指在预算编制前明确政府关键性的战略目标、政策重点，进而确定支出重点和优先方向，重新配置资源。它要求政府战略性地制定政策，为实现跨年度的战略目标确定政策重点、支出重点和优先方向，将资源从不重要的领域重新配置到关键性的领域。经济合作与发展组织（OECD）国家采用了多种方式和预算制度来保障这一目标的实现，包括中期支出框架、各种财经纪律的规则、支出审查等。有些国家强调通过整体性地在政府层面制订战略计划来确定政府的支出重点和优先方向，例如美国、加拿大以及韩国。另外一些国家则采取其他方式来根据战略目标确定支出重点和优先方向，例如英国定期进行支出审查，并在此基础上要求部门制订未来三年的支出计划。

　　3. 强调预算决策的绩效目标设定

　　一旦支出重点和优先方向确定，项目的选择就明确了方向。在项目预算的过程中，一个至关重要的问题就是如何为确定的项目或活动设定明确而可行的绩效目标。在新绩效预算中，设定绩效目标具有十分重要的作用，有助于改进项目支出的效果（通过明确结果目标）或效率（通过产出目标），或者同时对两者进行改善。

新绩效预算遵循"目标→结果→产出→预算"的逻辑关系，明确各项预算支出的绩效目标，有利于提高公共资金的使用效益。传统预算招致最大的批评就在于预算支出缺乏明确的目标与结果指标，导致公共资金使用效益低下。新绩效预算的逻辑起点是政府意欲实现某一方面的公共利益目标，该目标的实现需要由若干量化的公共服务结果加以支持，而公共服务结果的实现则需要政府部门提供若干公共服务产出，公共服务产出的提供需要公共资金的支持。由此可见，新绩效预算不仅阐述了传统预算所描述的"花了多少钱""钱花在何处"，而且更明确了纳税人最为关心的"政府花钱所产生的结果如何"问题。

当然，仅仅是绩效目标还不能构成绩效预算，绩效预算的核心是将资金与结果挂钩。新绩效预算将绩效目标与预算整合起来，即将资金水平与设定的绩效目标相匹配，绩效目标越高，可能给予的资金越多，反之则越少。一个部门或者项目能否得到预算拨款，能得到多少预算拨款，主要取决于是否设立合理且可以计量的绩效目标。

新绩效预算强调在预算决策和管理中使用绩效信息，尤其当绩效目标的设定与预算过程连接起来时，更加强调绩效信息的重要性。目前，在OECD国家开发绩效信息已经是一种普遍的趋势，有将近3/4的国家都在其预算文件中添加了各种与绩效相关的非财务信息。

（二）以效率性与有效性为核心，强化预算绩效评价的结果导向

要确保政府对公共资源的使用产生有意义（满足公民偏好与需求）的结果，效率性和有效性必须得到保证。效率性和有效性反映的是以既定的成本达成政策目标的程度。

1. 以结果为导向的新绩效预算改革

在相当长一段时期，在众多国家盛行的是条目预算。条目预算是一种典型的投入预算，即预算的申报、审批与对执行过程的监控均以"投入"为核心展开，资源申请者只需按明细条目列示所需投入的数量和资金用途，就可以从预算系统中得到预算资金。投入预算的主要优点是便于对支出进行控制。由于明确规定了投入（支出）的用途，对支出实施监管也较为便利，同时有利于与过去年度进行比较。此外，由于无须考虑结果导向的绩效因素，投入预算的编制方法相对简单。

然而，与这些优点相比，投入预算的弱点也相当突出。以合规性为目

标的条目预算忽视了对预算资金使用结果的监督，使稀缺的预算资金长期沉淀在效益低下的部门，而无法导向效益高的地方，降低了预算资金的使用效率。

条目预算以预算支出的合规性为监督目标，具有以下几个典型特征：预算中反映的是投入而不是结果（如产出和成果）信息；预算采用收付实现制会计基础；按照资源投入的条目对预算支出进行分类；强调事前的合规性控制，预算申请者不可以改变预算资金的用途——打酱油的钱不能用于买醋。

由于投入预算需要遵循详细的前事控制和严格的拨款规则，包括限制（甚至禁止）在各支出项目间的资源转移，为此不得不在预算中详细编列许多具体的支出项目，使得投入预算成为一个十分复杂和难于管理的系统，决策者和管理者都不得不花大量的时间、精力和资源应付琐碎而大量的投入控制问题，看这些钱的使用是否符合有关规定。在实施条目预算的国家，这种自上而下的各式各样的规则、条例、命令有数千条之多。可惜的是，各项规章制度表面看来杜绝了一切违规的可能，但在实际执行中，如果不以降低预算资金的使用效率，甚至是以预算损失为代价的话，要想完全遵守是绝对不可能的事情。由此，执行中的软约束又使得一切的规则都可不被尊重，都是可不必遵守或完全遵守的，这使预算资金获得者应该承担的责任具有极大的弹性，在人类趋利避害本性的驱使下，规避管制、攫取最大利益的冲动，往往使预算结果背离预算初衷，从而损害了预算目标的实现。

在这种情况下，由于预算的执行结果与被批准的预算大相径庭，管理者不得不将更多的时间和精力用来在预算规则中添加一条又一条新的规定，以监督预算执行是否与计划相符，预算资金是否专款专用，而无暇去关注这些支出为什么要纳入预算？其根据和理由是什么？其金额大小以什么为依据？以至于以手段替代了目标，仅关注对资金使用规则的控制，而忘了使用纳税人资金的真正目的——服务社会。这种制度安排造成的弊端使政府的管理愈来愈偏离公众和社会的期望与要求。正所谓走得久了，忘记了出发的初心。在这种情况下，人们不去关注预算资金的使用效益，而只注重对财政资金流向及使用规范性的监督就丝毫不令人奇怪了。

从理论上来说，要克服投入预算的不足有两种方式：一是加强对各个条例、规则、命令遵守情况的外部监督。其结果是，要么预算职能全面停顿，因为现行这些条款的绝大部分根本无法执行或完全不合理；要么阳奉阴违的行为更甚，这些条款根本得不到执行。二是合理分散财政资金管理权限，以建立鼓励所有预算参与者追求取得有效结果的长效激励机制。在一个国家中，预算制度应该是统一的，但预算资金的管理权限应该是相对分散的，即各预算资金的管理者既各自独立，在很大程度上又彼此竞争，以证明自己高效、合理、透明地使用了纳税人的资源，提供了最好的公共服务。

在这种背景下，绩效预算应运而生。1949 年，美国胡佛委员会第一次提出绩效预算的概念，认为绩效预算可以回答预算过程中涉及的一系列重要问题，诸如要完成什么样的工作或提供什么样的服务、应该如何进行工作以及资金如何支出等。美国许多州政府也相继实行了绩效预算，建立了自己的"小胡佛委员会"。到 20 世纪 60 年代初期，调查的美国 48 个州中，有 33 个在州长的预算案中包括了某些类型的绩效指标。[①] 但由于相关技术缺乏，绩效指标设计不合理，仅关注投入指标、产出指标以及效率指标，忽略了成果指标的使用，绩效结果难以与资金分配决策挂钩等问题的存在[②]，使绩效预算未能获得成功。

20 世纪 80 年代，世界范围内掀起了新公共管理改革的浪潮，强调以企业家精神重塑政府，以减轻财政压力、提高政府的效率和服务水平，推动政府改革预算管理，绩效预算由此得到复兴。美国、澳大利亚、新西兰等国纷纷启动以绩效为基础的预算改革。与传统绩效预算相比，新绩效预算在实施基础、配套改革、绩效评价、信息应用等方面有了很大的改变。

新绩效预算是以结果为导向的预算，虽然也包含投入、产出等方面指标，但以成果指标为主导，要求政府将更多注意力放在项目或服务的效果上，关注公共服务的质量，使新绩效预算成为一种"使命驱动、结果定位的预算"[③]，它和绩效预算区别于传统预算的共同特征虽然都在于注重产出，但新绩效预算所注重的产出是某种公众所预期的社会结果，而不仅仅是从数量上所衡量的产出，即新绩效预算的实施不仅是对效率的追求，更多注重的是对预算实施效果和公众满意度的追求，预算所实现的结果是某种公众所期望的社会结果。以结果为导向的绩效评价指标体系的构建也由此成为预算绩效评价的重要组成部分。

---

① Wang X. Conditions to implement outcome-oriented performance budgeting: some empirical evidence. *Journal of Public Budgeting*, *Accounting & Financial Management*, 1999, 11 (4).

② Lu H. Performance budgeting resuscitated: why is it still inviable? *Journal of Public Budgeting*, 1998, 10 (2).

③ 吴俊培：《现代财政理论与实践》，经济科学出版社 2005 年版。

2. 以结果为导向绩效评价指标体系的构建

作为预算绩效管理量化载体的绩效指标体系，是科学评价预算实施绩效的客观前提，绩效指标体系的设计也因相关理论及理念的不同，而存在一定差异。

（1）"3E"原则及其对绩效评价指标的指向。20世纪60年代，美国会计总署率先将政府工作的审计重心从经济性审计转向经济性（Economy）、效率性（Efficiency）与效益性（Effectiveness）并重的审计，形成了预算支出绩效评价方法的雏形——"3E"评价法。英国的效率小组在20世纪80年代初提出，在财务管理新方案中设立"经济""效率""效益"的"3E"指标建议。1995年，著名学者T.芬维克在此基础上提出"3E"评价准则，英国审计委员会将"3E"标准纳入绩效审计的框架中，并运用于地方政府以及国家健康服务的管理实践中。这种评价理念取代了传统模式下单一的财务和预算指标，反映了公共组织目标的多元化，是一种多元价值的标准体系，能够更好地衡量公共受托责任，促使被授权的管理者根据既定的绩效目标完成任务。"3E"原则因此成为绩效评价理论的重要部分，也成为现代西方国家开展财政支出绩效评价的理论基础。

经济性是指以最低费用取得一定资源，考查政府活动所耗费资源的获取或购买成本是否最低；效率性是指投入和产出的关系，包括是否以最小的投入取得一定的产出或者以一定的投入取得最大的产出，即支出是否讲究效率，考查的是政府活动的资源耗费数量与产出数量之间的比例关系；效益性是指多大程度上达到政策目标、经营目标和取得其他预期结果，考查政府行为的产出与成果的关联度，即政府各项活动的实施能否形成合力，促成预期成果目标的实现。[①]

第一，经济性原则的核心诉求。

经济性指以最小成本获得一定质量的资源，主要用于判定政府支出是否节约，目的在于解决财政支出过程中资金分配不均和严重浪费的问题，辅助各部门形成更好的支出决策机制。此外，在财政资金规模一定的条件下，经济性还表现为各项财政支出之间比例是否合理且符合社会需要。

经济性是西方国家开展公共支出绩效评价的初始动力之一，也是公共支出绩效评价理论的主要原则之一。但随着经济发展和财政支出规模扩

---

① 刘敏、王萌：《3E还是4E：财政支出绩效评价原则探讨》，载于《财政监督》2016年第1期。

大，经济性原则在绩效评价中的地位逐渐被效率性和有效性取代。

第二，效率性原则的核心诉求。

效率性指是否以最小投入获得一定的产出或者以一定的投入获得最大产出，具体表现为财政支出所形成的产出与所投入的人力、物力、财力等资源之间的比率。效率性是经济性的延伸，是政府由重收入管理向加强支出管理转变的表现，考查效率性在一定程度上也可以解决资金浪费的问题，从而缓解财政收支压力。

由于效率性主要用于评价政府部门是否能够高效地管理和使用所掌握的预算资源，因此在预算绩效评价中，这一原则逐渐成为各国建立高效率政府的追求目标之一。

第三，有效性原则的核心诉求。

有效性指预算支出所形成的产出在多大程度上达到经济、社会、政治等方面的预期目标，考查产出与效果之间的关系。很多政府支出活动虽然满足了经济性和效率性原则，但支出所形成的效果并不满足政策目标，这也是一种财政资金的损失与浪费，如果将支出绩效评价的重点放在有效性上，那么同样的支出才有可能取得事半功倍的效果。

经济性、效率性和效益性具有辩证统一的关系，预算支出的经济性是预算活动的先导和基础，效率性是预算支出有效性机制的外在表现，有效性是预算活动最终效果的反映。在预算分配的实际工作中，忽视支出的最终目标而单纯追求经济和节约，或不顾效益单纯追求效率，或为了追求所谓的"效益"而不顾资源的使用情况，最终都会影响支出的综合绩效。由此，经济性和效率性是经济学意义上的组织绩效评价，这样的考查角度借鉴的是市场化竞争中企业绩效评价的经验，而有效性才能真正体现财政资金与社会资金在价值理念上的区别，体现政府在财政支出绩效评价中对宏观效果的调控。

（2）"4E"原则的拓展及其对绩效评价指标的影响。由于政府是受社会公众委托，代表社会公众行使公共权力，因而在社会经济活动中不同于一般企业，追求的不仅是经济与效率，更需考虑社会公平。而"3E"原则强调经济效率，易忽视公平、平等、民主福利等体现公共投入社会价值的标准，因此受到质疑。1997年，福林在"3E"原则的基础上加入"公平性"（Equity）原则，提出"4E"概念，第4个"E"，即"公平性"原则开始被应用于预算绩效评价之中。

在公共经济领域，机会公平包括提供的投入资源公平，资源分配过程公平，资源分配结果公平。其中，机会公平和过程公平在一定程度上影响结果公平，因此财政支出绩效评价在关注结果公平的同时，还注重对机会和过程公平的考查。借助"4E"理论，政府不仅能够评估经济效益高的项目是否利于社会公正，还可以更加全面地评价公共服务类项目。一方面，财政支出的目标之一是实现基本公共服务均等化，政府使用财政资金履行职能时不仅需要追求经济效率，更应加强对社会公众是否受到公平待遇、弱势群体是否享受到更多服务等问题的关注；另一方面，社会公众的民主意识不断增强，越来越关注社会财富分配的公平性，于个体而言，享受公共服务、资源分配等方面的公平性都会影响其对政府的满意度，因此将公平性纳入"3E"理论不仅合理而且极有必要。

（3）"4E"原则与新绩效预算的结合。绩效包含对过程的衡量和对结果的衡量，其中前者是指政府财政投入是否经济、过程是否合规，后者是指投入产出的效率如何、是否达到预期目标和产生相应的经济社会影响。与显示结果的成果和有效性指标相比，投入和产出指标相对容易量化、收集及理解，一是不需要复杂的成本会计统计，不需要花费大量资源收集相关信息；二是可控性较大。但投入、产出以及效率指标关注的是政府部门本身，反映的是政府部门内部的运行及其成本，产出指标是定量指标，虽然能反映任务的完成情况，但并不能说明政府部门活动（提供公共产品或服务）的影响是好还是不好，与投入的目标不一定存在因果关系。

新绩效预算重视结果，强调以结果为导向，着重反映政府部门对目标的完成情况，说明政府部门活动产生的各种影响。以结果为导向意味着公共服务绩效评价的侧重点从过程规范性，到结果有效性的转变，从遵守规则向公民期望的结果的转变。这一重大转变受到西方各国的普遍认同，例如，法国中央政府绩效评价指标主要包括对公众的社会影响指标（更加重视效果而不仅是产出），如"为使用者服务质量评价指标，为纳税人服务效率指标"等。澳大利亚以绩效管理循环和绩效改善循环为基础框架，将目标和产出框架、战略规划结合起来，将评价指标设计为结果指标、产出指标和管理项目指标。荷兰强调绩效指标的有用性和有效性，更注重对外部问责性有效或者能确定资金分配水平的指标。

"4E"理论包含的多项原则契合新绩效预算的结果导向内涵，与新绩效预算高度吻合，其中，效率性和有效性是财政支出结果的外在表现，公平性则使公平理念贯穿财政资源投入、分配和产生效果的整个过程。但比较遗憾的是，经济性这一财政支出活动的基础，亦即政府加强支出管理的直接体现没有得到充分表达。在这种情况下，基于全过程绩效评价的逻辑模型被引入绩效评价指标体系设置之中。

3. 逻辑模型的开发与引用

逻辑模型是一种项目开发、计划和评价的工具，由美国国际开发署于1970年开发使用，其后20年中，这一模型主要用于对项目的绩效评价。21世纪初，罗宾逊（M. Robinson, 2007）在观察政府部门实际运作的基础上提出包含投入、活动、产出和结果的"公共部门生产链"思想，基于这一思想，罗宾逊进一步发展出评价政府部门支出绩效的指标体系，即任何部门都可以遵循生产链的思路，针对投入、活动、产出和结果四个环节来构建评价指标体系并设计具体指标，这一思想的提出推动了逻辑模型在政府绩效评价中的应用。

（1）逻辑模型的内涵。逻辑模型由投入、活动、产出、结果四个基本环节和环境这一外部要素构成，结构如图1-5所示，以项目为例，投入指人力、物力、资金、时间、技术等投入项目的资源，代表着系统的输入；活动指为了实现特定产出在项目运作过程中所采取的措施和进行的管理活动，是连接投入和产出的纽带；产出指项目产生的一定数量和质量的产品或服务；结果指项目在经济、社会、生态等方面产生的直接和间接效果，是项目产出所带来的短期、中期和长期影响，产出和结果属于社会公众可感知的绩效；环境是逻辑模型各环节的外部因素，在一定的环境中投入才能带来产出和效果，各环节之间的逻辑关系才能成立。逻辑模型的上述要素由两个基本的因果逻辑关系相连接：如果投入了一定的资源，并在过程中加以管理，预计会有怎样的产出；如果提供了一定的产出，预计在经济、社会等方面产生怎样的影响。这两个逻辑关系使得各要素环环相扣，并成为逻辑模型的要义所在。

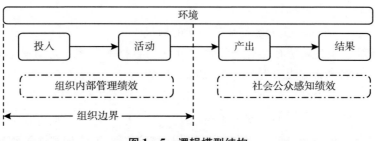

图1-5　逻辑模型结构

逻辑模型对于绩效评价指标体系构建的价值在于：该模型的四个环节和外部环境因素都简单易懂，既便于部门借助模型设计绩效评价指标，又便于部门内部各层次成员理解和运用这些评价指标；该模型的核心是借助逻辑思维，寻求投入、活动、产出和结果各要素间的内在联系，这一框架在分析和评价部门绩效方面更为综合和系统；该模型将部门的投入与最终的产出和效果相联系，有利于部门了解达成目标的关键所在，并对部门运行过程的各环节进行完善。

（2）逻辑模型与"4E"原则的有效契合。实践中，基于投入、过程、产出和结果的绩效评价框架遵循上述逻辑模型，既契合政府部门的运作流程，又可设置相对简单易懂的指标，因此参照逻辑模型设置财政支出评价指标体系的做法认同度比较高。

运用逻辑模型的优势在于：模型强调投入、过程、产出等各个环节，体现"4E"原则之间的均衡性，在避免过渡注重某些类别指标、忽视其他相关指标的同时，还可有效引导部门在考察预算支出时由控制投入转向更加注重效果。此外，逻辑模型将内部的财政投入和管理能力与外部客观条件相结合，通过明晰各环节之间的因果关系，解剖运行流程并发现关键因素和重大问题，找到运行流程的可改进之处。同时，将部门战略目标设置为预期结果，沿逻辑链条回溯以判断需要怎样的投入与过程管理，以实现对预算支出的控制，达到绩效评价的根本目的。

由此，逻辑模型综合"4E"原则以及新绩效预算的结果导向，从公共服务的质量和顾客满意度理念出发，把预算绩效评价中经常使用的指标分为两类：一是经济和效率类指标，包括投入指标、产出指标；二是结果类指标，包括效益指标、服务质量指标、回应性和公平类指标（即公众满意度指标）。虽然部分学者对模型进行了一定的完善，但从实际效果和应用来看，各国政府和学者仍然认为"4E"原则以及逻辑模型是预算绩效评价指标体系设计的核心（见图1-6）。

4. 以"成本"作为衡量绩效结果的标尺

新绩效预算希望在预算与绩效之间建立直接的联系，通过绩效评估，将资金分配给那些成效更为合理的部门或者项目。实行新绩效预算改革的国家都要求各个部门在正式获得资金之前，应对支出进行以结果为中心的绩效成本评估。美国的《政府绩效与结果法案》就提出了建立预算与绩效之间更紧密联系的目标，即各部门预期使用多少资源和怎样的成本来达成这些成果。

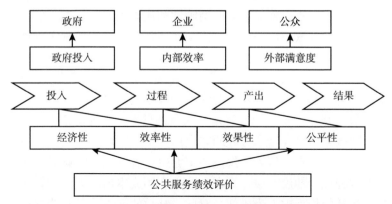

图 1-6　基于"4E"原则及逻辑模型的绩效评价指标体系设计

在新绩效预算下，一个部门或者项目能否得到预算拨款、能得到多少预算拨款，主要取决于其是否有合理且可计量的绩效。由于风险因素及政治过程的影响，在截至目前的绩效预算中，虽然绩效不是预算分配的唯一因素，但仍是预算分配的重要因素。由于公共部门的结果或者目标是多重的，在很多情况下还是比较抽象的，因此，新绩效预算的实施依赖于一套可测量的绩效指标体系，将抽象的政府部门希望实现的结果具体化为一些可以操作的绩效指标，这些可操作的绩效指标部分与预算投入和产出有关。由于关于投入和产出的信息对于衡量公共服务效率来说极为重要，可帮助决策者了解项目的实际成本，因此，实施新绩效预算的国家大多引入了成本测算。对于政府部门来说，财政支出成本不仅包含通常意义下的直接成本和间接成本，还包括社会成本。

（1）直接成本和间接成本。直接成本是政府部门提供某项公共服务或生产某种公共产品时支付的直接费用，如原材料、人员工资支出等。间接成本是涉及几项公共服务或生产几类公共产品所消耗的资源，其分配建立在这些服务或产品的分摊之上。对两者加以综合考查才可获得关于成本的完整印象。

这些公共服务或公共产品供给所需资源可划分为人员、设备、原料、其他投入，如培训费和顾客成本等几大类。针对个人、设备、固定资产和原料及其他各种投入，要求收集直接成本和间接成本数据，包括薪金、边际效益、特殊服务供应、特殊服务效用和保险、固定资产和设备、常用开支和行政费用（如政府职员薪水、市场管理费用、执行费用、总培训费用和税收）。有时并非所有数据都可以获得，更多时候即使可以获取相关数据，也需要仔细审查以确保数据的精确性和代表性。

由此，有的专家建议采用实际成本而非预算数据来估测实现预算结果的成本，实际成本数据有时会比政府预算数据更合理，因为有时预算反映的是具有政治意义、服务内容广泛、费用庞大的支出，而在实际执行中，这些支出会通过非直接的方式转变为需求较小的支出。

（2）社会成本。社会成本可定义为负的外部性，即由于生产一种产品或提供一项服务而给商品和劳务的非生产者带来不可弥补的损失。一个典型的例子是空气污染，尽管不规范的工业生产者造成的污染对别人造成了损害，但这种代价却没有被计算在工业生产的成本内。无法计算成本便意味着相关产品的价格被人为压低。对此，补救的方法是对制造这种负外部性的生产者收费，从而使其将外部性内部化。

在实现政府预算最终结果的过程中，也会产生一些社会成本，即为实现某些公众所预期的社会结果而给其他人造成的损失。恰当地衡量所有的社会成本通常比较困难，一些社会成本常涉及非实体，例如对于有益的光线、声音、味道的破坏，这种成本尽管无法计算出来，也最好加以罗列，使其能够包含在成本收益分析中。

由预算结果的实现而带来的一些更为重要的社会成本与公平性有关。公平是一个重要的绩效标准，公平性的利害关系通常与平等的条件有关，例如，预算结果的实现是否会减少部分人的收入，新聘用的政府雇员可能承担了政府职能收缩和人员替代的负担等。预算结果的确立和实现可能不是在平等基础上进行竞争，即使排除腐败因素，由于政治体制的存在，加之预算程序的不同都会导致不同的预算结果的出现，从而给某些人带来利益，而给另外一些人带来损失。

五、以责任感与义务性为核心，构建预算绩效评价责任机制

在现代社会，政府预算早已不再是简单的政府年度收支计划，更是政府最重要的政策工具，体现了政府全部的战略意图和政策优先方向，是保障政府施政目标达成的利器。与此同时，作为衡量社会民主的标尺，政府预算还为公众监督政府、表达民意提供了条件，成为民众参政议政的大舞台。

（一）绩效责任意识与认知的培养与树立

在现代经济社会，政府预算早已超越单纯的经济范畴，而具有了更加丰富的内涵。政府施政的本质是制定和实施公共政策以促进公共利益的过程，政府预算将公共政策的运作和公共资源的配置融入正式的政治程序中，使预算成为政治过程的核心，并为政府偏好和选择的项目以及支出机构提供资金，成为制定并实现国家战略目标的重要手段。

政府预算与政府施政之间如此紧密而广泛的联系，使政府预算成为现代社会中政府最重要的施政工具，也是政府施政承诺转化为行动方案的具体表现和最可靠的财务保障。离开了政府预算的支持，国家的一切战略方针和政策目标都将因失去宝贵的经济基础而难以实现。正是基于这一理念，党的十八届三中全会将财政预算确立为国家治理的基础与重要支柱。

与此同时，现代政府预算不单为政府提供了广阔的施政平台，也为公众观察政府、了解政府创造了条件。在今天，虽然了解政府的渠道有很多，但预算仍然是民众观察政府最主要、最直接的工具。政府从纳税人手中拿走了多少钱？这些钱的来源如何？又花到什么地方去了？这一切都记录在政府的预算文件中。政府从事了哪些活动？政府活动的重点和优先方向何在？政府如何为这些活动融资？政府的开支产生了什么样的结果？这些问题都可以从政府预算中找到答案。

预算还成为表达人民意愿和需求的窗口。政府的资源来自人民，应按人民的意愿使用并产生人民期望的结果。因此，人民希望政府干些什么，希望政府如何去干、何时去干，政府都可通过预算加以及时回应。是否为民众偏好的支出项目提供资金，是否削减、终止或否决（不安排资金）与人民意愿和需求无关的低价值项目的支出，成为检验政府"作为"或"不作为"的标尺。民众给予政府以资源，政府回报民众以绩效。只有当政府回报人民的绩效大于人民的给予时，这样的政府才是真正意义上代表了最广大人民群众利益的政府，所谓的"以人民为中心"即为此意。

由此可见，现代政府预算已成为阐明政府部门职责和法律义务的载体，成为将人民的意愿和资源转化为政府政策目标和行动的强力工具，也使政府预算成为广大民众监督政府、检验政府的标尺。

鉴于此，为增强政府的合法性和可信性，政府必须就其预算资源的来源、使用和使用结果向人民承担受托责任。作为阐明政府法定义务和责任的工具，政府预算在促进政府向人民履行受托责任方面发挥着关键性作用。责任感与义务性成为政府预算绩效问责的重要依据。

（二）绩效评价问责机制的构建

政府预算是政府履行受托责任的载体，既体现了政府是合法的受托人，有权代表纳税人和公民使用公共资金，同时也反映出政府的公共政策选择和将要提供什么样的公共服务，提供多少、提供给谁的问题。其中，为督促政府管理者负责任地使用公共资金，防止决策者和管理者随意改变公共资金用途或用于私人目的，在政府预算中必须建立起相应的问责机制，以确保公共资金的使用安全以及最大化地实现公共目的。

由此，政府部门以合理成本交付满足公众期待与偏好的公共政策、服务和规划，就成为结果导向绩效评价的基本要求，也使受托责任成为结果导向绩效预算区别于传统预算的焦点。绩效责任的追踪与问询正是高质量实施预算绩效评价的基础。

1. 现代问责的困境与困惑

问责是当代中国行政管理中的一个组成手段与方法。当前，关于问责的规章制度和手段机制越来越多，但叠床架屋的问责制度并没有必然地带来良好的治理绩效和责任政府的构建，反而面临制度虚置的困境。例如，针对官员不作为的懒政治理面临执行层面的现实困境。当前的问责多为基于惩戒错误的追责式问责，过于强调有错问责，而忽视无为问责。对于无为或者不积极作为的懒政治理，其责任认定和追究尺度不明，造成追责困难。在这种情况下，基于预算绩效结果启动问责，通过绩效评价强化政治责任与管理责任，将无为问责与有错问责融合在一起，才可构筑起合理的问责机制。

新绩效预算要求下放权力，给予部门管理者更大权力。经济学的基本原则之一即是"权力与责任相对等"。既然让部门管理者对预算结果负责，部门管理者即当拥有控制投入的权力。如果绩效预算下还像传统预算那样既控制预算投入，同时又要求部门对结果负责，显然不科学，也是不公平的。由此，结果控制的治理模式在赋予部门管理者治理责任的同时，要求将更高的自由裁量权以及由此而来的实际控制权授予部门管理者，形成激励与约束兼容的局面，也使以目标责任制为载体的绩效问责，成为政府降低执政风险的工具。

同样，基于"权力与责任相对等"，权力的下放也应当以强化的问责机制为基础。权力下放给部门管理者，部门管理者就应当承担起相应的责任，对部门结果负责，赋予权力后，没有实现绩效目标或以权谋私，就要承担相应的责任。下放权力而无问责机制，就有可能造成部门管理混乱。

事实上，问责一直存在于中国的行政管理之中。在压力型体制下，上级政府向下级政府下达指标任务，实施量化考核，最后根据结果实施奖惩。这种考核方式不仅急功近利，强化了短期的问责，牺牲了长期的政府生产力与管理力的提升，还使激励机制出现变异，部门管理者的自由裁量权被压缩、权力约束被加大，"放手做事"变为"束手做事"，这种无限责任与低自由裁量的控制模式，以及面临的有错必纠、犯错必责的问责高压，使部门管理者容易滋生"多干多错、少干少错、不干不错"的心理，并试图通过"少办事少担责"来规避任何可能产生不确定结果的行为。正是问责机制对责任认定和追究的不恰当，导致懒政频发。

2. 构建激励约束相容的绩效问责机制

在现代社会，公众对公共政策和公共服务有着越来越多的需求与期待，持续改进政府绩效成为现代政府的责任体现，问责也就成为促进政府绩效持续改进的工具，学习则成为实现绩效持续改进的重要机制，也由此构成了绩效视角的问责。

（1）构建有助于激发学习的问责机制。通过激发政府部门学习实现绩效提升的问责，是一种更加长期、动态和系统的问责方式。传统的问责在合规性的控制导向下，关注发现问题和错误，并通过对错误的惩罚强化控制，这样的问责可能会让责任主体产生抵触情绪和防御的行为，强迫责任主体证明他们行为的合法性和合理性，促使他们掩盖与预期目标的差距，甚至诱发欺骗和歪曲，规避任何可能带来不确定的行为。而为了学习和持续改进的问责不仅仅满足于惩戒错误的短期目标，发现错误和问题不是其最终目的，而是鼓励在发现问题的情况下，开展针对性的持续学习，追求政府管理效率和效益的提高，是一个"发现问题、改进问题、提升绩效"的动态循环过程。

而且，在学习的关怀下，成功或失败的原因是关键，为了得到这个"为什么"的答案，需要系统地检查行动主体、资源、过程等，这个过程是复杂的、耗时的。相比之下，作为合规性检查的问责则相对简单，只要判断部门是否合理地使用资源，是否满足公众的期待或符合其他问责标准。由此，相比传统的控制取向的问责，学习和改进取向的问责在原本封闭的行政体系中促进开放和灵活性，让决策者反思最初指导政策的规则、承诺和理念，评估他们所采取的行动和选择。问责不是一种对抗性的机制，而是一种发现问题、解决问题的合作关系。①

（2）构建激励约束相容的容错问责机制。问责推动政府部门尽职尽责，进而促使其提高效能，但引导、推动政府部门规范运行的并不仅仅在于问责，实际上，它还离不开容错纠错。"在管理工作中只有约束，没有激励，管理目标也不能顺利实现。容错就是激励的一种方式。"②

问责与容错之间既存在显著区别又是辩证统一的。就区别而言，主要体现在两大方面。其一，侧重点不一样。问责强调的是约束，容错主张的是激励，即问责就是对失职行为追究责任，既然追究责任，就是一种约束。无论是从政治学还是心理学的角度看，问责必然会从行为举止和心理震慑等方面给人带来约束。容错则不一样，它主要通过允许试错、免于责任追究的方式来实施激励，进而有效实现组织及个人目标。

其二，适用情形不一样。虽然问责和容错都是指向权力行使者，但是在具体适用情形方面则不尽相同。两者的出发点一致，都是着眼于权力的规范、有效运行。只不过容错是从积极方面入手，问责是从消极层面入手，最终落脚点和归宿都是为了推动公共权力的规范运行。由此，两者互为补充、不可分割。只强调问责而忽视容错，容易抑制人们干事创业的积极性；只强调容错而忽视问责，则容易导致滥作为。两者需要相互支撑、相互耦合。

（3）构建以个人为主体的问责机制，切实做到无效必问责。对预算绩效进行问责，其对象不仅为部门，还应逐步转向部门负责人，一个有效的问责机制，其责任主体一定是个人。在我国当前的预算决策及执行过程中，部门领导发挥着极其重要的作用，而且对部门负责人进行问责也是世界各国的通行做法。例如，美国审计总署以绩效评价结果为依据，对被评价部门的行政长官实行任免和奖惩③；澳大利亚《财政管理与责任法》明确提出主管首长要担负起特别责任，应对有效并符合道德地利用预算资源负责④。

《中共中央　国务院关于全面实施预算绩效管理的意见》也明确提出，

---

① 王柳：《理解问责制度的三个视角及其相互关系》，载于《经济社会体制比较》2016 年第 2 期。

② 洪向华：《为什么要同时强调问责与容错》，载于《人民论坛》2017 年第 9 期。

③ Robinson Marc. Budget Reform Before and After the Global Financial Crisis. *OECD Journal on Budgeting*, 2016（1）：29 – 64.

④ De Jong M. and HoA. T – K. Sequencing of Performance – Based Budget Reforms. PFM Blog by theInternational Monetary Fund, 2017（January 26）. Available at http：//blog – pfm. imf. org/pfmblog/2017/01/sequencing – of – performancebased – budget – reforms. html.

"各级党委和政府主要负责同志对本地区预算绩效负责，部门和单位主要负责同志对本部门（单位）预算绩效负责，项目责任人对项目预算绩效负责"。由此，还应充分借鉴国际经验，逐步构建起以个人为主体的问责机制，例如建立公务员功绩制，对公务员开展定期绩效评价，评价结果作为公务员培训、奖励、重新分配、晋升、降级、解雇的依据，工作绩效和工作表现较差者必须改进工作，情节严重者将予以解除职务。同时，建立绩效工资制度，将公务员分成高级公务员和事务类公务员，为高级公务员设立绩效奖励制度，为执行主管提供绩效奖励，并提供高级行政服务执行奖和杰出职业高管奖；对于事务类公务员也以绩效进行激励，将考核结果作为晋升、降级等的重要依据。①

六、以参与性与权力共享为核心，促进预算绩效评价多元共治

国家治理的主体是政府，但社会及公民也是国家治理的有机组成部分，为政府的治理提供保障与补充。政府预算绩效评价应充分体现国家治理各主体间的权力共享与多元合作，以增强预算绩效评价的认同感和归属感。

（一）以民主化构建参与式绩效治理的基础

国家治理又称民主治理，民主化是国家治理能力现代化的最本质特征，也是国家治理合法性的主要来源。通过民主治理可以为资源的合理配置、利益冲突的有效解决提供规则，使各治理主体能够平等、公正地参与国家治理并发挥各自潜能。由此，福山指出："尽管历史上有许多形式的合法性，但在当今世界，合法性唯一真正的来源依然是民主。"②

自从近代民主政治发轫以来，国家治理的民主性程度就成为考量一个国家政治生活合法性的最重要指标。马克斯·韦伯在谈及近代德国的国家政治民主化的前途时曾指出："这里存在的只有两个选择：要么，公民大众在一个徒具议会制统治外表的官僚制'威权国家'中丧失自由权利，被置于'行政管理'之下，要么，公民作为共同统治者被整合进国家之

---

① 徐芳芳、刘旭涛：《美国公务员绩效激励机制之经验借鉴》，载于《公共管理理论》2018年第7期。
② ［美］弗朗西斯·福山：《国家构建：21世纪的国家治理与世界秩序》，黄胜强、许铭原译，中国社会科学出版社2007年版。

中。"① 韦伯的提示直至今天仍具有深刻的警醒意义：对于一个致力于复兴与崛起的政府而言，必须将自己的合法性根基铸造于民主制度之上。

鉴于此，公民对国家治理行为的认同就成为国家治理合法性的基本表征，公民参与国家治理的广度和深度亦即国家治理主体结构及其行为过程的民主化，也成为铸造国家治理合法性基础的不二选择。"民主既是一种思想与价值，又是一种以民主制度为主要内容的国家形式，体现为一种以权利、协商、自主和自治为关键词的社会行动，和一种对民主决策和科学决策加以特别重视的治理机制与治理结构"②。即国家治理合法性形成的基本过程是，"在制度化成熟、民主化完善的国家政治生活中，社会成员通过个体或集体行动，将其诉求通过政治体系的输入输出系统得以体现。社会成员经此政治行为的过程，日积月累形成对此政体的持续认同与认可。"③ 从这一角度来说，国家治理的民主合法性之所以有助于其治理能力的提高和良好治理绩效的达成，就在于这种治理范式必然内含的对政治输出秩序的自愿性遵从。

国家治理民主化主要体现在三个方面。一是治理理念方面，体现人民的意志和主体地位，保障人民在国家治理中的知情权、参与权和监督权，维护和扩大人民在国家治理中的权益；二是治理策略方面，推动治理主体由一元治理向多元交互共治的转变，治理方式由单一治理向复合治理的转变，治理手段由行政命令向对话协商的转变；三是治理效果的考核方面，加大公民、民间组织和媒体等的权重，弱化对单一经济效益、政治效应的考核，强化针对与人民的生存状态、生活质量有关的社会效应、文化效应和生态效应的考核。

由此，在预算绩效评价过程中，意欲充分体现与满足国家治理民主化的意图与倾向，就需要充分关注绩效评价民众的知情权、参与权和监督权，绩效评价的协商对话与多元共治，以及以服务对象满意度为核心的治理效果考核。

（二）以服务对象满意度为核心，构建绩效评价标尺

20 世纪 90 年代初，随着新公共管理运动对政府再造影响的不断深入，立足"结果导向"的政府治理逐步深入人心，公民满意度被引入预算绩效

---

① ［德］马克斯·韦伯：《韦伯政治著作选》，阎克文译，东方出版社 2009 年版。
② ［德］马克斯·韦伯：《支配社会学》，康乐、简惠美译，广西师范大学出版社 2004 年版。
③ 刘建伟：《国家治理能力现代化研究述评》，载于《上海行政学院学报》1995 年第 1 期。

评价。公众满意度成为评价预算绩效水平的标尺，促使政府以公众所需提供公共服务，凸显顾客至上的理念。

同样，满足人民日益增长的美好生活需要，建设人民满意的服务型政府，也是我国适应社会主要矛盾变化，推进国家治理体系与治理能力现代化的必然要求。党的十八届五中全会决议据此提出，应"在坚持协调发展的基础上，积极推动基本公共服务均等化，增加公共服务供给，从解决人民最关心最直接最现实的利益问题入手，提高公共服务共建能力和共享水平"。①

享有基本公共服务是每个公民的基本权利，评价公共服务的供给水平，需要查看公共服务受众的具体感受，公民对公共服务的满意程度表达了其对公共服务质量的具体感知，由此形成的一种整体性的好恶感觉程度②，既成为衡量政府公共服务质量的重要指标，也成为检验政府施政水平的重要标尺③。

从社会权力分配与政策形成的影响因素来看，公民个体的表达及其对政府行政过程与决策的影响，需要通过公民的有效政治参与来达成。④ 亦即，没有公众参与的公共服务供给过程，是无法保证与满足多元主体所具有的差异化需求的。作为衡量公共服务供给质量的工具，公共服务满意度强调公民个体对公共服务供给满足自身需求程度的判断，但个体分散的判断如何形成具有基本一致性的判断合集，并对政府决策产生影响，则是实际操作中面临的现实问题。

公民政治参与作为现代民主的核心所在，强调公民个体通过各种方式参加政治生活，并直接或间接地影响政治体系的构成、运行方式和规则以及公共政策的政治行为。⑤ 公共服务参与为公民影响公共服务政策、提升供给质量提供了介入机会和制度化途径，也有助于公民对公共服务评价水平的提升。有研究指出，根据公共服务供求平衡的决策机制来看，通过强

① 《国务院印发"十三五"推进基本公共服务均等化规划的同志》，中华人民共和国中央人民政府网站，http://www.gov.cn/zhengce/content/2017-03/01/content_5172013.htm，2017 年 1 月 23 日。

② 曾莉、李佳源：《公共服务绩效主客观评价的契合性研究——来自 H 市基层警察服务的实证分析》，载于《公共行政评论》2013 年第 2 期。

③ 官永彬：《公众参与对民生类公共服务满意度影响的理论分析》，载于《重庆师范大学学报》2014 年第 6 期。

④ 周庆智：《在政府与社会之间：基层治理诸问题研究》，中国社会科学出版社 2015 年版。

⑤ Verba S, Schlozman K L, Brady H. *Voice and Equality: Civic Voluntarism in American Politics.* Cambridge, MA: Harvard University Press, 1995.

化公民在公共服务过程中的参与，能够有效满足个体的服务需求、较好地识别其基本需求偏好，使个体公共服务基础化和差异化得以兼顾，提升公共服务满意度水平。①

同时，从公共服务创新的角度来看，公民参与下的公共服务，可以保证其公共需求导向，并避免公共服务偏离既定的公共利益目标。② 具体而言，公众参与通过矫正政府财政支出结构偏差、优化公共服务供给决策、提升良性互动下的信任关系三种途径，可较好地促进个体对民生类公共服务满意度水平的提升。

由此，要提高公共服务供给的服务对象满意度，提升预算支出绩效水平，应重视普通公民的参与与感受，构建多元主体参与的供给体系，改变"政府主导"的单一供给机制，逐步形成"百姓点菜、政府买单、多元参与"的格局，使普通民众能够真正享受到优质的公共服务产品。此外，还应通过加强沟通协商，切实提升参与实效和公共服务满意度水平。有效参与是基于有序参与的达成而获得的，要求公共服务的多元主体之间形成和谐、顺畅的互动合作机制。为此，需重视公民个体与包括政府在内的其他主体进行沟通的效果，使多方主体之间的信息输送与理解反馈高效而精确。③

（三）以协商对话与多元共治确保绩效评价的广泛、平等参与

现代财政的职能不仅是弥补市场失灵和宏观经济调控，更重要的是通过提供充分的公共产品和服务满足社会公众的需要，以此为基础政府才能获得政治上的合法性地位，成为令人民满意的政府。同样，也正是基于这种共同的需要，政府和市场、社会成为一个紧密联系的利益共同体，构成了一个协同治理的整体。协同治理要求集体决策、统一规则。公共财政活动也需要在充分暴露和表达公众对公共产品的偏好和需求，达成预算同意的情况下开展财政收支活动。这就使通过集体决策确立的现代预算管理，避免了行政决策带来的片面性，使政府筹集收入与配置资金的活动能够更好地平衡各方面利益，以充分满足与体现民众的需求与偏好。

---

① 孟习贞：《公众参与促进基本公共服务的有效供给》，载于《生产力研究》2014 年第 11 期。
② 彭向刚、张杰：《论我国公共服务创新中公民参与的价值及路径》，载于《吉林大学社会科学学报》2010 年第 4 期。
③ 郑建君：《政治参与、政治沟通对公共服务满意度影响机制的性别差异——基于 6 159 份中国公民调查数据的实证分析》，载于《清华大学学报》（哲学社会科学版）2017 年第 5 期。

1. 协商共治为绩效评价多元参与奠定基础

预算的协商和参与体现了政府与社会共同治理的理念，属于治理体系的一种创新。通过这一机制，可以实现公共治理变革，由传统的"单一控制"方式转向"多种控制"与"社会协商参与"并举的方式。在预算的社会协商与参与方面，应根据我国政治体制的特点，构建"体制内协商"与"体制外参与"相结合的机制。在体制内，以人大、政协等部门为主导构筑协商参与平台；在体制外，搭建政府、社会组织、专家与普通公众相互协作的协商参与平台。为提高协商和参与的效果，需要采取灵活多样的协商参与方式，提升公众的参与能力和参与热情，合理确定协商参与的范围及具体内容。应根据各级政府的特点和实际情况，确定各自协商参与的方式和内容。通过预算的社会协商与参与，在政府与社会之间建立良性的互动机制，实现社会治理创新。

在此需要关注的是，治理主体的多元化打破了以政府为核心的威权式管理模式，为提高社会公共事务治理效率，任何社会组织和行为个体在一定范围内和一定条件下，在社会公共事务治理中都可成为主导力量。但与主体多元化相伴随的是，随着参与者的逐步增多，各方之间信任与合作的可能性会逐步降低，达成一致的交易成本将随之上升，公共治理的协同效应也会变差。由此，如何在推动预算绩效评价社会协商与广泛参与的同时，将公众的意见及时反映到决策部门，并且得到合理的吸纳，形成政府与社会的良好互动，降低协商对话成本，构筑起政府与社会互动的新机制，就成为提高预算绩效评价参与质量需要关注的领域之一。

2. 多元参与的主体与参与方式

长期以来，我国与政府有关的各类绩效评价往往局限于政府系统内部，封闭的模式导致政府与社会隔绝、政府目标与社会公众需求及期望出现偏离，政府工作处于一种暗箱运作状态。另外，政府内部缺乏具有专业分析背景的评估工作人员，导致绩效测量工作缺乏科学性和系统性。

多元参与对于绩效评价来说具有显著影响。首先，多方面的参与为评价体系的开发提供了多视角的信息，使绩效评价有更大的包容性和科学性；其次，利益相关者在获得共识的基础上能够更好地理解和支持评价，可为评价的顺利推广奠定良好的基础。在关键利益相关者之间就使命、目的和战略达成合理的认同水平，被认为是结果导向型管理的第一步。此外，参与式绩效评价意味着绩效信息在政府内部及政府与社会之间无障碍地流通和反馈，从而为公民参与提供了便捷的渠道。

由此，在绩效评价中引入社会参与，使政府从封闭走向开放，整合体制内外力量共同参与到绩效评价的设计和运行之中，不仅有助于推进绩效评价科学化、合理化、规范化，也是政府治理走向民主化的重要途径。

在中国，从社会参与的角度来看，分为正式制度参与和非正式参与。所谓正式制度参与，是指人大、政协等机构，以官方身份通过正式的程序参与到预算绩效评价之中；所谓非正式参与，是指社会公众及社会组织对预算绩效评价的参与，这类参与的组织模式、组织制度、组织程序相对来说系统化不足、规范性不强，需要进一步明确，由此，针对此类绩效评价的社会参与也成为本书关注的核心。

依据财政部发布的《关于贯彻落实〈中共中央　国务院关于全面实施预算绩效管理的意见〉的通知》，中国参与绩效评价的社会力量主要来自两大领域：一是第三方机构，二是专家学者和公众。① 为此，需要强化这两方面绩效评价参与的引导与规范。

（1）预算绩效评价中对第三方机构参与的规范和引导。全面实施预算绩效管理，政府部门不能既当"运动员"又当"裁判员"，这样得到的评价结果，其公允性、客观性和可信可用度都会令人存疑。第三方机构作为专业评估机构，因其客观性和独立性，成为预算绩效管理的必要组成部分。为此，《中共中央　国务院关于全面实施预算绩效管理的意见》提出，"各级财政部门建立重大政策，项目绩效评价机制，逐步开展部门整体绩效评价，对下级政府财政运行情况实施综合绩效评价，必要时可以组织第三方机构参与绩效评价"。面对第三方机构存在着的专业性不够强、评价报告不够深入等方面的实际问题，意见也明确指出，应"引导和规范第三方机构参与预算绩效管理，严格执业质量监督管理"。

为此，从政府监管层面来说，应明确第三方机构管理的相应工作规程：一是确保第三方评价工作有章可循和可持续推进；二是合理设置准入门槛，规范第三方评价市场；三是合理确定评价方式及评价定价，在绩效评价资源有限的情况下，一般性项目应由部门自评，重点项目开展第三方评价，使有限的财政资金能够发挥更大效用，保障第三方机构服务优质优价；四是强化技术支持，健全财政信息系统，拓展绩效信息公开范围和渠

① 《关于贯彻落实〈中共中央　国务院关于全面实施预算绩效管理的意见〉的通知》指出，应推动社会力量有序参与。引导和规范第三方机构参与预算绩效管理，加强执业质量全过程跟踪和监管。搭建专家学者和社会公众参与绩效管理的途径和平台，自觉接受社会各界监督，促进形成全社会"讲绩效、用绩效、比绩效"的良好氛围。

· 52 ·

道，规范并完善财政支出及其绩效信息公开的主体、规程、内容和方式，使第三方可便利地获取评价所需信息。财政部 2021 年发布的《第三方机构预算绩效评价业务监督管理暂行办法》，以及《关于委托第三方机构参与预算绩效管理的指导意见》，都对此做出了较为明确清晰的界定与要求。

对于第三方评价机构来说，则应强化人才结构，组建专业队伍。预算绩效是一项复杂而系统性强的工程，涉及财政资金投入的每一个领域。因此，除了财务知识外，还需具备不同专业知识的人才队伍。此外，第三方机构还应树立质量意识，建立质量控制体系，对影响绩效管理服务质量的因素，包括体制、机制、文化、制度、人员、流程等多方面进行把控。同时，第三方机构还应在提高绩效评价报告质量上多下功夫。评价报告在绩效评价中具有十分重要的作用，甚至可以说绩效评价的全部工作都是围绕报告的产生而开展的。评价人员在评价准备阶段就应考虑报告的撰写，报告的重点是问题的发现与原因的分析，以及由此而提出的工作建议。在问题发现方面，要注意区分个别问题与普遍问题、一般性问题与主要问题，重视对典型案例的发掘；在原因分析方面，要善于去伪存真、透过现象看本质，抓住问题的主要矛盾；在建议的提出方面，要结合党和国家政策、行业发展规划的要求通盘考虑，既不能提出头痛医头、脚痛医脚的短视建议，也不能提出放之四海皆准的空泛议论。要使绩效评价报告的作用能够得到充分发挥，不仅需要对绩效评价报告进行准确定位，同时还需进一步规范、提升绩效评价报告的写作要求，通过更加科学合理的绩效评价报告写作模式及规程要求，实现绩效评价报告质量的不断提升。

（2）预算绩效评价中的社会公众参与。预算是财政资源的配置过程，民众以纳税为代价将私人资源让渡给政府，并从公共支出中获益；政府通过对私有财产的"占有"提供令民众满意的服务。在这一过程中，预算成为发现民众偏好并予以回应的工具，预算支出方向及其优先性排序就是政府对民众偏好的最佳回应。预算也因此成为将民众偏好转化为政府政策目标及公共服务内容的最恰当工具。

公民的积极参与还可使政府制定出更多反映民众偏好且获民众广泛支持的公共政策，有利于建设一个更少分歧和争斗、易于管理和规制的和谐社会。公民的预算参与使社会大众能够在预算决策过程中充分表达自己的意见，当预算配置从民众最需要的地方开始时，其本身就已经体现了公共预算配置的效率，因为对公共产品或公共投资项目的偏好集合正是民众最迫切需求的真实反映。此外，民众对公共预算的参与，既是参与公共决策的过程，也是对政府行为进行监督的过程，促使公共预算的安排更加合理、高效、透明。

为此，借助预算过程的公民参与改善预算资金的使用效率、提升政府行政合法性、增强公共服务可接受性、提高政府透明度、强化政府受托责任、促进民主建设，就成为以公民偏好集中表达与体现为己任的预算绩效评价的重要使命。

公民参与预算绩效评价的具体方法包括：

①预算征询制度。各级政府在编制预算方案时，事先对关系公众利益的重大事项（如基础设施投资、税费调整）征求意见，尤其是关于预算支出项目的可行性意见。预算征询可以采取问卷、网络调查、座谈会等形式开展。

②预决算公开制度。除涉密信息外，预决算文件在发放给人大代表时，也同时向公众公开，即"双公开"制度。预决算公开可以让公众知晓并关注预算安排及执行情况，为后续监督提供依据。公众对预决算的反馈意见可以为预决算修正提供参考。预决算文件包括预算修正案、预算调整案、预备费动用案、预算执行情况报告、决算案、预算审计报告、政府财务报告、绩效评价报告等，这些文件均应通过正式程序向公众公开，或者公众能够便捷查询。

③预算听证制度。预算听证、公共服务调查和预算对话都是重要的参与机制。为使预算充分反映民众偏好，促进预算资源的公平有效分配和减少腐败，发展和鼓励公民对话团体，建立立法机关或财政部门与公民团体之间的对话机制深具意义。这些工作可以率先在基层和社区的层面上推动，也可以先进行"试验"。无论结果如何，预算过程中各种形式的公民参与机制建设都是预算改革与民主进程不可或缺的重要组成部分。

④预算执行监督制度。预算方案在执行中细化成具体的政府行为和公共项目，公众可以凭借不同身份参与预算的具体收支活动，预算执行中的公众监督因此成为预算立法中最重要的公众参与。但这种决策后参与的"纠错"功能与决策时参与的"预防"功能相比，成本与代价要高得多。

⑤预算绩效公众评价制度。预算绩效评价是对政策或项目支出的执行结果进行的综合性考核，以衡量政府履责和预算资金使用的效益，是由"合规预算"向"绩效预算"推进的过渡。《中央部门预算支出绩效考评管理办法》中就规定了"公众评价法"。作为一种绩效评价模式，公众绩效评价的效果有赖于公众在预算决策与执行环节中的持续性参与。应搭建

专家学者和社会公众参与绩效管理的途径和平台，形成全社会"讲绩效、用绩效、比绩效"的良好氛围。

与此同时，预算绩效评价的协商共治与多元参与，必须以财政信息公开为前提，为此，还应着力构建财政信息公开的法律基础、制度基础和技术条件，合理界定公开和免除公开的范围，为预算绩效治理变革提供信息基础。

（四）以公开透明为绩效协商对话与多元共治奠定基础

如果政府预算编制得很好并且是向社会公开的，它就能发挥"告知过去的运作、目前的条件和将来的提议，明确地确定责任并方便于控制"的作用。预算将迫使行政官员在公众及其代表们面前陈述他们开展的活动以及开展这些活动的理由。通过审查政府的预算，公众及其代表们就可以审查政府的活动是否必要、成本是否合理，有权力的机构和部门就能够做出同意或者不同意的决定。这样，预算制度就成为一个非常有效的、对权力的使用进行监督和约束的控制制度，进而就能够成为一个基本而且重要的问责工具。[①]

由此，实行预算公开的目的就是要把"看不见的政府"变为"看得见的政府""廉洁政府"和"责任政府"。预算公开在制度和实践层面对整个预算具有深刻的影响，预算公开的推行可使公民真正分享预算权力，"倒逼"和"激活"民主制度，对政府改革具有突破性意义。国际货币基金组织（IMF）、经济合作与发展组织（OECD）等国际组织推出了财政透明度施行手册、评估指标和工作手册，为各国政府在预算透明度方面提供了具体的操作指南，并据此对各国进行评价。

国际反腐经验表明，预算公开性指数与清廉指数具有显著的相关性。预算反腐不仅效果好，而且其特点是重在预防。预算透明可以使公众的财政幻觉有所降低，使政府的财政承诺不至于过度。根据联合国经济和社会事务委员会对于良好的治理的定义，透明程度的高低是衡量治理好坏的一个重要标准。而预算透明应达到以下三个要求：首先，决策的产生和执行要遵循规章或条例；其次，信息可被相关者自由容易地获取；再次，要以易理解的形式给媒介提供足够多的信息。

---

① Jun Ma. The Dilemma of Developing Financial Accountability without Election. *Australian Journal of Public Administration*, 2009, 68.

但预算不能仅以生冷的面目公布于众，而是应当以更加友好的方式走入民间，以公众喜闻乐见的形式展示出来。一个按照现代公共预算制度编制出来的预算应能够全面、详细、准确地反映政府的活动，使政府的活动更加规范化和制度化。

1. 逐步完善预算绩效信息公开的形式

各级政府预算绩效信息的透明化需要从内容、质量、传播渠道三个维度不断完善，逐步建立正式的预算绩效信息公开报告制度。

一是让绩效报告和信息更易理解。要增加年度政府部门预算绩效评价宏观背景介绍，由财政部门统一发布年度部门预算绩效评价工作背景和标准的解释说明，包括核心概念解析、"自评价"标准和流程、"重点项目绩效评价"标准和流程等。

二是完善自评价公开内容。尝试扩大自评价项目绩效信息公开范围，可以通过列表形式公开所有自评价项目的基本信息，包括立项目标、预算规模、预算执行绩效等，重点增加对项目绩效结果与部门履行职能之间关系的说明。

三是不断加大重点项目绩效评价信息公开力度。各地方政府部门可参照财政部主导评价的重点项目绩效评价信息的公开内容和结构，主动公开由部门主导评价的重点项目绩效信息。

四是增加多年期项目绩效评价结果的历史比较信息。对于多年期的项目或者已设立多年的重点项目，可以起始年度绩效信息为基本信息，进行持续评价和绩效结果比较。

五是规范信息公开渠道。从传播渠道和方式来讲，为了便于公众获取信息，建议财政部门整合部门绩效评价与管理信息，通过统一的渠道进行发布。

2. 逐步完善预算绩效信息公开的内容

预算绩效评价信息应包含如下内容：

（1）事前绩效评估。事前绩效评估作为预算绩效管理链条的首要环节，将预算绩效管理的关口前移，提高了财政资金分配的科学性，为优化公共资源配置，促进政府决策科学化、民主化提供了重要支撑。[①] 事前绩效评估环节针对新出台重大政策、项目，围绕"必要性、经济性、

---

① 江书军、陈茜林：《部门整体支出全过程预算绩效管理链条构建研究》，载于《财政监督》2020 年第 1 期。

合理性、可行性、合规性"等方面开展绩效评估，突出成本效益的价值取向，解决"支持与否"的问题。在这一环节，预算部门需要围绕被评估政策、项目的计划内容、绩效目标实施方案和预期效益等进行评估，填写项目申报书、绩效目标申报表，完成预期绩效评价报告，并将其提交评审。财政部门对其进行调研、取证、讨论，并最终出具事前绩效评估报告，根据评估结果做出预算安排决策，同时将绩效评估结果上报人大，并依法向社会公众公开，以促进绩效评估结果公开公正，及时回应公众关切。

（2）绩效目标管理。绩效目标管理是绩效评价的基础与灵魂，绩效目标的质量直接决定着绩效评价的信息质量。按照"谁申请资金，谁设置目标"的原则，预算部门需结合部门年度任务及中长期发展规划合理制定绩效计划、编制绩效目标申报表，提交财政部门进行审核。财政部门围绕"指向明确、细化量化、合理可行、相应匹配"的设置要求，对预算部门申报的绩效目标进行审核，并将审核结果反馈给预算部门，同时按照"谁批复预算，谁批复目标"的原则，将绩效目标批复随预算批复一并下达给预算部门，并在预算部门和财政部门的门户网站进行全部公开，使社会公众能够充分了解预算部门年度重点工作任务，鼓励社会公众参与预算执行与绩效目标的实现过程，逐步形成"参与式预算"绩效评价模式。

（3）绩效运行监控。绩效运行监控是提升预算绩效管理效率的重要手段，《中共中央　国务院关于全面实施预算绩效管理的意见》提出各部门要对绩效目标的实现程度和预算执行进度实行"双监控"。"双监控"不仅为绩效目标如期保质保量实现提供了保障，同时保证了预算资金不出现闲置、沉淀的现象，提升资金使用绩效，贯彻了"约束有力"的基本原则。在监控环节，预算部门和财政部门要以"双监控"为核心，同时关注绩效目标的实现程度和预算执行进度，对照绩效监控内容收集资料信息，科学、客观评判绩效目标完成情况及趋势，编制填报绩效监控情况表，撰写绩效监控报告。在绩效运行监控实施过程中，以预算部门自主监控为主，财政部门重点监控为辅。预算部门要结合绩效监控信息分析"双监控"存在问题的原因并及时纠偏，填报绩效监控情况表；针对因特殊原因需要调整绩效目标和预算的，需执行调整流程报批；对财政部门反馈的整改问题要采取分类处置措施予以纠正。财政部门汇总各预算部门绩效监控信息，形成绩效监控报告，并对绩效运行监控过程中预算部门存在的问题及时发布整改意见。监控环节的绩效信息要在一定范围内通过会议、文件、通知等形式及时传递给相关利益主体，确保绩效目标能够如期实现。

（4）事后绩效评价。绩效评价是预算绩效评价的关键环节，也是当前预算绩效信息公布范围和数量最多的环节。该环节绩效信息主要来自预算单位自评价、部门评价、财政评价所产生的绩效事项、绩效结果等内容。绩效评价信息按照"谁主管、谁负责、谁公开"的原则，预算部门根据绩效评价工作安排，在年度工作任务结束后，结合年初批复的绩效目标，围绕产出、效益完成部门整体支出、项目支出、政策等绩效自评价工作，填写绩效自评表，撰写绩效自评报告，随同年度决算报告在预算部门门户网站公开。财政部门对预算单位提交的自评报告进行复核，提出改建意见；同时可以适当委托具有资质的第三方机构参与重点绩效评价，围绕重点民生保障、改革发展等重点领域开展重点绩效评价工作，形成重点领域支出绩效评价报告，并在财政部门门户网站及时向社会公众公布，做到重点领域绩效信息公开、透明，发挥社会公众监督作用。

（5）评价结果应用。绩效评价结果应用是绩效评价的最终落脚点，预算绩效评价的终极使命是提高资金使用效益，优化资源配置，而这一使命的完成必须注重结果导向，建立绩效评价结果与预算安排、政策完善、日常管理的挂钩机制，避免评价结果被各部门束之高阁。结果应用环节的绩效信息更多表现为绩效评价结果的提交、反馈、整改过程。[1] 预算部门应针对财政部门围绕绩效评价审核结果及再评价提出的反馈意见进行整改，并形成整改报告在门户网站进行公布。财政部门应将重点领域绩效评价结果和预算部门实施的绩效评价结果随同年度决算向同级人大常委会报告，根据评价结果，将"优、良、中、差"的等级作为下一年度预算安排的重要依据，发挥绩效评价的"参考指引"功能；与此同时，财政部门将各预算部门绩效管理工作考核结果在门户网站及时公布，接受社会各界监督，强化预算部门提供公共产品和服务的责任与约束（见图1−7）。[2]

---

[1] 马海涛、孙欣：《预算绩效评价结果应用研究》，载于《中央财经大学学报》2020年第2期。
[2] 江书军、蔡晓冉：《全过程预算绩效信息公开框架与促进机制》，载于《地方财政研究》2020年第11期。

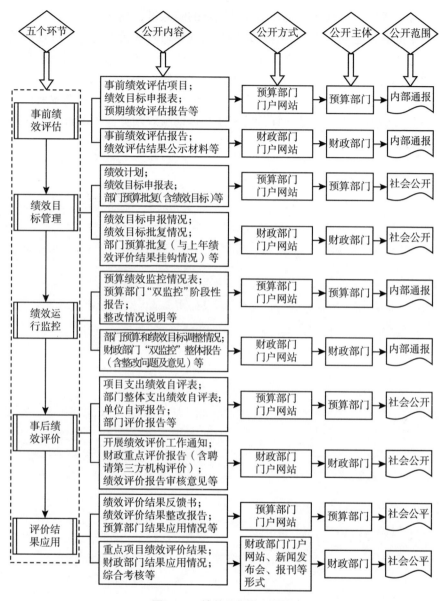

图 1-7　绩效信息公开流程

　　总体来看，全面实施预算绩效管理，不仅有利于为政府履行职能提供坚实的物质基础和体制保障，督促各级政府部门认真履职尽责，提高行政效率，全面提升政府效能，增强政府公信力和执行力，加快实现国家治理体系和治理能力现代化，更在于提升民众的满意度，确保全体人民在共建共享中的获得感稳步提高。为此，在开展预算绩效评价的过程中，还应着力通过法治化、制度化、理性化、民主化、透明化、可问责的国家治理现代化以及现代财政制度的构建，规范绩效评价制度构建、完善绩效评价体系、扩大社会公众参与、促进预算绩效透明度和可问责性，提高政府的执行力和公信力，为预算绩效评价的实践与远期绩效预算改革的推行提供理论基础。

第二章

预算绩效评价成本—效益分析
方法及应用

第一节 成本效益分析的国际经验借鉴与启示

随着《中共中央 国务院关于全面实施预算绩效管理的意见》将"强调成本效益"提升为预算绩效管理的指导思想，成本效益分析（Cost-benefit Analysis，CBA）已经被定位为"全方位、全覆盖、全过程"预算绩效管理核心工具。成本效益分析的关键制度要素和应用指南的国际经验分析对于进一步深化我国的预算绩效管理改革，建立政府预算绩效成本效益分析评估（评价）体系具有借鉴意义。

一、立法保障，完善 CBA 的规章制度和组织体系

规章制度是操作的基石，组织体系是操作有效运行的重要保障。美国、英国、加拿大等国经过较长时间的发展完善，已经形成了涵盖立法、政策和项目的全覆盖态势；建立了事前、事中、事后的全过程完整循环。这些国家均发布了项目或规制成本效益分析的规章制度及方法指南，例如美国的《A-94通告》、英国的《绿皮书》，规定了 CBA 的组织体系，促进了政府资源有效配置决策等，为成本收益分析提供了一般指导。

我国成本效益分析的制度和组织体系尚未完善，还需出台相关的规章制度，明确各级政府、财政预算部门、审计等部门的权责，牢固树立部门成本效益意识，落实各预算部门在成本效益分析中的主体地位。同时，应

促进公开成本收益信息，提高信息透明度，形成并建立高效合作、相互制约、权责分明的组织体系，确保成本效益分析方法在公共部门决策、预算管理体系中发挥基础性的作用。

二、明确成本收益的应用场景和操作指南

由于成本效益分析法的实施也有成本，如果每一项规制活动都采用成本效益分析法来分析，反而给规制带来沉重的负担。出于提升工作效率的角度，部分国家根据评估项目的金额和项目的紧迫性、实效性等因素，区分了简化评估程序和完整评估程序。例如，美国克林顿总统1993年发布的12866号政令要求政府机构采用成本效益分析法。对于每一个"重要规制行动"，机构必须向管理和预算办公室（Office of Management and Busget，OMB）下设的信息与规划事务办公室（Office of Information and Regulatory，OIRA）提供对法规提案潜在成本和收益的评估。根据政令规定，重要规制行为意味着该法规的规制行为可能导致：（1）对经济每年产生1亿美元以上的影响，对经济部门、生产率、竞争、就业、环境、公共卫生或安全、联邦政府、州政府、部落政府产生实质性的负面影响；（2）造成与其他机构正在采取或者计划采取的规制严重不一致；（3）实质性改变了应享权利、拨款、使用权费、贷款项目或受众权利义务的预算；（4）产生新的法律或政策问题。

成本效益分析法作为一个科学化的决策过程，需要一套标准化的操作流程以保证各种方案编制的成本收益具有可比性。要深入推进预算绩效管理，我国可以借鉴国际经验，研究和编制《中国成本效益分析指南》。在成本效益分析指南中，需要明确成本效益分析的步骤和操作规范指引，包括开展部门和项目成本效益分析的目标、对象、方法、贴现率选择、结果应用等内容。在成本效益分析规范指引中，需要明确效益和成本的界定、测量、计算方法等内容。

三、加快绩效管理信息化建设

英国公共部门单位成本数据库为开展成本效益分析提供了成本标准，展示干预措施及与干预措施相关的边际成本和边际收益的变动数据。应借鉴英国经验，加快建立我国的公共部门单位成本数据库，成立专门的项目

小组，引入第三方科研、咨询机构收集各政府部门干预活动产生的成本和收益的数据，形成单位成本数据库，并不断更新完善数据库。

应建立完备的预算绩效管理基础库（项目库、标准库、专家库、指标库、案例库等），完善分类别、分行业、分领域的赋权方法、评价指标和标准体系，同时探索在省级平台收集汇总各地历年大量的成本效益分析结果，形成同类别作业模块和项目绩效的省级"标杆绩效""平均绩效""最低绩效"，供参考执行。

四、培养长期视角，实施中长期财政规划

英国的《地方伙伴成本效益分析指南》将收益分为财政收益和社会经济收益，财政收益主要通过成本减少体现，因为财政支出的减少意味着释放资金并重新分配到其他公共支出领域进一步创造收益。公共部门的成本效益分析往往需要基于一个较长的评估时间段。

我国应强化财政预算规划对政府决策落地和工作推进的连续性和支撑性作用，消除部门因年度工作绩效结果不显著而采取的短视化、短期化行为，确保中长期预算规划、绩效目标与政府战略规划、部门工作计划周期一致、目标一致、步调一致，使成本效益分析结果更有实践价值且始终为政府执政和部门履职服务。

五、成本效益分析的全流程应用

从各国成本效益分析的应用来看，主要发达国家在项目/规制分析中采用了全流程的成本效益分析，形成了事前、事中、事后的全覆盖分析流程。OECD2018 年的问卷调查表明，目前普遍存在事前评估的 CBA 程序比事后评价的 CBA 程序要更加完善的现状——24 个样本国家中有 75% 的国家制定了关于事前分析的明确标准，但只有不到 50% 的国家制定了事后分析标准，具体参见图 2 – 1。CBA 分析的运用也大多集中在事前环节，24个样本国家中有 2/3 已就所有或大部分新政策开展了事前 CBA 论证，而大多数国家很少开展事后 CBA 评价，见图 2 – 2。由此可见，尽管 CBA 在事前环节的运用更为广泛，但在部分国家，CBA 全流程的分析仍表现出一些共性。事前分析主要聚焦于方案的选择立项；事中分析侧重于对方案实施过程的监测，收集相关数据用于改进过程以及未来的决策；事后分析主

要是对项目/规制实施效果的系统评价，用于改进未来的预算项目决策。我国当前的成本效益分析仍侧重于事前的项目可行性分析，全流程、全覆盖的成本效益分析应用仍有待进一步开展。应借鉴发达国家成本效益分析的应用经验，建立完善涵盖事前、事中、事后的全流程 CBA 分析。基于预算评审中心的业务特点和研究需求，本章第三节的案例选材均聚焦事后环节的绩效评价，结合具体层级和具体领域进行 CBA 的运用分析，尝试为解决实践问题提供一些思路和参考。

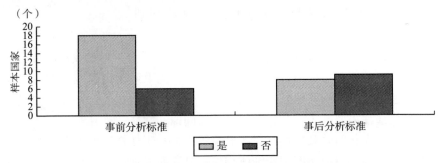

图 2-1 OECD 2018 年调查中制定 CBA 事前或事后环节
应用标准的样本国家数量对比

资料来源：OECD，2018。

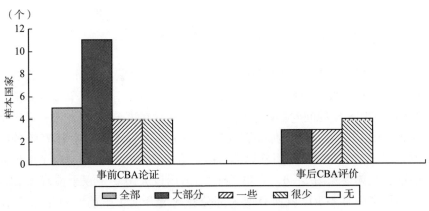

图 2-2 OECD 2018 年调查中样本国家在事前或事后
环节进行 CBA 分析的情况

资料来源：OECD，2018。

第二节　成本效益分析在政府预算绩效 管理中的运用分析

狭义的成本效益分析的重要特征是构建影响评估分析的统一量化基础。因为只有基于统一基础的不同影响才具有可比性，才能加总计算，从而实现不同项目之间横向比较的可能。再加上 CBA 具有更强的货币量化和全生命周期综合分析的能力，所以成本效益分析与传统绩效评价方法相比在跨领域、跨项目对比分析上有显著优势，这也是它吸引政府预算绩效管理实践者的重要原因。当然，公共部门的成本效益分析和企业的投资分析有不同的侧重和特点。公共部门的多元化目标使得成本效益分析的亮点同样也成为其痛点，尤其在政府预算绩效管理中的技术难题和适用局限让其备受批评。所以，在我国渐进式的政府预算管理改革发展中，绩效管理的成本效益分析运用应当形成合理定位。

一、成本效益分析方法在预算绩效管理中运用的逻辑起点

（一）基于逻辑模型的组织绩效管理

成本效益分析方法之所以可以在预算绩效中广泛使用，最主要的逻辑起点就是组织绩效管理理论中的逻辑模型。典型例证就是，政府预算绩效评价中"成本有效性"（cost-effectiveness）指标之所以可以与企业绩效评价中净资产收益率（ROE）相媲美，不仅在于其分解步骤及公式具有相似性，而且两个指标都能综合地反映公共部门或企业运营绩效。

组织绩效管理重要理论之一是逻辑模型（logic model），该模型把每一事件分为投入（inputs）、过程（process）或活动（activities）、产出（outputs）、结果（outcomes）和影响（impacts）等要件，并寻求这些要件之间的关系（见图 2 – 3）。

图 2 – 3　逻辑模型

　　将逻辑模型中事件发展所包含的五个要素加以简化，就构成日常生活中人们经常提到的投入产出关系。本书称之为"组织投入—产出"模型（见图2-4）。

图2-4　组织投入—产出模型

　　任何组织运行都是将各种资源投入通过组织运作活动或作业转换成产出，从而满足社会需求、实现组织使命。可以说，无论是企业绩效评价还是政府预算绩效评价，都是以组织投入—产出模型为基础。

　　"3E"是政府预算绩效评价的核心原则，分别衡量投入的经济性（Economy）、投入转换成产出的效率性（Efficiency）和产出的有效性（Effectiveness）等。

　　所谓"经济性"（Economy），是指组织的资源投入组合是否实现最优。譬如某政府部门为了实现一项公共政策目标或提供一项公共服务，原先计划购置2台机器设备并聘请3名工作人员。但是在执行工作任务过程中该政府部门发现人工成本不断上涨，机器设备价格不断下降，预算资源投入组合调整为购置3台机器设备并聘请2名工作人员，可以以更低的成本完成任务、实现结果。这就是组织资源投入组合实现最优，或者说，采用最具有经济性的资源投入组合。

　　所谓"效率性"（Efficiency），是指组织利用资源投入组合生产、提供产出（产品或服务）的效率高低。组织努力追求以更少的资源投入生产、提供更多的产出。譬如A、B两个政府部门预算资源投入组合都已经实现最优，都是采用最具有经济性的"机器设备数量（台）/工作人员人数（人）=3∶2"组合，但是A、B两个部门提供的产出（产品或服务）在数量、质量等方面都存在差异。这就是A、B两个部门投入转换成产出的效率高低分别。

　　所谓"有效性"（Effectiveness），是指政府部门生产、提供的产出（产品或服务）对地方、国家经济社会发展产生的正面影响及效果。譬如政府公安部门下属戒毒所提供的强制戒毒服务，对地区治安状况比如刑事案件万人发案数等犯罪指标的改善，产生多大程度积极影响。这就是组织提供的产出的有效性程度。

（二）基于"组织投入—产出"模型的企业绩效评价特点

在企业"组织投入—产出"模型中，投入、产出主要都采用财务指标衡量，企业会计通过货币计量对企业的投入、产出进行全面反映，采用"投入－产出＝盈亏"关系式，即采用"相减方法"衡量企业运营绩效，这是最基础的企业绩效评价方法与工具，但也是最核心的评价方法与工具。值得强调的是，企业绩效评价中采用既简洁又高效的"投入－产出＝盈亏"关系式，即采用"相减方法"衡量企业运营绩效，其关键基础是企业投入、产出主要都采用财务指标衡量，其量纲（单位）是一样的，都是"元"。正如岑科（2021）所说，私人部门经济活动是"用货币打分的世界"，本质是将私人部门商品买卖、劳动雇佣、金融投资等活动的估价转换为货币金额，构造生产消费和价值创造的计分系统。

不同出资规模的企业盈利总额不具有可比性，因此，我们将"净资产"（所有者权益）作为企业出资规模因素，对"盈亏总额"进行"平减"处理，即采用"净利润÷所有者权益"公式计算"净资产收益率"（ROE）以评价企业运营绩效，使不同出资规模的企业之间运营绩效具有可比性。在企业投资项目为中长期项目，其投入产出相关的现金流是多年期的情况下，不同时点的现金流不具有可比性，将导致其"盈亏总额"受到货币时间价值的影响。因此，企业项目投资分析中应选择一个适当的折现率，利用复利原理将不同时点的现金流折算为同一时点的货币价值——现值（present value），从而构建不同时点投入、产出的可比性基础，计算"净现值"（NPV）核心指标，这一做法的本质是"经贴现后的盈亏总额"指标。其中，内部收益率是一项投资渴望达到的报酬率，是能使投资项目净现值等于零时的折现率。因此，企业绩效评价中"净资产收益率"（ROE）和"净现值"（NPV）核心绩效指标都属于盈亏评价。

近些年企业绩效评价发展日新月异，最流行的绩效评价方法与工具包括平衡计分卡（BSC）、经济附加值（EVA）、环境社会治理指数（ESG）等。当前企业绩效评价发展也呈现出从传统盈亏评价为核心的财务评价转型为财务评价与综合评价并重的评价体系的趋势。值得强调的是，不论企业绩效评价如何复杂，传统最基本的"盈亏评价"依然是最核心的评价方法与工具，因为私人资本唯一追求的目标就是盈利，实现保值增值。日益复杂的企业绩效评价方法与工具中设计并测算许多指标，包括非财务指标，如点击率、浏览量等指标，但最终都是为了更好地实现企业盈利。如果一家企业长期不盈利，通过创新的企业绩效评价方法与工具，得出"这是一家好企业"的结论，很难令人信服。即使是针对新经济下以亚马逊为代表的网络平台公司也同样适用，这些公司为何长期处于亏损却被大家竞相追捧，本质的原因就是投资人对其未来收益的预期折现到当期也足以覆盖其亏损，从而判断其为"好的"投资。

（三）基于"组织投入—产出"模型的政府预算绩效评价特点

公共部门投入与企业投入一样，也主要采用财务指标衡量。传统政府会计通过支出核算公共部门投入，不够科学也不够准确。20 世纪 90 年代，西方国家逐步兴起政府成本会计，通过成本核算公共部门投入，显著提升了科学性和准确性，进一步为科学、准确地评价政府预算绩效奠定了坚实的基础。

然而，大多数情形下公共部门产出难以也不宜采用财务指标衡量，应当采用非财务指标衡量。因为公共产品市场价格机制失灵，所以才需要政府干预，由公共部门提供公共产品。但也正是因为缺乏市场价格机制，使得公共部门提供的产出难以也不宜采用财务指标衡量。公共部门产出与目标具有"多维性"典型特征，按照党的十八大"五位一体"总体布局，公共部门产出与目标至少包括经济维度、政治维度、文化维度、社会维度和生态文明维度五个维度，经济维度指标（目标）只是其中非首要的指标（目标）之一。大多数情形下公共部门产出采用非财务指标衡量，比如刑事案件万人发案数降低了 5 件。为了更直观地反映公共部门产出效果与目标实现程度，通常采用占比或增长比例指标来衡量，比如国内生产总值（GDP）能源消耗同比下降 5.5%、平均优良天数比例为 78.0%、R&D 经费投入强度为 2.11%。

因此，公共部门投入的量纲（单位）是"元"，属于财务维度；而大多数情形下公共部门产出的量纲（单位）不是"元"，属于非财务维度，公共部门投入与产出的量纲（单位）不统一，无法像企业一样采用既简洁又高效的"相减方法"衡量运营绩效，所以在标准化（狭义）的成本效益分析失效的情况下，转而采用相对简单的"相除方法"衡量运营绩效更加直观，比如用"治安犯罪率下降的百分点/每一元投入""当地就业率提高的百分点/每一元投入"方式来衡量"成本有效性"（cost-effectiveness）。

虽然这种方法简单直观易操作,但由于不同行业不同类型公共项目"成本有效性"(cost-effectiveness)指标中的"被除数"各不一样,因此,不同行业不同类型公共项目之间绩效缺乏可比性。这从另一方面削弱了成本效益分析的优势,从而为政府预算绩效评价带来新的困难与挑战。

(四)公共部门成本效益分析法与传统绩效评价方法的区别

政府预算绩效评价方法的关键难点之一是如何克服不同行业不同类型项目之间绩效衡量的可比性,构建不同行业不同类型项目绩效的统一衡量基础。公共部门传统绩效评价方法设计的基本思路是采取"百分制评分法"。一般认为,市场经济下的资源配置是以价格为基础的供需传导机制,尤其在私人部门,经济活动是一个"用货币打分的世界"。由于公共产品市场价格机制失灵,应当想方设法设计一种非货币化衡量的评分方法——统一地以"百分制评分法"对所有项目绩效进行量化评分。

传统"百分制评分法"包括三个核心问题:

一是设计哪些具体绩效指标来衡量公共部门的投入经济性、产出有效性、投入转换成产出效率。因此,绩效 3E/4E 只是指标体系设计的基本原则,需要进一步细化设计具体绩效指标,过去我国项目绩效评价指标主要包括项目的产出数量、质量、时效、成本,以及经济效益、社会效益、生态效益、可持续影响、服务对象满意度等,当前实践中普遍存在成本指标"虚化"、质量指标与公共服务标准联系"弱化"、效益指标"软化"的问题。

二是如何将每一项具体绩效指标的业务值转换成分数,需要将每一项具体指标的实际值与评价标准进行比较,再按照规定的评分方法,比如错项扣分法、比例换算法等,最常用的评分方法是将实际值占评价标准百分比等比例或不等比例换算成相应的分数。绩效评价标准通常包括计划标准、行业标准、历史标准等,用于对绩效指标完成情况进行比较。通常在预算编制阶段将绩效评价标准设定为绩效目标,这成为预算绩效管理的首要环节。因此,绩效评价最核心的依据就是预算编制阶段设定的绩效目标。

三是在"百分制评分法"下每个具体绩效指标"满分值"设定,也就是每项具体绩效指标权重设定。政府预算绩效评价理论与实践中采用专家评议法、德尔菲法等定性评价方法和主成分分析法、层次分析法等定量评价方法,进行指标体系遴选和权重设定。

"百分制评分法"的三方面具体技术方法很难做到客观、刚性，不同行业不同类型项目评分的可比性较差，很难真正用于政府内部、部门内部不同项目的排序、取舍。

为了克服公共部门产出市场价格机制失灵，成本效益分析的设计思路完全不同于一般绩效评价方法。既然公共部门产出缺乏价格、难以货币量化，那就想方设法地"模拟"公共部门产出的价格——影子价格，并进行货币量化。"模拟"公共部门产出价格的方法目前还在不断探索和研究中，意愿调查法（Contingent Valuation Method，CVM）是其中最为基础的一种，即调查社会公众对缺乏市场价格的公共产品服务如良好环境的支付意愿（Willingness To Pay，WTP）或者受偿意愿（Willingness To Accept，WTA），来替代公共部门产出的价格。通常情况下，即使公共部门投入价格机制是有效的，也不直接使用市场价格，而是使用机会成本（opportunity costs），即分析这些投入资源的最佳替代使用（best alternative use）的价值。

一项政策或项目的成本是需要的各种投入，以机会成本量化；一项政策或项目的收益是实施后的各种产出，以支付意愿（WTP）量化（Weimer and Vining，1999），即机会成本原则适用于投入估值，支付意愿原则适用于产出估值。当产品服务是自由买卖时，通常假定支付的价格是消费者所接受产品服务的价值的合理替代，尤其当产出量和价格变动较少时。当产出量变动较大时，应当将消费者剩余（consumer plus）纳入考虑范围。

当产品服务不是自由交易或者没有收取价格，再或者个别使用者以外的更广泛公民获得产品服务收益时，需要采用对收益的支付愿意进行间接衡量，包括：（1）消费者寻求获取这类收益的花费，如居民进入国家公园所发生的成本。（2）相关产品与产品服务价格数据推算，如以机场附近住房价格变化来评估机场噪声成本。（3）选择试验，如在各种不同新兴与现有娱乐之间试验选择以推断新娱乐项目的价值。这些非市场交易产出估值称为影子价格（shadow price），量化非市场产出的影子价格是成本效益分析的最大挑战之一，一般采用偏好揭示法（revealed-preference techniques）和调查法。

将公共部门产出货币衡量化，公共部门投入—产出的量纲（单位）就一致，借鉴企业项目投资决策分析方法——成本效益分析法分析公共政策或项目的经济可行性，分析与公共项目相关投入、产出相关现金流，并通过折现方法，计算每个公共项目的净现值、内部经济收益等核心指标，从而使不同行业不同类型项目之间核心评价指标具有可比性，有利于公共预算管理尤其是预算绩效管理中对不同行业不同类型项目进行科学排序并做出准确的取舍决策。因此，公共部门成本效益分析与企业成本效益分析的基本原理一致，虽然在具体应用技术细节上有一些显著差异。

政府预算绩效评价从传统绩效评价方法向成本效益分析拓展的趋势，其本质是政府预算绩效评价从多维度综合评价向综合评价与财务评价并重的具体体现，综上所述，企业绩效评价与政府预算绩效评价"殊途同归"。

二、企业成本效益分析与公共部门成本效益分析比较

虽然企业成本效益分析与公共部门成本效益分析的基本方法和指标原理相同，都是分析项目全生命周期成本与收益相关现金流，并选择适当折现率进行贴现计算、分析，但是企业成本效益分析与公共部门成本效益分析在具体技术细节上，也存在不少差别。

（一）分析评价角度不同

企业成本效益分析是从项目自身角度分析企业项目的现金流与中长期盈亏状况，以评判企业项目的财务可行性。公共部门成本效益分析是从社会整体角度分析公共项目对经济社会整体的贡献以及需要经济社会整体付出的代价，以评判公共项目的经济合理性。

公共部门效益分析首先应当明确从谁的立场（standing）考虑政策或项目影响，即哪些利益相关者（stakeholders）的影响应该被纳入决策考虑范围，哪些人的偏好可以排除？公共政策或项目影响具有外溢效应（spill-over effects），政策或项目利益相关者包括直接与间接利益相关者。公共部门成本效益分析必须考虑外部性，必须将社会成本、社会收益纳入决策考虑范围。因为纠正外部性是政府存在的基本理由之一，不考虑外部性政府就失去了存在的理由。外部性存在使得政策或项目影响范围的界定趋于复杂化（Weimer and Vining, 1999），如 A 市推动垃圾处理费随袋征收，该政策实施直接关系到辖区内每位市民的生活福利，但也可能因垃圾违规倾倒而间接损害邻近 B 县居民的利益。我们认为公共政策或项目成本效益分析考虑外溢效应应以一国或一级政府为边界，其他国家或其他地方政府外部性暂不纳入公共决策分析考虑范围。公共部门成本效益分析需要考虑社

会收益、社会成本，这是与企业项目成本效益分析的关键区别之一。

（二）成本与收益的内涵和外延不同

企业成本效益分析是根据项目的实际收支确定项目成本与收益，其中，政府补贴计为收益，税金和利息均计为成本。公共部门成本效益分析则着眼于公共项目对社会提供的公共服务价值与项目所耗费的全社会有用资源，来考察公共项目的成本与收益，其中，政府补贴不计入项目收益，税金和利息均不计入公共项目成本。企业成本效益分析只分析项目直接产生的成本与收益，而公共部门成本效益分析不仅分析项目直接产生的成本与收益，而且也要对项目引起的间接成本与收益，即外部效果进行计算和分析。为简化计算，有时可将外部效果"内部化"，即将那些成本与收益紧密相关的"项目群"，视为一个项目（联合体）进行成本效益分析。

公共部门成本效益分析中项目收益是指项目对经济社会整体所做的贡献，分为直接收益和间接收益。直接收益是指由项目产出产生并在项目范围内计算的收益；间接收益是指由项目引起而在直接收益中未得到反映的那部分收益。项目成本是指经济社会整体为项目所付出的代价，分为直接成本和间接成本。直接成本是指项目使用投入所产生并在项目范围内计算的成本；间接成本是指由项目引起而在项目的直接成本中未得到反映的那部分成本。

项目的间接收益和间接成本统称为外部效果，对显著的外部效果，能定量的要作定量分析，计入项目的成本与收益；不能定量的，应作定性描述。要防止外部效果重复计算或漏算。政府对项目的补贴，项目向国家缴纳的税金，由于并不发生实际资源的增加和耗用，而是经济社会整体内部的"转移支付"，因此不计为项目的成本与收益。

（三）分析评价使用的"价格"不同

企业成本效益分析对投入和产出使用市场价格，公共部门成本效益分析则使用影子价格。企业成本效益分析应采用以现行价格体系为基础的预测价格，现行价格是指现行商品价格和收费标准，有政府定价、政府指导价和市场价三种价格形式。在多种价格并存的情况下，项目财务价格应采用预计最有可能发生的价格。预测价格是在现行价格基础上考虑相对价格的变动和物价总水平的上涨因素进行调整。

公共部门成本效益分析使用影子价格，在分析期内各年均不考虑物价总水平上涨因素。影子价格是指依据一定原则确定的、比市场价格更为合理的价格。所谓合理，从定价原则来看，应能更好地反映产品的价值，反映市场供求情况，反映资源稀缺程度；从价格产生的效果来看，应能使资源配置向优化方向发展。

影子价格是为了消除价格扭曲对投资项目决策的影响，合理度量资源、货物与服务的经济价值而测定的价格，在项目成本效益分析中用于计算投入的成本或产出的收益。依据一定时期内全国的供求状况和变化趋势并参考国际市场价格测定。

（四）分析评价使用的主要参数不同

折现率是成本效益分析贴现计算的关键参数，是项目绩效评价的核心基准值，也是项目经济可行性和方案排序、取舍的核心准备。采用适当的折现率进行项目成本效益分析，有助于合理使用资源，引导正确投资方向，促进资金在短期与长期项目之间的合理配置。企业成本效益分析采用行业基准收益率，公共部门成本效益分析采用国家统一测定的社会折现率。

企业成本效益分析中所采用的折现率主要包括无风险利率、风险利率及通货膨胀利率等因素，通常采用调整后的行业基准收益率作为折现率参数。随着资本市场的成熟与发展，将行业基准收益率作为企业成本效益分析的折现率越来越合理。实践中通常采用资本资产定价（CAPM）模型和加权平均资本成本（WACC）来测定折现率。

公共部门成本效益分析中所采用的社会折现率是从社会整体角度对资金机会成本和资金时间价值的估量。就折现率的选择而言，理论上有两种不同的看法——机会成本法（opportunity cost approach）和社会时间偏好法（social time preference approach）。机会成本指一旦选择资源的某种特定利用方式，而必须放弃的其他方式可获得的最大效益。只有以私人部门报酬率为折现率且现在净值大于 0 的政府公共政策或项目才是经济上可行的。社会时间偏好法以社会时间偏好作为贴现率估算的基础，由于社会整体对于不同时点的资本消费具有不同的偏好，利率的功能在于补偿不同时点的消费，使其能够维持相同的现在价值，因此公共政策或项目的折现率必须反映出社会的消费时间偏好。所以，机会成本法侧重于横向部间的资源分配，社会时间偏好法则侧重于纵向代际间的资源分配问题。但是不论是边际社会机会成本还是边际社会时间偏好率都难以计算，实务操作中把市场利率作为社会折现率（social discount rates），但是资本市场有各种不同利率，如政府国债利率、中央银行再贴现率、商业银行存贷款利率、股票市场利率甚至民间借贷或互助会的利率等，究竟选择哪一种市场利率作为社会折现率，实务界依旧缺乏定论。[①] 一些国家和地方政府如美国联邦政府、澳大利亚新南威尔士州政府在成本效益分析时以7%的真实折现率折现，用4%~10%折现率进行敏感性测试。我国则是根据一定时期内的投资收益水平、资金机会成本、资金供求状况、合理的投资规模以及项目成本效益分析的实际情况，将社会折现率取为12%。[②]

企业成本效益分析与公共部门成本效益分析比较如表2-1所示。

表2-1　　　　企业成本效益分析与公共部门成本效益分析比较

项目	企业成本效益分析	公共部门成本效益分析
评价角度和立场	企业/项目自身	经济社会整体
成本与收益范围	直接成本与收益	直接成本与收益；间接成本与收益
价格体系	市场价格	影子价格
评价标准	行业基准收益率	社会折现率
评价内容	长期盈亏状况	长期盈亏状况
考察对象	项目财务可行性	项目对经济社会整体净贡献
税收、补贴以及利息	计入	不计入

三、公共部门成本效益分析的基本步骤与方法

成本效益分析法最初被应用于项目投资决策之中，其核心在于使有限

① Lind, Robert C. 1982. A Primer on the Major Issues Relating to the Discount Rate for Evaluating National Energy Projects. In Robert C. Lind, et al., Discounting for Time and Risk in Energy Policy. Washington, DC: Resources for the Future.

② 2006年，发展和改革委员会与建设部发布《关于建设项目经济评价工作的若干规定》，建设项目经济评价应根据国民经济与社会发展以及行业、地区发展规划的要求，在项目初步方案的基础上，采用科学的分析方法，对拟建项目的财务可行性和经济合理性进行分析论证，为项目的科学决策提供经济方面的依据。同时配发《建设项目经济评价方法》与《建设项目经济评价参数》，作为建设项目经济评价的重要依据。《建设项目经济评价参数》中给定的社会折现率为12%。

的财政资源得到最优配置，以充分发挥财政资金的效益，提高公共产品的供给质量。法国经济学家朱乐斯首次提出成本效益分析法的概念，此后英国经济学家阿尔福德对成本效益分析法给出了一些外延不同的定义，形成了成本效益分析法的理论基础。其后，意大利经济学家帕累托在前人的基础上重新界定了成本效益分析法的概念。1936 年美国《联邦航海法案》的出台，使成本效益分析法在实践中得以首次应用。

成本效益分析法，就是通过比较各个项目的全部成本和效益来评估项目价值、衡量资源配置的决策方法，其基本原理是为了达到一定的目标，制定若干可供选择的项目方案，然后对各选择项的成本和效益进行罗列与计算，并进行比较，最终按照一定的决策标准和原则确定最佳方案。

成本效益分析法一般分为四个步骤：

第一步是确定项目的目标，即政府在明确财政支出所要达到的效果后，根据预期目标制定一系列可行方案作为选项。

第二步是列举项目成本和效益。政府作为宏观调控的主体，其活动具有明显的外部性，财政支出所产生的效益也因此是多样的，不仅有现行的和直接的效益，还会产生对社会其他方面的间接效益。所以，在考虑财政支出效益的时候，要全面考虑经济、政治、社会以及生态的多个方面，既要考虑显性成本，也要考虑隐性成本，显性成本就是政府的运行支出，即提供公共服务所产生的直接费用与成本，而隐性成本是指政府活动给经济、社会及其他方面所带来的影响。在分析财政支出成本效益时，应当对直接成本、间接成本、显性成本、隐性成本、现期成本和长期成本进行通盘考虑。

第三步是计算项目成本和收益。在列举项目成本与收益之后，就可以对所列举的成本与效益进行计算，即用人们为获得某项服务或产品所愿意支付的价格来衡量成本效益。对于列举的全部成本和效益应尽可能量化，大多数可量化的成本和效益可直接用市场价格作为基础进行计算。在无法直接获取市场信息时，可利用一些技术来估计产品或服务的价值，比如显示偏好法以及陈述偏好法。在计算财政支出的成本和收益时，应当注意的是，如果支出涉及的周期长，还要考虑货币时间价值的影响，应运用贴现将未来的预期成本折合成现值。

一般来说，用 PVC 和 PVb 分别表示成本现值和效益现值，并且：

$$PVC = \sum_{t=1}^{n} \left[\frac{c_t}{(1+r)^t} \right], \ PVb = \sum_{t=1}^{n} \left[\frac{b_t}{(1+r)^t} \right]$$

其中，c_t 代表第 t 年的成本，b_t 代表第 t 年的成本，t 代表贴现年数，r 代表贴现率。

第四步是进行决策，得出结论。在计算成本效益之后，就要对财政支出进行分析评价，进而做出决策。在对财政支出进行评价时，具有多个标准，最常用的分析方法有净现值法（NPV）、内部收益率法（IRR）以及效益成本比率法（BCR）。

在净现值法下，$NPV = \sum_{t=0}^{n} \left[\frac{b_t}{(1+r)^t} \right] - \sum_{t=0}^{n} \left[\frac{c_t}{(1+r)^t} \right]$，当 NPV 越大，项目产生的收益越高；当 NPV 小于 0，则项目收益为负。在内部收益率法下，IRR 为 NPV = 0 时的内部收益率，IRR ＞社会贴现率，则项目可行；IRR ＜社会贴现率，则项目不可行。在效益成本比率法下，$BCR = \sum_{t=0}^{n} \left[\frac{b_t}{(1+r)^t} \right] \bigg/ \sum_{t=0}^{n} \left[\frac{c_t}{(1+r)^t} \right]$，当 BCR ＞ 1，项目有效；当 BCR ＜ 1，项目无效。

成本效益分析法简单易行，但是却有诸多应用障碍：一方面，当财政支出面临多重目标时，成本效益分析法的使用受到限制；另一方面，无论是成本还是效益，都比较难以直接量化。由此，为了弥补成本效益分析方法的缺陷，在实践应用中出现了多种拓展方法，如最低成本法（比较法）、偏好显示法、作业成本法、因素分析法等。

要将成本效益分析融入全面实施预算绩效管理之中，还需研究制定成本效益操作指南和相关规定；明确财政支出类型的差异；研究制定不同类型财政支出定额标准。具体来说：

（1）研究制定成本效益操作指南和出台相关规定。从当前国内外预算绩效管理的经验来看，鉴于财政支出管理方式、管理机构、运作机构、运作方法与私人投资部门的不同，不能单纯使用私人部门成本效益的方法对财政资金的绩效进行评判。OECD 国家大多颁布具有法律效力的政府文件作为成本效益分析的指南，但国内在此方面还是空白，还应加快研究制定成本效益分析的绩效应用指南。

（2）明确财政支出类型的差异。在利用成本效益分析法建立预算支出标准体系时，还应考虑预算部门的财力状况、实际业务需要以及项目特点。目前来看，财政支出涉及城市运行、公共服务、产业发展等不同领域，相互之间差异性较大。由此，首先应对支出类型进行分类，根据政府承担的资金比例和责任，可以将其分为纯公益项目，即由政府全额提供公共服务的领域；准公益项目，即政府负担一定比例资金的公共服务领域；以及市场化程度较高的项目（即政府投入一定引导性资金的市场化领域）。这些财政支出项目的类别具有不同特性，在纯公益类项目中，财政支出效益几乎全部为社会效益，可量化的经济效益十分有限；在准公益类项目当中，项目收益虽然相对难以量化，但公共支出受益者偏好显示显著；在市场化程度较高的项目中，无论是成本还是效益可量化程度均较高。

其次，根据不同支出类型项目的实际需要和行业标准，明确不同类型项目预算支出标准的核算方法。对于纯公益项目（由政府全额提供公共服务的领域），主要采取最低成本法、动态比较法等方法，既能以成本最小化为原则遴选出最优方案，又能在对项目进行纵向、横向等多维度比较分析中发现成本、效益上的差异，使方案达到优中选优。对于准公益项目（政府负担一定比例资金的公共服务领域），主要采取作业成本法、显示偏好法、走访调查法等方法，其中作业成本法主要是依据政府保障范围、职责及行业标准，对范围清晰、标准明确的工作量进行标准化和量化，在"全成本"核算的基础上制定预期绩效目标和监督考核指标，并制定合理的财政投入保障机制；显示偏好法、走访调查法则适用于对成本、效益难以货币化的项目进行分析比较。对于市场化程度高的项目（政府投入一定引导性资金的市场化领域），主要采取净现值法、因素分析法等方法，其中净现值法适用于轨道交通、高速公路、公用事业补贴等城市管理以及一些支持产业发展的项目，能在不同成本方案对应不同绩效水平的基础上进行比较、分析、排序，遴选出最优方案；因素分析法能够以"投入产出比"，对成本效益更加复杂的市场化项目加以分析比较。

（3）通过对不同类型财政支出项目预算绩效标准的确定，发现和总结不同项目的支出规律，研究制定不同类型项目的支出定额标准，辅助支持政府统筹研究收费价格、政府补贴、投融资等机制，推动预算绩效管理与事业发展规划、中期财政规划、年度预算编制、政府行政效能考核挂钩，使预算绩效管理在推进政府治理体系和治理能力现代化的进程中发挥应有的作用。

此外，经过一定程序确定的预算支出标准并不是一成不变的，还需要与经济发展水平、市场价格水平、财政收入状况、部门职能范围以及实际需要等现实情况相适应，并随其变化而有所改变，这样才能保证预算支出标准的可操作性和科学性。

需要指出的是，成本核算只有在决策正确、目标明确的情况下，才能发挥相应的效益，如果决策出现了失误、目标出现了偏移，成本核算得再精确也将于事无补。例如湖北省荆州市巨型关公雕像，先是违建后又搬移，共浪费了 3 亿元的财政资金。[①]

由此可见，成本效益应是在决策正确的前提下对财政资金投入规模的一种测算，是保障财政资金投入科学性、合理性的重要手段与方法。但需要明确的是，无论手段与方法多么科学与精确，也不能替代决策的正确。

第三节　我国政府预算绩效评价中的成本效益分析典型案例

一、CBA 在项目预算绩效评价中的运用案例分析

在项目预算绩效评价中，运用 CBA 是目前大多数国家最常见的运用场景。根据被评价项目自身的复杂程度和效益的多元化程度，我们可以采用不同类型的成本效益分析方法。对于医疗领域的项目绩效评价我们采用了狭义的 CBA 分析方法，原因有：一是成本和效益相对单一，往往仅涉及经济成本和效益，社会、生态成本/效益大多可以忽略不计；二是市场化程度较高，货币化的标准已经形成了大家认可的行业惯例和测算依据；三是项目的影响周期相对较短，折现的难度较小。所以课题组针对案例一新冠病毒核酸筛查项目采用标准化（纯粹）的 CBA，即狭义的 CBA 来进行绩效评价。而且为突出参考价值，案例中既对最终净收益进行了计算，又得出了成本效益比率的结果。

与案例一相比，案例二中对南水北调水利工程项目绩效评价进行 CBA 分析就面临诸多的挑战，成本效益不仅覆盖经济、社会、生态领域，而且每种领域的成本效益也呈现多元化特点，例如其社会效益中就有防洪、排涝、抗旱、环保等多重影响，既有定量的指标，又有定性的指标，而且其货币化也因为我国缺乏相对权威和动态的市场化标准而显得说服力较弱。

---

① 《巨型关公像教训探讨》，中央纪委国家监委网站，https：//www.ccdi.gov.cn/pln/202109/t20210906_142168.html，2021 年 9 月 6 日。

再加上工程建设周期长，影响深远，折现难度颇大。所以针对此类重大建设项目的绩效评价 CBA，课题组建议采用广义的 CBA 方法，在构建了成本效益多维度定量定性指标的基础上，对标工程设计标准，运用 CBA 和综合评价法相结合的方法来进行绩效评价，从而实现 CBA 分析在此类项目评价中的可操作性和可衡量性。

案例一和案例二的分析重点和难点主要集中在项目绩效评价的效益分析和量化方面，而且这两者都是基于事实的单一投入情况对应单一产出结果的成本效益分析。但是现实中我们有诸多项目存在多种投入和多种产出水平分别对应的关系，也就是一个项目中同时出现了多种方案需要进行评价和对比，此时的成本与效益并不是简单的加减或者比率测算就能充分体现两者的关系，而需要运用多维指标的"成本有效性分析"来展现更为复杂的不同等级效益（质量）与不同大小的成本之间的对应关系。本书结合机关运行集中保障项目的绩效评价来说明此类成本效益分析方法运用中应当关注的重点和难点，但鉴于案例资料的敏感性，案例三的具体内容做省略处理。

案例一：大规模人群新冠病毒核酸筛查成本效益分析

2019 年底暴发的新冠肺炎疫情截至 2021 年 11 月已造成逾 2.6 亿人次感染，500 万人死亡[①]，是迄今为止全球最为严重的公共卫生事件之一。2021 年底，在疫情防控局势下，境外输入病例和无症状感染患者对防疫工作带来了新的挑战。因为无症状感染者不表现出任何临床感染症状，只有通过有效的核酸检测才可发现，因而针对无症状感染者的诊治和隔离等干预措施通常具有滞后性。因此，在常态化疫情防控中，各省市的普遍操作是一旦出现散发病例便立即采取大规模核酸采样工作，以筛查无症状感染者，及时阻断疫情传播链。为验证这一措施的必要性和有效性，我们可以利用成本效益分析法对筛查项目进行绩效评价。

何栩如等[②]以 2020 年深圳罗湖"8·14"突发性事件为研究对象，研究了在核酸大筛查过程中紧密型医联体内人力、财力和物力的成本效益比。在其研究基础上，结合预算绩效评价的需要，我们探讨了成本效益分

---

① Coronavirus disease（COVID–19）pandemic，World Health Organization，https：//www. who. int/emergencies/diseases/novel–coronavirus–2019.

② 何栩如、孙喜琢、宫芳芳、林锦春、李文海：《大规模人群新冠病毒核酸筛查成本效益分析》，载于《现代医院》2021 年第 9 期，第 1403～1406 页。

析在医疗领域的运用。

（一）背景介绍

2020 年 8 月 14 日凌晨，工作于罗湖区某连锁超市的一名售卖员于外地确诊为新冠肺炎。由于其为本地首发病例，传染源和感染时间均无法确定，同时超市作为一个人口流动较大的社会活动场所，这一突发性疫情为人口密度高达每平方千米 6 730 人的深圳带来了巨大的安全隐患。在接到通报后，深圳市政府和有关区级医疗机构立即对患者工作、居住场所启动防控措施，以罗湖区属紧密型医疗联合体——深圳市罗湖医院集团（以下简称"集团"）为主体，开展以核酸检测为主要手段的大规模筛查工作，以应对"8·14"突发性事件。

（二）分析步骤

（1）界定目标：对"8·14"大规模筛查工作进行事后绩效评价，基于成本效益分析的角度，聚焦成本测算和效益测算分析。此次大规模筛查工作罗湖区共设置集中采样点 92 个，投入医务人员 5 452 人次（其中集团投入 4 715 人次，市属医疗机构支援 737 人次）。筛查行动范围以首发病例（0 号病人）的工作、居住场所为中心，对范围内所有工作、生活居民进行排查检测。截至 8 月 23 日 24 时，总计筛查样本 43.71 万例，共查出 3 例密切接触者阳性，均为无症状感染者。8 月 14 日，对 0 号病人的密切接触者进行筛查工作后检出 2 例无症状感染者（感染者 A 和感染者 B）；8 月 19 日，在对 0 号病人、感染者 A 和感染者 B 的工作、生活场所范围内筛查中，检测出 1 例无症状感染者（感染者 C），为感染者 A 的密切接触者，具体如图 2 - 5 所示。

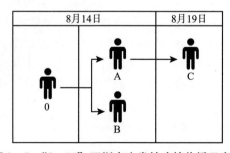

图 2 - 5 "8·14"深圳市突发性疫情传播示意图

人群特征信息由集团检验中心对个人信息进行脱敏处理后提供。成本分析数据来源于集团办公室、财务中心和综合服务中心对全流程费用的支付记录和相关仪器、设备的折旧费用统计记录。成本分析的数据收集起止时间节点为 2020 年 8 月 14 日 0 点至 2020 年 8 月 23 日 24 点。

（2）识别影响，确定成本和效益构成。根据此次病毒的传播特点，确定检查覆盖人群为深圳罗湖区高风险地区，效益测算时，以深圳常住人口为基础，暂不考虑更大的省或者地区范围。

①成本构成：在本案例中，成本主要构成为经济成本，社会成本和生态成本相对不明显。经济成本主要统计人力成本、物资成本、检验成本、信息化成本和其他成本。人力成本费用中主要构成有人员成本和核酸检测临时补助；物资成本主要由三部分构成，分别为医用防护物资成本、采样物资成本和后勤类物资成本；检验成本费用中主要构成有集团自检成本和外送检验费用；信息化成本由信息设备、无线网卡和软件开发成本三项构成。

②效益构成：同样，本案例中的效益构成也以经济效益为主体，而且是一种反事实的虚拟测算，即在不采取任何措施的情况下突发性疫情可能会造成的资源消耗和经济损失。直接效益主要体现为疫情在自然状态下扩散后产生的感染人数所需的治疗费用。间接效益体现为病患接受治疗所耽误的工作收益、工作产出，甚至是劳动力丧失，而造成的社会经济损失。由于本案例中社会效益和生态效益不明显，所以不设置这两类效益指标。

（3）货币量化。

①发病模型：结合我国新冠肺炎疫情现状与已有发病模型，案例构建出具有高人口密度的深圳地区在自然状态下的发病模型，最终得出发病人数预测公式为：深圳市常住人口数 × 深圳市发病 ×（1 + 新冠病毒再生系数）。[①]

②参数选取：参数的选取主要用于发病人数预测与总效益计算分析。取自已发表文献的变量，优先选取深圳市新冠肺炎研究，若无则将范围拓展至全国和国际中相关研究。摘自地方统计年鉴的数据，优先选取 2020 年度年鉴，若无则通过近五年数据计算参数取值范围。参数选取的具体内

[①]　新冠病毒的再生系数并非固定值，并且自 2020 年 4 月开始 G614 变体新冠病毒成为主要流行毒株，而已有研究主要围绕早期原始 D614 新冠病毒开展。因此，为增加筛查工作效益测算的科学性，新冠病毒再生系数由两部分构成：首先，基于原始 D614 病毒的传播参数确定一个原始区间，再根据 G614 变体病毒的传播增强倍数确定其再生系数的最大值，最终合并得到符合 G614 变体病毒传播特征的再生系数取值区间。

容见表 2 - 2。

表 2 - 2 效益预测分析中的参数选取

变量	取值	来源
2020 年深圳市常住人	1 756.01 万人	深圳市统计局
2020 年深圳市就业人	1 222.44 万人	根据 2020 年失业保险参保人数推测值
2020 年深圳市劳动者报酬	13 619.92 亿元 （12 921.57 ~ 14 181.45 亿元）	《2015—2020 深圳统计年鉴》
深圳市新冠早期发病率	2.69/10 万人	王宣焯等（2020）[1]
深圳市新冠治疗费用	12 288.53 元	李义平等（2020）[2]
深圳市新冠治疗周期	11 天	李义平等（2020）
新冠隔离周期	14 天	国家政策规定
病毒再生系数	3.15（2.26 ~ 6.20）	万时雨等（2020）[3]
病毒变异后增强系数	6（2.6 ~ 9.3）	Yang Z et al.（2020）[4]

注：①2020 年深圳市就业人口数量是以 2020 年度统计局中登记的失业保险参保人数为统计口径推测所得；②2020 年深圳市劳动者报酬预计于 2022 年《深圳统计年鉴》中发布，已知 2014 ~ 2018 年深圳市劳动者报酬占当年深圳市生产总值的比重分别为 46.70%、49.80%、49.84%、48.52% 和 51.25%，根据已有数据比例推算 2020 年深圳市劳动者报酬均值及取值区间。

资料来源：[1] 王宣焯、廖聪慧、李志慧等：《广东省新型冠状病毒肺炎早期流行与时空分布情况初步分析》，载于《热带医学杂志》2020 年第 4 期，第 427 ~ 430、571 页。[2] 李义平、魏碧莹、赖富明等：《深圳市 105 例新型冠状病毒肺炎患者住院费用及结构分析》，载于《中国医院管理》2020 年第 3 期，第 42 ~ 44 页。[3] 万时雨、刘珏、刘民：《新型冠状病毒基本再生数研究进展》，载于《科学通报》2020 年第 22 期，第 2334 ~ 2341 页。[4] Yang Z, Zeng Z, Wang K, et al. Modified SEIR and AI predictionof the epidemics trend of COVID - 19 in China under publichealth interventions JThorac Dis, 2020, 12（3）：165 - 174.

③成本测算。

经统计分析，"8·14"大规模筛查工作总成本费用为 3 359.35 万元，筛查人数为 43.71 万例，人均采样筛查成本为 76.86 元。在成本明细中，居前三位的分别是检验成本 1 673.21 万元（占 49.8%）、人力成本 976.62 万元（占 29.1%）和物资成本 636.77 万元（占 19.0%）。

短时间内核酸采样数目激增，部分样本外送第三方检测。其中，集团自检样本为 163 322 人次（占比 37.4%）；外送样本为 273 778 人次（占比 62.6%）。检验成本方面，集团内检验成本为 22.82 元/人，集团外送成本为 47.50 元/人，外送检验成本是集团内部检验成本的 2.08 倍（见表 2 - 3）。

表 2 - 3　　　　　　　　筛查工作检验成本费用明细

检验方式	检验标本数	检验费用（万元）	人均检验成本（元/人）	占检验标本数构成比（%）	成本构成比（%）
集团自检	163 322	372.71	22.82	37.4	22.3
外送检验	273 778	1 300.50	47.5	62.6	77.7

在"8·14"大规模筛查中，各采样团队及集团信息化平台的配置出现两种情况（两种配置情况总称为"8·14"筛查工作模式）。在未进行信息化平台升级前，由于筛查工作高峰时期的数据为百万级别的信息录入与数据访问请求，常态化防控信息化配置无法正常运转，造成网络拥堵、信息平台瘫痪的情况，筛查工作不得不使用原始的手工信息采集模式（称为传统工作模式，占筛查工作过程的 15%）。由医院集团对信息平台进行软硬件更新后，信息系统恢复正常使用，升级后的信息化平台在 85% 筛查工作过程中发挥作用。集团将更新后的信息系统命名为 Input ILS Searching（ILS 系统），将信息录入直接与医院 ILS 系统对接，无须与 HIS 系统进行数据传递，降低 HIS 系统的工作负荷，避免院内信息系统在大规模筛查工作时出现崩溃的状况。因此，案例对各工作模式下各采样点开展正常工作所需的最低团队配置情况进行分析，信息详情见表 2 - 4。其中，应用 ILS 系统模式的采样团队是基于改进后的信息录入方式，并能够稳定开展工作的情况下进行配置和计算的。

表 2 - 4　　　　　　　各阶段采样团队配置成本明细

阶段	传统工作模式	"8·14"筛查工作	ILS 系统
信息采集方式	100% 手工录入	85% 电子录入 + 15% 手工录入	100% 电子录入
人员配置	3 名信息采集人员 +3 名核酸采样人员	1 名信息采集人员 +3 名核酸采样人员	3 名核酸采样人员

续表

阶段	传统工作模式	"8·14"筛查工作	ILS 系统
设备配置	无	1 台笔记本电脑 + 1 台扫码枪 + 1 台条码打印机	1 台 PDA 设备
成本/元	12 738	10 790.64	6 414.14

注：①人员配置的成本由工作人员正常薪资和临时补助两部分构成，人力成本核实为 2 123元/人次。②笔记本电脑 6 886 元/台，扫码枪 208 元/台，条码打印机 995 元/台，PDA 设备 3 250元/台；笔记本电脑与 PDA 设备折旧年限为 6 年，在成本计算中取每月折旧计入成本，即每台笔记本电脑 95.64 元/月；每台 PDA 设备 45.14 元/月。

④效益测算。

发病人数预测：疫情早期（2020 年 1 月 20 日至 2020 年 2 月 7 日），深圳市发病率为 2.69/10 万人。新冠病毒早期再生系数取值范围是 2.26 ~ 6.20，中位数为 3.15。当时主要流行病毒株 G614 变体病毒的传播能力是早期 D614 病毒株的 2.6 ~ 9.3 倍，案例研究取平均数 6 倍为增强能力进行再生系数最大值计算，得到目前流行病毒株的再生系数取值区间：2.26 ~ 37.2。已知深圳市常住人口数为 1 756.01 万人，发病率取 2.69/10 万人，新冠病毒再生系数取值 2.26 ~ 37.2，深圳市在自然状态下未来三周新型冠状病毒感染人数最大值和最小值为：

$$Max = 175.6 \times 2.69 \times (1 + 37.2) = 18\ 044 (人)$$
$$Min = 175.6 \times 2.69 \times (1 + 2.26) = 1\ 540 (人)$$

总效益测算：第一，直接效益测算部分，根据深圳市新冠肺炎患者平均住院治疗费用为 12 288.53 元，计算直接效益测算最大值为 22 173.42万元，最小值为 1 892.43 万元。第二，间接效益测算部分，已知新冠肺炎隔离周期为 14 天，结合深圳新冠肺炎患者平均住院日为 11 天，可推算深圳市新冠肺炎患者人均误工时长为 25 天。2020 年深圳市人均劳动者报酬预计为 111 415.86 元，即日均生产总值为 305.25 元，计算得到间接效益测算最大值为 13 769.83 万元，最小值为 1 175.21 万元。第三，"8·14"大规模筛查工作总效益测算最大值为 35 943.25 万元，最小值为 3 067.64万元。具体效益测算见表 2 - 5。

表 2 - 5　　　　　　　筛查工作效益测算明细

效益指标	最大效益测算值（万元）	最小效益测算值（万元）	效益测算平均值（万元）	构成比（%）
直接效益[1]	22 173.42	1 892.43	12 032.93	61.69

续表

效益指标	最大效益测算值（万元）	最小效益测算值（万元）	效益测算平均值（万元）	构成比（%）
间接效益[2]	13 769.83	1 175.21	7 472.52	38.31
合计	35 943.25	3 067.64	19 505.45	100

注：1 治疗费用节省；2 误工费用避免。

（4）选择 CBA 分析模型。

由于本案例研究对象的周期短，局限在病毒传染的风险期内，没有形成跨年中长期趋势，所以不用考虑折旧。

接下来就应当选择合适的分析模型，用上文计算出来的总成本和总效益进行对比分析。由于本案例是自新冠肺炎疫情暴发后首次对大规模筛查防控措施进行成本效益分析的研究，所以希望能够在研究方法和大规模筛查工作优化方向上为后续工作提供有效参考，因而既对净收益进行了计算，又得出了成本效益比率的结果。

在“8·14”大规模筛查工作中，总成本为 3 359.35 万元，同期总效益测算平均值为 19 505.45 万元，平均净收益为 16 145.10 万元，平均成本效益比为 1∶5.81，成本效益比最高达 1∶10.70。在“8·14”大规模筛查工作中，投入 1 元，最高可获得 10.70 元的经济效益，经济效益远大于成本，突发性疫情下采取大规模筛查工作是具有成本效益的。

由成本分析可知，检验成本占比居于首位，高达 49.8%。其次，人力成本占 29.1%，物资成本占 19.0%，信息化成本占 1.6%。因此，基于本研究对“8·14”大筛查的总结，在常态化疫情防控背景下，医疗机构可以通过积极探索降低检验、人力、信息化成本的有效路径，以达到降低大规模筛查成本的目的，进一步增加大样本筛查的经济效益。

（三）结论

本案例严格按照标准 CBA（狭义 CBA）的步骤和流程进行了绩效评价的成本效益分析。从案例中可见，医疗领域的项目往往较少涉及社会成本/效益、生态成本/效益，大多只需要从经济成本和效益方面来进行分析即可，所以指标相对比较单一，再加上有较为成熟的货币化标准和较短的测算周期，所以成本效益分析结果更加稳健和可靠。此外，由于本案例中关于成本和效益的测算中，已经包含了各种最大值和最小值的分析，得出的结论也是分情况描述，所以无须再进行敏感性分析。

根据评价结果可见，大规模人群新冠病毒核酸筛查项目的效益在各种情况下都远胜过成本，这一结论充分证明了我国政府在应对重大突发公共卫生事件时决策的有效性和合理性。此外，由成本分析可知，检验成本占比居于首位，高达 49.8%。其次，人力成本占 29.1%，物资成本占 19.0%，信息化成本占 1.6%。因此，基于本研究对"8·14"大筛查的总结，在常态化疫情防控背景下，医疗机构可以通过积极探索降低检验、人力、信息化成本的有效路径，以实现降低大规模筛查成本，进一步增加大样本筛查的经济效益的目标。

案例二：南水北调 X 期工程项目成本效益分析

作为国家级水资源调配的世纪工程、民心工程，南水北调工程是一项规模宏大，涉及多流域、多水源、多地区、多部门、多用户、多目标、多领域、多学科的非常复杂的系统性水利工程。截至 2021 年 3 月 23 日，南水北调调水超 408 亿立方米，逾 1.3 亿人直接受益，受水区 40 多个大中城市的 260 多个县区用上了北调的南水，城市供水实现了外调水与当地水的双供水保障，提高了供水保证率①，承担着供水、防洪、除涝、生态、航运等各方面职能。因工程规划、建设和达效周期较长，投资规模较大，供水目标多样，影响范围较广等特点，有必要针对其成本和效益进行合理评价，以改善项目运行和管理，并对国家制订投资计划和协调投资比例关系提供参考。本部分将以南水北调东线一期江苏段为研究对象，探索成本效益分析在环境工程项目绩效评价上的运用。

（一）南水北调东线一期江苏段项目背景

南水北调东线工程是我国南水北调工程总体布局中的重要组成部分，自 2013 年一期工程通水以来，为经济社会发展发挥了巨大的作用。东线一期江苏段工程主要是利用、改造现有江水北调工程，并按规划要求开辟的新输水线路，通过多年的努力，逐步建成了江都、淮安、淮阴、泗阳、刘老涧、皂河、刘山、解台、沿湖 9 个梯级枢纽、16 座泵站，总装机容量 14.9 万千瓦，总抽水能力 1 671 立方米/秒，总扬程 40 米，初步形成了工

---

① 《南水北调：调水超 408 亿立方米　逾 1.3 亿人直接受益》，新华社新媒体，https://baijiahao.baidu.com/s? id = 1694932321864750500&wfr = spider&for = pc，2021 年 3 月 22 日。

程体系，具有较强的代表性。工程为江苏省内供水、防洪、排涝、抗旱、环保等相关工作开展提供了坚实基础。

（二）分析步骤

（1）确定研究对象：由于东线一期江苏段工程实施阶段建设内容较可研阶段有所调整，调水沿线陆续实施了水利、航运等其他工程，有关河道、蓄水湖泊的工程条件也发生了变化，工程沿线各市县社会发展情况有了重大变化，其社会经济效益发挥也随之有所变化，因此有必要进一步明确东线一期江苏境内各项效益的发挥，为南水北调后续工程规划决策水平和投资效益提供借鉴。

（2）识别影响。鉴于南水北调东线工程实际运行中各项指标评价隶属关系的模糊性以及定量、定性概念转化随机性的问题，使用狭义的 CBA 进行项目绩效评价难度巨大、工作量惊人，仅问卷调查的覆盖面和样本数量就远超评价者可以短期内应对的规模，所以狭义 CBA 对南水北调工程绩效评价的适用性较弱，转而使用广义的 CBA 理念，以杨子桐等[①]对南水北调东线一期工程江苏段的研究为代表，阐述定性与定量相结合的成本效益分析和综合分析方法结合运用的可行性。具体做法是将各项指标与预期目标之间的差异性，通过主客观赋权法和梯形云模型来综合评价其最终实现程度。其中，用主客观赋权法能很好地确定定性指标和定量指标权重，梯形云模型又具有对于相邻等级之间的指标隶属度的求解特性，从而充分适应南水北调东线工程效益评价定性定量相结合、指标评价存在随机性和模糊性的问题。

评价思路和模型设置如图 2-6 所示。

针对调水工程的成本效益评价往往是同时包含定性和定量指标的多层次复杂指标系统评价，国内外对此类问题的研究主要分为 3 个方面：一是经济影响，如有学者[②]针对 59 个大型调水工程的时空特性进行深入研究，分析了建设成本、调水成本、总能源消耗等经济型指标对调水工程的可持续性的影响。二是社会影响，如有学者[③]从多区域、多用水部门之间供水权

①　杨子桐、黄显峰、方国华、叶健、陆承璇：《基于改进云模型的南水北调东线工程效益评价》，载于《水利水电科技进展》2021 年第 7 期，第 60～66、80 页。

②　Yu M, Wang C, Liu Y et al. Sustainability of megawater diversion projects: experience and lessons from China. *Science of the Total Environment*, 2018, 619/620: 721 - 731.

③　Fu Z H, Wang Y Q, Lu W T et al. An inexactstochastic optimization model for multi-conflict regional water resources allocation in the south-to-north water benefited area. *Journal of Hydro Informatics*, 2018, 20 (4): 946 - 959.

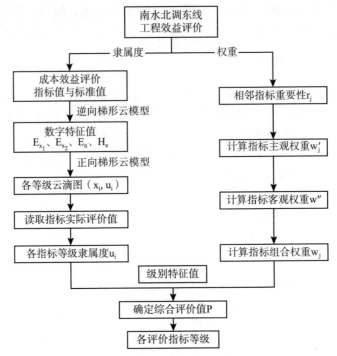

图 2-6 云模型评价流程

衡问题出发，建立了模糊多区域水资源规划两阶段管理模型，以实际工程为例分析了调水工程对社会中水资源分配的重要保障能力。三是生态环境影响，如有学者①利用"水龄"的相关理论，研究了滇池调水工程的湖泊富营养化程度和引水工程有效性发挥的问题，定量评价了引水工程对滇池水质的影响。总结来看，南水北调工程的效益评价应在考虑工程经济性（成本）的基础上，着重研究其对社会与生态环境的影响（社会效益和生态效益），根据指标数据的可获得性，案例中选择了部分具有代表性的指标，并根据《中央部门项目支出核心绩效目标和指标设置及取值指引（试行)》的要求，分别设置成本指标和效益指标两个一级指标，并将效益指标进一步细分了经济效益、社会效益、生态效益三个二级指标来构建指标体系框架，具体参见表 2-6。

---

① Zhang X L, Zou R, Wang Y et al. Is water age a reliable indicator for evaluating water quality effectiveness of water diversion projects in Eutrophic lakes? *Journal of Hydrology*, 2016, 542: 281-291.

表 2-6 南水北调东线一期江苏段工程成本、效益指标体系

一级指标	二级指标	三级指标	指标比值
成本指标	固定投资	主体工程投资	C_1
		配套工程投资	C_2
		更新改造投资	C_3
	年运行费	能源消耗费	C_4
		工程管理费	C_5
		人员管理费	C_6
		维修养护费	C_7
		其他费用	C_8
	流动资金	还本付息能力	C_9
		财务盈利能力	C_{10}
效益指标	经济效益	生活供水效益	C_{11}
		工业供水效益	C_{12}
		农业供水效益	C_{13}
		航运效益	C_{14}
	社会效益	防洪效益	C_{15}
		除涝效益	C_{16}
		社会保障能力	C_{17}
	生态效益	生态补水效益	C_{18}
		水环境改善效益	C_{19}
		间接效益	C_{20}

注：C_1、C_2 和 C_3 的区间根据物价水平波动、预留投资调整等实际情况确定；$C_4 \sim C_8$ 的区间可根据管理单位实际情况放缩，本书参照《水利建设项目经济评价规范》及同类调水工程资料中的相关系数进行确定；C_9、C_{10} 的区间在《建设项目经济评价方法与参数》的基础上进行提炼深化得到；$C_{11} \sim C_{14}$ 的区间由《调水工程供水价格管理办法》中的相关参数总结得出；C_{15}、C_{16} 的区间参考不同防洪除涝面积率乘以粮价得出；$C_{18} \sim C_{20}$ 的区间参考能值分析法中不同能值转换率进行设置；C_{17} 为定性指标，进行简单的区间划分便于专家评分。

（3）量化标准。南水北调东线一期江苏段工程效益评价体系的构建需从成本和效益两方面分别入手，其中成本分析对照可行性研究报告中固定投资、年运行费和流动资金进行评价，效益分析依然按照调水工程效益评价的经济、社会和生态 3 个方面效益加以评价。为了增强对比性，采用实

际情况与可研报告情况的比值作为定量指标；定性指标为社会保障效益 C_{17}。①

本书采用相对计量法（实际值/预测值），针对调水工程运行是否满足发展预期的角度，划分了 5 个等级，即不利、较不利、无影响、较有利、有利。参考《建设项目经济评价方法与参数》等相关规范及以南水北调东线一期江苏段工程运行实际情况，指标的数值区间以可研报告中指标评价值的合理偏差范围划分。南水北调东线一期江苏段工程效益评价体系及等级标准如表 2-6、表 2-7 所示，其中指标单位均为无量纲量。

表 2-7 南水北调东线一期江苏段工程效益评价指标等级标准

评价等级	C_1	C_2	C_3	C_4	C_5	C_6	C_7	C_8	C_9	C_{10}
不利	(1.10, +∞)	(1.10, +∞)	(1.10, +∞)	(1.15, +∞)	(1.04, +∞)	(1.04, +∞)	(1.07, +∞)	(1.06, +∞)	[0, 0.98)	[0, 0.96)
较不利	(1.05, 1.10]	(1.05, 1.10]	(1.05, 1.10]	(1.07, 1.15]	(1.02, 1.04]	(1.02, 1.04]	(1.04, 1.07]	(1.02, 1.06]	[0.98, 0.99)	[0.96, 0.98)
无影响	[0.98, 1.05]	[0.95, 1.05]	[0.95, 1.05]	[0.96, 1.07]	[0.99, 1.02]	[0.99, 1.02]	[0.98, 1.04]	[0.98, 1.02]	[0.99, 1.01]	[0.98, 1.02]
较有利	[0.95, 0.98)	[0.90, 0.95)	[0.90, 0.95)	[0.92, 0.96)	[0.97, 0.99)	[0.97, 0.99)	[0.96, 0.98)	[0.94, 0.98)	(1.01, 1.02]	(1.02, 1.04)
有利	[0, 0.95)	[0, 0.90)	[0, 0.90)	[0, 0.92)	[0, 0.97)	[0, 0.97)	[0, 0.96)	[0, 0.94)	(1.02, +∞)	(1.04, +∞)
评价等级	C_{11}	C_{12}	C_{13}	C_{14}	C_{15}	C_{16}	C_{17}	C_{18}	C_{19}	C_{20}
不利	[0, 0.97)	[0, 0.96)	[0, 0.96)	[0, 0.92)	[0, 0.95)	[0, 0.95)	[0, 0.20)	[0, 0.95)	[0, 0.90)	[0, 0.80)
较不利	(1.02, 1.05]	(1.02, 1.05]	(1.02, 1.05]	(1.05, 1.20]	(1.02, 1.05]	(1.02, 1.05]	[0.60, 0.80)	(1.04, 1.07]	(1.10, 1.20]	(1.10, 1.20]
无影响	[0.97, 0.99)	[0.96, 0.99)	[0.96, 0.99)	[0.92, 0.95)	[0.95, 0.98)	[0.95, 0.98)	[0.20, 0.40)	[0.95, 0.98)	[0.90, 0.94)	[0.80, 0.90)
较有利	[0.99, 1.02]	[0.99, 1.02]	[0.99, 1.02]	[0.95, 1.05]	[0.98, 1.02]	[0.98, 1.02]	[0.40, 0.60)	[0.98, 1.04]	[0.94, 1.10]	[0.90, 1.10]
有利	(1.05, +∞)	(1.05, +∞)	(1.05, +∞)	(1.20, +∞)	(1.05, +∞)	(1.05, +∞)	[0.80, 1]	(1.07, +∞)	(1.20, +∞)	(1.20, +∞)

① 实际成本消耗根据管理部门提供的相应资料，实际效益发挥按如下方法计算：生活供水效益由水价法计算得到，总水价参考国家发展和改革委员会制定的南水北调方水水价；工业供水效益、农业供水效益由分摊系数法计算得到，每年工业万元产值耗水量、实际灌溉面积、灌区内作物的增产量参考统计年鉴或者水资源公报；航运效益由货运单价法计算得到，通水后每年增加的货运量由江苏省南水北调办公室提供；防洪效益、除涝效益由减少损失法计算得到，减淹面积、治理面积可按水利综合统计年报确定，综合单价采用灌溉效益计算中所分析的粮食、棉花及油料综合单价；生态效益采用能值分析法确定，能值货币比率采用 6.98×10^{11}。

接下来根据改进云模型理论得到不同评价等级下的数字特征，读取2017年各项指标值，得到南水北调东线工程中各项指标隶属于评价等级的隶属度。从2017年南水北调东线一期江苏段调水情况来看，成本分析中的各项指标大部分集中于"较不利"等级而效益分析中除经济效益发挥不太理想之外，其他各项指标的发挥都趋于"较有利"等级，这主要是因为通水以来，实际调水量虽稳步提升但距离规划设计调水量还有一定差距，同时建设运行阶段内容相较于规划时期有所调整，导致整体成本略有上升（见表2－8）。

表2－8　　　　　　　　基于云模型的各项指标评价结果

指标	2017年指标值	不同评价等级隶属度					指标	2017年指标值	不同评价等级隶属度				
		不利	较不利	无影响	较有利	有利			不利	较不利	无影响	较有利	有利
1	1.017	0	0	1	0	0	11	0.984	0	0.995	0.005	0	0
2	1.03	0	0.0001	0.9999	0	0	12	0.993	0	0.035	0.965	0	0
3	1.071	0	1	0	0	0	13	0.976	0.0011	0.9989	0	0	0
4	1.107	0	1	0	0	0	14	1.177	0	0	0	1	0
5	1.03	0	1	0	0	0	15	1.056	0	0	0	0.0159	0.9841
6	1.015	0	0.0054	0.9946	0	0	16	1.059	0	0	0	0.0015	0.9985
7	1.018	0	1	0	0	0	17	0.821	0	0	0	0.0770	0.9230
8	1.045	0	1	0	0	0	18	1.084	0	0	0	0	1
9	1.001	0	1	0	0	0	19	1.148	0	0	0	1	0
10	1.021	0	0	0.2963	0.7037	0	20	0.87	0	0.985	0.015	0	0

（4）确定指标权重。

收集20位专家对各指标权重的意见，确定评价指标重要性大小排序为C_{11}、C_3、C_1、C_2、C_{12}、C_{13}、C_4、C_7、C_{19}、C_6、C_{18}、C_5、C_{16}、C_{15}、C_8、C_{14}、C_{17}、C_{20}、C_9、C_{10}，计算相邻指标重要性之比r_j分别为1.02、1.01、1.00、1.05、1.04、1.02、1.10、1.03、1.00、1.02、1.00、1.09、1.01、1.11、1.06、1.05、1.08、1.50、1.01，得到指标主观权重，再结合考虑相关性与信息量的改进CRITIC法确定指标的客观权重，平均求得

组合权重，如表2-9所示。

表2-9　　　　　　　　各指标权重

指标	主观权重	客观权重	组合权重	指标	主观权重	客观权重	组合权重
C_1	0.0657	0.0678	0.0671	C_{11}	0.0676	0.0373	0.0557
C_2	0.0657	0.0529	0.0595	C_{12}	0.0626	0.0396	0.0553
C_3	0.0664	0.0461	0.0559	C_{13}	0.0602	0.0546	0.0579
C_4	0.059	0.0595	0.0598	C_{14}	0.0394	0.0683	0.0524
C_5	0.0511	0.0431	0.0474	C_{15}	0.0464	0.0342	0.0402
C_6	0.0521	0.0538	0.0535	C_{16}	0.0468	0.0338	0.0402
C_7	0.0536	0.0408	0.0472	C_{17}	0.0375	0.0372	0.0377
C_8	0.0418	0.0595	0.0504	C_{18}	0.0511	0.0491	0.0506
C_9	0.0232	0.0695	0.0405	C_{19}	0.0521	0.0484	0.0500
C_{10}	0.0229	0.0507	0.0344	C_{20}	0.0348	0.0539	0.0437

由优化后的组合权重来看，固定投资的权重一直是最高的，其次则为经济效益，成本分析中权重最低的为流动资金，效益分析中权重最低的为社会效益。这主要是由于固定投资占据了工程建设运行成本的很大一部分，而经济效益中各类供水效益和航运效益的发挥是工程调水的关键，鉴于南水北调工程为大型公益性项目的特点，其对流动资金的要求并不是特别严格，相比较供水、航运、生态等效益，社会效益的发挥显得不是特别重要，这些与调水运行管理过程中对各方面的重视程度基本吻合。

（5）决策评价。

根据上述步骤所确定的指标权重与指标隶属度，我们就可以得出南水北调东线工程效益评价等级。具体的计算公式为：

$$P = \sum_{i=j=1}^{n} \mu_{ij}(x) w_j$$

其中，P为指标综合确定度；$\mu_{ij}(x)$ 为第 i 个评价指标对应第 j 个评价等级的隶属度，w_j 为指标组合权重。最终各指标各等级的综合确定度如表

2－10所示。

表2－10　　南水北调东线一期工程江苏段效益评价等级结果及对比

评价年份	不同评价等级综合确定度					组合权重云模型评价结果
	不利	较不利	无影响	较有利	有利	
2013 年	0.61067	0.33752	0.05162	0.00015	0.00004	不利
2014 年	0.49319	0.34287	0.08471	0.07833	0.00090	不利
2015 年	0.27839	0.43988	0.14221	0.13814	0.00138	不利
2016 年	0.24337	0.40808	0.30249	0.13339	0.08267	不利
2017 年	0.00006	0.37203	0.33200	0.13091	0.16510	不利

为反映南水北调东线一期江苏段工程效益发挥的逐年变化趋势，根据确定的指标组合权重和等级隶属度的情况，按照最大隶属度原则，确定相应的评价等级。以级别特征值最大判定调水工程效益评价等级。

（三）结论

综上所述，相比案例一，本案例对南水北调水利工程项目绩效评价进行 CBA 分析就面临诸多的挑战，成本效益不仅覆盖经济、社会、生态领域，而且每种领域的成本效益也呈现多元化特点，例如其社会效益中就有防洪、排涝、抗旱、环保等多重影响，既有定量的指标，又有定性的指标，而货币化也因为我国缺乏相对权威和动态的市场化标准而显得说服力较弱。再加上工程建设周期长，影响深远，折现难度颇高。所以针对此类重大建设项目的绩效评价 CBA，课题组采用了广义的 CBA 方法，在构建了成本效益多维度定量定性指标的基础上，对标工程设计目标，运用 CBA 和综合评价法相结合的方法来进行绩效评价，从而实现 CBA 分析在此类项目评价中的可操作性和可衡量性。

从评价体系来看，构建包含成本与效益分析 2 个方面、6 个子体系、20 个定量与定性评价指标的评价体系，将实际情况与预测情况进行对比，划分了 5 个评价等级，可为研究调水工程效益评价体系提供一定参考。

从评价方法来看，合理考虑了指标信息量、冲突性、人为主观判断等因素的影响，采用 G1 法与改进 CRITIC 赋权法结合的方法得到指标的主客观组合权重，具有一定说服力；云模型方法对调水工程效益评价中指标阈值变化较小、一定区间范围内的点完全从属关系判断的问题有很好的求解特性。

从评价结果来看，南水北调东线一期工程江苏段工程效益得到逐步发挥，对于有利等级的隶属度逐年上升，虽然目前东线一期泵站规模达到设计要求，但供水量与设计供水量还有一定差距，存在进一步提升的空间，未来应在合理增加南水北调东线工程供水量的基础上，加强工程成本控制，保障河湖生态水位和生态流量，保持工程效益发挥。

二、CBA 在单位预算绩效评价中的运用案例分析

与项目绩效评价相比，单位层面的预算绩效评价视角更加宏观。单位绩效评价不再局限于某一项目或政策的成本和效益，而需要站在单位整体的高度，综合考虑单位各职能的履行和各项目的实施情况。国际上对这一层面上的成本效益分析运用几乎处于空白，笔者翻阅了大量文献，发现仅美国联邦政府在规制管理中有类似的体现。美国联邦政府在各部门的规制成本效益分析中要求各部门综合一定期限内各部门出台的所有规制的成本效益，从而反映出部门整体在规制管理方面的工作绩效。可以说这在一定程度上体现了部门整体的概念，但只是这一 CBA 的综合运用只局限于单位（部门）单一职能（业务）的成本效益分析。

基于我国全面实施预算绩效管理中"全方位"的要求，单位（部门）层面的预算绩效管理也是我国政府预算绩效管理"全面"二字的有机组成。所以寻求成本效益分析在单位层面的运用可能和运用方法也是我们全方位研究成本效益分析方法本身的必要环节。单位整体绩效评价中的成本效益分析，不仅成本效益的量化是重点难点，而且在成本的核算和各职能部门效益的评价上都存在诸多难点。课题组认为对单位绩效评价的成本效益分析至少可以从以下两个维度来进行研究：

一是基于项目维度的 CBA。我们假定单位的职能是通过单位执行各个项目来有效履行的，所以单位的总体成本效益可以看作各个项目的成本效益的累计。无论是各项目间的成本效益比较，还是单位总体成本效益分析，都需要准确核算各项目的成本和效益。由于目前我国行政事业单位成本核算的制度尚未统一和健全，所以成本核算显得格外困难。基

于这一现状，引入作业成本法来有效核算各项目成本不仅对于 CBA 本身意义重大，而且对行政事业单位的成本核算制度建设也具有创新意义。本部分案例将在第一部分重点介绍作业成本法在成本核算和效益量化中的实施情况。

二是基于功能单元维度的 CBA。单位是一个由不同职能处室有机组成的集合体，各处室的分工不同，职能不同，对效益的贡献方式和程度也不同。采用同一个成本效益分析标准显然是不公平、不合理的，所以根据处室的不同职能划分不同类型的功能单元（如成本中心、收入中心和利润中心），然后根据其业务特点，赋予不同的功能单元不同的标准来进行成本效益考核，并制定相应的考核和激励标准，才能更充分地实现绩效评价的公平与激励原则，激发各处室和各位员工最大限度地发挥主观能动性，为单位各项事业做出积极贡献。

案例三：某国际交流协会的成本效益分析案例

某国际交流协会（以下简称"协会"）是某部直属单位，为政治性社团，参照事业单位进行管理，经费实行差额拨款。近年来一直在财务管理实践中逐步推行成本效益方法的应用，既满足了主管部门和财政部门的资金管理要求，又提高了面对市场开拓业务的项目资金管理需求，预算管理在事前、事中和事后的全链条环节发挥作用，成效明显。

（一）协会成本效益管理概况

协会作为我国重要的非政府国际交流机构，拥有民政部和联合国颁发的多种资质。

1. 协会业务特点

协会充分发挥助手、智库、行业引领、平台四个"作用"，同时服务于国家教育发展需要、服务于国家外交大局需要。根据协会的职责，主要开展的业务活动内容包括会员服务、教育展会、出国和接待团组、认证项目、国际交流项目等。收入主要包括两部分，一是会费收入；二是面向大中小学等教育机构、事业单位和企业，在自愿有偿基础上提供服务而取得服务性收入。

协会会费：作为社会团体，协会按照《会费管理办法》收取会费，严格管理会费收支，实行"专款专用"，按照"取之于会员，用之于会员"的原则，面向所有会员单位提供服务，主要用于召开会员大会、理事会等会议，编制会刊，协会官网运维等。协会会员单位主要为学校和教育机构。

服务性收入：按照自愿有偿的原则，协会主要面向大中小学等教育机构、事业单位、企业等提供服务。一是通过服务合同、协议、商请函，约定各方权利义务，执行项目并收费；二是发出收费通知，经内部审批流程批准，按不同项目和团组提供服务并收费。根据协会年度工作计划，每年的具体项目、团组和委托工作有所不同。

2. 协会绩效实践情况

协会高度重视绩效执行监控和自评工作，切实履行主体责任，高效组织绩效自评和绩效执行监控工作。主要做法如下：

（1）领导重视预算绩效管理工作。协会领导高度重视全面实施预算绩效管理工作，为健全本单位的预算管理机制，制定《预算管理办法》，使协会预算管理工作步入制度化、规范化、科学化的轨道，进一步强化对经济活动的预算约束，使预算管理贯穿于单位经济活动的全过程目标。

（2）定期进行绩效目标执行监控。根据预算绩效执行监控要求，协会定期开展预算绩效执行监控工作。由负责执行财政项目的部门结合年度预算绩效指标，对 1~7 月财政项目执行情况进行比照检查，分析产生差异原因，提出下一步计划和改进措施，预计年度绩效指标完成情况。预算管理办公室根据会计核算数据填报预算执行数，根据各部门绩效指标执行情况、原因分析和下一步改进措施完成单位预算绩效目标监控报告，为单位做好后续的财政项目执行工作提供支持，为教育部和财政部进行整体管理提供决策支持。协会把每年年中的预算绩效目标执行监控看作预算绩效管理事中控制的重要举措，在具体开展工作时，特别注重发挥好预算的事中管理作用。

（3）严格开展年度绩效自评工作。协会严格开展年度绩效自评工作。由负责执行财政项目的部门依据预算"二上"时设置的绩效目标进行绩效自评打分，撰写项目自评工作总结。预算管理办公室负责填报预算执行金额，计算预算执行进度，统计评价指标得分情况，结合项目自评工作总结撰写协会绩效自评工作报告。预算绩效评价是预算管理形成闭环反馈的重要环节，协会根据年度绩效自评情况，改进下一年的项目计划和执行工作。

（二）成本效益分析方法的运用分析

（1）单位整体支出绩效。2020年协会开展单位整体绩效试点工作，在单位整体支出绩效目标设置时，始终围绕协会职责，根据协会事业发展规划和年度工作目标编制单位整体预算绩效指标。一是加强政治学习，把协会建成党在外事战线的坚强堡垒；二是服务中外人文交流，参与全球教育治理，构建教育国际交流与合作网络；三是助力教育改革发展，搭建基础教育、职业教育、高等教育等领域合作平台，做好标准建设和质量保障及境外培训工作；四是做好会员发展和服务，发挥行业引领作用。具体指标设置时选取业务类型中具有代表性的指标进行设置，可以量化的选取定量指标，选取组织培训次数或会议次数，开展调查形成报告数量等作为数量指标，人员成本作为成本指标，投资企业上交利润作为经济效益指标，无法量化的选取定性指标，对于制定遴选标准、开展非政府组织初审设置质量指标，将增强我国教育的国际影响力的活动设置为可持续影响指标，项目促进院校国际化发展作为社会效益指标，对参与协会项目的院校或师生、协会会员设置满意度指标。从总体目标到具体绩效指标多维度的评价单位整体支出绩效情况。

（2）财政项目运用情况。协会对所有的财政项目开展定期自评和定期执行监控工作。工作实施步骤如下：第一，第一时间转发通知，各业务部室认真学习通知内容。第二，按照绩效自评和执行监控的基本原则，确定各业务部室为绩效自评和执行监控的主体。第三，各业务部室对其所执行的全部财政项目，每年8月，结合预算设定的绩效目标填写执行情况，对未完成设定目标的分析原因，说明下一步改进措施，完成绩效执行情况分析工作。第二年初通过自评表打分的方式对项目进行绩效自评，并对项目执行和绩效情况进行总结。第四，预算管理办公室复核各部门完成的项目执行监控表、项目自评表和项目绩效总结，完成协会的绩效执行监控、绩效自评上报工作。

（3）非财政项目运用情况。预算是协会工作计划数量化、价值化的表现形式。协会每年初根据事业发展的总体规划和年度计划，组织预算细化工作。由于财政基本支出预算和财政项目预算已在预算"二上"时上报，预算细化主要对协会非财政部分的业务进行预算编制。各业务部门积极落实总体工作安排，根据年度工作计划确定实现工作目标所需要的资源和应进行的具体工作，按照"增收节支，以收定支"的原则，科学合理地细化部门预算，包括政府购买服务项目、项目收支、团组收支和日常经费等，提高资金使用效率和效益。在保证完成预算"二上"收支平衡目标的基础上，可正向增加非财政收支差。协会业务范围广泛、类型繁多，根据各项业务工作的具体情况，进行作业分析，主要依据中央和国家机关差旅费、会议费、培训费、因公出国、外宾接待和在华国际会议等费用管理办法规定的各项标准进行成本测算。

（三）成本核算在协会的应用实践分析

根据政府会计改革要求，自 2019 年 1 月 1 日起，协会会计核算由事业单位会计制度转换为政府会计制度，严格按照新制度的规定进行会计核算、编制财务报表和预算会计报表。

1. 成本核算科目设置

协会会计科目根据《政府会计制度——行政事业单位会计科目和报表》要求设置，在成本核算方面，通过科目"5001 业务活动费用"核算业务部门成本，通过科目"5101 单位管理费用"核算行政及后勤管理等非业务部门成本。由于协会未开展非独立核算经营活动，因此不涉及科目"5201 经营费用"。

为满足成本核算需要，同时为做好"双分录"，与预算会计核算口径下核算事业单位开展专业业务活动及其辅助活动的"7201 事业支出"明细科目相协调，业务活动费用和单位管理费用下设四级明细科目，并设置部门和项目辅助核算。

2. 财政项目成本核算

（1）明细科目设置。协会通过三级明细科目"业务活动费用—项目支出—财政补助支出"进行财政项目的成本核算，按照《政府收支分类科目》中"部门预算支出经济分类科目"要求设置四级明细科目——"商品和服务费用"和"资本性支出"，按照经济分类科目的款级科目设置五级明细科目，按照执行财政项目部门设置部门辅助核算，按照所执行财政二级项目的细化子项目设置项目辅助核算（见表 2 – 11）。

表 2-11 业务活动费用和单位管理费用明细科目

总科目	二级明细	三级明细	四级明细	五级明细	辅助核算
业务活动费用	基本支出	财政补助支出（未使用）	—	—	—
		非财政专项资金支出	商品和服务费用	经济分类科目款级科目	部门、项目（本级横向项目）
		其他资金支出	工资福利费用	经济分类科目款级科目	部门、项目（政府购买服务项目）
			商品和服务费用		部门、项目（非财政项目）
			对个人和家庭的补助费用		部门
			固定资产累计折旧	—	部门
			无形资产累计摊销	—	部门
	项目支出	财政补助支出	商品和服务费用	经济分类科目款级科目	部门、项目（财政项目）
			资本性支出		
单位管理费用	基本支出	财政补助支出	工资福利费用	经济分类科目款级科目	部门
			商品和服务费用		
			对个人和家庭的补助费用		
		其他资金支出	工资福利费用	经济分类科目款级科目	部门
			商品和服务费用		
			对个人和家庭的补助费用		
			固定资产累计折旧	—	
			无形资产累计摊销	—	

（2）成本核算口径。协会各部门为执行财政项目而购买商品和服务的费用及资本性支出，均在财政项目成本核算范围内。以常见财政项目业务

事项为例，根据财政项目工作计划召开国内会议发生的住宿、伙食、会议场地租金等费用通过科目"会议费"进行核算，会议费的核算范围和综合定额标准按《中央和国家机关会议费管理办法》执行（见表2–12）。

表2–12   财政项目成本核算口径

五级明细科目 （常见业务事项）	核算内容	核算明细内容	相关管理制度
30201 办公费	为执行财政项目购买办公用品的费用	办公用品、办公耗材	协会办公用品使用管理办法
30202 印刷费	为执行财政项目发生的印刷费	有政采资质的印刷厂提供的印刷服务	中央预算单位政府集中采购目录及标准
30207 邮电费	为执行财政项目发生的邮寄费及电话费	国内国际快递费、电话及网络通信费	无
30211 差旅费	为执行财政项目发生的工作人员国内差旅费	城际交通费、住宿费、伙食费、交通费	中央和国家机关差旅费管理办法、教育部直属单位差旅费管理实施细则（试行）、协会秘书处差旅费暂行管理办法
30212 出国费	为执行财政项目发生的工作人员出国团组费用	国际旅费、国外城市间交通费、住宿费、伙食费、公杂费、签证费、保险费等	因公临时出国经费管理办法
30213 维修（护）费	财政项目网络信息系统的运行与维护费用	网站与信息系统运维费	无
30215 会议费	为执行财政项目召开的会议/国际会议费用	住宿费、伙食费、场地费、资料费、交通费等	中央和国家机关会议费管理办法、在华举办国际会议经费管理办法
30216 培训费	为执行财政项目举办的培训费用	住宿费、伙食费、场地费、资料费、交通费等	中央和国家机关培训费管理办法
30217 公务接待费	为执行财政项目发生的公务/外宾接待费用	工作餐费、住宿费、伙食费、交通费等	中央和国家机关外宾接待经费管理办法、协会国内公务接待暂行管理办法
30226 劳务费	为执行财政项目支付给外单位和个人的劳务费用	专家讲座费、专家评审费、借调实习人员劳务费、翻译费等	中央财政科研项目专家咨询费管理办法

续表

五级明细科目 （常见业务事项）	核算内容	核算明细内容	相关管理制度
30227 委托业务费	为执行财政项目委托外单位执行业务工作的费用	课题费、项目活动费等	无
30239 其他交通费用	为执行财政项目发生的市内交通费	出租车费、租车费等	无
30299 其他商品和服务支出	为执行财政项目发生的上述科目未包括的费用	出国/接待团组团员费用、工作人员误餐费等	无
31002 办公设备购置	为执行财政项目购置固定资产的支出	办公设备、办公家具	教育部直属高等学校、直属单位国有资产管理工作规程（暂行）、协会国有资产管理办法
31022 无形资产购置	为执行财政项目开发无形资产的支出	项目网站、项目信息系统	

（3）成本核算计量方式。财政项目成本核算实行权责发生制，由于财政项目须在项目周期内执行完毕，为确保财政项目在财务会计口径下的成本核算与年度决算数据的一致性，购买商品和接受劳务产生的费用应在发生当年确认，即满足《政府会计准则——基本准则》第四十六条规定的费用确认三条件（与费用相关的含有服务潜力或者经济利益的经济资源很可能流出政府会计主体，含有服务潜力或者经济利益的经济资源流出会导致政府会计主体资产减少或者负债增加，流出金额能够可靠地计量）。因此，执行财政项目的部门在与供应商签订合同时，要求其在签订当年完成合同约定商品和服务的交付，并在当年根据结算金额使用财政项目资金支付合同对价。

对于资本性支出，预算会计口径下一次性计入支出，财务会计口径下以折旧或摊销形式逐期确认费用直至净值为零。由于折旧摊销年限一般大于财政项目执行周期，如按此方式核算，将会出现财政项目执行完毕，但财务会计口径下使用财政项目资金购置资产仍会计提折旧摊销费用的情况。为避免形成时间性差异，财务会计口径下财政项目的资本性支出一次性计入费用。

3. 非财政成本核算

（1）明细科目设置。协会通过三级明细科目"业务活动费用—基本支出—其他资金支出"（业务部门）、"单位管理费用—基本支出—其他资金支出"（非业务部门）进行协会各部门的非财政成本核算，按照《政府收支分类科目》中"部门预算支出经济分类科目"要求设置四级明细科目——"工资福利费用""商品和服务费用""对个人和家庭的补助费用""固定资产累计折旧"和"无形资产累计摊销"，按照经济分类科目的款级科目设置五级明细科目，按照协会部门结构设置部门辅助核算，按照经审批的《服务性收费项目申请表》填写项目名称设置项目辅助核算。

（2）成本核算口径。协会各业务部门为执行非财政项目（协会自有项目、政府购买服务项目、出国团组等）而发生的各项直接和间接费用，包括人员成本、购买商品和服务的费用及资产使用过程中发生的折旧摊销费用，均在非财政成本核算范围内。

为执行具体项目而发生的直接费用，在进行项目辅助核算时计入具体项目，目前主要为商品和服务费用。自 2021 年起，协会开始执行政府购买服务项目，为准确反映政府购买服务项目消耗的人员成本，根据各执行部门提交的工作计划，由协会人事计算需分摊至各项目的人员成本，核算各政府购买服务项目的工资福利费用。

各业务部门为管理项目而发生的间接费用，包括未直接参与政府购买服务项目人员的工资福利费用、对个人和家庭的补助费用，为维持部门运作发生但与具体项目无关的商品和服务支出，部门管理的固定资产、无形资产计提的折旧摊销费用，在进行项目辅助核算时计入部门经费，用于该部门的绩效评价。

（3）成本核算计量方式。非财政成本核算实行权责发生制。其中，人员薪酬在发生当期确认为工资福利费用、对个人和家庭的补助费用；购买商品在交付验收当期确认为商品和服务费用；购置固定资产、开发无形资产在验收当期开始计提折旧摊销费用；接受服务根据合同约定或执行周期按期确认商品和服务支出。

4. 作业成本分析在核算中的应用

协会不仅在预算工作中应用作业成本分析方法，在核算中也是用作业成本分析方法进行成本确认和计量。以 ABC 作业成本法核算国际会议项目成本。

（1）确认主要作业。

一是与参会代表人次有关的作业。该类作业成本包括会议资料、午餐茶歇、招待会晚餐等成本。

二是与各平行研讨会有关的作业。此类作业与各平行研讨会直接相关，其作业成本包括会议室租金、同传及速记服务等成本。

三是与研讨会整体有关的作业。此类作业与各平行研讨会不直接相关，但保障了研讨会的顺利召开，其作业成本包括会场搭建、设备租金、场馆服务、物料设计制作、摄像摄影、媒体宣传、注册系统、支付系统、嘉宾、工作人员、志愿者、税金等成本。

（2）建立作业成本库。通过对研讨会各项支出进行整理分析，将成本归属到主要作业中，建立作业成本库。

（3）确定各项作业的成本动因及分配率。成本动因是指导致成本发生的因素，确定成本动因，即确定各项作业的单位成本分配标准。将各作业成本除以成本动因单位数，计算得出以成本动因为单位的分配率。与研讨会整体有关的作业成本，作为平行研讨会的间接成本，为简化处理，按人次分配到各平行研讨会。

（4）计算单场平行研讨会的成本。

（四）协会基于成本—收益目标的效益评估实践分析

1. 以成本控制为导向项目收益预测

由于协会业务主要集中在以人员流动为基础的教育服务交流合作上，新冠肺炎疫情对协会各类项目、活动的正常开展带来巨大冲击，协会收入受到严重影响。面对新形势，协会各业务部门对2021年所有非财政项目进行收支测算，共计59个项目。根据非财政项目的收支情况进行区间划分，59个项目按利润率划分为四档。一是利润率≥20%的项目，二是10%≤利润率<20%的项目，三是利润率<10%的项目，四是利润率≤0%的项目。根据成本预测情况，对不同利润率项目采取不同成本管控方式和支持政策，将协会资源更多集中在有良好发展前景的项目上，逐渐收缩对夕阳项目的资源配置。

2. 成本效益分析在协会本部业绩考核中的运用

协会业绩津贴由两部分组成，分别为基本绩效和奖励绩效。部门奖励绩效根据部门性质确定绩效奖金计算基数和计提比例。

（1）部门属性划分。根据是否执行项目工作及非财政项目整体收支情况，部门分为成本中心、收入中心和利润中心三类。成本中心为行政及后勤管理等非业务部门；收入中心为开发新项目较多、前期投入较高且未形成规模、非财政项目收支差较低或为负数的业务部门；利润中心为拥有成熟项目、参加项目单位/个人较多、产生规模效益、非财政项目收支差较高的业务部门。

（2）奖励绩效计算方式。性质为收入中心或利润中心的业务部门，其奖励绩效由非财政奖励绩效和财政奖励绩效两部分组成，计算方式为财务会计口径下的计算基数×计提比例。性质为成本中心的非业务部门，其奖励绩效计算方式为协会全部业务部门奖励绩效合计÷协会在职职工人数（月度加权平均）×非业务部门在职职工人数（月度加权平均）。

（五）成本效益分析在协会运用的总结

1. 成本效益分析在协会运用的意义

协会作为财政差额补助单位，特别是在新冠肺炎疫情给业务带来巨大冲击的情况下，更多应用成本效益分析方法在协会整体和项目上，具有十分重要的意义。一是从思想认识上改变使用资金不重视成本控制的惯性思维，二是强化价值创造导向的业务项目过程管理，三是通过有效成本管理将提高财政资金使用效率落到实处，四是通过持续增加事业积累保障事业持续稳定发展。

2. 成本效益分析运用的有效性和重点难点分析

成本效益分析的运用不是单纯的压缩成本费用，其有效运用在于是否能促进单位和项目的多元综合目标的实现。其重点和难点在于：一是需要与宏观外部环境、单位的整体战略目标、发展方向、发展模式等有效结合；二是需要建立起科学合理的成本分析与控制系统；三是参与成本管理的单位领导班子、中层干部和普通干部应清晰地了解所在层面涉及的影响单位绩效的核心环节、成本构架，从而把握正确的决策和行动方向；四是需要采用直接或间接方式鼓励和奖励每一名干部运用成本效益分析方法，从根本上改善单位成本状况，真正实现有效的成本控制。

3. 成本效益分析运用的场景和范围界定

以协会为例，正在不断拓展成本效益分析运用的范围。目前已在财政项目的预算编制、绩效目标设定、预算执行控制等方面应用，同时也在非财政项目的服务收费定价、项目筛选的利润率预测等方面应用，特别是在激励约束部门和个人的综合绩效奖金的确定上提供基础成本效率数据。未来还将在单位整体绩效目标的设定上增加运用，并建立基于成本效益分析的单位年度绩效目标管理体系，将大内整体目标—部门项目分解目标—个人工作目标层层细化落实，以过程控制保障最终目标的实现，并建立与之关联紧密的激励约束办法。

4. 成本效益分析运用的优化路径分析

成本效益分析运用是一个循序渐进的过程，其优化路径，建议首先在财政项目预算编制和绩效目标确定上推行运用，继而推广到非财政项目上，最后综合财政和非财政项目运用情况，在单位整体绩效目标确定上加以运用，并进行考核，从下一年度预算资金批复金额等方面体现奖惩。

5. 成本效益分析运用的配套政策建议

成本效益分析运用需要从单位内部和外部两个方面同向努力，不断推进。就单位内部而言，应有内生推动力，国家、单位和个人共享事业发展的成果。就外部主管和财政部门而言，应有政策明确要求、技术指南和应用指导。综上所述，提出几点配套政策建议：一是财政部在预算管理相关制度中增加进行成本效益分析的规定，明确运用的场景和范围；二是财政部编制成本效益分析应用指南和提供典型案例；三是分层进行专题培训，提高财务人员的专业素养和能力；四是将预算绩效管理成果与单位绩效工资水平挂钩，建立联动机制。

三、CBA 在部门预算绩效评价中的运用案例分析

与项目和单位预算绩效评价相比，部门层面的绩效管理更加宏观与复杂化。虽然纵观全球，这一层面 CBA 的运用实践更是显得凤毛麟角，但与单位层面的研究一样，在我国的绩效管理实践中，同样也有必要对部门预算绩效评价中的 CBA 运用进行研究和探索。

针对这一视角，将单位的两维度思路套用在部门层面进行绩效评价 CBA 分析已经不尽适宜。如果以项目为维度进行分析，最后的效果可能近似于美国联邦政府的规制 CBA 分析，只能体现某块业务的绩效成果。而基于功能单元的维度虽然理论上成立，但是部门体系庞大，各功能模块的重要性难以取舍，且处于动态发展的过程。所以，本书最终选择从部门职责的角度来进行成本效益分析的思路，旨在解决部门之间的差异性和职能的多样化给成本效益分析带来的挑战。以某部委为例，针对其"艺术创作生产"职能在"十三五"期间的完成情况，利用公开数据，进行成本效益分析评价，探索出一条在部门预算绩效管理中运用广义 CBA 进行绩效评价的可行道路。

案例四：某部委成本效益分析案例

全面实施预算绩效管理是推进国家治理体系和治理能力现代化的内在要求，是深化财税体制改革、建立现代财政制度的重要内容，是优化财政资源配置、提升公共服务质量的关键举措。2018 年 9 月 1 日，中共中央、国务院印发了《中共中央　国务院关于全面实施预算绩效管理的意见》，意见中对实施部门预算绩效管理提出了相关要求，即将部门和单位预算收支全面纳入绩效管理，赋予部门和资金使用单位更多的管理自主权，围绕部门和单位职责、行业发展规划，以预算资金管理为主线，统筹考虑资产和业务活动，从运行成本、管理效率、履职效能、社会效应、可持续发展能力和服务对象满意度等方面，衡量部门和单位整体及核心业务实施效果，推动提高部门整体绩效水平。

根据某部委官网对本部门主要职责的分项具体表述，本部分以其中"艺术创作生产"职责为例，对该职责的履职成本效益进行分析。该职责具体为："指导、管理文艺事业，指导艺术创作生产，扶持体现社会主义核心价值观、具有导向性代表性示范性的文艺作品，推动各门类艺术、各艺术品种发展。"

一是以"艺术创作"为例，先求单项职责预算绩效，再求多个职责预算绩效之和，即为部门预算绩效。

我们认为，部门整体预算绩效评价一定是多维度的，每个部门实现的政府管理目标有多重性，事业发展规划确立了多项目标任务，财政中期规划、年度预算也是围绕多项目开展，所以评价部门预算绩效，应当首先评价单一职责履行情况，即在履行某项职责时涉及的预算绩效问题，再对多个职责求和，即得到部门绩效。

二是开展评价前规范性和一致性审查。

对于规范性审查，我们认为部门绩效不同于项目绩效，具有敏感的社会影响，一旦产生负面的社会成本，影响是全局性和长远性的。如果发生负面社会成本，那么不再开展评价程序。由于没有可以参照的先例，我们主要参考了中央宣传部、文化和旅游部、财政部、人力资源和社会保障部制定的《国有文艺院团社会效益评价考核标准》。其中对于出现重大问题的评价，采用了"一票否决制"。我们认为可将此类事项合并作为规范性审查，先于评价工作开展（见表 2 - 13）。

表2-13 规范性审查（如出现部门层面社会成本，则一票否决）

审核内容	是或否	
部门层面违反国家相关法律法规	否	如存在问题，则一票否决，不再进行成本效益分析
出现重大安全事故	否	
部门层面被巡视、审计等监督工作查出重大问题	否	
在评价中有意谎报、造假、瞒报有关评价内容	否	

对于一致性审查，我们认为需要建立规划、职责、预算的衔接关系，以此明确成本效益分析的边界和内容，如出现临时性增加的工作任务，及由此带来的相关成本，那么属于不可比的情况，例外内容不进入评价程序中，一致性审查的主要内容包括：

（1）各类规划是否一致，包括国家规划、部门规划、重点职责规划等。"十三五"期间，某部委指定了诸多规划，规划中包括了主要目标任务、重点项目、主要任务完成的数量和质量要求等，规划的内容十分丰富，为预算绩效评价提供了翔实、权威的素材。

（2）规划与职责是否一致。

（3）规划与预算是否一致。

我们从某部委官网上查询发现，在规划、职责、预算方面都有相关信息：

其中：国家层面的规划有：

《国家"十三五"时期文化发展改革规划纲要》。

部门层面的规划有：

《××部"十三五"时期文化发展改革规划》。

重点职责的规划有：

① 《××部"十三五"时期艺术创作规划》；

② 《"十三五"时期繁荣群众文艺发展规划》；

③ 《××部"十三五"时期文化产业发展规划》；

④ 《"十三五"时期全国公共图书馆事业发展规划》；

⑤ 《××部"十三五"时期公共数字文化建设规划》；

⑥ 《"十三五"时期全国古籍保护工作规划》；

⑦ 《××部"十三五"时期文化科技创新规划》。

　　根据上述材料，及某部委年度公开的预决算信息、年度《中国文化文物和旅游统计年鉴》信息，我们设定了一致性指标，并进行了评价，如表2-14所示。

表2-14　　　　　　　一致性审查（确定成本效益评价范围）

审核内容	是或否	
《××部"十三五"时期文化发展改革规划》与《××部"十三五"时期艺术创作规划》一致性审核（25分）	否	如存在差异，则差异项不参与成本效益评价
规划编制与部门职责一致性审核	否	
财政中期预算与"艺术创作"规划一致性审核（25分）	否	
年度预算与《××部"十三五"时期艺术创作规划》一致性审核（25分）	否	

　　设计依据如下：
　　①《中央宣传部、文化和旅游部、财政部、人力资源和社会保障部关于印发〈国有文艺院团社会效益评价考核试行办法〉的通知》；
　　②《中共中央办公厅、国务院办公厅印发〈关于推动国有文化企业把社会效益放在首位、实现社会效益与经济效益相统一的指导意见〉》；
　　③《中共中央　国务院关于全面实施预算绩效管理的意见》；
　　④《关于贯彻落实〈中共中央　国务院关于全面实施预算绩效管理的意见〉的通知》；
　　⑤《预算绩效评价共性指标体系框架》；
　　⑥《中央部门预算绩效目标管理办法》。
　　二是开展经济成本—经济效益评价。
　　表2-15中，关于评价年份的考虑，"十三五"时期为2016~2019年，但由于2020年统计年鉴尚未出版，且2020年受疫情影响，相关艺术创作演出活动都与往年数据不可比，为确保评价的客观公正，我们采用了2015~2019年的统计年鉴数据。

表2-15 "艺术创作" 职责社会效益评价指标 (100分)

一级指标	二级指标	三级指标制定要点	重点任务设定指标	完成值	判定标准	得分(分)	得分合计
创作(40分)	(一)创作机制(21分)	国家艺术基金立项资助项目达到4 000 项左右(7分)	4 000项	已完成	完成任务即得分	7	37.5分
		扶持建立2~3家国家美术藏品修复示范中心(7分)	2~3家	已完成	完成任务即得分	7	
		培训1 000名戏曲编剧、导演、音乐、舞台美术、评论等骨干人才(7分)	1 000名	已完成	完成任务即得分	7	
	(二)作品(10分)	重点推出50部左右思想精深、艺术精湛、精良的舞台艺术作品(2.5分)	50部	已完成	完成任务即得分	2.5	
		扶持100部舞台艺术剧本创作(2.5分)	100部	基本完成	完成任务即得分	0	
		推出100件左右优秀主题性美术作品(2.5分)	100件	已完成	完成任务即得分	2.5	
		150个左右美术馆藏精品展览(2.5分)	150个	已完成	完成任务即得分	2.5	
	(三)创作荣誉(9分)	获得国家奖项和全国性奖项情况(5分)		已完成	获奖即得分	5	
		参加国际和国家重大艺术活动情况(4分)		已完成	完成任务即得分	4	

一级指标	二级指标	统计年鉴指标	2015年	2019年	2015年团(场馆)均场次	2019年团(场馆)均场次	2019年比2015年增长率(%)	高于全国水平得5分	低于全国水平但高于历史水平得4分	得分合计
演出(40分)	(一)演出总场次(20分)	艺术表演团体演出场次	209.27	295.62	194.00	166.13	85.63	5	0	18分
		部门所属艺术团体表演演出场次	38.65	40.5	189.74	197.37	104.02	5	0	
		艺术表演团体农村演出场次	139.08	171.27	128.93	96.25	74.65			
		部门所属艺术团体农村表演演出场次	24.48	25.61	120.18	124.81	103.85			
		艺术表演场馆演出场次	13.68	24.54	63.84	90.35	141.54	0	4	
		部门所属艺术场馆演出场次	5.45	6.74	43.12	52.53	121.84			
		艺术表演场馆惠民演出场次	2.38	6.09	11.11	22.42	201.90	0	4	
		部门所属艺术表演场馆惠民演出场次	1.54	3.08	12.18	24.01	197.04			

续表

一级指标	二级指标	三级指标制定要点	重点任务设定指标	完成值	2019年比2015年增长率（%）	判定标准			得分（分）	得分合计
			2015年	2019年	2019年比2015年增长率（%）	高于全国水平得5分	低于全国平均但高于历史水平得3分	低于历史水平得0分	得分合计	得分合计
演出（40分）	（二）观众人次（万人次）（20分）	艺术表演团体国内演出观众人次（万人次）	95 798.99	123 019.54	128.41	0	0	0		0
		部门所属艺术表演团体国内演出观众人次（万人次）	33 422.94	31 521.29	94.31	0	0	0		
		艺术表演团体国内演出农村观众人次（万人次）	58 453.69	76 803.27	131.39					
		部门所属艺术表演团体国内演出农村观众人次（万人次）	22 245.19	20 664.27	92.89	0	0	0		
		艺术表演场馆国内演出观众人次（万人次）	10 775.42	12 561.13	116.57	0	0	0		
		部门所属艺术表演场馆国内演出观众人次（万人次）	6 229.55	5 678.97	91.16					
普及（20分）	（一）艺术机构数（个）（20分）		2015年	2019年	2019年比2015年增长率（%）	高于全国水平得5分	低于全国平均但高于历史水平得3分	低于历史水平得0分	得分合计	
		艺术表演团体机构数	10 787	17 795		机构数受编制管理等因素影响，不参与评价				
		部门所属艺术表演团体机构数	2 037	2 052						
		艺术表演场馆机构数	2 143	2 716						
		部门所属艺术表演场馆机构数	1 264	1 283						

续表

一级指标	二级指标	三级指标制定要点	重点任务设定指标 2015年	完成值 2019年	2019年比2015年增长率（%）	判定标准 高于全国水平得5分	判定标准 低于全国水平但高于历史水平得3分	判定标准 低于历史水平得0分	得分（分）得分合计	得分合计
普及（20分）	（二）从业人员数（人）（10分）	艺术表演团体从业人员数	301 878	412 541	136.66	0	0	0	8分	
		部门所属艺术表演团体从业人员数	115 404	113 764	98.58					
		艺术表演场馆从业人员数	46 734	64 507	138.03	0	0	0		
		部门所属艺术表演场馆从业人员数	22 864	22 846	99.92					
	（三）专业技术人才数（人）（10分）	艺术表演团体专业技术人才数	143 965	179 332	118.31	0	4	0		
		部门所属艺术表演团体专业技术人才数	79 669	81 192	101.80					
		艺术表演场馆专业人才数	12 384	16 379	132.26	0	4	0		
		部门所属艺术表演场馆专业人才数	6 853	7 503	109.48					
		合计得分								63.5分

资料来源：2015年《中国文化文物统计年鉴》、2019年《中国文化文物和旅游统计年鉴》。

关于一级指标的设定，我们依然参照了《国有文艺院团社会效益评价考核标准》的主要内容，分为创作、演出及普及三个方面：

（1）对于创作指标，主要对接"十三五"时期的主要工作任务完成情况，对规划指标进行了分类，进而分成创作机制、作品及创作荣誉3个二级指标，对于任务完成情况的考核，采用完成任务即得分的简单考评方式，对于没有完成的，适当予以扣分。

（2）对于演出指标，我们的数据来源主要是《中国文化文物和旅游统计年鉴》，评价的主要内容是演出场次和观众人次。评价打分时，主要计算2019年与2015年相比的增长幅度，进行测评。考核部门所属单位，每单位完成演出的场次和观众人次增长幅度，是否高于全国平均增长幅度。

通过对增长幅度的比较，通过对平均每个演出团体、演出场所的平均水平的比较，能够反映部门管理水平与市场的均值差异。

（3）对于普及类指标，我们剔除了可能受机构编制约束的相关因素影响，主要考察了每个演出团体（场馆）从业人员和专业人才的增长幅度，以及部门所属单位平均水平和全国平均水平的比较差异。通过比较，能够反映部门管理水平与市场的均值差异。

四是开展经济成本—经济效益评价（见表2-16～表2-18）。

表2-16　"艺术创作"职责经济成本—经济效益评价指标（100分）（a）

考评项目	单位性质	2015年支出数（万元）	2019年支出数（万元）	2015～2019年增长幅度（%）	2015年团（馆）均支出（万元）	2019年团（馆）均支出（万元）	2019年比2015年团（场）均成本变化（%）
经济成本（亿元）50分	全国公有制艺术艺术表演团体	168.12	226.53	134.74	791.15	1 062.52	134.30
	部属艺术表演团体	161.05	218.65	135.77	790.62	1 065.55	134.77
	全国公有制艺术艺术表演场馆	52.94	102.72	194.03	389.84	800.62	205.37
	部属艺术表演场馆	32.89	45.46	138.22	260.21	378.20	145.35

表 2-17　"艺术创作"职责经济成本—经济效益评价指标（100 分）（b）

考评项目	单位性质	2015 年支出数（万元）	2019 年支出数（万元）	2015~2019 年增长幅度（%）	2015 年团（馆）均支出（万元）	2019 年团（馆）均支出（万元）	2019 年比 2015 年团（场）均成本变化（%）
经济效益（亿元）50 分	全国艺术艺术表演团体	25.85	35.84	138.65	121.65	168.11	138.19
	部属的艺术表演团体	24.34	34.23	140.63	119.49	166.81	139.60
	全国艺术艺术表演场馆	10.01	13.64	136.26	73.71	106.31	144.23
	部属艺术表演场馆	5.19	8.10	156.07	41.06	67.39	164.12

表 2-18　"艺术创作"职责经济成本—经济效益评价指标（100 分）（c）

考评项目	单位性质	2015 年支出数（万元）	2019 年支出数（万元）	2015 年团（场）均支出数/演出收入数	2019 年团（场）均支出数/演出收入数	2019 年成本效益与 2015 年相比	好于历史水平得 25 分	好于平均水平得 25 分	总分合计
艺术机构数（个）	全国公有制艺术表演团体机构数	2 125	2 132	6.50	6.32	-0.18	25	25	100 分
	部门所属艺术表演团体机构数	2 037	2 052	6.62	6.39	-0.23			
	全国公有制艺术表演场馆机构数	1 358	1 283	5.29	7.53	2.24	25	25	
	部门所属艺术表演场馆机构数	1 264	1 202	6.34	5.61	-0.72			

资料来源：2015 年《中国文化文物统计年鉴》、2019 年《中国文化文物和旅游统计年鉴》。

　　我们认为，由于目前权威资料的缺失，只能通过统计年鉴的数据进行分析，其中：

$$年度经济成本 \approx 年度支出数$$
$$年度经济效益 \approx 年度演出收入数$$

鉴于所有制不同，可能存在经济效率不同的情况，经济成本和经济效益的评价范围是，部门所属演出团体（场所）和全国公有制演出团体（场所）。

我们计算出了成本效益的比率：

$$经济成本 \div 经济效益 = 年度支出数 \div 年度演出收入$$

从评价指标应用看，如果部属单位比率系数小于公有制单位水平、部属单位比率系数小于历史水平，说明经济效益水平上升，即得分（见表2-19）。

表2-19　　　　　　　"艺术创作"职责评价结果

第一步：规范性审核	通过		
第一步：一致性审核	通过		
成本效益分析	得分（分）	权重（%）	加权得分（分）
第二步：社会效益审核	63.50	55	34.925
第三步：经济成本—经济效益审核	100.00	45	45
"艺术创作"职责合计得分	79.925 分		

五是对所有评价得分加权求和。

我们对上述审核和评分进行汇总，为了突出社会效益的重要性，将社会效益审核权重定为55%，将经济效益审核权重定为45%，"艺术创作"职责最后得分79.925分。采用相似的方法，我们可以对某部委相关主要9项职责予以评价，即可得出"十三五"时期，某部委部门整体预算绩效结果。

特别需要说明的是：评价结果分析及后续工作建议。

评价某部委"十三五"期间，艺术创作生产职责是不是履行到位，通过评价指标的打分我们可以从四个方面来总结：

第一，"十三五"期间履职情况总体良好。从我们设计的一致性评价指标、社会成本一票否决指标及社会效益指标能够定性和定量地反映出，"十三五"期间，艺术创作生产坚持以人民为中心，以社会主义核心价值观为引领，推出了一系列精品力作，为人民群众提供怡养情怀的精神食粮。

第二，优秀文艺作品演出演播力度进一步加强。从艺术表演团体、艺术表演场所两个维度体现了演出场次、演出观众人数等量化指标，同时对于具有公益性的农村观众人数、场次、公益性场次等都有权威数据支持，相关数据大部分在"十三五"期间有较大幅度增长（需要说明的是，统计农村观众和场次而不是特殊群体的观众人数和场次，主要是统计方便，只要在县级及以下单位演出，均视为农村演出）。

第三，艺术创作能力不断提高。"十三五"期间，关键性指标，如重点剧目创作、名家传戏、舞台艺术剧本创作都基本达到了设定目标。

第四，支持艺术创作的方式有所创新。进一步加强了国家艺术基金对创作活动的支持力度，基金立项资助项目超过设定目标25%。

主要存在的问题及建议：

一是部属单位相关效益指标增幅低于全国总体增幅，说明艺术创作精准对接群众需求、更好惠及社会民生方面还存在短板，需要继续深化国有院团改革，建立健全扶持优秀剧本、促进剧目生产表演的长效机制。

二是文化发展的资源要素保障机制有待于进一步完善，文艺创作当前主要还是依靠财政资金投入，需要进一步发挥市场在资源配置中的作用，在坚持社会效益优先的基础上，要进一步提升经济效益。

三是艺术创作要尊重自身发展规律，是否需要量化到多少台优秀剧目，多少个演出精品，还需要进一步研究，避免为了完成指标任务，降低产品质量；"十四五"期间，需要结合重要时间节点，组织开展重大主题创作，创新内容和变现形式，推动艺术与科技相结合，力求精品但不建议量化精品数量。

第三章

科学技术研究领域项目绩效评价
指标与方法探索

第一节 科学技术研究项目绩效评价国际借鉴

一、美国《科学与工程指标》

在美国国家科学基金会（National Science Foundation，NSF）和国家科学与工程统计中心（NCSES）合作编制了《科学与工程指标》（*Science and Engineering Indicators*，SEI），这一指标不仅是对美国科研相关指标的介绍和统计，更是对国家总体科研水平的评估。

SEI 共 8 章，其中第 4、5、8 章对于技术研发和科技成果转化有较强的参考价值。第 4 章讨论了不同的经济部门如何对研究和开发资金与绩效的近期趋势做出贡献。它强调商业和联邦部门的研发，涵盖美国和国际上的国家研发总量、商业活动和政府工作。评价方向主要包括：美国的研发趋势、国家和经济部门层面的国际研发比较（亚洲研发绩效的快速扩张）、美国跨国公司的外国子公司的研发分布情况。第 5 章"学术研究与发展"部分的评价内容主要涵盖学术研发投入的趋势（包括学术研发基础设施、网络基础设施、学术界博士科学家和工程师）和学术科研成果（包括文章和专利）两个部分；第 8 章"国家指标"主要提供了 59 个具体指标，指标旨在提供可能与以技术为基础的经济发展有关的定量数据。这些指标包括初等和中等教育、高等教育、劳动力、研发投入衡量、研发成果产出衡量和经济中的科学技术 6 个方面。在衡量技术研发和科技成果转化方面主要涉及了研发投入衡量（研发占国内生产总值百分比、每个受雇工人的联邦研发义务、每个人在科学工程中的联邦研发义务等）、研发成果产出衡量和经济中的科学技术。

二、法国"未来投资计划"的绩效评价实践

法国是欧洲大陆中央集权国家的典型代表，无论在高等教育、经济发展方面还是在科学研究、技术创新方面，法国中央政府都享有绝对的决策权和领导权。自第二次世界大战结束，无论是政党换届，还是主管高等教育、科学技术和产业经济发展的部门经过多少次重组或改革，法国一直将颁布实施周期性科技发展与技术创新计划或规划视为政府工作的重中之重。进入 21 世纪以来，为应对本国在高等教育、科学技术、生态环境、气候能源等方面面临的一系列重大挑战，保持法国世界一流科技大国的地位，法国政府开始对国家层面的各类型重点研发计划、学科领域发展规划、技术创新基金等进行全面改革。

20 世纪 80 年代初，法国的国家级科技计划分为研究与技术发展动员性计划、基础研究计划、应用和目的性研究计划和技术发展计划四大类。为集中使用有限的经费，避免人力、物力等资源浪费和个别领域重复资助的问题，20 世纪 80 年代末，法国政府对上述四类计划进行了优化重组，按照学科领域的不同，重新制订了 11 项国家研究计划，分别聚焦生物技术、食品、医学研究、人文与社会科学、技术与生产、电子技术与信息技术、住房与交通运输研究、自然资源开采与利用、新材料、新化学和发展研究。进入 21 世纪以来，法国政府在整合 80 年代末 11 项国家级研究计划的基础上，2010 年正式启动名为"未来投资计划"的大型综合性科技计划，又名"大型国债计划"。该计划的设计与执行方式同我国"五类计划"相似。

法国"未来投资计划"主要采用定性评价与定量评价相结合的方式，由议会科学技术选择评价局组织，采取事前、事中、事后全流程评价模式，最终结果将影响未来资助布局。法国"未来投资计划"在绩效评价中的突出特点体现在：基于科技计划的特点，分类设置绩效评价指标。法国投资总署针对该计划设置了科学研究类、技术创新类和高等教育类的绩效评价指标，虽然每一类的计划绩效评价均设立了数量不等的一级、二级指标，然而在评估实施过程中，负责实际评估的科学小组及工作小组的内部

评审专家均可以根据工作需要或者是项目所属领域的特殊性，灵活调整二级及以下指标。

（一）科学研究类项目的绩效评价指标设置

科学研究类项目的绩效评价指标主要涉及两个维度：一个是执行项目期间，研究人员的科研产出及其学术影响分析；另一个是执行项目期间，青年研究人员和学生的研究与培训的实施情况，详情如表3-1所示。

表3-1　　　　　"未来投资计划"科学研究类项目绩效评估指标

一级指标	二级指标
科研产出及影响	报告：（1）研究报告的种类/数量；（2）跨学科、跨领域报告的数量；（3）公—私机构研究人员合作产出报告的数量
	论文：（1）期刊/会议论文数量；（2）期刊/会议的知名度（国际/国内）；（3）进入全球10%高被引期刊文章的数量
	会议：（1）发起并组织学术活动的次数，包括会议、座谈会、研讨会、交流会等的次数和知名度（国际/区域/国内/地区）；（2）主动参与学术活动的次数，包括会议、座谈会、研讨会、交流会等的次数和知名度（国际/区域/国内/地区）
研究与培训	自第一年项目实施以来：（1）研究人员单独培养学生的数量；（2）跨学科、跨部门、跨机构研究人员联合培养学生的数量
	（1）取得博士学位博士生的数量；（2）取得博士学位博士生的就业状况
	（1）出站博士后的数量；（2）出站博士后的就业状况

科研产出及影响。从定量产出方面来看，事后绩效评价除关注研究报告和学术论文的数量之外，更关注的是不同学科、领域之间以及不同属性部门研究人员之间的合作、协作和协同创新情况；从科研产出的学术影响方面来看，投资总署在指标设置方面只建议了两个：一个是高被引学术论文的数量；另一个是主动发起、组织和参与国内外各类型学术会议的数量。

研究与培训。除关注取得学位证书的研究生的数量之外，投资总署还专门设置了两个"特殊"指标：一个是多位导师联合培养学生的数量，旨在引导、鼓励国家创新体系执行层不同学科领域和不同属性机构之间加强合作与交流；另一个是毕业研究生的学以致用情况，即就业情况。投资总署认为，一个学科方向取得学位证书研究生或博士后出站以后的就业率是反映该学科方向在某一阶段性时间内存在价值与影响力的重要指标。换句话说，一个不能支撑社会发展、经济产业结构调整或产学研机构所需的学科方向是没有价值的。该指标设置的初衷就在于引导法国研究机构和高等教育机构在专业课程及学科领域设置方面须时刻考虑其实用性与应用性。

（二）技术创新类项目的绩效评价指标设置

在技术创新方面，为引导国家创新体系执行层各单元在关键、核心技术领域以满足社会和市场经济发展需求加强协同创新和转移转化，设立了技术创新类项目绩效评价指标。属于该类型项目事后绩效评价的指标则重点聚焦技术创新产出的社会影响、技术价值和经济效益，如表3-2所示。

表3-2　　　　　　　"未来投资计划"技术创新类项目绩效评估指标

一级指标	二级指标
创新产出	项目结束后，技术研发人员单独申请和联合申请专利的数量（超出还是低于项目预期专利申请量？）
	专利技术转移转化或转让的数量及收益（欧元或百万欧元）
技术价值	初创企业的数量； 技术创新产品或服务在国际市场的占有率和营业额
	使用创新技术后，产品原材料或人力投入成本的节约情况

创新产出。在专利申请方面，除关注技术研发人员单独申请专利的数量之外，与科学研究类项目的科研产出一样，事后评价还关注不同学科、领域之间以及不同属性部门技术研发人员联合申请专利的数量、专利技术转移转化或转让的数量及收益、初创企业的数量。

技术价值。主要关注企业运用创新技术后，获得的经济价值、社会效益与影响。例如，某一技术领域新产品或服务的市场占有率特别是国际市场的占有率，以及使用新技术后，企业在产品原材料或人力投入成本方面的节约情况等。

综上所述，这种指标设置的方式为法国切实有效打通阻断科研界和产业界技术创新产业化的"篱笆墙"，促使科研成果落地，进而走向国际化市场提供了重要的保障与引导。

三、《欧洲创新记分牌》

目前国际上与国家创新能力评价相关的研究有很多，影响力比较大的有 4 种：侧重评价主要国家和经济体综合竞争力的世界经济论坛（WEF）的《全球竞争力报告》（与科技和创新相关的主要体现在技术准备度、商业成熟度以及创新），瑞士洛桑国际管理学院（IMD）发布的《世界竞争力年度报告》（与科技和创新相关的指标主要体现在技术基础设施和科学基础设施），世界知识产权组织、欧洲工商管理学院以及康奈尔大学联合发布的《全球创新指数》，欧盟委员会设计的《欧洲创新记分牌》。[①]

《欧洲创新记分牌》[②]反映的是国家层面的创新能力。一级指标分为框架条件（反映一个国家创新的基础和环境）、创新投资（反映一个国家对创新的资金投入，包括政府的资金支持、风险投资以及企业的资金投入情况）、创新活动（企业在产品、流程、营销以及组织管理方面的创新活动，企业与公共机构联系情况以及企业的知识产权活动）、创新影响（创新对就业和经济的影响）；二级指标则包括人力资源、研究系统、创新环境、财政支持、企业投资、创新企业、联系、知识产权、就业影响和销售影响。

欧盟委员会研究与创新总署知识转移指标专家组于 2011 年发布了相关报告——《一种用于知识传递的复合指标》（*A Composite Indicator for Knowledge Transfer*）。这个小组旨在为欧洲国家一级知识转移建立复合指标，目标包括验证关于知识转移的总体指标的两个既定建议和详细阐述一个描述知识转移不同维度的复合指标的建议。

专家小组根据审议工作，制定了三组知识转移评价指标：商业化的研究、在研发和其他创新阶段的机构合作、通过训练有素的人员转移知识三大类。

一个复合指示器由许多"相加"到一个数字的组件指示器组成。底层组件本身可以作为知识转移的各个维度的测量来解释。将它们组合在一起的主要优点是可以简单地理解一个复杂的现象。在不同国家可能优先级不同的情况下，还有一个额外的优点，因为它提供了跨不同潜在维度的表现的总体图景。不幸的是，网络的指标目前似乎不可行。在这三个领域中，每个领域都选择了许多组件指标，以捕获广泛的相关活动。

评价技术研发和科技成果转化时应当注意要充分反映其全链条、多环

---

① 梁洪力、郝君超、李研：《国家创新体系绩效评价的基本框架》，载于《中国科技论坛》2014 年第 1 期，第 5~9 页。

② 程如烟、姜桂兴、蔡凯：《欧洲创新评价指标体系变化趋势——基于对〈欧洲创新记分牌〉的分析》，载于《中国科技论坛》2018 年第 5 期，第 165~172、179 页。

节以及转化主体和转化形式多样化等特点。第一，要加强战略规划与预算编制、绩效评价的联系。在进行评价时，进行评价的一方根据判断出的问题、所处阶段等具体内容来进行方法、指标的判断，通过结果导向来改进组织的行为。第二，技术转让活动不是自发事件，技术研发和科技成果转化都是很复杂、周期很长的活动。发明通常需要数年甚至数十年的研究工作才能公开，在授予专利之前，对专利申请的审查可能需要两年或更长时间。再加上知识产权许可的条款和条件因许多因素而异，包括技术的发展程度、进一步开发技术以供消费者使用所需的财政资源、使用领域、预计的市场影响和其他因素，因此在评价时应当适当将时间因素考虑进去，例如美国商务部的国家标准与技术研究所提供的计算方法。第三，在评价技术研发和科技成果转化时，除了产出指标外，还要考量其影响指标，例如对经济发展的影响、国际化影响、国际竞争力的影响、科学影响、技术影响、对培训和教育的影响、社会影响、对投资领域的影响、对产业的促进发展影响等各方面。第四，在考虑指标设定时应当注意数据获取所要耗费的人力、物力、财力和时间。第五，要注意指标间的关系，考虑指标的复合来更好地进行评价。第六，合作研究有助于各机构通过奖励和版税分享机会吸引及留住有才华的科学人才，在设计评价指标时可以将不同机构之间的合作交流纳入考虑范围中。第七，评价指标体系并非越复杂、越全面越好，它因评价目的、评价对象等的不同而不同①。具体指标设计上根据文献分析、实践调查、专家研讨，要充分利用技术市场、专利许可和转让等现有统计基础，要充分考虑与国际指标的衔接和可比性，扩充相关监测指标，完善统计数据基础，建立全面、综合的指标体系。

第二节　科学技术研究领域项目绩效评价指标体系构建

一、指标体系构建的基础和出发点

我国于 1985 年正式启动科技体制改革，到今天走过了近四十年的时间。而从 2000 年科技部颁布《科技评估管理暂行办法》开启科技评估政

---

① 《科技成果转化的评价要与国际接轨》，载于《科技日报》2015 年 2 月 9 日。

策指导到今天，仅仅二十余年。总体来说，我国的科技投入绩效评价起步较晚，发展时间不长，2011 年对财政科技投入纳入政府预算管理的资金进行绩效评价，我国科技投入绩效评价才逐步与国际接轨。科技评价的定位，也经历了从"适应科技发展新形势和政府职能转变的保障"到"为实施创新驱动发展战略提供有力保障"，再到"科研评价的指挥棒"的转变；科研评价的目标导向经历了重过程评价到重结果评价的转变；科技评价的重点经历了从"质量"到"科技创新质量和实际贡献"，再到"科技创新质量、贡献、绩效为导向"的转变。2016 年，习近平总书记在"科技三会"上发出了"建设世界科技强国"的号召，首次提出了建立以科技创新质量、贡献、绩效为导向的分类评价体系，正确评价科技创新成果的"科学价值、技术价值、经济价值、社会价值、文化价值"五大价值。[①] 2020 年在科学家座谈会中，习近平总书记提出"面向世界科技前沿、面向经济主战场、面向国家重大需求、面向人民生命健康"[②] 的重要指示，为我国推动科技创新驱动发展、加快科技创新步伐指明了方向，也为我国科技投入绩效评价奠定了基础、明确了目标，也是开展相关领域预算绩效评价的根本出发点。2021 年 7 月，国务院办公厅发布《关于完善科技成果评价机制的指导意见》（以下简称《指导意见》），明确了"坚持科技创新质量、绩效、贡献为核心的评价导向""坚持科学分类、多维度评价""坚持正确处理政府和市场关系""坚持尊重科技创新规律"四条科技成果评价的基本原则，并提出了"全面准确评价科技成果的科学、技术、经济、社会、文化价值""健全完善科技成果分类评价体系""加快推进国家科技项目成果评价改革""大力发展科技成果市场化评价""充分发挥金融投资在科技成果评价中的作用""引导规范科技成果第三方评价""改革完善科技成果奖励体系""坚决破解科技成果评价中的'唯论文、唯职称、唯学历、唯奖项'问题""创新科技成果评价工具和模式""完善科技成果评价激励和免责机制"十条主要工作措施。8 月，国务院办公厅就科研经费管理办法发布《关于改革完善中央财政科研经费管理的若干意见》，明确提出了"扩大科研项目经费管理自主权""完善科研项目经费拨付机制""加大科研人员激励力度""减轻科研人员事务性负担"

---

① 习近平：《为建设世界科技强国而奋斗——在全国科技创新大会、两院院士大会、中国科协第九次全国达标大会上的讲话》，人民出版社 2016 年版。

② 《习近平：面向世界科技前沿、面向经济主战场，面向国家重大需求，面向人民生命健康，不断向科学技术广度和深度进军》，人民网，https：//baijiahao. baidu. com/s？id = 1677589241693393795&wfr = spider&for = pc，2020 年 9 月 12 日。

"创新财政科研经费投入与支持方式""改进科研绩效管理和监督检查"。这两项政策明确了科技投入和成果转化绩效评价的基本原则和重要举措，也是开展相关领域预算绩效评价的政策基础。2021 年 8 月，财政部发布《关于印发〈中央部门项目支出核心绩效目标和指标设置及取值指引（试行）〉的通知》（以下简称《通知》）。该《通知》详细提出了中央部门项目支出绩效目标及指标设置思路和设置原则，以及绩效指标的类型和设置要求，明确规定了绩效指标的一二级指标设置，一定程度上，也为财政支持的技术研发和科技成果转化项目评价指标体系构建提供了政策基础。

绩效评价始于项目责任主体与执行主体的分离，是一种委托人对被委托人执行代理义务的尽责评价。公共财政支出的科技投入项目是项目执行方在公众支持下，受公众委托的一种履约行为，理应接受公众的监督和评价。其产生的绩效结果也将作为公众产品或公共服务而影响社会公众，产生公共价值。因此，技术研发和科技成果转化绩效评价指标体系的建设理应遵循公共关系的一些基本原则和管理理论，委托—代理理论、公共管理理论以及公共价值理论等构成了技术研发和科技成果转化预算绩效评价指标体系的基础理论依据。绩效是一项活动实施的结果，这种结果既有投入与产出的对比关系，又有投入的合理性和有效性。预算绩效是预算资金通过其周期性运行所实现的效率和效果。在预算绩效评价过程中，经济性（economy）、效率性（efficiency）、有效性（effectiveness）始终是预算绩效评价的核心内容。经济性是指以较少的投入实现既定的绩效目标，克服支出中严重浪费和分配不均的问题；效率性是指以较少的资源投入或较短的时间取得一定的产出或者是以一定的资源投入或时间取得较大的产出；有效性是指资源投入所取得的最终产出对绩效目标的实现程度。这三性构筑了预算绩效评价应用最广泛和最基础的理论——3E 理论，随着评价的深入和完善，更多的评价因素进入评价理论的视角，公平性（equity）、环保性（environment）等也反映了评价理论的发展和完善。无论是经济性、效率性还是有效性，评价更多是从结果入手，从投入、产出的角度对当前产生的绩效结果进行评价，而要更客观和充分地评价项目的价值，不仅应考虑现有的结果价值，还应考虑未来的发展价值，不仅应该关注结果，也应在一定程度上关注过程。虽然从科技投入的评价导向和政策发展来看，我国现阶段科技投入评价更强调结果，但并非完全脱离和否定过程，只有有效的过程才能产出有效的结果，平衡计分卡理论在一定程度上对绩效评价理论从视角和过程上给予了有力的补充。3E 理论、4E 理论以及 5E 理论和平衡计分卡等预算绩效评价理论为本书研究的技术研发和科技成果转化绩效评价指标体系提供了科学的应用理论基础。

我国科技投入绩效评价虽然起步较晚，但是在二十余年的发展过程中，随着相关部门和各级政府对绩效评价应用实践的探索，也积累了不少具有我国特色的技术研发和科技成果转化的绩效评价实践经验，从"重数量、重过程"到"重质量、重结果"，从"质量导向"再到"科技创新质量和实际贡献导向"，再到"科技创新质量、贡献、绩效为导向"，从"管得过死、控得过严"到"扩大科研项目自主权"等一系列的变化彰显了我国科技投入绩效评价实践经验的成果。在对我国各地科技投入预算绩效评价实践的充分调查和案例研究后，形成了本书构建的预算绩效评价指标体系的基础。我国技术研发和科技成果转化的应用实践经验构成了本书研究的应用基础。

二、指标体系构建的基本思路和原则

(一) 指标体系构建的基本思路

在前面所述的科技投入预算绩效评价指标体系政策基础和理论基础的指引下，结合应用基础的实践经验，技术研发和科技成果转化预算绩效评价应坚持以科技创新质量、绩效、贡献为核心的评价导向，充分发挥科技成果评价的"指挥棒"作用，全面准确反映成果创新水平、转化应用绩效和对经济社会发展的实际贡献，着力强化成果高质量供给与转化应用。应根据科技成果不同特点和评价目的，重点、全面、准确地评价成果的科学价值、技术价值、经济价值、社会价值和文化价值。科技成果这五项价值应成为技术研发和科技成果转化的核心绩效目标。科学价值重点评价在新发现、新原理、新方法方面的独创性贡献。技术价值重点评价重大技术发明，突出解决产业关键共性技术问题、企业重大技术创新难题，特别是关键核心技术问题方面的成效。经济价值重点评价推广前景、预期效益、潜在风险等对经济和产业发展的影响。社会价值重点评价在解决人民健康、国防与公共安全、生态环境等重大"瓶颈"问题方面的成效。文化价值重点评价在倡导科学家精神、营造创新文化、弘扬社会主义核心价值观等方面的影响和贡献（《关于完善科技成果评价机制的指导意见》）。在这一核心绩效目标的驱使下，技术研发和科技成果转化绩效评价主要需注重高质

量知识产权的产出，将新技术、新材料、新工艺、新产品、新设备样机性
能等作为主要评价指标。不涉及军工、国防等敏感领域的技术开发和产业
化成果，把技术交易合同金额、市场估值、市场占有率、重大工程或重点
企业应用情况等作为主要评价指标，同时加强成果真实性和可靠性验证，
合理评价成果研发过程性贡献。

　　依据五大价值这一核心绩效目标和《指导意见》中"破四唯"（唯论
文、唯职称、唯学历、唯奖项）的精神，技术研发和科技成果转化绩效的
基本评价思路应"重质量、重结果"评价，"轻数量、轻过程"评价，突
出代表性成果和项目实施效果评价，重点评价项目的创新性、先进性，以
及解决经济社会发展关键问题的作用和支撑引领行业产业发展发挥的作用
等，聚焦科技成果对"四个面向"（面向世界科技前沿、面向国家重大需
求、面向国民经济主战场、面向人民生命健康）发展的推动作用，重点关
注成果的经济效益、社会效益和生态效益，依据科技成果的不同类型和特
点，从创新质量、贡献和绩效等多个方面建立项目分类评价指标体系，坚
持严格依据任务书开展综合绩效评价工作。

（二）指标体系构建的基本原则

　　依据绩效评价的基本思路，技术研发和科技成果转化评价指标体系设
置应遵循以下原则：

　　1. 系统性原则

　　技术研发和科技成果转化项目的绩效评价是一项非常复杂的系统工
作，在实际的评价过程中需要设计和选择能够系统反映项目的评价指标和
评价程序。首先，在评价指标选择上，需要结合项目自身的特点，设计一
套能够系统反映项目完整绩效的评价指标体系。其次，在评价程序设计
上，需要系统考虑项目的目标设定、过程评价和结果评价的相互关系，并
系统设计各阶段工作的彼此衔接。最后，在评价工作的组织上，需要系统
性分阶段的组织，不仅要重点关注项目完成后的绩效效果，还要关注项目
完成后续的跟踪评价。

　　2. 分类评价原则

　　技术研发和科技成果转化具有多样性的特点，不同的技术研发和科技
成果转化类型具有不同的目的、内容和形式，这决定着其具有不同的评价
目标和评价内容。在评价时，应该按照具体的项目类型设定不同的评价目
标，选取不同的评价指标。

3. 目标导向原则

不同的技术研发和科技成果转化项目产生的结果和影响是不同的。在不同的时间、不同的地点和不同的项目实施主体下，项目产生的绩效也是不同的，这就需要在构建评价指标体系时突出项目的特殊性和目的性，明确需要评价的目的是什么，据此选择相应的指标和权重。在当前我国技术研发发展阶段，很多技术研发项目的创新性、引领性和解决关键问题的作用性是考核其绩效的重要目标，那么在评价指标的设置上就应以创新性、引领性等目标为导向，充分考虑创新性、引领性指标体系的选择和应用。

4. 客观性原则

技术研发往往是一项复杂的活动，对其进行评价需要很强的专业性，这往往对评价的客观性提出了很大的挑战。但是无论挑战多大，公正、客观性都是绩效评价存在意义的前提。客观性是保证绩效评价公平、公正的关键。评价者在评价时，要以其超然独立的立场，运用科学的方法进行分析与判断。这也要求评价指标的设置应该具有客观性。唯有如此，评价结论才能反映项目的绩效实际，评价才具有较高的说服力和可信度。

5. 重要性原则

重要性原则是指在指标设置和选择时应考虑项目的特点，突出其目标导向，围绕其项目目标选择重要的绩效评价指标，借助重要性指标可以集中评价其科技成果绩效。同时，在选定重要性指标时，应注意指标的独立性，避免选择重复性指标干扰对绩效的综合评价。

6. 可操作性原则

在指标的设置和选择时，应设计出既能满足绩效评价目标需求，又能具体、准确体现技术研发和科技成果转化项目绩效的指标，可以围绕评价目标的关键特征进行设计和选择，尽量采用公正、客观、可量化、可比较的指标进行评价，在设计时还需注意指标所需数据的可获得性、完整性以及准确性。

7. 定性和定量结合原则

定量的指标主要是通过一些实地的测量和调查，获取项目的相关数据来对项目绩效进行公正、客观的评价，具有较强的客观性。在可操作性的指标中，定量的指标相对更为客观、可比和可操作，但缺乏综合性。定性的指标主要是通过各个评价主体对项目的状况进行评定和判断，综合反映项目的本质和总体情况，相对来说更为主观。对于科技研发这类项目，项目本身往往是一项非常复杂的系统工程，项目绩效的评价也复杂，许多评价无法完全用定量的指标来衡量，许多定量指标数据也难以获得，而定性的指标信息相对更容易获取些，能够更多维地反映项目情况。因此，在对技术研发和科技成果转化项目进行绩效评价时，必须通过定量和定性指标相结合的方式来评价，通过定性评价的方法确定项目的总体状况和影响，同时利用定量评价方法进行验证和检验，进而获得更为全面而有效的评价结果。

8. 完整性原则

在进行绩效评价指标体系设计时必须考虑指标之间的衔接与完整，既要防止指标间的重合，又要注意指标的全面性；评价指标要考虑财务的特性，也要考虑非财务的要求。只有注重评价指标的完整性和全面性，评价结论才能体现项目绩效的全貌。由于技术研发类项目的专业特点和科研性质，使得完整性原则对于技术研发类项目绩效指标的设计是一项很大的挑战，但在实际的项目绩效指标设计和选择时，还是应该尽量力求指标完整、全面，以能更多角度、更充分地评价项目的绩效结果。

三、预算绩效评价指标体系构建

在前面所阐述的技术研发类项目绩效评价政策基础、理论基础和实践基础的指引下，基于指标体系设计的几项基本原则，本书形成了以财政支出项目核心绩效指标为基础的技术研发和科技成果转化预算绩效评价指标体系。指标体系包括成本指标、产出指标、效益指标和满意度指标四类基础一级指标，以及针对科技研发类项目特设的科技诚信一级指标。同时，考虑到技术研发和科技成果转化处于科技投入的不同阶段，具有不同的特点和明显的区别，在指标体系设计时，将两者分开，作为两种类型的科技投入分别构建了绩效评价指标体系。

由于技术研发类和科技成果转化类本身又是一个大的领域范畴，不同的项目差异可能非常大，在具体的指标设计和选择时差异性也很大，尤其对于一些定性指标的设计上，更需要视具体的项目情况而定。基于此，本书更多侧重对指标因素的考虑，即重点关注应从哪些方面对指标进行设计和选择，不过多地去追求指标的具体化，对一些具有共性的指标，也尽量予以明细和具体化。

对于指标值的类型，在设计和选择时有些指标可以采用绝对值（如数量和金额），有些可以采用相对值（即相对某个基准数值的比重，如以GDP 为基准、以财政投入为基准、以总产出为基准等），有些可以采用单位计量值（如以万元或者亿元为单位计量产出等），具体如何选择，与具体项目的实际情况和绩效评价方法有关，往往需要具体情况具体分析。

下面本书将分别对技术研发类和科研成果转化类两类科技投入的绩效评价指标体系进行详细设计。

（一）技术研发类绩效评价指标体系

技术研发类绩效评价指标一级指标包括成本指标、产出指标、效益指标、满意度指标和科研诚信指标，如表 3 - 3 所示。

表 3 - 3　　　　　　　　　　技术研发类绩效评价指标

一级指标	二级指标	考虑因素	三级指标或考量因素	备注说明
成本指标	经济成本指标	财的投入	研发总投入	
			技术引进费	
			技术改造费	
			财政资金投入	
			后续资金投入	
	社会成本指标	人的投入	研发机构数	
			研发人员数（人）	
			研发人员工作量（人年或人天）	
		物的投入	研发材料	可设定的指标，如非直接投入的研发材料损耗额等
			研发设备、设施	可设定的指标，如研发设备折旧
			研发场地	可设定的指标，如研发场地潜在租赁费
		社会支持	占用公共资源	
			占用其他机构资源	
	生态环境成本指标	生态消耗	综合能源消耗	如用电、用水、用气量
			自然资源消耗	如占用耕地面积
			水土流失成本	
			排污成本	

续表

一级指标	二级指标	考虑因素	三级指标或考量因素	备注说明
产出指标	数量指标	直接产出	鉴定成果数	如发表科研论文篇数；发表著作篇数；研究报告；成果登记量
			专利申请数	
			专利授权数	专利国内授权数、国外授权数
			科技成果奖	世界级、国家级、省部级、地市级的成果奖励项数
		转化产出	研发成果应用量	
		人力产出	培养科研人员数量（研究生/访问学者/进修人员/博士后）	
			项目人员职称职务晋升情况	
			人才培训时间	
			提供的就业机会	
		科研能力产出	形成了新的实验、测试方法等	
			改进或研制了新型科研仪器设备	
			建立或完善了科研基础信息数据库	
			改善了项目单位实验室等科研条件	
			建立或强化了产学研用合作关系	
			与外单位建立了研发合作关系	
			引起了外部研发投入的增加	
			建立了研发中心等	

续表

一级指标	二级指标	考虑因素	三级指标或考量因素	备注说明
产出指标	质量指标	完成情况	专利申请通过率	
			技术开发项目完成率	
			科技研发成功率	
			项目目标完成比例	
			成果使用率	
		科学价值	创新程度	
			独创程度	
			专利水平	
			自主知识产权含量	
		技术价值	先进性	
			成熟度	
			关键性	
			集成度	
			技术标准研制	
		关键技术	关键成果新颖性	
			关键成果技术独创性	
			关键技术的突破和掌握	
			关键成果扩散应用	
			集成创新情况	
	时效指标		技术研发项目按时完成率	
			技术研发计划达成率	
			单位成果研发时间（天）	
			一定周期内完成研发成果总额	
			新技术转化时间	
			配套资金到位率	

续表

一级指标	二级指标	考虑因素	三级指标或考量因素	备注说明
效益指标	经济效益指标		预期转化成果的潜在市场容量	
			预期转化成果的市场收益	
	社会效益指标	重大影响力	项目主攻方向	如主攻方向是否是"四个面向"（面向世界科技前沿、面向国家重大需求、面向国民经济主战场、面向人民生命健康）的重要问题
			解决"瓶颈"问题	如填补空白、打破国外垄断、替代进口
			科研水平领先程度	
		带动作用	提高社会生产率	
			优化产业结构	
			提高全员劳动生产率	
			GDP 贡献率	
			带动后续资金投入	
		科研文化贡献	科学家和科研精神	
			营造创新文化	
			弘扬社会主义核心价值观	
			打造科研品牌	
			传播中国文化自信	
	生态效益指标	节能减排	能耗降低率	如万元 GDP 能耗降低率、单位工业增加值能耗降低率、万元产值能耗降低率等
			"三废"和噪声排放降低率	
		资源利用	资源再利用率	
			资源节约率	
			"三废"综合利用率	
			环保投入与工业产值比	
			人居环境改善情况	
		改善环境	自然环境优化情况	如环境质量改善指数；增加植被覆盖率；土壤改良率；单位投入新增人均绿地面积；水土流失

续表

一级指标	二级指标	考虑因素	三级指标或考量因素	备注说明
满意度指标		成果转化满意度		
		利益相关性群体评价情况		
		部门协作满意度		
科研诚信指标		套取科研经费		
		学术不端		如捏造数据，篡改数据，剽窃、侵占学术成果，伪造学术履历等

1. 成本指标

成本指标是指预期提供的公共产品或服务所产生的成本，包括经济成本指标、社会成本指标和生态环境成本指标3个二级指标，分别反映项目实施产生的各方面成本的预期控制范围。

经济成本指标反映了项目直接的经济投入。社会成本指标反映了项目对社会发展、公共福利等方面可能造成的负面影响。生态环境成本指标反映了实施项目对自然生态环境可能造成的负面影响。在技术研发类项目成本指标设计中，经济成本指标和社会成本指标主要应从人、财、物和社会间接消耗这些因素来考虑其成本指标的设置。

从财力的投入方面计量，可以采纳的指标有：研发总投入，技术引进费、技术改造费等明细构成费用，而对于财政资金支持的项目，还应重点关注财政资金的投入额、其他资金的投入额等。对于某些周期长、阶段多的技术研发类项目，在考量投入成本时，不仅要考量现阶段的投入额，还应关注后期延续开发和维护的投入，应设计和选择后续资金投入等指标。

从人力的投入方面计量，可以选择的指标有：研发机构数（个）、研发人员数（人）以及研发人员工作量（人年或人天）等。研发机构和研发人员的投入在很多时候并未计入技术研发类项目的经济直接成本中，但是其机会成本是技术研发类项目不可忽视的成本投入，也是项目的重要投入之一。在评价项目的全成本投入时，应考虑研发机构和研发人员的成本投入。

物的投入是在项目实施过程中所投入的材料、设备、设施和场地等，在评价时应考虑未在经济成本中计量的各类材料、设备投入的损耗、折旧等。

除以上人、财、物的投入外，还应考量技术研发类项目对公共资源或其他机构资源的占用和消耗，这些社会支持部分也是项目社会成本的一部分。

成本指标中的生态环境成本指标主要考量研发项目对生态资源的消耗情况，可选择的成本指标有综合能源消耗成本，如用水、用电、用气量；自然资源消耗量，如占用耕地面积等；水土流失成本，以及排污成本，如"三废"产生量和处理成本等。

2. 产出指标

产出指标是对预期产出的描述，包括数量指标、质量指标、时效指标3个二级指标。

数量指标反映了项目预期提供的公共产品或服务数量，不同的项目产出不同，一般所需要设定的指标内容也不同。在技术研发类项目产出的数量指标设计中，可以从直接产出、转化产出、人力产出和科研能力产出等几个方面来考虑。直接产出是技术研发类项目预期提供的研发成果的数量，可以采纳的指标有：鉴定的成果数，如发表科研论文的数量（国内外）、发表著作的数量（国内外）、发表的研究报告、科研成果知识产权登记量等；专利申请数；专利授权数；项目所获科技成果奖项数量和级别（世界级、国家级、省部级、地区级）。这些指标可以直接从数量上体现技术研发类项目的成果产出，某些指标的层次也可体现出产出的质量高低（如国外核心期刊论文发表数、世界级科技成果获奖等）。转化产出是考量技术研发类项目最终的实际应用产出，如应用到科技成果转化方面的新产品、新技术、新材料、新工艺或新设备的数量，以评价该项目的实际应用价值。一个优秀的技术研发类项目不应只是直接产出了成果，还应培养了人才，甚至有时候培养人才比直接产出成果更重要。因此，在评价项目的产出时，在某些时候还可以考虑选择人力产出方面的指标，如培养科研人员（研究生/博士后/访问学者/进修人员等）的数量、项目人员职称职务晋升情况、对人才的专业培训时间以及项目所提供的就业岗位数量等，这些指标体现了技术研发类项目部分的间接产出。除此之外，技术研发类项目的间接产出还可以选择的一个重要考量因素就是科研能力的产出（此处的产出不包括人力科研能力的产出，主要是指非人力的产出），可以考虑从以下方面设计指标：形成新的实验、测试方法，改进或研制了新型科研仪器设备，建立和完善了科研基础信息数据库，改善项目单位实验室等科研条件，建立或强化产学研用合作关系，与外单位建立研发合作关系，引起外部研发投入的增加以及建立研发中心等。

质量指标反映了项目预期提供的公共产品或服务达到的标准和水平。在技术研发类项目的绩效评价中，可以从项目完成情况、成果科学价值、成果技术价值，以及关键技术质量等方面来设计指标。项目完成情况是考量技术研发类项目的直接完成效果和质量，可以考虑选择的指标有：专利申请通过率、技术开发项目完成率、技术研发成功率、项目目标完成比例、成果使用率（或成果应用转化率）等。科学价值是考量项目的创造贡献，是技术研发的核心绩效目标之一，可以选择的指标有：创新程度、独创程度、专利水平、自主知识产权含量等。技术价值方面的指标用于评价项目的突出成效，主要可以从项目的先进性、成熟度、关键性、集成度和技术标准研制等方面来设计或选择，这方面更多可通过一些定性的指标来综合评价项目的技术成效。在技术价值评价的基础上，依据重要性原则，可重点评价项目的关键技术，可以从关键成果的新颖性、技术独创性，关键技术的突破和掌握，关键成果的扩散应用以及集成创新情况等方面来进行指标设计和选择。

时效指标主要考量项目预期提供的公共产品或服务的及时程度和效率，在某些时候也需要考量资金到位的及时情况。对于技术研发类项目，主要可以选择的指标有技术研发项目按时完成率、技术研发计划达成率、单位成果研发时间（天）、一定周期内完成研发成果总额、新技术转化时间以及配套资金到位率等。

3. 效益指标

效益指标是对项目的预期效果进行评价，包括经济效益指标、社会效益指标、生态效益指标3个二级指标。

经济效益指标反映了项目相关产出对经济效益带来的影响和效果，包括相关产出在当年及以后若干年持续形成的经济效益，以及自身创造的直接经济效益和引领行业带来的间接经济效益。对于技术研发类项目，其更多的经济效益体现在后续的科技成果转化，直接的经济效益评价指标可以考虑预期转化成果的潜在市场容量、预期转化成果的市场收益等。

社会效益指标反映了项目相关产出对社会发展带来的影响和效果，用于体现项目实施当年及以后若干年在提升治理水平、落实国家政策、推动行业发展、服务民生大众、维持社会稳定、维护社会公平正义、提高履职或服务效率等方面的效益。对于技术研发类项目，其社会效益指标是评价的重点。社会效益指标可以从重大影响力、带动作用、科研文化贡献等方面来设计。重大影响力方面，主要关注项目的主攻方向是否与国家科技发展的"四个面向"一致；是否解决了技术的"瓶颈"问题，如填补了某项技术的空白、打破了国外的技术垄断、替代进口等；以及科研水平领先程度等。带动作用主要考量项目对社会经济和产业的辐射作用，可以设计的指标因素有：提高社会生产率、优化产业结构、提高全员劳动生产率、GDP 贡献率以及带动后续资金投入等。科研文化贡献方面的评价主要评价项目在推动科研文化建设和价值宣传方面所起的作用，主要可以从科学家和科研精神、营造创新文化、弘扬社会主义核心价值观、打造科研品牌以及传播中国文化自信等方面来设计指标。

生态效益指标反映了项目相关产出对自然生态环境带来的影响和效果，即对生产、生活条件和环境条件产生的有益影响和有利效果，包括相关产出在当年及以后若干年持续形成的生态效益。技术研发类项目生态效益指标可以从节能减排、资源利用以及环境改善等几个方面进行考虑和设计。节能减排方面主要可以设计和选择能耗降低率（如万元 GDP 能耗降低率、单位工业增加值能耗降低率、万元产值能耗降低率等）、"三废"和噪声排放降低率等指标。资源利用方面主要可以选择的指标有：资源再利用率、资源节约率、"三废"综合利用率、环保投入与工业产值比等。环境改善方面主要评价项目对人居环境改善情况和自然环境的改善情况，可以考量的指标有环境质量指数、增加植被覆盖率、土壤改良率、单位投入新增人均绿地面积、水土流失等。

4. 满意度指标

满意度指标主要是考量项目利益相关者对预期产出和效果的满意程度，反映服务对象或项目受益人及其他相关群体的认可度。对于技术研发类项目，主要可以从成果转化满意度、利益相关性群体对项目的评价以及部门协作满意度等方面来进行指标的设计和选择。

5. 科研诚信指标

科研诚信指标并非财政支出项目绩效评价的一级指标，但是科研诚信对于科技研发具有非常重要的意义和深远的影响，其也是科研文化建设和文化价值不可分割的一部分。因此，在本书研究中，特意设计科研诚信指标，并将其视为一级指标，在某些时候其应具有一票否决权的效力。科研诚信指标主要可以选择的指标有套取科研经费、学术不端等。

技术研发类项目绩效评价应根据不同的项目类别和具体的项目进行指标的设计和选择。通常来说，技术研发类项目应重点评价项目的关键技术突出贡献和创新性，对项目的科学价值、技术价值应予以更多的关注。

（二）科技成果转化类绩效评价指标体系

同技术研发类绩效评价指标体系一样，科技成果转化类绩效评价指标体系一级指标也包括成本指标、产出指标、效益指标、满意度指标和科研诚信指标，如表3-4所示。

表3-4　　　　　　科技成果转化类绩效评价指标

一级指标	二级指标	考虑因素	三级指标或考量因素	备注说明
成本指标	经济成本指标	财的投入	项目总投入	
			技术引进费	
			技术改造费	
			财政资金投入	
			成果转化资金投入	
			后续资金投入	
	社会成本指标	人的投入	投入机构数（个）	
			投入人员数（人）	
			投入人员工作量（人年或人天）	
		物的投入	投入专利数	
			投入其他知识产权数	
			投入其他技术成果数	
			研发材料	可设定的指标如非直接投入的研发材料损耗额等
			研发设备、设施	可设定的指标如研发设备折旧
			研发场地	可设定的指标如研发场地潜在租赁费
		社会支持	占用公共资源	
			占用其他机构资源	

续表

一级指标	二级指标	考虑因素	三级指标或考量因素	备注说明
成本指标	生态环境成本指标	生态消耗	综合能源消耗	如用电、用水、用气量
			自然资源消耗	如占用耕地面积
			水土流失成本	
			排污成本	
产出指标	数量指标	直接产出	应用技术成果登记量	
			新产品项目总数	
			项目新产品产出量	
			新技术生成量	
			新材料产出量	
			新工艺产出量	
			新设备产出量	
		转化产出	专利出售数	
			其他技术转让合同数	
			应用技术成果的应用量	
			新孵企业数	
		人力产出	培养科研人员数量	如培养研究生/访问学者/进修人员/博士后人数
			项目人员职称职务晋升情况	
			人才培训时间	
			提供的就业机会	
	质量指标	完成情况	科技成果转化率	
			科研技术成果应用率	
			转化目标完成率	
			成果使用率	
		完成效果	技术水平	
			性能水平	
			产品合格率	
			产品返修率	
			产品质量损失率	
	时效指标		科技成果转化及时率	
			科技成果转化平均时间	
			一定周期内完成科技成果转化总额	
			科技成果转化按时完工或实现率	

一级指标	二级指标	考虑因素	三级指标或考量因素	备注说明
效益指标	经济效益指标	技术成果转化直接经济效益	收入	详细的指标可设：转化的技术成果收入、专利出售实际收入、技术转让收入、技术服务收入、其他相关收入（科研资讯、委托培养）等
			利润	
			创汇	
			上缴	
			降本	详细的指标可设：生产成本降低率、服务成本降低率等
		技术成果转化经济贡献率	新产品销售收入占全部产品销售收入比重	
			新技术产品出口额占商品出口总额比重	
		技术成果转化间接经济效益	高新技术企业总产值	
			行业产值增加额	
			技术市场成交增加额	
	社会效益指标	重大影响力	项目主攻方向	
			解决"瓶颈"问题	具体指标如：填补空白、打破国外垄断、替代进口等
			科研水平领先程度	
		带动作用	提高社会生产率	
			优化产业结构	
			提高全员劳动生产率	
			GDP 贡献率	
			带动后续资金投入	
			新增企业数	
			对就业贡献率	

续表

一级指标	二级指标	考虑因素	三级指标或考量因素	备注说明
效益指标	生态效益指标	节能减排	能耗降低率	具体指标如：万元 GDP 能耗降低率、单位工业增加值能耗降低率、万元产值能耗降低率
			"三废"和噪声排放降低率	
		资源利用	资源再利用率	
			资源节约率	
			"三废"综合利用率	
			环保投入与工业产值比	
		改善环境	人居环境改善情况	
			自然环境优化情况	具体指标如：环境质量改善指数、增加植被覆盖率、土壤改良率、单位投入新增人均绿地面积、水土流失减少率等
满意度指标		客户关系	客户保持率	
			新客户获得率	
			客户忠诚率	
			客户投诉率	
		利益相关性群体评价情况		
		部门协作满意度		
科研诚信指标		学术不端		捏造、伪造科技成果，剽窃、侵占他人科技成果等
		骗取科研资金等		

1. 成本指标

科技成果转化类项目的成本指标反映了科技成果转化过程发生的所有成本，包括经济成本指标、社会成本指标和生态环境成本指标 3 个二级指标，分别反映项目产生的各方面成本的预期控制范围。

同技术研发类项目类似，科技成果转化类项目成本指标中的经济成本指标和社会成本指标也主要从人、财、物和社会间接消耗这些因素来考虑其成本指标的设置。

从财力的投入方面计量，科技成果转化项目可以选择的指标有：项目总投入，技术引进费、技术改造费等明细构成费用，对于财政资金支持的项目，重点关注财政资金的投入额、成果转化资金的投入额以及后续资金投入额等。

从人力的投入方面计量，可以选择的指标有：投入机构数（个）、投入人员数（人）以及投入人员工作量（人年或人天）等，这些非项目财力的直接投入也是项目的重要投入之一。在评价项目的全成本投入时，应考虑这些成本投入。

物的投入是在项目实施过程中所投入的专利、知识产权、材料、设备、设施和场地等，在评价时可选择的指标有：投入的专利数、投入的其他知识产权数、投入的其他技术成果数、非直接投入的研发材料损耗额、研发设备折旧、研发场地机会成本等。

除人、财、物的投入外，科技成果转化还需评估项目对公共资源或其他机构资源的占用和消耗，具体的计量指标应根据实际项目的具体情况设定，这些社会支持部分的机会成本应作为科技成果转化的社会成本之一。

科技成果转化中的生态环境成本指标主要评价项目对生态资源的消耗。同技术研发类项目一样，科技成果转化类项目可选择的生态环境成本指标有综合能源消耗成本，如用水、用电、用气量；自然资源消耗量，如占用耕地面积等；水土流失成本，以及排污成本，如"三废"产生量和处理成本等。在很多科技成果转化项目中，生态资源的消耗所占的成本都是不容忽视的。

2. 产出指标

产出指标主要包括数量指标、质量指标、时效指标3个二级指标。

科技成果转化类项目产出的数量指标设计，可以从直接产出、转化产出、人力产出和能力产出等几个方面来考虑。直接产出可以选择的指标有：应用技术成果登记量、新产品项目总数、项目新产品生成量、新技术生成量、新材料产出量、新工艺产出量、新设备产出量等。转化产出可以选择的指标有：专利出售数、其他技术转让合同数、应用技术成果的应用量、新孵化的企业数等。人力产出方面可考虑的指标因素有：培养科研人员（如研究生/博士后/访问学者/进修人员等）的数量、项目人员职称职务晋升情况，对人才的专业培训时间以及项目所提供的就业岗位数量等。

质量指标主要反映科技成果转化项目所提供的新产品、新材料、新技术、新工艺、新设备等所达到的标准和水平。具体可以从完成情况和完成效果两方面来评价和设计指标。项目完成情况可以选择的指标有：科技成果转化率、科研技术成果的应用率、转化目标的完成率、成果使用率等。项目完成效果可以从成果转化后达到的技术水平、性能水平、产品合格率、产品返修率、产品质量损失率等进行评价。

时效指标考量科技成果转化的及时程度和效率，主要可以选择的指标有科技成果转化及时率、科技成果转化平均时间、一定周期内完成科技成果转化总额、科技成果转化按时完工或实现率等。

3. 效益指标

效益指标包括经济效益指标、社会效益指标、生态效益指标 3 个二级指标。

经济效益指标反映了科技成果转化相关产出对经济效益带来的影响和效果，包括相关产出在当年及以后若干年持续形成的经济效益，以及自身创造的直接经济效益和引领行业带来的间接经济效益，涵盖技术成果转化直接经济效益、经济贡献率、间接经济效益等。直接经济效益评价指标主要包括各项转化成果（如转化的技术成果、专利出售、技术转让、技术服务以及科研资讯、培训等其他相关业务）所产生的收入、利润、出口创汇、上缴利税等指标，以及新技术或新材料等带来的成本节约型指标，如生产成本降低率、服务成本降低率等。技术成果转化经济贡献率用以评价技术成果转化收入（或利润、创汇、利税等）的占比情况，如新产品销售收入占全部产品销售收入比重、新技术产品出口额占商品出口总额的比重等。科技成果转化的间接经济效益评价可以考虑的选择指标有：高新技术企业总产值、行业产值增加额、技术市场成交增加额等。

社会效益指标反映了项目相关产出对社会发展带来的影响和效果。科技成果转化类项目的社会效益评价指标可以从重大影响力、带动作用等方面来设计。重大影响力方面，主要关注项目的主攻方向是否与国家科技发展的"四个面向"（面向世界科技前沿、面向国家重大需求、面向国民经济主战场、面向人民生命健康）一致；是否解决了技术的"瓶颈"问题，如填补了产品空白、打破了国外的产品垄断、替代产品进口等；以及科研水平领先程度。带动作用主要考量项目对社会经济和产业的辐射作用，可以考量的指标因素有：提高社会生产率、优化产业结构、提高全员劳动生产率、GDP贡献率以及带动后续资金投入额等。

生态效益指标反映了科技成果转化类项目相关产出对自然生态环境带来的积极影响和效果，主要可以从节能减排、资源利用以及环境改善等几个方面进行考量和评价。节能减排方面主要可以选择的指标有能耗降低率（如万元GDP能耗降低率、单位工业增加值能耗降低率、万元产值能耗降低率等）、"三废"和噪声排放降低率等。资源利用方面主要可以选择的指标有：资源再利用率、资源节约率、"三废"综合利用率、环保投入与工业产值比等。环境改善方面可以选择的指标有：环境质量改善指数、增加植被覆盖率、土壤改良率、单位投入新增人均绿地面积、水土流失减少率等。

4. 满意度指标

满意度指标主要考量科技成果转化项目利益相关者对预期产出和效果的满意程度，尤其是新产品、新技术的客户。这类指标主要可以从客户关系（如客户保持率、新客户获得率、客户忠诚率、客户投诉率等）以及利益相关性群体对项目的评价、部门协作满意度等方面来进行设计。

5. 科研诚信指标

在本书的指标体系设计中，同技术研发类绩效评价指标体系一样，科研诚信指标也作为了科技成果转化的重要评价指标，该指标对建立科研文化、保护知识产权具有重要的意义，在某些项目中，甚至应该将该类指标设置为一票否决权指标。对于科技成果转化的科研诚信指标，主要应该建立学术不端（捏造、伪造科技成果，剽窃、侵占他人科技成果等）、骗取科研经费等负向指标来加强绩效评价和强化评价震慑力。

对于科技成果转化类项目，应重点评价项目的产出效应，将新技术、新材料、新工艺、新产品、新设备的技术交易产出额、市场占有率、工程或企业应用情况以及关键技术性能指标等作为重要指标来关注和设计。

第三节　科学技术研究领域项目绩效评价方法研究

根据指标体系构建的基础和出发点，按照上述基本思路和原则，本书构建了一个包括5个一级指标、9个二级指标、82个三级指标的指标体系，定量指标与定性指标相结合。一级指标从成本、产出、效益、满意度和科研诚信的角度出发，全面反映项目决策、项目和资金管理、产出和效益。评价方法分三个层次——方法层、指标层和打分（计量）层。方法层评价方法从总体上评价指标体系，主要包括成本效益分析法、比较分析法、因素分析法、最低成本法、标杆管理法和综合指数法。指标层评价方法用于指标完成值的确定以及指标评价标准的设定，指标完成值的确定方法主要包括直接证明法、情况统计法、情况说明法、问卷调查法、趋势判断法；指标评价标准的设定主要有计划标准、行业标准、历史标准、预算支出标准等。打分（计量）层评价方法用于指标的计量赋值、权重的确定，主要分为定性评价法、定量评价法和定量定性组合评价法三大类。定性评价法包括德尔菲法/专家调查法、同行评议法；定量分析法包括数据包络分析法、文献计量法、主成分分析法；定量定性组合评价法有层次分析法、网络层次分析法等。每种评价方法的具体含义、使用方法和适用情况列示如下：

一、方法层评价方法

（一）成本效益分析法

成本效益分析法是指将投入与产出、效益进行关联性分析的方法，通过比较项目的全部成本和效益来评估项目价值。成本—效益分析作为一种经济决策方法，将成本费用分析法运用于政府部门的计划决策之中，以寻求在投资决策上如何以最小的成本获得最大的收益。在该方法中，某一项目或决策的所有成本和收益都将被一一列出，并进行量化。

成本效益分析有贴现的分析评价方法和非贴现的评价分析方法。贴现的分析评价方法有净现值法（NPV）、现值指数法和内部收益率法等。非贴现的评价分析方法有静态投资回收期法、比率分析法等。

净现值法是计算项目净现金效益量的总现值与项目投资成本差值，即净收益，然后根据净收益的大小来评价投资方案。净现值为正值，则投资方案是可以接受的。一般来说，净现值越大，投资方案越好。在投资制约的条件下，净现值的大小一般不能直接评定投资额不同的方案的优劣。因为，投资额度不同时，还需要考虑投资效益费用比。现值指数法（PVI）是指某一投资方案未来现金流入的现值，同其现金流出的现值之比。内部收益率是指项目流入资金的现值总额与流出资金的现值总额相等的利率，也就是求净现值（NPV）等于零时的折现率。这三种方法各具所长，有其不同的适用性。一般而言，如果投资项目是不可分割的，则应采用净现值法；如果投资项目是可分割的，则应采用现值指数法，优先分析现值指数高的项目；如果投资项目的收益可以用于再投资，则可采用内含报酬率法进行分析。

静态投资回收期是不考虑资金的时间价值时收回初始投资所需要的时间，计算出的静态投资回收期应与行业或部门的基准投资回收期进行比较，若小于或等于行业或部门的基准投资回收期，则认为项目是可以考虑接受的，否则不可行。比率分析法是通过计算有关指标的比率，分析项目成本效益的方法，如计算产值成本率（成本÷产值）、销售收入成本率（成本÷销售收入）、成本利润率（利润÷成本）等。

成本效益分析法适用于能够用货币衡量成本和产出的项目评价。主要用途有：（1）证明给定研发投资的经济效益（回顾性分析）；（2）指导研发投资决策（前瞻性分析）；（3）提供信息，以帮助项目经理决定设计或修改他们的项目，重新指导现有的研发资金，或分配新的资金。由于高等教育的特殊性，决定了有些"效益量化困难"或者短期内无法衡量，因此该方法不适用于对高等教育财政支出的绩效评价。[①]

（二）比较分析法

比较分析法是指通过对绩效目标与实施效果、历史与当期情况、不同部门和地区同类支出的比较，综合分析绩效目标实现程度。在使用比较分析法进行评价时，可采用基于同行业或同类高校平均水平的横向比较方法和基于自身历史平均水平的纵向比较方法，利用横向分析法分析评价结果，可以定位，明确工作重点；纵向比较法又称为趋势分析法，即通过对比两期或连续几期相同指标，确定其增减变动方向、数额和幅度，用以反映高校的发展趋势及各方面工作的进展状况。利用纵向比较分析法分析评价结果，可以找到引起变化的主要原因、变动的性质，预测未来的发展前景，进而制定改进措施，达到提高经费的支出效率和使用效益的目的。[②]

---

① 胡景男：《北京地区高等教育财政支出绩效评价研究》，北京化工大学硕士学位论文，2011年。

② 刘从兵：《高校预算绩效评价指标体系构建——基于绩效评价"3E"原则》，载于《会计之友》2012年第7期，第127～128页。

（三）因素分析法

因素分析法是指通过综合分析影响绩效目标实现、实施效果的内外因素，评价绩效目标实现程度。其出发点是，当有若干因素对分析指标产生影响作用时，假定其他各因素不变，从而确定每一因素单独变化所产生的影响，通过绩效评价，可清晰地看出各因素对绩效水平的影响程度和方向（增加或减少），有利于发现自身发展的薄弱环节，为制定合理的发展目标和规划提供决策依据。[①]

（四）最低成本法

最低成本法是指在绩效目标确定的前提下，成本最小者为优的方法。该方法是以成本最低为原则的，在评价过程中，只衡量和分析投入的成本费用，而不需要衡量效益。适合采用该方法进行评价的项目特点是成本易于计算而效益不易计量。[②]

（五）标杆管理法

标杆管理法是指以国内外同行业中较高的绩效水平为标杆进行评判的方法。标杆管理法由美国施乐公司首创于 1979 年，通过不断寻找和研究同行一流公司的最佳实践，并以此为基准与本企业进行比较、分析、判断，从而使自己企业得到不断改进，进入一流公司行列或赶超一流公司，创造优秀业绩的良性循环过程，是现代西方发达国家企业不断改进和获得竞争优势的最重要的管理方式之一。[③]

当缺乏明确的目标或者工程性的标准来定义效率和有效性时，多采用标杆管理的相对业绩比较方法来辨别和采纳一项最佳的实践[④]，故标杆管理法非常适合预算资金使用者。

---

① 刘从兵：《高校预算绩效评价指标体系构建——基于绩效评价"3E"原则》，载于《会计之友》2012 年第 7 期，第 127～128 页。

② 胡景男：《北京地区高等教育财政支出绩效评价研究》，北京化工大学硕士学位论文，2011 年。

③ 李秀君、刘冬冬：《财政支出有效性综合评价分析——基于 DEA 模型及标杆管理理论》，载于《投资研究》2018 年第 6 期，第 133～143 页。

④ Zhu J. *Quantitative Models for Performance Evaluation and Benchmarking: Data Envelopment Analysis with Spreadsheets.* Springer, 2014.

（六）综合指数法（Compositive Index Method，CIM）

综合指数法是最基本、最简便的综合评价方法，是用单一统计指标定量地反映多个指标综合变动水平的一种方法。在确定一套合理的指标体系的基础上，将一组相同或不同指标值通过统计学处理，使不同计量单位、性质的指标值标准化，对各项指标个体指数加权平均，计算出综合指数，用以评价工作的综合水平。简单来说就是将多种不能同度量现象的数值，分别改变为能同度量的数值，然后进行对比。综合指数值越大，工作质量越高，指标多少不限。

综合指数法适用于评价目的、标准有明确规定，评价对象差异不太悬殊，各单项指标值波动不太大时，如技术创新和能力评价等。[①] 综合指数法将各项指标转化为同度量的个体指数，便于将各项指标综合起来，以综合指数为评比排序的依据。各项指标的权数是根据其重要程度决定的，体现了各项指标在经济效益综合值中作用的大小。综合指数法的基本思路则是利用层次分析法计算的权重和模糊综合评价法取得的数值进行累乘，然后相加，最后计算出经济效益指标的综合评价指数。由于各评价指标的量纲、数量级及指标优劣的取向存在非常大的差异，在对这些指标进行合成之前必须进行标准化处理。[②]

二、指标层评价方法

（一）指标完成值的确定方法

这部分内容参考了《中央部门项目支出核心绩效目标和指标设置及取值指引（试行）》[③]。

（1）直接证明法，指可以根据外部权威部门出具的数据、鉴证、报告证明的方法，通常适用于常见的官方统计数据等。

（2）情况统计法，指按规定口径对有关数据和情况进行清点、核实、

---

① 贾品、李晓斌、王金秀：《几种典型综合评价方法的比较》，载于《中国医院统计》2008年第4期，第351~353页。
② 陈辉、林超辉、夏承鹏等：《基于PCA和综合指数法的高水平理工科高校科技成果转化绩效评价体系构建》，载于《科技管理研究》2019年第22期，第48~54页。
③ 财政部：《中央部门项目支出核心绩效目标和指标设置及取值指引（试行）》，http://www.mof.gov.cn/jrttts/202108/t20210825_3748046.htm，2021年8月25日。

计算、对比、汇总等整理的方法。多数产出指标适用于本方法。

（3）情况说明法。对于定性指标等难以通过量化指标衡量的情况，由部门根据设置绩效目标时明确的绩效指标来源和指标值设定依据，对指标完成的程度、进度、质量等情况进行说明并证明，并依据说明对完成等次进行判断。

（4）问卷调查法，指运用统一设计的问卷向被选取的调查对象了解情况或征询意见的调查方法。一般适用于满意度调查等。部门可以根据必要性、成本和实施可行性，明确由实施单位在项目实施过程中开展。

（5）趋势判断法，指运用大数据思维，结合项目实施期总体目标，对指标历史数据进行整理、修正、分析，预判项目在全生命周期不同阶段的数据趋势。

（二）指标评价标准的设定①②

计划标准，指以预先制定的目标、计划、预算、定额等作为评价标准。根据计划依据可再细分为国家级、中央部门级计划或要求。如党中央和国务院文件、政府工作报告、各类规划、部门正式文件、有关会议纪要提及的计划或考核要求等。

行业标准，指参照国家公布的行业指标数据制定的评价标准，包括行业国际标准、行业国家标准、行业省级标准等。如涉及工艺、技术等指标时可采用。

历史标准，指参照历史数据制定的评价标准，为体现绩效改进的原则，在可实现的条件下应当确定相对较高的评价标准。可参考近三年绩效指标平均值、上年值、历史极值等。

预算支出标准。主要用于成本指标的取值，不得超出规定的预算支出标准设置目标值。

三、打分（计量）层评价方法

（一）定性评价方法

定性评价方法技术简单、操作成本低，但是评价结果具有很强的主观

---

① 财政部：《项目支出绩效评价管理办法》，http：//www. gov. cn/zhengce/zhengceku/2020 –
03/02/content_5485586. htm，2020 年 2 月 25 日。
② 财政部：《中央部门项目支出核心绩效目标和指标设置及取值指引（试行）》，http：//
www. mof. gov. cn/jrtts/202108/t20210825_3748046. htm，2021 年 8 月 25 日。

随意性，较为依赖评价专家的知识和经验，评价结果客观性不足。此外，科技项目对评审专家的专业知识要求较高，绩效评价专家不一定能懂科技项目的内容，定性评价方法得出的评价结果可能会和科技项目实际绩效相差很远，难以得到广泛认可。[①]

1. 德尔菲法/专家调查法（Delphi 法）

德尔菲法又称为专家调查法，是指邀请专家对各项指标进行权重设置，将汇总平均后的结果反馈给专家，再次征询意见，经过多次反复，逐步取得比较一致结果的方法。德尔菲法 1946 年由美国兰德公司创始实行，其本质上是一种反馈匿名函询法。它有三个明显区别于其他专家预测方法的特点，即匿名性、多次反馈、小组的统计回答。

2. 同行评议法

同行评议法是基于客观标准的专家对被评估的主题提出的定性评审、意见和建议。该方法结合了项目绩效信息（提供给专家）与主题专家多年积累的经验，并以知情的专业知识和经验来解决有关项目、倡议、提案、主题、论文或其他重点主题的关键问题。同行评议法也可以同时参考其他来源的信息，包括采用其他评价方法得到的有影响的证据，但是关于业绩的最终结论是基于专家的判断。

同行评议法是一种成本较低、可快速应用、接受度和应用度较高的通用评估方法，可用于对整个项目周期的绩效进行评估。例如，它用于支持战略规划决策、项目选择、对进行中的项目进行项目审查、过程评估、出版物论文的绩效审查以及对不同主题做出判断。[②] 在实践中，它的使用范围较广，在论文发表、科研项目立项、项目评审、职称评定、中期检查督导和结题论证等众多科研评价活动中都发挥了重要作用。

同行评议法具体的操作形式有三种，分别为单隐、双隐和公开评议。单隐是指评议人知道被评人，而被评人不知道评议人；双隐是指无论评议人还是被评人都互相不知道；公开评议是双方都彼此知晓。我国的科研项目管理过程中的相关评审，几乎均采取公开评议的形式。

科研项目绩效评价应用同行评议法的优点在于它对评价指标的数据完整性要求比较低，降低甚至避免由于数据完整度不高，或者不精确而产生的评价误差和局限，可以帮助评估难以量化的研究元素，如新颖

---

① 刘卜林：《基于投入产出理论的科技项目绩效评价标准研究》，北京化工大学硕士学位论文，2016 年。

② Rosalie Ruegg and Gretchen Jordan. *Overview of Evaluation Methods for R&D Programs*，2017.

性等。同行评议的缺点有：同行评议本质上是主观的，评价缺乏透明度会妨碍公开和公平；不利于跨学科或非正统的方法；在实施中可能需要资源和科学人力方面大量的投入，而且干扰因素较多，同行专家的学术背景惯性、交叉领域项目评价等情况使得可能得出非共识的评价结论。[①]

（二）定量评价方法

1. 数据包络分析法（Data Envelopment Analysis，DEA）

数据包络分析方法是一种非参数方法，是运筹学家查恩斯和库伯（A. Charnes and W. W. Cooper）等于1978年在"相对效率评价"概念基础上发展起来的，对具有可比性的同类型单位进行相对有效性评价的一种数量分析方法。[②] 他们提出了DEA中的第一个模型：CCR模型（也称为C^2R模型），在C^2R模型中，决策单元的有效性是针对规模有效性和技术有效性两者而言的；而C^2GS^2模型是仅针对相对技术有效性而言的。在一般的分析中，C^2R被普遍采用。[③]

数据包络分析法应用的基本思路是：首先，将评价单位视为决策单元（Decision Making Unit，DMU），通过线性规划手段，求解各决策单元有效生产前沿面；其次，根据各决策单元与求解得出的有效生产前沿面的距离，确定各决策单元是否有效。数据包络分析方法与其他方法相比，不需要明确各投入、产出之间的复杂关系；该方法不仅能够分析资源使用的情况，还可以衡量一定的投入预期产生的产出的能力，并进一步分析出效率低下的原因以及需要改进的方面；该方法不需要确定生产函数，可以避免由函数形式错误导致结论错误的现象；该方法不需事先确定权重，排除了决策过程中主观因素的影响，可以更好地保证评价结果的科学性和准确性。[④]

评价指标中可以包含经济、社会等领域中的相关因素，可以使用不同量纲或无量纲指标。它可以依据一组输入和输出的观察值来计算给定决策单元的效率前沿，进而衡量DMU的相对有效性。此外，DEA还可以判断

---

① 纪根达：《基于分类与综合赋权的财政类科研项目绩效评价研究》，北京交通大学硕士学位论文，2020年。

② 权龄：《数据包络分析》，科学出版社2004年版。

③ 李秀君、刘冬冬：《财政支出有效性综合评价分析——基于DEA模型及标杆管理理论》，载于《投资研究》2018年第6期，第133~143页。

④ 胡景男：《北京地区高等教育财政支出绩效评价研究》，北京化工大学硕士学位论文，2011年。

各个决策单元投入或产出规模的适合程度，给出各 DMU 调整其投入或产出规模的方向和程度。[①]

数据包络分析法自 1978 年提出以来，就被广泛运用于非营利机构和政府部门的绩效评估，在经济领域、科技领域、社会领域以及公共部门的效率评价方面得到了广泛的应用。从操作层面上看，DEA 可以结合科技项目的实施过程，确立有效的生产前沿面，进而通过项目投入、产出规模来评估其绩效，并从中找出科技项目运行中的问题，为纠偏提供依据。相对模糊综合分析法而言，DEA 避免了主观确定指标权重带来的困扰，可信度自然要高些。[②] 数据包络分析方法尤其适用于多项投入、多项产出问题的评价。

2002 年，学者弗雷德（Fried）将环境误差因素融入传统数据包络分析（DEA）方法的效率值计算中，提出了三阶段 DEA 模型。与其他绩效评价方法相比，三阶段 DEA 模型是一种以相对效率为基础，运用多个投入产出指标构成的决策单元（DMU），进行多目标决策分析的系统评价方法。该方法一方面有效避免了评价过程中主观意识的过多介入，确保评价结果的客观性和真实性；另一方面又充分考虑了评价问题的环境效应和随机误差，保障评价结果的科学性和准确性。[③]

2. 文献计量法

在实际的评价工作中，常用的定量评价方法是文献计量法，主要是通过对评估对象的文献进行计量，如专利的授权数量以及论文的被引数量等进行计量。出版物和专利数经常被研发项目作为项目知识输出的指标。对出版物和专利的引文分析被用来揭示一个项目的知识产出与其他人所进行的努力之间的关系和联系。引用展示了知识的传播，为知识的溢出效益创造了条件。被引用的频率可能表明了一个项目的知识输出对他人的重要性。出版物和专利申报数通常包括在研发项目的产出中，专利授予和引用通常被用于评估研发项目的结果。评估者越来越多地将专利及其引文作为创新、信息流和价值创造的指标。[④]

---

① 张利华、肖健：《基于 DEA 的科技项目绩效评价研究——以海淀区科技计划项目为例》，载于《中国高新技术企业》2011 年第 33 期，第 1～5 页。

② 刘平：《科技项目财政投入绩效评价模型的选择与构建》，载于《赣南师范大学学报》2016 年第 6 期，第 32～37 页。

③ 赵俊平、宋艳爽：《基于三阶段 DEA 模型的石油企业管道科技项目绩效评价研究》，载于《石油科技论坛》2016 年第 6 期，第 30～35 页。

④ Rosalie Ruegg and Gretchen Jordan. *Overview of Evaluation Methods for R&D Programs*, 2017.

3. 主成分分析法（Principal Component Analysis，PCA）

主成分分析法是考察多个变量间相关性的一种降维多元统计方法，其基本思想就是从原始多指标变量中导出少数几个不相关的主成分作为综合指标，并且这些少数的主成分指标能包含原来多个指标的绝大部分信息，且彼此间互不相关。通常数学上的处理就是将原来 P 个指标做线性组合，作为新的综合指标。

主成分分析法的优点是在进行多指标的综合评价时，能够把多数指标转化为"新的少数几个能够涵盖大量信息"的指标，简化指标体系的结构，评价结果客观、科学，不受人为主观偏好设置的影响；解决权重的确定问题。[1] 但主成分分析法的缺点是新指标不能完全反映原来指标的信息；该方法是一种相对评价方法，由于主成分没有客观的经济内涵，这样的评价结果对现实没有直接的经济解释，不利于最后的定性分析。[2]

（三）定性与定量评价结合的组合评价方法

该类组合评价方法又分为两种情况。一是充分利用数学构想，有效运用数理算法将定性和定量的评价结果叠加，从而得出综合性的评价结果。二是通过对各类指标进行加权，通过对不同指标的权重的侧重来进行组合，最终将各种权重结果进行统计分析以得到最终的评价结果。

定性与定量结合的方法主要有层次分析法（AHP）和网络层次分析法（ANP）。AHP 是在评价科技项目中使用最多的方法之一，其优点是将目标进行分层比较，将复杂的问题简单化，计算便捷且有相关的计算软件，使用方便；不足之处在于当评价体系的层次太多且指标数量巨大的时候，在构建判断矩阵的时候需要大量的两两对比，且很难保证比较结果的一致性。此时，判断矩阵的一致性检验往往无法通过，需要来回调整。ANP 方法的优点和 AHP 方法类似，在处理科技项目绩效评价方面很具有优势。[3]

1. 层次分析法（Analytic Hierarchy Process，AHP）

AHP 是美国运筹学家托马斯·萨蒂（Thomas L. Saaty）在 20 世纪 70 年代初提出的一种用于解决复杂问题排序和传统主观定权缺陷的方法。该

---

① 陈辉、林超辉、夏承鹏等：《基于 PCA 和综合指数法的高水平理工科高校科技成果转化绩效评价体系构建》，载于《科技管理研究》2019 年第 22 期，第 48～54 页。
② 胡景男：《北京地区高等教育财政支出绩效评价研究》，北京化工大学硕士学位论文，2011 年。
③ 刘卜林：《基于投入产出理论的科技项目绩效评价标准研究》，北京化工大学硕士学位论文，2016 年。

方法是将与决策有关的元素归纳分类为目标、准则、方案等不同的层次，在此基础之上进行定性和定量分析的决策方法。定性分析时，决策者依据经验判断各衡量指标的目标值与实际值之间的差异，并合理地给出每个决策方案的每个标准的权数，利用权数求出各方案的优劣次序，可比较有效地应用于那些难以用定量方法解决的课题。定量分析时 AHP 的计算过程是：（1）通过将每个层次的各个因素按照一定的标准进行相对重要程度的两两比较，得到相应的判断矩阵；（2）计算判断矩阵的最大特征值和对应的正交化特征向量；（3）一致性检验；（4）得出该层因素对于上一层次因素的权重；（5）计算各层次因素对上一级的权重，直至做出最后的决策或确定权重。[①]

层次分析法是在评价科技项目中使用最多的方法之一，其可广泛用于社会、经济、科技、规划等很多领域的评价、决策、预测、规划。AHP 适用于总目标不确定且分解的各目标层次适中时，常和其他评价方法联合应用，提高评价的准确性和可信性。层次分析法最突出的优点是能够对定性和定量相结合的问题进行解决分析，其模型可以迅速导入决策者的政策经验以及主观判断；将目标进行分层比较，将复杂的问题简单化，计算便捷且有相关的计算软件，使用方便。尤其适合于将错综复杂、难以直接准确计量的关系进行量化分析。不足之处是当评价体系的层次太多且指标数量巨大时，在构建判断矩阵时需要大量的两两对比，且很难保证比较结果的一致性，此时，判断矩阵的一致性检验往往无法通过，需要来回调整。[②]在实际应用中，因一致性检验是在一定概率范围内进行的，在一致性有效范围内，构造不同的判断矩阵，可能会得出不同的结果。为使评价结果最接近于真实情况，需在具备较丰富的专业知识的条件下，紧密结合实际，构造合适的判断矩阵。[③]。

2. 网络层次分析法（The Analytic Network Process，ANP）

网络层次分析法（ANP）是美国匹兹堡大学著名教授托马斯·萨蒂在 1996 年提出的一种适用于非独立反馈系统的递阶层次结构的决策方法。它是在 AHP 基础上发展而来的。网络层次分析法的原理是通过比较每组内

---

① 纪根达：《基于分类与综合赋权的财政类科研项目绩效评价研究》，北京交通大学硕士学位论文，2020 年。

② 邓茹：《基于 AHP 的地方财政科技项目绩效评价研究——以河南省焦作市为例》，载于《财会通讯》2016 年第 28 期，第 21～25 页。

③ 贾品、李晓斌、王金秀：《几种典型综合评价方法的比较》，载于《中国医院统计》2008 年第 4 期，第 351～353 页。

元素对某一元素的影响，得出该组内元素对某一元素所在组影响的判断矩阵，从而形成整个系统的超矩阵，最终形成加权超矩阵、极限超矩阵，整个过程考虑了一个超级矩阵中各种可能的路径，得到任一元素对最高目标的最后影响。① 简言之，ANP 就是利用超矩阵对相互影响的因素进行综合分析以得出其混合权重。由于 ANP 的计算过程比较复杂，所以整个计算过程可以由超级决策软件 Super Decision 完成。一般而言，网络层次分析法的操作步骤如下：（1）构造 ANP 的典型结构；（2）构造判断矩阵和超矩阵；（3）确定指标权重。

ANP 方法的优点和 AHP 方法类似，在处理科技项目绩效评价方面很具有优势。

（四）不确定分类

模糊综合评价法（Fuzzy Comprehensive Evaluation，FCE）由美国科学家扎德教授提出，是一种基于模糊数学的综合评价方法。该综合评价法根据模糊数学的隶属度理论把定性评价转化为定量评价，即用模糊数学对受到多种因素制约的事物或对象做出一个总体的评价：以模糊数学为运算工具，首先确定评价尺度，再运用模糊隶属度对评价对象进行分析。在科技项目评价应用中，模糊综合评价法通过预先建立科技投入产出分析指标体系，在对相关指标赋予相应权重后，再根据标准对各个指标进行绩效评估。

模糊评价法常用于不能准确度量的事物的评价，如质量评估、风险决策等。它具有结果清晰，系统性强的特点，能较好地解决模糊的、难以量化的问题，适合各种非确定性问题的解决。从操作层面上讲，这一方法可以从不同角度对评价对象进行综合分析，即既可以从客观因素入手，也可以从主观因素入手；另外，根据评价者的目的，可以自主设定模糊综合评价的权重，可以通过对同一评价对象设置不同的权重进行综合评价。就评价效果而言，由于评价过程受评价者主观影响大，公信力相对较差。②

---

① 毕然、魏津瑜、刘曰波：《基于网络分析法的信息化人才评价研究》，载于《情报杂志》2008 年第 1 期，第 32～34 页。
② 刘平：《科技项目财政投入绩效评价模型的选择与构建》，载于《赣南师范大学学报》2016 年第 6 期，第 32～37 页。

第四节　科学技术研究项目绩效评价实践案例

一、北京市财政科技项目绩效评价案例分析

北京市财政科技项目绩效评价已经开展了包括绩效自评、事前绩效评价、跟踪绩效评价、事后绩效评价、成本绩效评价等在内的各项绩效管理工作，涵盖预算申报、预算执行、事后评估等各个环节。无论是事前、事中还是事后的绩效评价，均包括评估准备阶段、评估实施阶段和评估总结阶段。以事前绩效评价为例，其评估准备阶段的主要工作包括预算部门和单位申报项目、市财政局预算管理处室审核把关、市财政局绩效处确定事前评估对象、组建事前评估工作组和专家组，以及确定参加评估的人大代表和政协委员等；评估实施阶段的主要工作包括收集整理评估资料、召开预审会、召开正式评估会等；评估总结阶段的主要工作包括撰写评估报告、形成正式评估报告以及安排预算审批等。

（一）北京市财政科技项目分类

基于对北京市财政科技项目分类，对北京市科学技术委员会（以下简称"市科委"）、中关村科技园区管理委员会（以下简称"中关村管委会"）2021年210个项目绩效目标进行筛选，排除部门履职类项目、下属中心项目、涉密项目及小额项目，最终选择4大类、58个代表性项目对其绩效目标进行梳理分析，如表3－5所示。项目涉及财政资金27.5亿元，占市科委、中关村管委会项目预算（42.7亿元）的64.4%。

表3－5　　　　北京市市科委、中关村管委会项目分类情况

类型	序号	项目名称	部门	预算金额（万元）	备注
基础研究	1	自然科学基金	市科委	30 996	
应用研究与技术开发	2	科技支撑环境治理	市科委	1 967	
	3	前沿新材料技术创新（卡脖子）	市科委	3 220	
	4	科技支撑乡村产业振兴	市科委	2 800	

续表

类型	序号	项目名称	部门	预算金额（万元）	备注
应用研究与技术开发	5	区块链关键技术研发	市科委	4 200	
	6	未来科学城应用技术协同创新	市科委	2 100	
	7	首都临床诊疗技术研究及转化应用	市科委	6 435	
	8	新一代信息通信技术创新（卡脖子）	市科委	7 000	
	9	智能与网联车关键技术培育	市科委	4 900	
	10	智能制造与机器人技术创新	市科委	4 200	
	11	医药创新品种及平台培育	市科委	5 365	
	12	"设计之都"品牌建设与科技文化	市科委	1 150	
	13	新兴领域融合科技创新	市科委	1 400	
	14	城市科技与精细化管理	市科委	3 150	
	15	AI＋健康协同创新培育	市科委	2 500	
	16	北京颠覆性技术创新基金	市科委	2 000	
机构支持	17	北京智源人工智能研究院建设	市科委	25 000	
	18	清华工业开发研究院发展	市科委	1 500	
	19	国家新能源汽车技术创新中心建设	市科委	3 500	
	20	启元实验室建设	市科委	3 600	
	21	北京石墨烯研究院建设	市科委	4 000	
	22	雁栖湖应用数学研究院建设	市科委	9 771	
创新环境建设	23	科技服务业发展促进	市科委	6 505	科技服务业
	24	北京市科技新星计划	市科委	6 165	人才培养
	25	首都科技条件平台与创新券	市科委	4 000	科技服务业
	26	北京市科技成果转化平台建设	市科委	6 300	成果转化
	27	京津冀科技创新协同	市科委	1 400	科技合作
	28	中关村高层次人才创业基地支持资金	中关村管委会	200	人才培养
	29	中关村高层次人才吸引交流支持资金	中关村管委会	363	人才培养
	30	中关村示范区重点产业知识产权战略布局研究	中关村管委会	449	科技服务业
	31	技术转移专项资金	中关村管委会	500	成果转化

续表

类型	序号	项目名称	部门	预算金额（万元）	备注
创新环境建设	32	中关村第四届新兴领域挑战赛	中关村管委会	600	创新文化
	33	2019 年中关村品牌推广和创新文化支持资金尾款	中关村管委会	789	创新文化
	34	海外人才创业服务机构支持	中关村管委会	800	人才培养
	35	全国双创周北京会场主题展工作及相关活动项目	中关村管委会	895	创新文化
	36	2020 年企业参加国际会展搭建及组织经费项目	中关村管委会	937	创新文化
	37	中关村军民融合特色园和创新平台建设	中关村管委会	1 000	园区建设
	38	中关村企业改制挂牌并购支持资金	中关村管委会	1 000	科技金融
	39	2020 年中关村论坛	中关村管委会	1 400	创新文化
	40	开放实验室支持资金	中关村管委会	2 000	科技服务业
	41	金融科技支持资金项目	中关村管委会	2 000	科技金融
	42	中关村首台（套）、首购产品示范应用资金支持项目	中关村管委会	2 000	成果转化
	43	融资租赁支持资金项目	中关村管委会	2 000	科技金融
	44	生态智慧园区建设支持资金	中关村管委会	2 554	园区建设
	45	2020 年中关村海外联络工作支持资金项目	中关村管委会	2 727	科技合作
	46	雏鹰计划专项扶持资金	中关村管委会	2 840	人才培养
	47	特色园区建设支持资金项目	中关村管委会	3 500	园区建设
	48	中关村高端人才聚集工程专项资金	中关村管委会	3 600	人才培养
	49	中关村社会组织支持资金	中关村管委会	3 600	科技服务业
	50	中关村科技服务平台支持资金	中关村管委会	4 840	科技服务业
	51	2020 年中关村示范区国际创新资源支持资金	中关村管委会	5 581	科技合作
	52	园区新建产业载体和盘活利用存量空间资源支持资金	中关村管委会	6 172	园区建设
	53	创业投资及天使投资风险补贴资金	中关村管委会	7 000	科技金融

类型	序号	项目名称	部门	预算金额（万元）	备注
创新环境建设	54	电子城扶持资金	中关村管委会	7 555	园区建设
	55	中关村前沿技术企业培育项目	中关村管委会	9 000	企业扶持
	56	中关村科技型小微企业研发费用支持资金项目	中关村管委会	10 820	企业扶持
	57	科技信贷支持资金项目	中关村管委会	13 650	科技金融
	58	中关村企业专利、技术标准、商标等资助资金	中关村管委会	20 000	企业扶持
合计				275 469	

（二）北京市财政科技项目绩效目标

1. 基础研究项目绩效目标

（1）产出指标。在数量指标方面，主要包括项目数量、验收考核项目数量、验收项目申请专利。

在质量指标方面，主要包括成果良好率、优秀率、创新性强的项目成果数量。

进度指标方面，主要依据编制发布指南、评审资助、中期考核、验收评价等环节时间节点设计。

在成本指标方面，主要包括组织评审成本、项目资助额。

（2）效益指标情况。主要为社会效益，包括培养中青年优秀人才、促进基础研究人才队伍发展和项目创新及成果转化典型案例数量。

（3）满意度指标情况。主要为评审专家满意度和申请人满意度。

2. 应用研究技术开发项目绩效目标

（1）产出指标情况。在数量指标方面，主要包括成果数量、新产品（装备）研发/推广数量、形成解决方案数量、申请专利/标准等知识产权数量、培养人才数量、示范基地数量等。

在质量指标方面，主要包括应用场景需求解决率、新技术新产品示范应用率、技术水平、产品第三方评价、服务客户数量、创新应用情况、研究成果完成注册登记情况、技术故障率、自主研发率等。

在进度指标方面，主要依据项目实施关键节点，包括立项、需求调研、开发、成果应用等设置。

在成本指标方面，主要依据项目各子环节成本列示。

（2）效益指标情况。经济效益主要包括带动企业研发投入数量、带动企业新增营业收入情况、带动对"三城一区"[①] 的投资金额等。

社会效益主要包括加速某领域创新进程、增加应对突发事件防控能力、带动产业集聚、产业培育等。

生态效益主要包括空气质量改善、水体水质改善等。

（3）满意度指标。主要为企业等创新主体满意度。

3. 机构支持项目绩效目标

（1）产出指标情况。在数量指标方面，主要包括专利布局情况、数据积累情况、国际合作情况、孵化企业数量、开展技术推广活动情况、搭建技术平台情况、新城知识产权情况、建设研究团队情况等。

质量指标方面，主要包括在国际顶级会议，期刊发表成果、科研平台建设、引进 PI 水平、人才团队组成、知识产权水平等。

在进度指标方面，主要包括子任务（项目）实施周期、机构建设主要时间节点。

在成本指标方面，主要为财政经费投入控制数和具体预算组成。

（2）效益指标方面。主要为社会效益，包括对学术和产业促进作用、体制机制探索、推动成果转化落地、打造创新生态体系等。

（3）满意度指标。主要为新型研发机构满意度。

4. 创新环境项目绩效目标

（1）产出指标情况，如表 3 - 6 所示。

表 3 - 6　　　　　北京市科技领域预算项目产出指标梳理

项目类型	数量指标	质量指标	进度指标	成本指标
成果转化	● 支持高校院所数量； ● 支持企业数量； ● 科技成果转化项目数量； ● 科技成果转化团队奖励	● 支持专业化平台数量； ● 新成立公司数量； ● 公司到位资金数量	● 按照项目进度设定（立项、评审、拨款、实施、完成等）； ● 按照项目指标完成数量设定； ● 按照具体工作内容设定	● 项目预算控制数； ● 各渠道资金数； ● 具体项目（活动）资助额

---

① "三城一区"指中关村科学城、怀柔科学城、未来科学城和北京经济技术开发区。

续表

项目类型	数量指标	质量指标	进度指标	成本指标
科技服务业	● 形成专业报告数量； ● 专项服务数量； ● 引进人才创业数量； ● 培育服务机构数量； ● 专业平台数量； ● 科研设备等科技资源增量； ● 提供服务数量； ● 企业孵化毕业数量； ● 举办创业活动； ● 开展研究项目数量	● 服务企业数量； ● 对接/引进人才数量； ● 服务合同额； ● 服务机构获得认证情况	● 按照项目进度设定（立项、评审、拨款、实施、完成等）； ● 按照项目指标完成数量设定； ● 按照具体工作内容设定	● 项目预算控制数； ● 各渠道资金数； ● 具体项目（活动）资助额
科技金融	● 支持企业数量； ● 支持投资项目	● 按照相关办法支持企业		
区域/国际合作	● 搭建平台数量； ● 联系项目数量； ● 应用场景搭建数量； ● 对接企业需求数量； ● 举办活动数量； ● 发表信息/报告梳理	● 提供服务数量； ● 共性技术成果转化率； ● 组织活动效果； ● 企业参与活动率		
人才培养	● 资助（获奖）人数； ● 交流活动数量； ● 参与人次； ● 房租补贴数量	● 人才科研水平； ● 交流活动次数； ● 人才服务水平； ● 人才储备量； ● 降低人才创业成本		
创新文化建设	● 媒体报道数量； ● 举办活动数量（场次、天数、面积等）； ● 参与人数	● 需求对接服务率； ● 宣传覆盖范围增长； ● 评选优秀项目数； ● 活动正常开放率； ● 活动安全保障率		
企业扶持	● 支持企业数量； ● 知识产权资助数量	● 企业研发投入数； ● 产生知识产权数量		
园区建设	● 园区调研数量； ● 资金支持数量； ● 组织对接数量； ● 举办活动数量； ● 园区产能； ● 园区产值； ● 园区建设/改造工程量	● 园区产品应用情况； ● 园区运营服务能力； ● 产品技术参数达标； ● 验收通过率		

（2）效益指标情况。经济效益包括：带动成果转化落地合同额、园区主导产业收入增幅、为企业提供融资金额、节约企业融资成本、企业产值/利润提升等。

社会效益包括：新注册企业数量、企业对政策认知度、企业知识产权申请量、新增服务人员数量、设备开放共享数量、新技术示范应用情况、平台提供服务数量情况、共性成果转化率、企业品牌影响力提升、高端人才集聚等。

生态效益包括：园区可再生资源利用率。

（3）满意度指标情况。包括服务对象满意度、受资助企业满意度、群众满意度、服务对象投诉率。

5. 北京市科技投入项目绩效目标问题分析

（1）数量指标与质量指标边界不清晰。梳理发现，各项目均能提出较为具体的数量指标，但对质量指标认识不清，普遍存在以产出数量指标替代质量指标的情况。

（2）质量指标缺乏可考核性。梳理中发现，科技项目普遍存在质量指标缺乏考核性现象，特别是质量指标方面，存在"达到国内先进水平""取得学术突破""具有较大应用价值""技术可靠性提高""管理制度完善""人才队伍充实"等指标，且并未提供详细可考核的评价标准。

（3）效益指标较为混乱。项目单位对经济效益、社会效益等效益指标缺乏认识，普遍未按照4类效益进行填报，普遍将项目产生的各类效益统一归结为社会效益。

（4）指标设计科学性有待提高。经过梳理发现，北京市科技项目在绩效指标设置过程中，主要凭借历史标准和主观判断，缺少运用大数据思维开展行业趋势分析、市场调研等科学、量化方法。另外，在指标内容上，多采用情况说明，缺少直接证明、情况统计等内容。

（三）2019年度金融科技支持资金项目事后绩效评价案例分析

1. 项目选择

北京市财政科技项目事后绩效评价依据《北京市财政支出绩效评价管理暂行办法》开展，主要对项目目标设定情况，资金投入和使用权情况，为实现绩效目标制定的制度、采取的措施等，绩效目标的实现程度及效果等开展评价。项目遴选主要由市财政局绩效评价处选取，部分项目遴选咨询支出处室（科技文化处）意见。具体评价工作已委托北京工商大学等第三方机构展开。

2. 项目基本情况

该项目支持金融科技企业联合金融机构围绕金融机构发展金融科技的规划和需求，开展人工智能、大数据、互联技术、分布式技术、安全技术等底层关键技术创新。

该项目绩效目标为：

（1）产出指标

数量指标：支持基于互联网技术的新金融重点企业在中关村集聚，支持企业获得相关金融业务资格等，支持关键性平台、基础设施平台建设，金融科技示范应用（支持 4~10 家重点企业）。

质量指标：提高金融服务的效率和便利性，加强金融科技基础设施建设，完善金融科技应用环境，支持基于互联技术的新金融引领发展、得到提升。

完成资金审核发放时间（8~12 月）。

项目预算控制数。

（2）效果指标。吸引金融科技领域的重点企业在金融科技功能区聚集。

加强金融科技企业与金融机构的合作，提高金融服务的效率和便利性。

加强对新金融模式的探索与金融科技基础设施建设，完善金融科技应用环境。

（3）服务对象满意度指标。受助企业满意度≥90%。

3. 评价方法和流程

（1）准备阶段。一是组建评价工作组，编制评价方案。为了保证评价方案的可操作性，评价工作组赴单位与项目相关人员座谈，了解项目实施背景、立项依据、绩效目标、项目管理及完成绩效，确定评价工作重点和拟采用的评价方法，并对相关材料进行认真分析，结合市财政局年度绩效评价工作要求合理安排评价工作进度，在此基础上形成最终评价方案。

二是开展工作培训。为了保证自评工作的顺利完成，评价工作组结合项目具体情况，对中关村管委会业务人员和财务人员开展了有针对性的培训。

（2）现场核查。一是了解绩效目标设立及完成情况。评价工作组通过查阅北京市相关政策文件以及项目申报文本等资料，了解预期绩效目标设立情况，并将反映项目完成结果的相关材料与各项预期绩效目标进行比对，评价项目绩效目标的完成情况。

二是了解项目效益实现情况。在社会效益方面，主要是了解项目的实施是否能够起到提高金融服务的效率和便利性、吸引科技金融领域重点企业在金融科技功能区聚集、加强对新金融模式的探索与金融科技基础设施建设、完善金融科技应用的环境等作用。此外，评价工作组充分了解该项目的项目实施方案、实施成本、目标完成质量等基本情况。

（3）专家评价。一是进行资料信息汇总。评价工作组在充分调研的基础上，对项目资料进行逐一核实，相关各方签章确认。工作组按照指标体系内容和评价重点，对资料进行分类整理并装订成册，形成专家资料手册，供专家审阅评议。

二是召开专家评价会。根据项目特点，评价工作组遴选 5 名专家（其中业务专家 2 人、管理专家 2 人、财务专家 1 人），组成专家评价组，对项目资料进行审议。评价工作组召集专家组和项目单位召开专家评价会。评价会上，专家与项目单位进行充分讨论和沟通，最终由专家结合绩效评价指标进行打分，出具评价意见。

（4）评价报告

评价工作组根据专家意见，完成绩效评价报告初稿的撰写工作。经与主管部门沟通反馈后，形成评价报告终稿。

二、中国科学院院级项目绩效评价案例分析

（一）专项概况

院级专项资金是中国科学院（以下简称"中科院"）财政资金的重要组成部分，旨在通过院内自主部署的方式支持满足中科院战略定位与发展需求的跨所、跨团队的重要研究任务。"十三五"时期，中科院共部署 25 个院级专项，资金总量达到 64.57 亿元。专项大体可以分为四种类型，分别为科研项目类专项、教育传播类专项、设施类专项以及国际合作及境外机构专项，各类项目占比如图 3-1 所示。

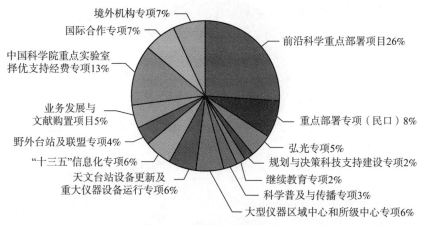

图 3 − 1　院级专项资金占比

　　其中，科研项目类专项部署的资金总量约为 25.68 亿元，约占院级专项资金总量的 40%（见图 3 − 2）。科研项目类专项以基础研究和应用研究为主。基础研究类专项资金总量约为 16.64 亿元，为前沿科学重点部署项目，约占科研项目类专项的 65%；应用研究类专项资金总量约为 7.92 亿元，包括弘光专项和重点部署专项（民口），约占科研项目类专项的 31%（见图 3 − 3）。

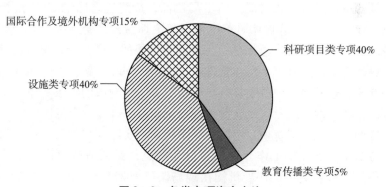

图 3 − 2　各类专项资金占比

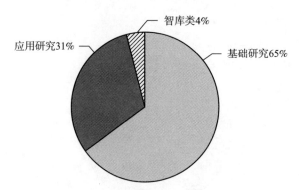

图 3 – 3　科研项目类专项的占比

（二）组织方法与指标体系

组织方法。基础研究类前沿科学重点部署专项在评价上运用了比较法、因素分析法、专家评议法和公众调查法等方法。具体评价方式如下：（1）采用"点面结合"方式，全面收集项目资料，有效开展现场调研。在"面"上，结合"放管服"的要求，减少对科学家的打扰。评价机构在征求中科院条件保障与财务局（以下简称"条财局"）和中科院前沿科学与教育局（以下简称"前沿局"）意见后，拟订了精简的项目执行情况报告提纲，由各依托单位组织填报，随后评价机构对提交的报告及相关数据进行统计，统计结果为现场调研和综合评价提供数据支撑。在"点"上，评价机构经过与条财局、前沿局协商，最终遴选确定 11 家现场调研单位、128 个项目，确保调研单位来自各个地域，调研项目涵盖全部研究领域。（2）科学组建专家团队，保证评价结果的科学性。评价机构聘请了既有科研背景，又有多年科学管理工作经验，同时了解中科院实际情况的业务专家，也聘请了中科院各科研院所财务管理领域的财务专家，组成了综合性、针对性强的专家团队参与现场调研及综合评价会工作。（3）开展满意度调查，充分了解项目情况。为了解项目实际支持效果，评价组征求被支持对象对下一步工作开展的建设性意见，保证绩效评价的结果全面性、科学性和有效性。评价机构在现场调研前期设计了微信版满意度调查问卷，分别就依托单位及科研人员对该项目在各方面的满意度进行了调查。（4）召开综合评价会，出具最终评价意见。评价机构汇总前期收集的资料，编制综合评价会会议资料 5 册，分别为：专家工作手册、现场调研资料汇总、书面访谈情况汇总、满意度调查情况汇总、绩效成果资料汇总。在此基础上召开综合评价会，评价专家在听取汇报、查阅资料后，经认真讨论，出具最终评价意见，提出具体、可行的预算绩效管理建议。

应用研究类的重点部署专项（民口）在评价方法上与基础研究类专项类似，运用了比较法、因素分析法、专家评议法和公众调查法等方式。具体评价方式如下：（1）同样采用"点面结合"，收集项目资料，开展现场调研。在"面"上，落实"放管服"要求的原则，减少对科学家的打扰，全面收集绩效资料。评价机构经与条财局和中科院重大科技任务局（以下简称"重任局"）充分讨论，确定了各项目承担单位撰写《项目执行情况报告（模板）》，评价机构对提交的报告及相关数据进行统计，统计结果为现场调研和综合评价提供支撑。在"点"上，评价机构根据专项特点，与条财局、重任局商定，按照项目经费体量较大、相关研究具有领域代表性、已验收结题项目等遴选原则抽取现场调研项目。（2）科学组建专家团队，保证评价结果的科学性。评价机构组建了一支经验丰富、配比组成科学的专家团队，全面参与现场调研及综合评价会工作，专家团队包括管理专家、业务专家及财务专家。（3）开展科研人员访谈，充分了解项目情况。评价专家深入现场了解专项执行情况，了解专项实际支持效果。评价机构前期还设计了科研人员调查问卷，在现场调研过程中就科研人员对该项目的意见、建议进行收集整理，为专项绩效评价工作提供重要佐证材料。

弘光专项采用现场评价和非现场评价相结合的方式，运用案卷研究、数据分析、现场调研、问卷调查、专家咨询等方法，根据专项实际情况进行分析、评价。具体评价方式如下：（1）利用案卷研究和数据分析法对专项实施相关资料和数据进行收集、整理、分析，了解项目整体决策、组织实施情况，对其所反映的问题给出一定结论和解释。在此环节中，评价组查阅了"弘光专项"设立决策文件、院"十三五"发展规划、"率先行动"计划、专项管理办法等多项项目决策过程资料，对专项立项的必要性、合理性进行分析；对于项目遴选、立项评审、进程跟踪、评估、验收和奖励资金拨付管理、入选项目的运行管理和时间节点控制资料、专项资金分配和拨付的相关凭证等项目实施过程资料进行核查统计梳理，对专项的运行管理和资金使用的规范性与效率性进行分析；对专项实施成果资料进行汇总梳理，并针对项目产出和专项效益情况进行分析。（2）运用调研访谈法，通过访谈、实地踏勘和资料核查等程序，重点了解项目承担单位项目资金筹集情况、相关条件保障情况、执行时间节点控制情况、已经实现或预计产生的效益情况等。通过电话访谈的方式以项目承担单位、产业化主体、申请但未获得支持的单位三个层面，调查收集各方面的满意度情况，同时收集项目申报单位对专项后续实施的相关需求及意见建议。

（3）邀请院内及院外相关领域专家参与现场调研，对数据分析工作进行指导，并针对分析结果提出建议。在现场调研和资料汇总分析的基础上，评价机构组织专家召开综合评价会，对评价过程中遇到的问题进行研讨、达成共识，出具综合评价意见。

从评价方法来看，基础研究类前沿科学重点部署专项与应用研究类重点部署专项（民口）都是由华盛中天公司进行评价，因此即使两专项属于不同的研究类型但评价方法类似。应用研究类弘光专项由中景瑞晟公司进行评价，因此评价方法与同属于应用研究类的重点部署专项（民口）不同。

在评价指标体系上，根据《财政部关于印发〈预算绩效评价共性指标体系框架〉的通知》和《财政部关于印发〈财政支出绩效评价管理暂行办法〉的通知》的要求，结合专项特点，评价机构与中科院条财局、中科院科技促进发展局（以下简称"科发局"）共同研究确立了评价的三级指标体系。其中基础研究类专项的一级指标由项目部署、实施管理、项目绩效三项构成（见表3-7）；应用研究类专项的一级指标由专项投入、专项管理、专项产出、专项绩效四项构成，并且产出绩效占比高出基础研究类专项（见表3-8、表3-9）。

表3-7　　　基础研究类前沿科学重点部署专项的评价指标体系

一级指标	二级指标	三级指标
项目部署20	决策程序7	项目决策规范性
		遴选程序规范性
	项目目标8	整体目标合理性
		被支持项目目标明确性
	资金投入5	资金分配
		资金到位率

续表

一级指标	二级指标	三级指标	
实施管理30	过程管理30	管理制度健全性	
		制度执行有效性	10
		资金使用合规性	10
		项目监控有效性	
项目绩效50	促进科研队伍建设12	稳定科学家队伍	
		培养科研人才	
	提高科研成果产出12	专利产出	
		成果获奖	
		文章发表	
	可持续影响10	夯实领域研究	
		提升国际影响	
	服务对象满意度16	受益对象满意度	
		研究所满意度	
		其他人员满意度	

表 3－8　　　　应用研究弘光专项的评价指标体系

一级指标	二级指标	三级指标	
专项投入20	专项决策5	专项下属项目立项的合理性	
		专项下属项目立项程序的规范性	
	绩效目标8	项目目标明确性	
		总体目标合理性	
	资金安排7	资金分配合理性	
		预算与目标匹配性	
专项管理20	业务管理12	组织机构健全性	
		制度建设及执行	5
		质量控制有效性	5
	财务管理8	财务制度健全性	2
		资金使用合规性	3
		专项资金执行率	3

续表

一级指标	二级指标	三级指标	
专项产出20	目标完成状况	阶段目标完成情况	
	行业影响力	行业影响力完成方面情况	
专项效果40	专项综合效益32	对科技成果转化的促进作用	
		对社会资本投入的带动作用	
		对激发科技成果转化意愿的引导作用	
		推进关键问题解决方面的作用	
	服务对象满意度8	项目单位满意度	
		产业化主体满意度	

表 3-9　　应用研究类重点部署专项（民口）的评价指标体系

一级指标	二级指标	三级指标	
专项投入20	专项决策4	专项下属项目立项的合理性	
		专项下属项目立项程序的规范性	
	绩效目标8	总体目标合理性	
		专项下属项目目标明确性	
	资金安排8	资金分配合理性	
		预算与目标匹配性	
专项管理20	业务管理10	组织机构健全性	
		制度建设及执行	5
		质量控制有效性	2
	资金管理10	财务制度健全性	2
		资金使用合规性	5
		专项资金执行率	3
专项产出30	工作完成情况*30	资环生物领域完成情况	
		能源材料领域完成情况	
		海洋领域完成情况	
		光电空天领域完成情况	

续表

一级指标	二级指标	三级指标
专项效果 30	社会效益 10	满足国家重大需求
		促进重大科技成果产出
		培养稳定科研队伍
	生态效益 5	促进资源利用、环境保护
	可持续影响 10	推动多所合作、多学科交叉
		吸纳社会资源
		提升国际影响
	服务对象满意度 5	科研人员满意度

注：＊按照 4 个领域总分各 30 分进行专家评分，之后根据各领域资金量占比权重，折算出该领域最终工作完成情况得分。

（三）结果分析

1. 定量指标结果

从院级专项绩效评价的结果来看，两类项目平均分均超过 90 分，其中基础研究类前沿科学重点部署专项得分为 92.3 分，应用研究类专项平均得分为 91.93 分［重点部署专项（民口）为 94.3 分、弘光专项为 89.56 分］（见表 3 – 10）。

表 3 – 10　　　　　　　三类专项总分

类别	专项名称	结果评分	平均分
基础研究类专项	前沿科学重点部署专项	92.3	92.3
应用研究类专项	重点部署专项（民口）	94.3	91.93
	弘光专项	89.56	

从一级指标项目部署、专项投入的详细得分来看，基础研究类前沿科学重点部署专项项目部署得分为 18.4 分，得分率为 92%；应用研究类重点部署专项（民口）专项投入得分为 18.8 分，得分率为 94%；应用研究类弘光专项专项投入得分为 16.96 分，得分率为 84.8%。

从一级指标实施管理、专项管理的详细得分来看，基础研究类前沿科学重点部署专项实施管理得分为 26.8 分，得分率为 89.33%。应用研究类重点部署专项（民口）专项管理得分为 18.7 分，得分率为 93.5%。应用研究类弘光专项专项管理得分为 18.44 分，得分率为 92.2%。

从一级指标项目绩效来看，基础研究类前沿科学重点部署专项项目绩效得分为 47.1 分，得分率为 94.2%。从一级指标专项产出来看，应用研究类重点部署专项（民口）专项产出得分为 28.5 分，得分率为 95%。应用研究类弘光专项专项产出得分为 18 分，得分率为 90%。从一级指标专项效果来看，应用研究类重点部署专项（民口）专项效果得分为 28.3 分，得分率为 94.33%。应用研究类弘光专项专项效果得分为 36.16 分，得分率为 90.4%（见图 3-4）。

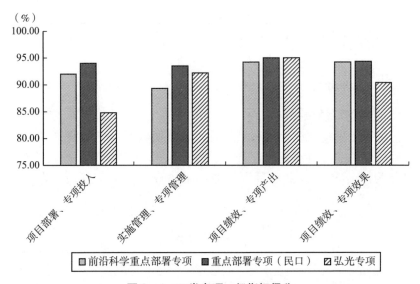

图 3-4 三类专项一级指标得分

2. 基于定量结果的优缺点分析

（1）基础研究类的前沿科学重点部署专项。从优点来看，基础研究类的前沿科学重点部署专项在成果产出和队伍建设等方面做出了较好实践。从成果产出来看，项目实施以来，产出颇丰，共发表了 3 000 余篇 SCI 文章，其中包括高水平约 1 000 篇；申请专利 910 项，获批 339 项；获得了几十项重要国际、国内奖项；重点部署项目对推动基础领域研究的可持续影响显著，项目促进了主要方向的原创性研究、自由探索新思路和新方法的实践，提升了中科院基础前沿研究的整体水平。从队伍建设来看，该专项"以人为本"的支持方式受到了各依托单位和科学家的支持和欢迎；通过资金支持确保项目的稳定进行与高水平人才团队的成长，有效促进了科研队伍建设。

然而，基础研究类的前沿科学重点部署仍在专项规划、项目管理、项目评价等方面有所不足。评价结果显示，该专项的具体项目推荐方式应进一步优化，严格支持项目遴选，规范立项和批复机制需进一步完善；管理办法具体内容还需细化完善，尤其在项目遴选标准、重点支持方向、项目中期评估等方面的规定还需要进一步明确；前沿局在项目过程管理方面的统筹管理作用未能够充分体现，缺少对项目资金及进度的总体掌握；专项青年科学家资金量不足，在创新科研人才评价标准及体系方面也未有效做到破"四唯"，未能建立起有利于科技人才潜心研究和创新的标准及体系。

（2）应用研究类重点部署专项（民口）。从优点来看，重点部署专项（民口）在专项布局、专家咨询和项目间沟通交流等方面做出了较好实践。该专项能够遵循跨所、跨学科的原则，注重需求导向和问题导向，将总体布局与规划相结合；专家组全程跟踪为项目和课题项目承担单位给予足够的支持，保障了科技目标和科研管理两个方面工作的顺利开展；各课题组之间定期合作交流，针对项目实施过程中存在的问题和不足及时进行研讨调整，也为项目高质量的完成提供了智力保障。

然而，在专项和项目目标匹配度及经费执行两方面，重点部署专项（民口）仍有所不足。大部分项目目标侧重于对自身研究内容及成果的描述，与专项总体目标的衔接性和匹配度不足；部分项目在执行过程中存在间接经费和其他经费的提取比例不一、预算执行不够相符、预算调整不够规范、资产管理不够完善、会计凭证不够完整等财务管理问题。

（3）应用研究类弘光专项。从优点来看，弘光专项在促进科研成果转移转化和专项管理两方面做出了较好实践。该专项积极探索"后补助"支持方式，促进了院重大科技成果转移转化、提升了专项管理效率，降低了财政投入风险，激发科技成果转化的积极性和主动性。此外，专项根据《中国科学院科技成果转移转化重点专项项目管理办法》办法要求，对项目遴选、立项程序、进程跟踪、评估验收与奖励等环节进行严格控制，流程完整、过程规范、结果基本有效，较好地保障了专项的产出及效果。

然而，弘光专项仍在成果转移转化定位、项目遴选和资金分配三方面有所不足。评价结果显示，该专项对促进科技成果转移转化的目标定位不够清晰，实现路径有效性不足，项目遴选机制不够完善，对重点领域的统筹和聚焦不足；项目遴选过程中对产业化主体的甄选不足，成果转化过程对产业化主体的约束不足；专项资金分配方式上存在补助额度确定方式不合理、补助标准不明确等问题，不利于后补助资金进一步支持项目科技成果转移转化，不利于激发科研人员成果转移转化的积极性。

各专项评价优点和不足如表 3 – 11 所示。

表 3 – 11　　　　　　　　各专项评价优点和不足汇总

类别	专项名称	优点	缺点
基础研究	2016 ～ 2017 年度前沿科学重点部署专项	科研队伍建设合理：科学家队伍稳定；重视科研人才培养。 对支持科研成果产出的作用显著。 重点部署项目对推动基础领域研究的可持续影响显著。 服务对象满意度高。	决策部署方面：院级项目规划管理不足；项目推荐方式需进一步优化，严格支持项目遴选；青年科学家资金量不足；规范立项和批复机制不够完善。 实施管理方面：重点部署项目的管理办法需进一步完善；对总体过程管理不足，需重视中期考核结果。 项目绩效方面：需创新科研人才评价标准及体系，破"四唯"，建立并实施有利于科技人才潜心研究和创新的标准与体系，实行代表性成果评价
应用研究	重点部署专项（民口）	注重需求导向和问题导向，将总体布局与规划相结合。 专家咨询组全程跟踪。 各课题组之间定期合作交流	项目目标与专项总体目标的衔接性和匹配度不足。 部分项目承担单位财务管理方面有待完善
	弘光专项	积极探索"后补助"支持方式，能够提升专项管理效率，降低财政投入风险，激发科技成果转化的积极性和主动性。 严格控制专项过程管理，印发了《中国科学院科技成果转移转化重点专项项目管理办法》，对项目遴选、立项程序、进程跟踪、评估验收与奖励等环节进行严格控制，流程完整、过程规范、结果基本有效	专项定位不够清晰，引导作用有待提升。 资金分配及使用标准不明确，如存在补助额度确定方式不合理、补助标准不明确等问题。 产业化主体甄选不足，责任有待明晰：项目遴选过程中对产业化主体的甄选不足，成果转化过程对产业化主体的约束不足

第四章

教育领域项目绩效评价
指标与方法研究

第一节 教育领域项目绩效评价国际借鉴

预算绩效及管理的理念和政策实践基本上较早地在美英进行探索，因而本部分内容主要围绕以美国、英国、澳大利亚为主要代表的三个国家，就其预算绩效管理和教育领域预算绩效管理的制度沿革和政策举措以及典型的指标体系框架做梳理性分析。一方面进一步强化本研究对预算绩效评价理论和政策制度安排的认知，另一方面也在指标体系框架的设计上寻求国际化的参照。

一、美国公立高等教育预算绩效管理的评估体系

随着美国联邦政府预算绩效管理的推进，高等教育这一准公共服务领域中也逐渐构建绩效指标体系，希望实现对学校的问责和改进，美国公共高等教育绩效预算的应用，首先是从递交责任报告开始的。20世纪90年代以前，仅有田纳西州（Tennessee）于1984年通过立法机关的责任报告，是最早对高等教育实施预算绩效管理的地区。自田纳西州绩效拨款政策实施以来，以5年为一个评估周期，每个周期的计划、标准和得分等都由管理委员会、州大学和学院共同制定。在一个5年周期结束之后，绩效指标体系会被修改，修改的内容包括绩效指标数量与权重、绩效指标的评估标准等。

从表4-1中2000~2020年绩效评估指标体系的变化来看，最新一期

的评估内容包括通识教育测评、专业教育测评、专业认证、专业检查、学生满意度调查。其中，通识教育测评考查学生的综合能力，通过使用如加利福尼亚批判性思维技能测试等标准化测试对本科生进行抽样检查，并与国家平均成绩进行比较，以保证高校通识教育的质量。专业教育测评是对毕业生的专业水平或者职业资格水平进行测试，将大学的测试成绩与州或全国的平均水平进行比较，保证高校专业水平或职业培训质量。专业认证和专业检查这两项指标与美国高等教育流行的认证制相关。学校里未经过认证的专业需要通过接受同行审议或学术审查的方式来进行专业检查，最终通过认证的专业数量和通过检查的专业数量共同决定高校在该指标上的得分。两者相互补充，共同保证学校专业教育的质量。

表 4 - 1   2000 ~ 2020 年绩效评估指标体系的变化

指标权重	第 6 周期 2000 ~ 2005 年	第 7 周期 2005 ~ 2010 年	第 8 周期 2010 ~ 2015 年	第 9 周期 2015 ~ 2020 年
1. 通识教育测评	20	15	15	15
2. 专业教育测评	15	10	15	15
3. 专业认证	15	15	25	25
4. 专业检查	10	15	25	25
5. 学生满意度调查	10	10	10	10
6. 学生保持情况（student persistence）	5	5		
7. 学生转学与交接	5	5		
8. 院校战略规划	5	5		
9. 州战略规划	5	10		
10. 评估实施情况			25	25
11. 学生入学及学业质量（quality of student access and success）	11	10	6	6

学生满意度调查主要指针对学生、校友、教师、雇主的调查，在最新的第 9 周期中，满意度调查以学生为主体，比如为了解学生的学习状况，各高校需要进行全美大学生投入度调查（National Survey of Student Engagement，NSSE）等。通过对美国田纳西州高等教育绩效指标体系的梳理发

现，州政府注重高校人才培养的职能，强调高校突出以学习者为中心的管理理念，将政策关注点落到学生身上。这些对当前我国高等教育亟须加强的人才培养问题具有一定启示。

20 世纪 90 年代，许多地方政府和州政府积极开始了新一轮绩效预算改革。在州一级政府，除了三个州（阿肯色州、马萨诸塞州和纽约州）外的其余各州都要求采用基于绩效的预算编制。南卡罗来纳州（South Caro-lina）的绩效资助体制相对成熟，因而是较具有代表性的。1996 年，南卡罗来纳州通过了一项有关高等教育的修正案——359 法案（ACT 359），一般称为"绩效资助"法案，这是一个涉及高等教育的法案，其中对高等教育的使命、对人员的委任方式等作了修改，从而明确了南卡罗来纳州公共高等教育的新使命，以及对不同类型的高等教育的资助办法作了适当的调整等。这一法案为南卡罗来纳州高校的职责和资助方式指明了新的方向。美国州政府不直接参与高等教育的管理工作，而是通过议会授权高等教育委员会（CHE）负责行使权力。根据 1996 年的 359 法案，美国州政府对南卡罗来纳州的高等教育机构的财政进行拨款，根据该法案所确立的 9 个关键性的成功因素（nine critical successful factors）进行绩效资助。立法机关把这 9 个因素具体化，以 37 个绩效指标（performance indicators）来表示。[①] 基于这些高等教育机构完成指标的情况，来决定对州立大学和学院的财政分配数额。这 9 个关键性的成功因素包括：核心使命；教师的素质；课堂质量；校际合作以及校企之间的合作；行政效能；学生入学要求；学生的毕业成绩；校内人员合理管理，研究经费的使用情况。

每一项因素下设置若干不同的指标，例如校际合作以及校企之间的合作这一项包括学校内部分享技术、项目、设备和专家以及与其他学校或商业机构合作；与私人企业的合作。行政效能这一项包括用百分数表示的行政花费与学术花费的比率；应用最佳管理的情况；多余的行政和学术项目的排除；学校用于每个全日制学生的费用等。对四类不同层次和类型的高校（研究型大学；四年制教学型大学；社区学院；职业教育或专科学校），州政府对它们的绩效评价标准是不同的，所以资助的方式也是有区别的。绩效指标分为四类：投入（inputs）、过程（processes）、产出（outputs）、结果（outcomes）。

---

① A guide to South Carolina's performance funding system for public high education. *Performance Funding Workbook*, 2000, 9 (3).

投入（input）包括为完成项目和活动，提供服务所需要的人力、财力和体力，如学生的学术准备、教师工资、教师的相关证书等；过程（processes）则是指完成项目、活动和提供服务所采用的方法，包括对学生学习的评价、对应用技术的评价以及对教师的评价；产出（outputs）是指培养的学生的质量，如认可的学位的数量、非转学率和毕业率以及赞助研究的数额；结果（outcomes）包括学生、国家和社会从学校的项目、活动和提供的服务中获益的程度。整个指标评价体系相对具体，具有较强的可操作性，针对性较强。对不同类型和层次的学校评价的指标是不同的。对不同类型的学校进行绩效预算时所制定的指标也是不同的，是分层次、分等级的。绩效评价体系对研究型大学、教学型大学和社区学院等不同类型的学校，根据所制定的不同类别的指标进行分类评价。从指标评价的时间来看，大多数指标的评定都是一年一次，也有部分是两年一次或三年一次的，如雇主对毕业生的满意度评价是两年一次，对教师业绩评价、终身教授的评价等是三年一次。再者，绩效评价也不是每年都对所有指标进行评价，而是根据不同的时期有选择地进行评价。例如，第一年，南卡罗来纳州只有 14 个指标被用于评价学校绩效，而第二年采用了 22 个指标，第 3 年则涉及所有的评价指标。

根据美国 359 法案，高等教育委员会（CHE）作为南卡罗来纳州协调 33 个公立大学和学院的机构，具有双重的身份，一是作为高等教育的服务机构，二是代表会员大会行使监督高等教育的职能。高等教育委员会有权调整对公共高等教育的管理方式，于是它可根据制定的绩效资助指标体系对各高校的绩效进行评价。一般而言，每年的绩效评价的大致程序是：首先经过高等教育委员会的同意，在 7 月制定下一年度的目标和公布对评价方式所作的修改；接下来就是绩效资料的收集，一般在深秋到早春时进行；然后就是等级的界定：高等教育委员会的工作人员在 3～4 月把初步的评价结果送往各学校进行核查，高校进行核实，如有异议，一般在 4 月（时间主要根据初步等级结果公布的时间）提出申诉；之后高等教育委员会的工作人员对高校提出的申诉进行核查，再把结果交给计划和评价委员会（P&A Committee）；5 月，计划和评价委员会处理对高校的申诉，并将建议递交高等教育委员会（CHE）待批准；6 月，根据高等教育委员会最后批准的等级情况来决定第二年的经费数额；7 月，各高校把绩效改进基金的建议交给高等教育委员会。

目前是根据 1996 年 3 月高等教育委员会所采纳的系统进行评分的，

根据这一系统，确定各学校应该达到的指标，从而决定成绩的高低。分值的多少是依据所测得的绩效数据来确定的，一个指标下各分支指标的平均分被规定为该项指标的最后得分，各项指标的平均分就是该学校的最后绩效成绩。根据最后得分来决定学校所属的绩效类别。高等教育委员会根据各学校的绩效类别来确定资助的数额。

1999 年 3 月 4 日，高等教育委员会接受了上述评分系统，经过 2000 年 7 月 6 日对此系统的修订，决定以 3 分作为衡量绩效的规模。假如该校的绩效大大超过平均水平，则得 3 分；假如该校绩效处于平均水平，则得 2 分；如果该学校绩效没有达到规定的指标，则得 1 分，即没有按照规定的要求完成预期的目标。以总体的得分为依据，学校的绩效可分为五类：完全超过标准的，得 2.85 ~ 3.00 分；超过标准的，得 2.60 ~ 2.84 分；刚好达标的，得 2.00 ~ 2.59 分；没有达到指标的，得 1.45 ~ 1.99 分；完全没有达到标准的，得 1.00 ~ 1.44 分。

拨款的数额根据学校绩效的类别进行分配，由负责绩效数据审查的专门小组对高等教育机构的绩效情况进行审核，证实数据。这一过程包括三个部分：在正式审查组到达的 3 ~ 4 周前，需针对每一个待审查的指标、大学对指标要求的支持情况，以及对团体成员的后勤支持情况等展开讨论，通常由大学所推选的人员参加，由大学中有关绩效资助的负责人及高等教育委员会的检查组组长领导；审核数据的访问通常持续 4 ~ 5 天，周一开始，到周四或周五以一个总结会议结束。数据审查工作一般需要 1 ~ 5 天，领导则需要待所有的工作都完成并且总结会议结束后方可离开，所有的审查结果将在闭幕会上与出席的该学校代表进行面对面的交流；审核总结，第一部分是以报告的形式总结审核每个指标的目的、所使用的方法、分析绩效的结果、合适的改进审查结果的建议。详细的数据、背景和支持的材料，以及个别成员的完整的报告将保留在高等教育委员会办公室。报告的第二部分将反映考察到的对评定学校绩效等级产生影响的变化因素。报告的最后一部分则是列举数据审查团成员、被采访的个人，或者那些帮助审查数据的成员。根据学校绩效评分的高低，决定资助金额的多少。一般以上一财政年度的拨款作为基数，直接分配给各高校，以维持各学校的基本运作，增加的部分依据对学校的绩效评价结果进行发放。高等教育委员会的资金分配理念是鼓励良好绩效，鞭策低绩效。

每年，高等教育委员会办公室每年会利用绩效专款奖励一些大学，并对那些在绩效拨款指标基础上改进绩效的学校提供额外的支持，对提名的学校进行全部或部分的奖励，该绩效评价系统对各学校预算资金的影响大概为其总的教育费用和一般费用总数的 10%，取决于学校的得分类别。

奖励：学校的绩效评分成绩如果是达标、超过规定标准、完全超过规定标准将分别收到 1%、3% 和 5% 的奖金（如奖金还有剩余，决策部门会根据各学校绩效情况对达标的、超过规定标准的和完全超过规定标准的学校按比例进行再分配）。

惩罚：对没有达标的以及完全没有达标的学校分别处以扣留 3% 和 5% 财政资助的惩罚。奖励部分的经费是由奖励专款提供的，绩效奖励专款由三部分构成，新的预算资金的一半（第二年的拨款是在当前年度拨款的基础上有所增加的）；1.75% 的向各学校的资助（当前年度资助加上新预计增加的资助）；以及来自那些绩效评分"没有达标的""完全没有达标的"学校所扣留的资金。根据评价结果，对"达标的学校""没有达标的学校"和"完全没有达标的学校"所提出的建议进行评价，0.25% 的学校资助可以用于奖励其中提出良好建议的学校。

绩效资助概念的提出为美国高等教育的财政改革指明了方向，使美国公立高校更加明确了自身的责任与使命。绩效预算不仅是预算管理方法的创新，而且是政府管理理念的一次革命，它不仅涉及大学角色的重新定位，而且涉及大学机构内部不同部门之间利益的重新调整。美国公共高等教育的绩效预算与绩效资助政策对我国高等教育的财政管理将产生一定的影响。我国公立高校资金使用存在不尽如人意之处，这些问题必然应引起人们足够的重视。高校资金的使用没有按照经济实用和效率的原则行事，资金用途不明确，没有很好的用于培养人才和聘用优秀教学人员上，师生的实际受益和花出的钱不成比例。我们应当借鉴美国高等教育财政管理方面的有效经验，努力改革现有的教育投资体系，以提高高等教育的办学效益为核心，通过采取有效的激励措施，促进高校管理质量的提高，使高校的总体质量真正有一个质的飞跃。

二、澳大利亚综合性测评体系

（一）基本情况

1991 年，澳大利亚联邦政府将以学科为单位的评审转变为以整个高校为单位的质量保障，颁布了一套旨在提高高等教育教学和科研质量的综合性测评体系。高等教育机构只要能呈现一个在自身使命和目标指导下的高水平的质量保障体系，就能够获得联邦拨款。1992 年，联邦政府建立了高等教育质量保障委员会，其功能定位于以下三个方面：一是为质量保障问题提供咨询；二是开展针对高校质量保障政策和程序的独立审计；三是对年度与质量相关的拨款分配给出建议。1993 ~ 1995 年，该委员会进行了三轮以整个学校为单位的独立审计。尽管这仅仅是一项高校自愿参加的自我评价，但当差距得以确定、质量成果得到测量时，便触发了学校层面相当显著的变革。

2004 年，澳大利亚前教育、科学和培训部开发了一套以量化和质性数据为基础评价高校成就的更为完善的问责框架——《高等教育机构评价框架》（The Institution Assessment Framework，IAF）。该框架从四个层面评价大学的绩效：（1）组织的可持续发展能力：旨在保障学校具有明确的战略方向和良好的财务管理，确保政府能够持续获得其资助的服务。（2）高等教育服务供给水平：用以考查学校服务满足政府目标的程度，涉及提供的学额、学额在课程和学科之间的分布、学生接近资源和学习支持的充分程度以及研究活动与大学使命和优势的关系。（3）成果的质量：包括毕业生调查和课程经历问卷的结果、学生入学分数、学生流失和进步、科研生产力和强度的测量，以及澳大利亚大学质量署聚焦成果的审计结果。（4）服从：保证学校将经费用在其承诺的目标上，并且遵守法律和行政要求。与此前高校质量报告的内容框架相比，2004 年发布的《高等教育机构评价框架》体现了澳大利亚教育质量问责的转型，强化了对产出和成果的关注，增加了对量化数据的收集和呈现，初步显现了从强调过程和学校自身改进的质量保障转向强调结果和外部需求满足程度的绩效问责趋势。

2009 年 12 月，澳大利亚政府公开发布了《高等教育绩效拨款指标框架（征求意见稿）》。该框架认为，高等教育绩效拨款的目的在于通过协商的方式，使高等教育机构共同参与到国家关于学生表现和参与水平之目标追求的达成过程中，并通过努力实现经协商达成的学校层面的绩效目标，进而提升高校的教学质量。绩效指标框架作为落实政府宽泛的高等教育发展议事日程的重要途径，其指标开发和测量方法选择紧密围绕十年发展规划①提出的发展目标，即增加国家本科受教育者人数；扩大未被充分

---

① Australian Strategy for International Education 2021 - 2030，https：//www.education.gov.au/australian - strategy - international - education - 2021 - 2030.

代表群体接受高等教育的机会；提高学生学业和社会投入水平，进而提升学生学习成就，改善学与教的质量。因此，这个征求意见的指标框架确定了由学生参与和融入、学生学习体验、学生成就表现、学习成果的质量四个类目构成的指标体系。在遴选指标时，负责开发绩效指标的专家组认为有效的绩效指标应该具备这样一些特征：（1）具有实质性和表面效度，即能够测量期望测量的东西；（2）统计方法合理且方法论严密，包括概念结构和预测效度；（3）信息可以从高质量的目标数据资源或与当事人保持一定距离且不容易被操控的独立机构处获取；（4）尽可能的简单、透明和可解释，使用原始数据，除非有进行统计调整的充分理由；（5）有明确且一致的界定（不仅包括这些指标用于监控什么，还包括如何被测量），并且能够不受时间变化的影响得到可靠测量；（6）尽可能使用既存数据资源；（7）能够以较低成本收集和分析，并且考虑到学校管理成本的负担和回应者的负担；（8）提供及时的而不是过分滞后的信息；（9）在相关维度有可被分解性，以显示重要亚群体和组群之间的差异；（10）指标能够说明并支持国家和院校层面的政策与实践，而不是引起不良的行为；（11）容纳且尽可能地促进高等教育机构的多元化。

根据上述原则，专家组形成了一份由 4 个类目 11 项指标组成的指标框架。在征求意见期间共收到了 61 份来自高等教育部门提交的正式回应建议。其中一份是来自由澳大利亚一流研究型大学组成的最具影响力的学校联盟组织——澳大利亚八校联盟（Group of Eight，Go8）提交的讨论意见。该讨论意见首先表示，支持政府提出的提高来自低社会经济地位家庭学生的本科教育参与水平、提高学生学习成果质量和大学教学绩效等战略目标，但认为对这些目标的追求不应该削弱研究密集型大学的作用，特别是不应削弱对学科领导力、研究、研究培训和研究生教育的重视。意见继续指出，尽管这份指标框架措辞巧妙地尊重了大学自治和政府的意图，但绩效指标和低社会经济地位学生的测量显示了大学之间的共性而非差异性以及政府对院校运行的超预期影响。该报告建议，指标框架应该考虑使用整个部门范围的测量标准和个别化的院校测量标准；指标框架及其测量方法应该反映实现战略目标的复杂性和多元性，并在不削弱高校管理弹性的前提下实现国家目标。

政府在综合考虑所有反馈意见后，重新形成了一个涉及参与和社会融入、学生学习体验和教学成果质量 3 个类目 7 项指标的绩效指标框架，并于 2010 年 10 月又一次发布了可参与讨论的《绩效拨款指南》，提供了计划中的绩效拨款安排的实施细节。在征集意见期间，共收到了 44 份对指南讨论稿的反馈意见。

正式实施的《绩效拨款指南》（Performance Funding Administrative Guidelines）最终于 2011 年 12 月颁布。该指南中，绩效拨款基于三个指标类目（见表 4-2）：（1）参与和社会融入；（2）学生学习体验；（3）学习成果的质量。绩效拨款由促进性拨款（facilitation funding）和奖励性拨款（reward funding）两部分组成。促进性拨款于 2011 年开始实行，其获得以政府和高校之间达成的战略协议为条件，战略协议中包括大学的教学使命以及大学承诺实现的澳大利亚政府具体的战略目标。奖励性拨款则以大学在"参与和社会融入"绩效类目下的两项指标上的量化绩效指标的达成度为依据，自 2012~2013 学年开始推行。

表 4-2　　　　　　　　　　　绩效类别与数据来源

绩效类目和指标	数据来源
绩效类目 1：参与和社会融入	
来自低社会经济地位群体的学生在本土本科生中的比例	低社会经济地位指标来自高等教育学生数据采集库和福利署收入数据
来自未被充分代表群体的学生在本土本科生中的比例	高等教育学生数据采集库
绩效类目 2：学生学习体验	
本土本科生的教学满意度	课程体验调查问卷
本土本科生学习体验	大学学习经历调查
绩效类目 3：学习成果质量	
本土本科生对通识技能学习满意度	课程体验调查问卷
本土本科生通识技能的增值速度	大学学习经历调查

资料来源：Higher Education Group. Performance Funding: Administrative Guidelines. Canberra: Department of Education, Employment and Workplace Relation, 2011.

（二）绩效评价的特点

回顾澳大利亚高等教育绩效指标框架的开发过程，我们发现有效的绩效指标开发不仅涉及一个如何根据发展目标明确界定绩效指标的过程，更涉及一个利益相关者公开参与绩效指标框架完善的过程。如前所述，绩效指标承载着目的、价值和背景。因此，结合高等教育发展的战略目标确定具有一定效度的绩效指标是开发绩效指标需要解决的首要问题。

另外，绩效指标是政府和高校之间有关产出和成果的协议，为使绩效指标能够引起高校可测量的质量改进行动，绩效指标需要得到明确、具体的界定。澳大利亚高等教育绩效指标框架对于每一项绩效指标均从目标群体是谁、预期目标是什么、绩效测量点是什么、目标如何表达，以及从哪里获得数据等方面做了明确界定。在澳大利亚高等教育绩效指标框架制定的过程中，该框架经历了两次公开征求意见的程序，加上利益相关者实质性参与的传统，使许多高校和高校联盟积极参与到完善框架的讨论中。从最终施行的绩效拨款框架看，正是政府对于澳大利亚八校联盟建议的采纳，才使高校的自主性、管理弹性得以保护，从而更有利于高等教育系统的多元化发展。

(三) 微观环境的影响

教育服务购买者——学生及家长，不仅对教学质量方面、学科专业方面、学校品牌方面有要求，更对教学环境、教学设施方面有要求，如新建的或扩建的体育馆、剧院和其他娱乐休闲设施，新的和更好的居住环境以及为学生提供服务的机构等。

办学规模。著名的"马克西—西尔伯斯通曲线"表明，如果投入以一定的比例增加，而产出增加的比例远比投入增加的比例大，从而产生规模收益递增现象，即规模经济。如果规模扩大至相当程度后，由于组织内部沟通与协调的困难，致使产出增加的比例低于投入增加的比例，则会产生规模收益递减现象，称为规模不经济。这一经济学理论同样适用于学校。学校作为一种生产知识、传播知识的产业，其运行必然要使用多种教育资源，由于这些资源又具有整体性和不可分割性的特点，因而为实现培养目标就需综合投入各种教育资源。只有投入的各种教育资源的比例协调、适度时，各种教育资源的使用效益才会提高，适度的规模才能发挥资源的最大效用。

教育质量的影响。教育质量是反映教育服务活动全过程水平的一个指标，师资队伍素质、教材质量、仪器设备先进程度、教学管理水平、教学环境优劣乃至教育政策等各个方面，都直接或间接影响着教育质量的高低。为了提高教育质量，有些教育成本要素不但不能降低，而且需要加大投入，如教师的培训费、优秀师资的引进费、教学业务经费的投入等，因为加大这方面的投入，能产生良好的质量效益。有关研究表明，教育质量和教育成本之间存在依存关系。一般情况下，教育成本的投入多少对教育质量有着正方向的影响，但又不能绝对地说，教育成本高质量就一定好，成本低质量就一定不好。因为对不同的学校，投入的教育资源所起的作用不尽相同。

学校管理水平，尤其是财务管理水平的影响。学校管理水平，尤其是财务管理水平是教育成本的重要影响因素，各学校应立足于对自身有限资源的高效率合理利用、对社会市场资源的不断开发来降低人才培养的成本，为社会培养更多更好的人才。不同的学校，在相同的办学条件即相同的投入情况下，生均成本、效益可能相差很大。因此，只有实行科学的管理，建立完善的成本管理制度，提高财务管理水平，才能较好地利用和开发各种教育资源，取得较佳的经济和社会效益；反之，则人力、财力、物力不可能得到有效的利用，就会造成教育资源的开发和利用不足甚至浪费，增加无效的教育成本，降低学校办学效益。

第二节　针对教育类型的指标体系框架构建

前面分析了教育事业本身尤其是其活动的特殊性以及产出类型的丰富多样性和效果的潜在性等特征，那么教育领域预算绩效评价及其指标体系的设计和使用，就需要充分权衡预算绩效评价的一般性要求与教育领域这种特殊性的关系，根本宗旨在于预算经费对教育事业改革发展保障的有效性。具体的要求如《教育部关于全面实施预算绩效管理的意见》所指出的，健全绩效指标和标准体系，逐步探索建立健全定量和定性相结合、具有教育行业特点的绩效指标和标准体系，实现科学合理、细化量化、可比可测、动态调整、共建共享。绩效指标和标准体系要与基本公共服务标准、部门预算项目支出标准、教育行业标准等相适应，突出结果导向，重点考核实绩。创新评估评价方法，依托大数据分析技术，运用成本效益分析法、比较法、因素分析法、公众评判法、标杆管理法等，提高绩效评估评价结果的客观性和准确性。

按照《中共中央　国务院关于全面实施预算绩效管理的意见》，"各级财政部门要建立健全定量和定性相结合的共性绩效指标框架。各行业主管部门要加快构建分行业、分领域、分层次的核心绩效指标和标准体系，实现科学合理、细化量化、可比可测、动态调整、共建共享。绩效指标和标准体系要与基本公共服务标准、部门预算项目支出标准等衔接匹配，突出结果导向，重点考核实绩。创新评估评价方法，立足多维视角和多元数据，依托大数据分析技术，运用成本效益分析法、比较法、因素分析法、公众评判法、标杆管理法等，提高绩效评估评价结果的客观性和准确性"。

结合财政部关于印发《预算绩效评价共性指标体系框架》提出的"各级财政部门和预算部门开展绩效评价工作时，既要根据具体绩效评价对象的不同，在其中灵活选取最能体现绩效评价对象特征的共性指标，也要针对具体绩效评价对象的特点，另行设计具体的个性绩效评价指标，同时，赋予各类评价指标科学合理的权重分值，明确具体的评价标准，从而形成完善的绩效评价指标体系"。另外，兼顾各地的政策推进与绩效评价实践，以及学术界对教育领域预算绩效评价的研究，充分考虑教育成本测算的复杂性与各级各类教育功能定位与发展目标的差异性，本研究总体形成教育评价指标体系构建的内容性逻辑框架，如图4-1所示。

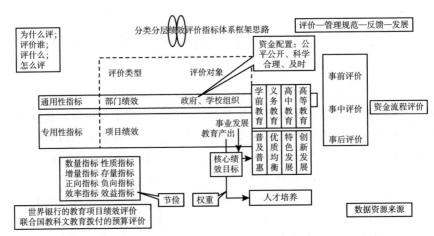

图4-1　教育领域预算绩效评价指标体系构建的内容性逻辑框架

如图4-1所示，教育领域预算绩效评价指标体系及方法的研究着重于回答评价谁、评什么和怎么评的问题，也即评价的对象、内容、标准和方法。具体而言，本研究所构建的是一个教育领域通用性和专用性兼具的指标体系，预算资金支出使用者为被评价对象，评价领域重点在于学前教育、义务教育和高等教育，评价的标准即指标类型包括数量指标—性质指标、增量指标—存量指标、正向指标—负向指标、效率指标—效益指标，核心绩效目标在于教育事业的发展和教育的产出。

一、分类推进思路

在教育领域预算绩效评价指标框架的整体思路形成后，各类型教育经费的核心绩效目标和考核指标设计思路如下：

（一）学前教育

在产出指标维度，设置学前教育专任教师薪资保障指标，同时将按照分类定级和在园幼儿数量对普惠性幼儿园的拨款、在园幼儿数量变化及其变动比例纳入指标体系；在效益指标维度，结合《中华人民共和国国民经济和社会发展第十四个五年规划和2035年远景目标纲要（草案）》（以下简称"十四五"《规划草案》）中学前教育毛入园率提高到90%的目标，具体细化为有层次的、递进上升的不同年份学前教育毛入园率指标，同时根据地区教育发展情况差异予以适当调整；在满意度指标维度，将区域人民对区域学前教育学位供给、学费收取及师资质量等情况纳入评价指标。

（二）义务教育

在产出指标维度，设置生均公用经费增长情况及增长比例、义务教育教师待遇不低于当地公务员等相关指标；在社会效益指标维度，除设置义务教育巩固率、小学儿童净入学率、初中阶段毛入学率等基础性指标以巩固义务教育控辍保学成果外，还应设置专任教师学历合格率，普通初中、小学（含教学点）设施设备达标率等相关指标以促进乡村小学规模学校、乡村寄宿制学校条件改善，推动乡村教师素质能力提高；在社会满意度维度，除纳入区域学位供给、学费收取情况等指标外，将区域随迁子女入学率纳入指标体系当中以保障农业转移人口子女享有基本公共教育服务。

（三）高等教育

在产出指标维度，设置及细化生均经费投入、科研经费投入等相关指标；在社会效益维度，结合"十四五"《规划草案》中2025年高等教育毛入学率提高到60%的目标，具体细化为呈现递进趋势的不同年份高等教育毛入学率指标。除此之外，设置细化研究生招生数量、研究生毕业率、科研项目申报数量、高水平论文及著作出版数、科技成果转化率以及协同创新研究能力等相关指标，另外还将本科毕业生优秀率、基础学科高层次人才培养计划设置等相关因素纳入指标体系，促进高质量高等教育体系建设；在社会满意度指标维度，设置面向家长、学生及用人单位等各团体的满意度指标。

二、三类教育绩效评价指标体系

综上所述，按照预算资金的流程，本研究构建的分领域预算绩效评价指标体系，紧紧围绕"绩"和"效"，在《预算绩效评价共性指标体系框架》下，结合教育活动的特殊性，进行三个类型教育预算绩效指标体系的建构。指标体系充分考虑了指标响应的准确性和推进实施的可操作性，一级指标即预算绩效评价的三个维度，分别为投入、产出和效果。三者的权重因学前教育、义务教育和高等教育的发展水平及重点任务有所区别性调整。而且，这种权重在长期的意义上，是要进行变化的。就现阶段而言，学前教育注重考查普及、普惠、有质量，义务教育重点在于优质均衡，高等教育主要关注"以本为本"、内涵发展和人才培养。具体指标如下：

（一）学前教育

按照《支持学前教育发展资金管理办法》的相关规定要求，本指标体系二级指标合计 8 个，前三个分别为预算安排、预算执行和预算管理，总的评价权重为30%，分别对应三大类 8 个三级指标。具体如下表 4 - 3 所示。

表 4 - 3　　　　　　学前教育预算绩效评价指标体系

一级指标（权重）	二级指标	三级指标	指标说明
投入（30%）	预算安排	资金额度	按计划批复的预算经费总量中，中央和地方配资比例
		分配及时性	全国人大批准后的 30 日内，省级财政收到
		财事匹配度	防止资金、项目安排重复交叉或缺位
	预算执行	经费年中执行率	时间过半、任务过半、经费过半
		经费年末执行率	对比中期指标，判断是否突击支出
	预算管理	资金使用规范性	出台相关政策，依据执行，并对经费收支情况进行全面的公开，接受多元化的监督
		监管举措	
		公开程度	预算公开指数

续表

一级指标（权重）	二级指标	三级指标	指标说明
产出（40%）	硬件条件	新建公办园数量	考察经费投入支持带来的硬件条件总体变化。当然，在宏观层面难以明确这种变化是中央还是地方经费的作用。但是，可以作为预算评价的总体产出背景。在中观层面通过经费去向跟踪和微观调查，以数据和典型案例区分出财政性和预算教育经费的产出
		新建小区配套幼儿园数量	
		改扩建公办园数量	
		普惠性民办园比例	
		新增幼儿教师数量	
		固定资产增长率	
	软性保障	生均经费基准定额	幼儿园所获得保障运转的财政投入
		教师平均工资水平	
		教师培训经费占公用经费5%	
		教师结构优化度	
		薄弱园支持率	加大省级统筹力度，重点向农村地区、革命老区、边疆地区、民族地区和脱贫地区倾斜
		财务制度体系建设	通过评估幼儿园健全财务、会计、资产情况，体现财政投入学前教育供求均衡水平
效果（30%）	事业发展	学前三年毛入园率	公益性
		普惠性园覆盖率	
		公办园在园幼儿占比	
		幼儿资助制度巩固	体现财政性教育经费投入的公平、公正性
		乡镇公办中心园支持情况	
	经济效益	地方财政性经费的增长率	体现中央支持资金对地方学前教育投入的带动性、引导性、激励性
		中央资金占地方总财政投入的比例	
		生均培养费用	反映学前教育的单位成本
	综合满意度	地方教育行政部门满意度	采用社会调查的方式了解各利益相关者对经费投入的满意度
		幼儿园满意度	
		教师满意度	
		家长满意度	

（二）义务教育

在各级各类教育中，义务教育的经费在财政性教育经费和一般公共预算经费投入中占比是最大的。2019 年 4 万亿元的国家财政性教育总投入中，义务教育阶段为 2.1 万亿元，超过了 50%。其中，3.5 万亿元的一般公共预算教育经费，1.9 万亿元用于义务教育，占比为 54%。义务教育依法由公共财政全额保障，采取中央和地方按项目分比例的方式，中央的投入以转移支付办法纳入预算，称为"城乡义务教育补助经费"，与"均衡转移支付"等一起列入一般转移支付，2021 年总的预算经费规模达到了 1 739 亿元。结合《城乡义务教育补助经费管理办法》的相关要求，义务教育阶段预算绩效指标体系如表 4 - 4 所示，投入—产出—效果三个一级指标构成总体框架。但充分考虑到义务教育的特点，产出和效果的权重均调整为 40%。

表 4 - 4　　　　　　　　　义务教育预算绩效评价指标体系

一级指标（权重）	二级指标	三级指标	指标说明
投入（20%）	预算安排	资金额度	按计划批复的预算经费总量中，中央和地方配资比例
		分配及时性	全国人大批准后的 30 日内，省级财政收到
		财事匹配度	防止资金、项目安排重复交叉或缺位
	预算执行	经费年中执行率	时间过半、任务过半、经费过半
		经费年末执行率	对比中期指标，判断是否突击支出
	预算管理	资金使用规范性	出台相关政策，依据执行，并对经费收支情况进行全面的公开，接受多元化的监督
		监管举措	
		公开程度	预算公开指数
产出（40%）	硬件条件	新建学校数量	体现办学基本需要的经费投入方向，是预算经费的物态化表现
		改扩建学校数量	
		信息化水平	
		免费教科书循环比例	
		专用教室配备率	
		农村校舍安全保障投入水平	中央补助标准：东中部地区 800 元/平方米、西部地区 900 元/平方米
		固定资产增长率	

续表

一级指标（权重）	二级指标	三级指标	指标说明
产出（40%）	软性保障	生均公用经费投入水平	按照国家基准定额的各地实际水平
		教师平均工资水平	不低于当地公务员平均收入水平
		教师队伍结构优化度	包括年龄、学历、性别结构
		教师培训达标率	教师 5 年 360 个学时的培训
		小规模学校投入规模	分析义务教育城乡一体化的整体保障水平
		寄宿制学校投入规模	
		家庭经济困难补助覆盖率	体现财政保障的公平性
		乡村教师生活补助覆盖率	体现城乡一体化发展
		营养餐补助经费增长率	对学生健康的保障
		财务制度体系建设	健全财务、会计、资产管理制度
效果（40%）	事业发展	义务教育巩固率	
		资源配置均衡度	教师、校舍、仪器设备等方面的配置水平。校际差异系数小于等于 0.45
		学生学业水平达标率	主要学科达到国家义务教育质量监测水平，Ⅲ级以上，且校际差异率低于 0.15
		学生体质健康达标率	体现财政性教育经费投入的公平、公正性
		特殊儿童随班就读比例	
	经济效益	地方财政性经费的增长率	体现中央支持资金对地方义务教育投入的带动性、引导性、激励性
		中央资金占地方总财政投入的比例	
		生均培养费用	反映义务教育的单位成本
	综合满意度	地方教育行政部门满意度	采用社会调查的方式了解各利益相关者对经费投入的满意度
		学校管理者满意度	
		教师满意度	
		家长满意度	

（三）高等教育

高等教育是整个国民教育体系的一个阶段类型，相对由本科、研究生,普通型和应用型,中央和地方等各级各类院校构成了一个相对独立的系统。其核心功能在于培养人,而区别于基础教育,科学研究和社会服务是和人才培养密切相关的另外两个方面。总体而言,其人的培养更加接近经济社会建设所需的人才。因而,高等教育的投入渠道相对更加多元,其中一般公共预算的公共财政投入是其主要经费来源。高等教育预算绩效侧重于经费投入的直接产出和带来的效果,因而,在一级指标的权重赋予上采取 20% +35% +45% 的结构。一级指标的投入和效果部分内容与学前教育和义务教育通用,主要是对预算投入本身的财务性评价,在产出和效果的三级指标上充分考虑了高等教育的特殊性。具体如表 4-5 所示。

表 4-5   高等教育预算绩效评价指标体系

一级指标（权重）	二级指标	三级指标	部分指标说明
投入（20%）	预算安排	资金额度	按计划批复的预算经费总量中,中央和地方配资比例
		分配及时性	全国人大批准后的 30 日内,省级财政收到
		财事匹配度	防止资金、项目安排重复交叉或缺位
	预算执行	经费年中执行率	时间过半、任务过半、经费过半
		经费年末执行率	对比中期指标,判断是否突击支出
	预算管理	资金使用规范性	出台相关政策,依据执行,并对经费收支情况进行全面的公开,接受多元化的监督
		监管举措	内控办法
		公开程度	预算公开指数
产出（35%）	硬件条件	校舍建设	体现办学基本需要的经费投入主要方向,预算经费的物态化表现。依据教育部颁布的《普通高等学校基本办学条件指标（试行）》
		基本办学条件改进	
		网络信息化	
		固定资产增长率	
	组织建设	学科建设	不同类型高校的学科体系建设,体现学科特色。一流专业,国家级金课,国家和省部级教材
		师资队伍	教师的年龄、学历等结构,工资待遇保障水平,国家和省部级教学名师,教师发展中心建设
		平台建设	研究中心、实验室,基层教学组织建设

续表

一级指标 （权重）	二级指标	三级指标	部分指标说明
产出 （35%）	学生奖助	国家奖助学金人数	中央资金的投入保障，分为奖学金和助学金
		省级奖助学金人数	带动地方资金的投入保障，分为奖学金和助学金
		校级奖助学金人数	
	人文环境	国际交流	体现投入的教育国际化
		改革探索	典型的教育教学活动和内部治理案例
		创新实践	前沿的创造性活动
效果 （45%）	事业发展	毛入学率	
		人才培养	毕业生数量、就业率、高端人才数量、学生在各类国家级竞赛中的获奖数量
		科学研究	重大研究课题、国家级科研创新团队、科技发明专利
		社会服务	服务国家经济社会发展、重大战略
		知识积累	理论创新和学术文献
	经济效益	地方财政性经费的增长率	体现中央支持资金对地方高等教育投入的带动性、引导性、激励性
		中央资金占地方总财政投入的比例	
		教育部审核评估结果	
		生均培养费用	反映高等教育的单位成本
	综合满意度	地方教育行政部门满意度	采用社会调查的方式了解各利益相关者对经费投入的满意度
		社会满意度	
		学校管理者满意度	
		教师满意度	
		家长满意度	
		学生满意度	

第五章

卫生健康领域预算项目
绩效评价指标与方法

第一节　世界卫生组织卫生体系绩效评价借鉴

一、评价逻辑

世界卫生组织（World Health Organization，WHO）2000 年的报告建立了卫生健康领域绩效评估框架，对 191 个成员国的绩效进行了评估和排名，在全世界引起巨大反响。该框架认为卫生体系有筹集资金、开发资源、提供服务、监管制约四项功能，促进和维护健康、满足非医疗期望、财务风险保护三项目标。2007 年，世界卫生组织改进了该框架，扩展为组织、领导和治理，卫生服务，卫生信息系统，医疗产品疫苗和技术，卫生人力资源，卫生筹资和支付六项职能，改善健康、公众满意度、财务风险保护、改善效率四项目标，并且提出了可及性、覆盖率、质量、安全四项中间目标。

世界卫生组织提出的卫生绩效评价模型以投入—产出—结果为基础，以资源投入（卫生财政投入为主）、运行过程、产出指标、卫生绩效及健康改善结果的完整卫生行为或卫生体系运行过程作为总体框架，对卫生政策或研究的开展有具体且较全面的结构概括，对卫生领域的绩效评价有重要参考价值（见图 5 -1）。

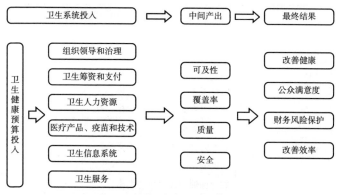

图 5 - 1　WHO 卫生健康领域绩效评估框架体系

　　根据预算绩效评价的"分级分类"原则，参考 WHO 提出的卫生健康领域绩效评估框架，将卫生财政投入分为六个核心组成部分，分别以不同方式促进卫生系统发展。领导/治理能力和信息系统为所有其他卫生系统单元的政策和监管提供了基础。卫生保健系统的关键投入部分包括筹资和支付以及卫生人力资源。医疗产品和技术以及其提供的服务，直接连接了卫生系统产出，反映了卫生服务的可及性和卫生资源的分配。本章重点介绍其评价指标体系。

二、世界卫生组织评价指标体系

　　根据世界卫生组织卫生体系理论框架，本研究按照卫生体系各模块和目标建立卫生健康领域的评价指标体系。本研究收集的卫生健康领域绩效指标的来源主要包括《中国卫生健康统计年鉴》《全国卫生资源与医疗服务调查制度》《国家医疗服务与质量安全报告》《中国卫生总费用研究报告》《中国卫生服务调查研究——家庭健康询问调查分析报告》等，涵盖了课题所需的各个模块、各类型卫生领域项目相关指标，在来源上具备全面性和科学性，并且有可靠的数据来源和统计计算方法。指标体系见表 5 - 1。

表5-1　　WHO卫生健康领域绩效评估理论框架对应评价指标体系

模块和目标	评价指标体系
组织、领导和治理	卫生行政类指标
卫生筹资和支付	卫生筹资与支付类指标
卫生服务与可及性	医疗卫生服务类指标
卫生人力资源	医疗卫生人力资源类指标
质量	医疗卫生服务质量类指标
财务风险保护	医疗保障类指标
卫生服务与覆盖	基本公共卫生服务专项类指标
健康	居民健康与疾病类指标
卫生服务	妇幼保健与计划生育类指标
	基层医疗卫生类指标
	中医药专项类指标
	老龄专项类指标
卫生信息系统	医疗卫生信息化建设类指标
质量与安全	卫生检验类指标
医疗产品、疫苗和技术	卫生专项类指标

1. 组织、领导和治理

建立卫生系统方面的组织、领导和治理包括卫生发展战略、政策框架的制定，并与有效监督、多部门协作、监管和问责相结合。

对卫生系统治理能力的衡量指标涉及两个维度。一是基于规则（正式程序）的角度对卫生治理质量提供度量方法，评估是否制定了政策、战略和条例来促进卫生部门的领导和治理。建议的核心指标包括是否有与国家需要和优先事项相联系的最新国家卫生战略、已公布的国家药品政策的存在和最后更新年份、是否有明确规定最具成本效益的药品数量的采购政策、是否有结核/疟疾/艾滋病等的国家策略及政策、是否有孕产妇保健/儿童保健计划等10项。二是基于成果的维度，旨在评估卫生治理下各部分的执行情况及产出和影响，其衡量指标可综合各部分的评估结果进行有逻辑的选择和解释。

两类指标的数据来源有所不同。基于规则的卫生治理指标主要依靠对行政记录（包括法律/规章文件）等现有来源的专家分析以及对国家卫生政策的专家审查，包括与卫生部门的管理、组织和筹资有关的法律及规章文件、国家卫生战略、预算文件以及条例和准则，可通过政府出版物、行政文件及行政部门官方网站等途径获得；基于成果的治理指标是从卫生系统各个过程中的各种数据来源产生的，包括设施调查、公共支出审查或公众满意度评估等。

领导力在各领域发展中都被认为是核心能力，虽然有"领导力五力模型"作为理论，但尚未有针对领导力的评价指标或模型，医疗卫生领域的领导管理能力对各项卫生资源利用及与卫生产出结果的内在逻辑关系也有待进一步分析和阐释。

2. 卫生筹资和支持

卫生筹资和支付是卫生领域的经济命脉，对卫生系统维持和改善人类福利的能力至关重要，在医疗、公共卫生、医保支付、卫生资源供给等各方面均有决定性作用，其投入包括筹资总额、筹资水平及结构、卫生费用支付方式及比例等相关指标，并且随着近年来在医保支付方式上的探索创新，医保体系的绩效指标需要不断更新和评估。

WHO 对卫生筹资的定义是："卫生系统的职能，涉及调动、积累和分配资金，以满足卫生系统中个人和集体的健康需要。卫生筹资的目的是提供资金，并为提供者给予适当的财政奖励，以确保所有个人都能获得有效的公共卫生和个人保健。"这决定了卫生筹资的目标包括筹集足够资金和为民众提供卫生医疗相关财务风险保护。

卫生费用快速上涨使卫生费用来源结构和使用效率问题受到卫生管理人员及专业学者越来越多的关注和研究，关键问题包括应如何减少浪费和腐败、政府应采取哪些干预措施、医疗卫生服务应由政府提供还是向非政府部门购买等。

财务风险保护能力取决于如何筹集资金，如何将资金汇集起来，以将风险分散到多少人口比例的群体中。卫生筹资支付的过程包括税收等多途径卫生费用筹集、资金集中和管理、购买和提供服务三个步骤。我国近十几年的医疗改革过程中，在医保支付方式的研究和实践方面不断探索，对财产风险保护水平的提升做出了较大贡献。

卫生筹资信息来源包括国家政府及卫生部门总预算及预算分配（评价政府及卫生）和国民医疗保险账户等，核心指标包括卫生支出总额、一般政府卫生支出占一般政府支出的比例（GGHE/GGE）、家庭自付保健费用与保健支出总额的比率，以及一些重要的补充指标，例如人均保健支出总额、卫生筹资结构的稳定性及可持续性、卫生融资政策及相关数据信息是否公开透明等。

3. 卫生人力资源

一个国家实现其卫生目标的能力在很大程度上取决于负责组织和提供卫生服务的人员的知识、技能、动机和部署。卫生项目的实施也需要专业人才的指导和配合，这是卫生投入能产生多少绩效的最关键因素之一。

WHO 对卫生人力资源的定义是："所有从事其主要目的是增进健康的行动的人"，包括临床工作人员，如医生、护士、药剂师和牙医，以及管理和辅助人员。对卫生人力资源的测量首先要明确界定和分类需要评价的卫生工作人员，包括他们的身份、是否有工作资格认证、能对卫生服务贡献的专业技术水平等是否作为纳入评价的标准。

目前，还没有全面和有力的方法来评估卫生工作人员是否足以满足特定人口的保健需要。卫生工作人员的数据信息收集也没有完整的系统，为了全面分析卫生人力，通常需要参考和搜集多个信息来源，因此根据人力资源数据进行评价的同时，还需要对数据来源的可信度、可比性、重复度等做出评估。关于评价所需数据的收集方法，包括人口普查、劳动力调查、保健设施评估（卫生人力相关指标）、行政报告系统（人员配置、工作许可证、社会保障记录）等。

卫生人力资源建议的核心指标包括：每万人的卫生保健工作者数量、保健工作人员分布（按职业、专业、区域、工作地点、性别等分类测量）、每 10 万人中卫生专业教育机构毕业生人数（按受教育水平和专业领域分类测量）等。除了这些可测量度较高的定量指标外，卫生人力资源管理能力、征聘制度、分配政策、专业培训等也是卫生人力系统运作绩效的重要影响因素，应进一步研究相关的定性评价方法，补充这一领域的评价体系。

4. 医疗产品、疫苗和技术

医疗产品和技术投入的目标是确保公平获得质量、安全性、有效性和成本效益可靠的基本医疗产品、疫苗和技术，并能合理分配和正确使用。

这一模块最核心的评价要素就是药品。中国自 2009 年起施行《国家基本药物目录》，2018 年调整后的《国家基本药物目录（2018 版）》总品种增至 685 种。基本药物的目的是在正常运作的卫生系统的范围内随时提供，数量充足、剂量适当、质量可靠，个人和社区负担得起。2019 年 7 月 9 日，世界卫生组织发布了新的《基本药物清单》和《基本诊断清单》，帮助各国优先考虑在整个卫生系统中应广泛提供并可负担得起的重要卫生产品。

我国各地区已开展了许多关于两份药品清单在各类疾病领域条目数量及相关标准的对比研究,《WHO 基本药物标准清单》对我国持续修订和完善《国家基本药物目录》具有指导价值。

WHO 提出基本药品的评价信息收集方法包括卫生设施调查、专家调查、制药机构数据收集等。卫生设施调查在医疗产品方面基于药品价格、可用性、可负担性、价格组合部分等,具体指标如提供基本药物清单、基本药物可用性、公共和私营保健设施平均可获得 14 种选定的基本药等;还包括药品本身的质量及使用质量,例如在处方质量方面,建议指标包括每次处方的平均药品数量、使用抗生素处方的百分比、使用注射处方的百分比、从《基本药物清单》中开具的药品百分比等。以上属于核心指标,可定量测量和分析。除核心指标外,WHO 还建议使用医疗产品政策及管理相关的补充指标,例如获得基本药品/技术是否作为实现宪法或国家立法承认的健康权的一部分、已公布的国家药品政策的存在和最后更新年份、已公布的《基本药物清单》的存在和最后更新年份、制造商与消费者价格之间的上升百分比等。

随着近几年我国药品集中带量采购的大力实施,在药品价格、成本价与患者购买时的售价之间差距等的数据统计逐渐增多,应考虑及时调整和更新药品评价指标,使其能敏感、真实地反映我国药品相关管理及改革的成效,激励卫生及其他领域决策者们改革的信心和动力。

另外,随着科技的发展和互联网医疗的兴起,医疗产品和技术的评价也应在高科技设备、互联网技术或人工智能应用水平及相关专业人才配置方面增加更多反映医疗卫生高端投入的指标。

5. 卫生信息系统

健全可靠的信息是所有卫生系统组成部分决策的基础。它对卫生政策制定和执行、治理和监管、卫生专业研究、人力资源开发、卫生教育和培训、服务提供和卫生筹资都至关重要。

卫生信息系统从卫生和其他相关部门收集数据,分析数据以确保其总体质量、相关性和及时性,并将数据转换为与卫生相关的决策信息。除此之外,还拥有提供预警能力、支持患者管理和公共卫生服务管理、促进卫生专业研究、指导卫生健康发展规划制定等重要作用。

卫生信息系统绩效评价方法包括自我评估和独立评估两种。自我评估法便于各国利用评估结果及时调整卫生发展计划和投入方向,但各国、各地区之间的可比性相对较弱且耗时、复杂。其评价工具包括一般数据传播战略、健康计量网络自评工具。独立评估法目前一般以国际上、国家等较高级别统计系统持续收集的现有数据来源为基础，减少评价难度，但关于评价指标及结果容易产生争议，对各国卫生政策制定的个性化指导相对较少。可利用的评价工具包括世界银行统计能力指标得分、健康信息系统性能指数（HISPIX）。

WHO 将卫生信息系统绩效评价可选择的核心指标分为两大类：（1）通过核心统计方法生成数据的指标，包括健康调查、民事登记（出生和死亡登记）、人口普查、卫生设施报告、卫生系统资源跟踪等，这些规范、定期更新数据的评价指标可以反映国家数据收集效率、能力、系统质量等。可使用的具体指标如出生或死亡人数登记比例、数据报告及时率、是否公布数据质量评估、关于卫生产品资源的年度数据等。（2）与国家综合、分析数据能力相关的指标，可用来衡量信息系统透明度、访问权等，例如是否拥有定期的数据年度报告、在疾病负担研究或卫生系统业绩评估中国家卫生信息系统做出的贡献等。

信息及数据质量是卫生绩效评价质量的根源所在，而目前绩效评价工作中仍存在不同地区对指标内涵解释有差异、卫生信息收集统计规则不一、指标数据报告真实性和有效性难以控制及评估等挑战，因而信息技术设备及人力水平、信息及数据管理系统平台质量、基层医疗单位信息化程度等方面的指标还需要进一步探索。

6. 卫生服务

卫生服务提供是投入—过程—产出的关键和直接连接节点，涉及医疗卫生服务效率、服务费用等；也包括在疾病预防、健康教育等方面提供干预措施，以实现降低儿童死亡率、孕产妇死亡率、艾滋病患病率、结核病负担等目标。

对卫生服务供给的投入绩效评估应围绕能衡量卫生服务利用、质量改善、公平性和可及性增加程度的指标。评价维度和绩效指标的选择要关注和反映良好卫生服务提供的关键特征，包括全面性、无障碍性、覆盖范围、连续性、质量、以人为中心、协调、问责制、效率九项。这些关键特征侧重于实际服务供给，可以作为今后改进卫生服务提供方法的起点和依据。

WHO 框架对卫生服务提供模块的指标主要关注卫生设施数量及分布、卫生服务利用等，并提出了部分具体的建议指标，例如每万人卫生设施数量和分布情况、每年每万人口门诊人次等。关于这些核心指标的定义、数据收集方法和评估工具等也提供了匹配的指导。针对多种不同类型的卫生项目，例如产前护理、儿童保健的服务等一般所需设施及准备的评价清单的设计，也可参考WHO项目案例所列条目，针对当地实际卫生保健需求、国家卫生资源状况等进一步完善，建立适合我国卫生项目服务提供方面的质量及设施评价工具，方便未来卫生服务领域的研究和改革。

关于获取卫生服务提供相关数据的来源和方法，除了国家及各级卫生部门常规卫生设施报告、住院记录、《国家医疗卫生统计年鉴》等，还可以利用WHO建议的卫生设施评估方法，包括设施普查和设施调查。

目前国际上常用的几个卫生系统绩效评估框架在产出和结果层面评价重点具有较高程度的统一，因此这两个层面的评价指标的研究既需要考虑适用性，也要兼顾广泛评价时的可比性，从而在宏观层面上体现一个国家、地区或机构的卫生绩效水平，对比发现存在的不足。

WHO 2000 年的报告中也提出，该框架侧重于卫生部门行动、卫生系统核心构成要素，没有考虑对影响人们在促进和保护健康及使用卫生保健服务行为等因素的评估。且该框架不涉及健康的基本社会和经济决定因素，如性别差异、教育水平等。为了弥补这一缺陷，更全面系统地评价我国卫生财政投入绩效水平，设计、筛选绩效评价指标时将在参考大量评价案例、专家指导、定性分析的前提下，补充健康决定因素指标、利用卫生服务影响因素指标、社会经济水平指标、项目绩效评价共性指标等，以完善和创新一套更加完整、全面，公信力更强的卫生系统及卫生保健预算绩效评价体系。

第二节　卫生健康领域预算绩效评价指标体系构建

一、总体框架构建

卫生健康领域预算绩效评价指标框架大概包括决策情况、资金投入和使用管理情况、相关管理制度办法是否健全及执行情况、产出情况、效益情况、满意度情况等方面，抑或是"投入—过程—产出—效果""经济—效率—效果"等结构，虽然各有不同，但表达的意义大同小异。基于此，本书设计了"资金投入和使用管理—产出—效益—满意度"的总体框架，能够将以上各方面的内容大致囊括进来。其中，产出、效益和满意度三方面是主体部分。

资金投入和使用管理包括了资金投入决策情况、资金管理和使用情况、相关管理制度办法是否健全及执行情况等方面。根据这样的理解，这部分内容应该是预算绩效评价的共性指标，因为任何一项预算支出都应该考虑这些问题。经过慎重考虑，课题组将这部分内容分解为资金投入、资金管理和组织实施三个方面，对照财政部 2013 年印发的《预算绩效评价共性指标体系框架》，并进行恰当的总结、创新，最终挑选了预算完整性、预算编制科学性、资金分配合理性三个指标来概括"资金投入"，挑选了资金到位率、预算执行率和资金使用合规性三个指标来概括"资金管理"，挑选了管理制度健全性、制度执行有效性两个指标来概括"组织实施"。具体的指标含义和评价标准如表 5 - 2 所示。

表 5 - 2　　　　　　　　　资金投入和使用管理指标分解

一级指标	二级指标	三级指标	指标解释	指标出处	评价要点
资金投入和使用管理	资金投入	预算完整性	预算内容是否完整，有无将医疗保健方面政府主要工作内容纳入预算安排，为相关工作提供稳定资金保障	《预算绩效评价共性指标体系框架》	（1）是否将公立医院财政拨款纳入政府预算管理；（2）是否将基层医疗卫生机构履行医疗保健职能的财政拨款纳入政府预算管理；（3）是否将城乡居民医疗保险财政补贴纳入政府预算管理；（4）是否将医疗救助财政投入纳入政府预算管理；……
		预算编制科学性	医疗保健方面预算编制是否经过科学论证、有明确标准，资金额度与年度目标是否相适应，用以反映和考核项目预算编制的科学性、合理性情况		（1）预算编制是否经过科学论证；（2）预算内容与项目内容是否匹配；（3）预算额度测算依据是否充分，是否按照标准编制；（4）预算确定的项目投资额或资金量是否与工作任务相匹配
		资金分配合理性	医疗保健方面预算资金分配是否有测算依据，与补助单位或地方实际是否相适应，用以反映和考核项目预算资金分配的科学性、合理性情况		（1）预算资金分配依据是否充分；（2）各子项资金分配额度是否合理；（3）城市与基层之间资金分配是否合理

续表

一级指标	二级指标	三级指标	指标解释	指标出处	评价要点
资金投入和使用管理	资金管理	资金到位率	实际到位资金与预算资金的比率，用以反映和考核资金落实情况对项目实施的总体保障程度	《预算绩效评价共性指标体系框架》	（1）资金到位率＝实际到位资金÷预算资金×100%； （2）实际到位资金：一定时期（本年度或项目期）内落实到具体项目的资金； （3）预算资金：一定时期（本年度或项目期）内预算安排到具体项目的资金
		预算执行率	预算资金是否按照计划执行，用以反映或考核项目预算执行情况		（1）预算执行率＝（实际支出资金÷实际到位资金）×100%，超标准按相应比例扣分； （2）实际支出资金：一定时期（本年度或项目期）内项目实际拨付的资金
		资金使用合规性	资金使用是否符合相关的财务管理制度规定，用以反映和考核项目资金的规范运行情况		（1）符合国家财经法规和财务管理制度以及有关专项资金管理办法的规定； （2）资金的拨付有完整的审批程序和手续； （3）符合项目预算批复或合同规定的用途； （4）不存在截留、挤占、挪用、虚列支出等情况
	组织实施	管理制度健全性	财务和业务管理制度是否健全，用以反映和考核财务和业务管理制度对项目顺利实施的保障情况		（1）已制定或具有相应的财务和业务管理制度； （2）财务和业务管理制度合法、合规、完整
		制度执行有效性	支出项目实施是否符合相关管理规定，用以反映和考核相关管理制度的有效执行情况		（1）遵守相关法律法规和相关管理规定； （2）项目调整及支出调整手续完备； （3）支出项目实施的人员条件、场地设备、信息支撑等落实到位

这部分适用于医疗保健、公共卫生两方面，但在产出、效益、满意度等内容上，由于两方面的含义、工作内容、支出项目和目标都各不相同，因此需要具体问题具体分析。

二、评价指标选取

(一) 产出部分指标选取

医疗机构、医保、医药是驱动医疗保健服务的三个"轮子",同时也是医疗保健领域预算支出的主要方向,因此也是评价的主体内容。另外,"看病难""看病贵"困境是医疗保健领域最受关注的问题,是政府部门最重视的问题,也是关乎人民群众最切身利益的问题,国家针对这方面采取了许多改革措施,因此,也应该被纳入评价范围。例如,提升医疗保健服务能力建设、加快分级诊疗建设以改善"看病难"问题,加快"三医联动"改革、"取消药品加成"以改善"看病贵"问题。此外,习近平总书记多次提到、国家有关文件多次涉及的中医药服务发展的问题,也应该成为评价指标的一部分,充分发挥中医"治未病"的作用。因此,在医疗保健领域产出指标下,本书选取了医疗保健服务整体能力建设、公立医院高质量发展、医疗保障发展、药品供应保障发展、中医药服务发展、分级诊疗建设共6个二级指标。

1. 医疗保健服务整体能力建设

一般而言,能力建设主要包括人员、机构、设备等方面,结合《"十三五"卫生与健康规划》《"健康中国2030"规划纲要》等国家文件,选取了4个三级指标,如表5-3所示。

表5-3 医疗保健服务整体能力建设指标分解

二级指标	三级指标	指标解释	指标出处	指标内涵
医疗保健服务整体能力建设	每千人口执业(助理)医师数	反映医师数量的充足程度	《"十三五"卫生与健康规划》《"健康中国2030"规划纲要》	每千人口执业(助理)医师数 = 评价范围内执业或助理医师总数 ÷ 该范围内人口总数 × 1 000
	每千人口注册护士数	反映护士数量的充足程度		每千人口注册护士数 = 评价范围内注册护士总数 ÷ 该范围内人口总数 × 1 000

续表

二级指标	三级指标	指标解释	指标出处	指标内涵
医疗保健服务整体能力建设	每千人口公立医疗机构床位数	反映病床数量的充足程度	《"十三五"卫生与健康规划》《"健康中国2030"规划纲要》	每千人口医疗卫生机构床位数=评价范围内医疗卫生机构床位数÷该范围内人口总数×1 000
	公立医院床位使用率	反映每天使用床位与实有床位的比率	《中国卫生健康统计年鉴》	公立医院床位使用率=评价范围内实际占用的总床日数÷实际开放的总床日数×100%

2. 公立医院高质量发展

各级各类公立医院是公立医疗机构的主要组成部分，根据《国务院办公厅关于推动公立医院高质量发展的意见》中的表述，选取了7个三级指标，如表5-4所示。

表5-4　　　　　　　　公立医院高质量发展指标分解

二级指标	三级指标	指标解释	指标出处	评价要点
公立医院高质量发展	高水平临床重点专科建设完成率	反映公立医院高水平专科建设情况	《国务院办公厅关于推动公立医院高质量发展的意见》	高水平临床重点专科建设完成率=评价范围内当年在建的高水平临床重点专科个数÷当年拟建的高水平临床重点专科个数×100%
	住院医师规范化培训完成率	反映公立医院医师规范化培训情况		住院医师规范化培训完成率=评价范围内实际培训人数÷计划培训人数×100%
	信息化建设水平	反映公立医院信息化建设情况		(1) 电子病历、智慧服务、智慧管理"三位一体"的智慧医院建设和医院信息标准化建设； (2) 远程医疗和互联网诊疗； (3) 推动手术机器人等智能医疗设备和智能辅助诊疗系统的研发与应用。 信息化建设水平=评价范围内符合以上要点的公立医院数量÷范围内公立医院总数×100%

二级指标	三级指标	指标解释	指标出处	评价要点
公立医院高质量发展	内部管理制度建设	反映公立医院内部管理制度完善程度	《国务院办公厅关于推动公立医院高质量发展的意见》	（1）实施预算绩效管理； （2）开展风险评估和内部控制评价； （3）实施绩效评价。 内部管理制度建设＝评价范围内符合以上要点的公立医院数量÷范围内公立医院总数×100%
	人事管理制度改革进度	反映公立医院人事管理制度改革成效		（1）合理制定并落实公立医院人员编制标准，建立动态核增机制； （2）落实岗位管理制度，实行竞聘上岗、合同管理； （3）医护比总体达到1:2左右。 人事管理制度改革进度＝评价范围内符合以上要点的公立医院数量÷范围内公立医院总数×100%
	薪酬分配制度改革进度	反映公立医院薪酬分配制度改革成效		（1）薪酬分配跟岗位职责和知识价值相挂钩的薪酬分配制度； （2）薪酬分配制度改革进度：评价范围内符合以上要点的公立医院数量÷范围内公立医院总数×100%
	医疗服务收入占公立医院收入的比重	反映公立医院医疗服务价格改革成效	《关于做好当前医疗服务价格动态调整工作的意见》	评价范围内公立医院医疗服务收入占该范围内公立医院总收入的比重

3. 医疗保障发展

在医疗保障方面，基本医疗保险（城乡居民医保）财政补助和医疗救助财政投入是预算支出的主要项目，因此围绕于此，结合《中共中央 国务院关于深化医疗保障制度改革的意见》《"十三五"卫生与健康规划》等文件，选取了5个三级指标，如表5-5所示。

表 5 - 5　　　　　　　　　　　医疗保障发展指标分解

二级指标	三级指标	指标解释	指标出处	指标内涵
医疗保障发展	基本医疗保险实际覆盖率	反映基本医疗保险制度实际覆盖率情况	《中共中央 国务院关于深化医疗保障制度改革的意见》	基本医疗保险实际覆盖率 = 评价范围内基本医疗保险参保人数 ÷ 该范围内总人口数 × 100%
	医疗救助人次数增长率	反映医疗救助能力		医疗救助人次数增长率 = (当年医疗救助享受人次 - 前一年人次) ÷ 前一年人次 × 100%
	医保目录更新周期	反映基本医疗保险目录适应需求的程度	《国家重点监控合理用药药品目录调整工作规程》	医保药品目录的更新周期应不能少于 3 年一次(由于国家统一实施,整体和区域评价是一致的)
	医保基金累计结余可支付月数	反映基本医疗保险可持续支付能力	—	评价范围内医保基金累计结余 ÷ 该范围内每月平均医保支出额
	范围内住院费用基本医保支付比例	反映基本医疗保险报销能力	《"十三五"卫生与健康规划》	机关事业单位、城镇职工、城乡居民基本医保平均报销比例

4. 药品供应保障发展

药品供应保障发展应主要关注居民对药品的可负担能力方面,结合《基本医疗卫生与健康促进法》等文件,选取了 3 个三级指标,如表 5 - 6 所示。

表 5 - 6　　　　　　　　　　　药品供应保障发展指标分解

二级指标	三级指标	指标解释	指标出处	指标内涵
药品供应保障发展	医保目录内药品新增率	反映医保目录药品丰富程度		医保目录内药品新增率 = (评价范围内当年医保目录内药品新增种数 - 范围内前一年已有种数) ÷ 范围内前一年已有种数 × 100% (此指标由于由国家层面确定,因此整体和区域得分一致)
	公立医疗机构基本药物采购金额占药品采购总额的比例	反映公立医疗机构使用目录内药品的情况	《基本医疗卫生与健康促进法》《药品管理法》	公立医疗机构使用基本药物采购金额占药品采购总额的比例 = 各级各类公立医疗机构采购医保目录内药品花费金额 ÷ 各级各类公立医疗机构采购药品总数额
	集中带量采购药品占医保目录药品的比例	反映药品集采工作的成效		集中带量采购药品占医保目录内药品的比例 = 评价范围内医保目录内以集采方式采购的药品种数 ÷ 医保目录内药品种数

5. 中医药服务发展

随着西医技术成为我国医疗保健服务的主要依托，中医衰落得很明显，因此必须加强中医药服务能力建设，据此选取了3个三级指标，如表5-7所示。

表5-7　　　　　　　　中医药服务发展指标分解

二级指标	三级指标	指标解释	指标出处	指标内涵
中医药服务发展	中医药人员数增长率	反映中医类医疗机构诊疗服务能力	《中国卫生健康统计年鉴》	［评价范围内中医类别执业（助理）医师、见习中医师和中药师（士）总人数当年数量 - 前一年数量］÷前一年数量×100%
	设有中医类临床科室的医疗卫生机构占比	反映中医类临床科室分布情况		设有中医类临床科室的医疗卫生机构占比=评价范围内设有中医类临床科室的医疗卫生机构数量÷医疗卫生机构总数
	中医类医疗机构床位数增长率	反映中医类医疗机构提供住院服务能力		中医类医疗机构床位数增长率=（评价范围内当年中医类医疗机构床位数 - 前一年床位数）÷前一年床位数×100%

6. 分级诊疗建设

"基层首诊，双向转诊"分级诊疗格局的打造，重点是保证基层首诊，关键是提升基层医疗资源数量和质量，使得常见病、小病能够在基层得到解决。据此，选取了4个三级指标。如表5-8所示。

表5-8　　　　　　　　分级诊疗建设指标分解

二级指标	三级指标	指标解释	指标出处	指标内涵
分级诊疗建设	患者两周首诊单位为县级以下医疗卫生机构的比例	反映基层首诊的情况	《中国卫生健康统计年鉴》	患者两周首诊单位为县级以下医疗卫生机构的比例=（评价范围内两周首诊单位为卫生室、站，社区卫生服务中心、站，卫生院的患者数量/范围内两周患者总量）×100%
	每万人口全科医生数	反映全科医生数量充足度	《中国卫生健康统计年鉴》《"十三五"卫生与健康规划》	每万人口全科医生数=（评价范围内全科医生总数/范围内人口总数）×10 000

二级指标	三级指标	指标解释	指标出处	指标内涵
分级诊疗建设	基层医疗卫生机构人员数增长率	反映基层医疗卫生机构人员充足度	《中国卫生健康统计年鉴》	基层医疗卫生机构人员数增长率＝(评价范围内当年基层医疗卫生机构人员数－前一年人员数)/前一年人员数×100%
	县级医疗机构达到三级医疗机构服务水平新增数量	反映县级医院综合能力	《中国卫生健康统计年鉴》《国家卫健委办公厅关于印发"千县工程"县医院综合能力提升工作方案(2021－2025年)的通知》	达到三级医疗机构服务水平需国家机构认证公示

(二) 效益部分指标选取

医疗保健服务涉及民生，应以社会效益指标为主，保障民众的生命安全，保证民众的生命质量。社会效益指标具体体现在居民对医疗保健服务的可及性、可负担性以及住院、门诊医疗服务的质量等方面，据此选取了6个三级指标，如表5－9所示。

表5－9　　　　　　　　社会效益指标分解

二级指标	三级指标	指标解释	指标出处	指标内涵
社会效益指标	调查地区住户到最近医疗单位所需时间为"15分钟及以内"的比例	反映居民对医疗保健服务的可及性	《中国卫生健康统计年鉴》	评价范围内调查地区到最近医疗单位所需时间为15分钟及以内住户数量÷范围内调查地区住户总量×100%
	城乡居民医疗保健支出占消费性支出平均比例	反映居民对医疗保健服务的可负担能力		(评价范围内城镇居民医疗保健支出÷消费性支出＋评价范围内农村居民医疗保健支出÷消费性支出)÷2×100%
	公立医院住院病人出院率	反映公立医院住院病人出院人数占所有住院人数的平均比率		公立医院住院病人出院率＝评价范围内公立医院出院人次÷该范围内住院总人次×100%

二级指标	三级指标	指标解释	指标出处	指标内涵
社会效益指标	公立医院平均住院日	反映住院医疗服务质量	《"十三五"卫生与健康规划》《中国卫生健康统计年鉴》	各级、各类公立医院住院日的平均数
	30天再住院率	反映疾病治愈程度	《"十三五"卫生与健康规划》	评价范围内30天再住院患者人次÷范围内30天第一次出院患者人次×100%
	门诊处方抗菌药物使用率	反映门诊医疗服务的健康性		评价范围内特定周期门诊处方包含抗菌药物次数÷范围内特定周期门诊处方开出次数×100%

（三）满意度部分指标选取

满意度应主要体现患者满意度，患者的"口碑"才是检验医疗保健服务质量最直接的标准，也是发展医疗保健服务的最终目标和归宿，其中可分为门诊和住院两个方面，据此，构建了2个三级指标，如表5-10所示。

表5-10   **患者满意度指标分解**

二级指标	三级指标	指标解释	指标出处	指标内涵
患者满意度指标	门诊满意率	反映患者对门诊医疗服务的满意度	《中央对地方卫生健康转移支付项目预算绩效管理暂行办法》	通过测评实现。门诊满意度=评价范围内特定周期调查患者对门诊医疗服务满意人数÷范围内特定周期接受门诊总人数×100%
	住院满意率	反映患者对住院医疗服务的满意度		通过测评实现。住院满意度=评价范围内特定周期调查患者对住院医疗服务满意人数÷范围内特定周期住院总人数×100%

三、公共卫生预算绩效评价指标选取

（一）产出部分指标选取

公共卫生整体服务能力建设是保证公共卫生服务数量和质量的首要前

提。根据国家基本公共卫生服务项目和重大公共卫生服务项目内容，将公共卫生产出部分分解为重点人群健康管理、疾病防控、爱国卫生运动与居民健康素养、食品卫生安全等方面，基于我国当前人口政策已然发生了巨大的变化，计划生育方面不再单独列出，转而重点关注妇幼健康，合并到重点人群健康管理。突如其来的新冠肺炎疫情给我们带来了巨大的冲击和损失，直接反映出我国突发公共卫生事件应急管理的不足，因此也应该是公共卫生预算绩效评价的重点内容。

1. 公共卫生服务整体能力建设

结合《"十三五"卫生与健康规划》《"健康中国 2030"规划纲要》《国家中医应急医疗队伍和疫病防治及紧急医学救援基地建设方案》等文件，从人员、机构、设备方面选取了 4 个三级指标，如表 5 – 11 所示。

表 5 – 11　　　　　　　　公共卫生服务整体能力建设指标分解

二级指标	三级指标	指标解释	指标出处	指标内涵
公共卫生整体服务能力建设	每千人口执业（助理）医师（公共卫生方向）数	反映公共卫生方向医师数量的充足程度	《"十三五"卫生与健康规划》《"健康中国 2030"规划纲要》	每千人口执业（助理）医师（公共卫生方向）数 = 评价范围内公共卫生执业或助理医师总数÷该范围内人口总数×1 000
	每千常住人口公共卫生人员数	反映公共卫生机构人员数的充足度	《中国卫生健康统计年鉴；中国统计年鉴》	每千常住人口公共卫生人员数 = 评价范围内专业公共卫生机构人员数÷该范围内人口总数×1 000
	每千人口专业公共卫生机构床位数	反映专业公共卫生机构容纳量	《中国卫生健康统计年鉴》	每千人口专业公共卫生机构床位数 = 评价范围内专业公共卫生机构床位数÷该范围内人口总数×1 000
	中医疫病防治及紧急医学救援基地建设标准化程度	反映中医疫病防治能力	《国家中医应急医疗队伍和疫病防治及紧急医学救援基地建设方案》	评价要点： （1）可转化传染病区/ICU 建设； （2）感染性疾病科标准化建设； （3）快速核酸检测能力提升； （4）应急移动医院建设； （5）院前急救能力提升； （6）强化应急救治物资储备； （7）应急培训能力提升； （8）临床科研能力提升。各方面是否符合方案要求

2. 重点人群健康管理

重点人群主要包括妇幼、老年人、精神病人等群体，结合《关于做好2016年国家基本公共卫生服务项目工作的通知》《国家基本公共卫生服务规范（第三版)》等文件，选取了12个三级指标，如表5-12所示。

表 5-12　　　　　　　　重点人群健康管理指标分解

二级指标	三级指标	指标解释	指标出处	指标内涵
重点人群健康管理	居民健康档案建档率	反映居民健康管理服务工作情况	《关于做好2016年国家基本公共卫生服务项目工作的通知》	评价范围内城乡居民健康档案建档数量÷城乡居民人口数量×100%
	居民健康档案规范化电子化率			居民健康档案规范化电子化率=评价范围内居民健康档案电子建档数量÷居民健康档案数量×100%
	35岁及以上高血压、糖尿病患者管理率		《国家基本公共卫生服务规范（第三版)》	评价范围内35岁及以上高血压、糖尿病患者管理数量÷35岁及以上高血压、糖尿病患者数量×100%
	严重精神障碍患者在册管理率			评价范围内严重精神障碍患者在册管理数量÷严重精神障碍患者数量×100%
	3岁以下儿童系统管理率			评价范围内3岁以下儿童管理数量×3岁以下儿童数量×100%
	0~6岁儿童健康管理率			评价范围内0~6岁儿童健康管理数量÷0~6岁儿童数量×100%
	孕产妇系统管理率			评价范围内孕产妇管理人次÷孕产妇人次×100%
	结核病患者管理率			评价范围内结核病患者管理人次÷结核病患者人次×100%
	65岁以上老年人健康管理率			评价范围内65岁以上老年人建立健康档案人数÷65岁以上老年人人口总数×100%
	中医药健康管理服务目标人群覆盖率			评价范围内目标人群进行中医药健康管理人数÷目标人群总人数×100%
	重点人群家庭医生签约率			评价范围内贫困人口家庭医生签约人数÷贫困人口总数×100%
	国家免疫规划疫苗接种率			评价范围内适龄儿童接种免疫规划疫苗人数÷适龄儿童人口总数×100%

3. 疾病防控

甲、乙、丙类传染病，职业病，地方病，结核病，艾滋病，常见妇女病等是需要重点防治的病种，也是国家重大公共卫生服务规定项目，它们的共同特点是具有传染性或者涉及人数多，一旦发生将带来巨大伤害。因此，如果能够基于传染病学、预防医学等技术将其扼杀在"摇篮"里，将带来明显的健康效益。据此，选取了 7 个三级指标，如表 5 – 13 所示。

表 5 – 13　　　　　　　　　　疾病防控指标分解

二级指标	三级指标	指标解释	指标出处	指标内涵
疾病防控	甲、乙、丙类传染病报告时限	传染病防控	《传染病防治法》	2 小时
	急性传染病监测任务完成率			完成率 = 开展监测任务量（标本量、数据报送量）÷应完成的监测任务量×100%
	重点职业病监测与健康风险评估报告及时完成率	职业病防控	《职业病防治法》	评价范围内重点职业病监测与健康风险评估报告及时完成的区县数÷范围内总区县数×100%
	血吸虫病监测覆盖率	地方病防控	《传染病防治法》	血吸虫病监测覆盖率 = 评价范围内血吸虫病监测区县数÷范围内区县总数×100%
	耐多药肺结核高危人群筛查率	结核病防控	《结核病防治管理办法》	耐多药肺结核高危人群筛查率 = 评价范围内耐多药肺结核高危人群筛查人数÷范围内耐多药肺结核人群总人数×100%
	艾滋病检测率	艾滋病防控	《艾滋病防治条例》（2019年修订）	艾滋病检测率 = 评价范围内艾滋病检测人数÷范围内人口总数×100%
	妇女病普查及两癌筛查率	妇女常见病与乳腺癌、宫颈癌早期预防	—	妇女病普查及两癌筛查率 = 评价范围内适龄女性参加常见病普查及两癌筛选人数÷范围内适龄女性人数×100%

4. 爱国卫生运动与居民健康素养

公共卫生知识宣传和教育是公共卫生服务的重要部分，可以说，提升居民健康素养，引领健康生活方式，是提升国民健康水准最有效的方式。结合《"健康中国 2030"规划纲要》文件，选取了 5 个三级指标，如表 5 – 14 所示。

表 5 – 14　　　　　爱国卫生运动与居民健康素养指标分解

二级指标	三级指标	指标解释	指标出处	指标内涵
爱国卫生运动与居民健康素养	无害化卫生厕所普及率	爱国卫生运动	《"健康中国 2030"规划纲要》	无害化公厕使用率 = 使用无害化厕所户数 ÷ 农村总户数
	农村安全饮用水普及率			评价范围内农村使用安全饮用水户数 ÷ 农村总户数 × 100% ;
	健康城市、健康村镇示范市和示范村镇数量			(各区域)每年至少新增一个
	开发健康教育和科普宣传平面、视频、专著等材料	公共卫生宣传教育		—
	居民健康素养水平			居民健康素养水平 = (当年居民健康素养水平 – 前一年水平)÷ 前一年水平 × 100%

5. 突发公共卫生事件应急管理

习近平总书记在主持召开中央全面深化改革委员会第十二次会议时强调，完善重大疫情防控体制机制，健全国家公共卫生应急管理体系。根据此重要讲话内容，选取了 3 个三级指标，如表 5 – 15 所示。

表 5 – 15　　　　　突发公共卫生事件应急管理指标分解

二级指标	三级指标	指标解释	指标出处	指标内涵
突发公共卫生事件应急管理	公共卫生事件应急处置率	突发公共卫生事件应急处置能力	习近平总书记重要讲话	公共卫生事件应急处置率 = 处置公共卫生事件应急数量 ÷ 公共卫生事件应急发生数 × 100%
	开展突发公共卫生事件应急演练次数	突发公共卫生事件应急反应能力提升		正式的，需有新闻报道
	应急物资储备率	应急物资保障		应急物资储备率 = 储备应急物资种类 ÷ 处置公共卫生应急所需物资种类 × 100%

6. 食品卫生安全

食品卫生安全监管不到位，极易导致公共卫生事件，将食品安全风险降到最低，能够非常有效地提升国民健康。对此，选取了 3 个三级指标来概括，如表 5 – 16 所示。

表 5 – 16　　　　　　　　　　食品卫生安全指标分解

二级指标	三级指标	指标解释	指标出处	指标内涵
食品卫生安全	食品安全风险监测覆盖率	反映食品安全工作完善程度	《"健康中国2030"规划纲要》	食品安全风险监测覆盖率 = 评价范围内食品安全风险监测覆盖区县数量 ÷ 区县总数×100%
	食源性疾病监测专项督导完成率			实际督导单位 ÷ 应督导单位×100%
	食品安全监测技术报告			规定动作，每年至少一份

（二）效益部分指标选取

社会效益同样是公共卫生领域关注的主要方面，其目标在于提升国民健康，而且相对于医疗保健来说，还需取得更加明显的成效，在直接降低重点人群和重点病种死亡率、提升人均预期寿命上发挥作用。据此，选取了 5 个三级指标，如表 5 – 17 所示。

表 5 – 17　　　　　　　　　　社会效益指标分解

二级指标	三级指标	指标解释	指标出处	指标内涵
社会效益指标	婴儿死亡率	反映国民健康水平提升程度	《"十三五"卫生与健康规划》	婴儿死亡率下降 = 当年婴儿死亡人数 ÷ 当年婴儿总人数×1 000%
	5 岁以下儿童死亡率			5 岁以下儿童死亡率下降 = 当年 5 岁以下儿童死亡人数 ÷ 当年 5 岁儿童总人数×1000%
	孕产妇死亡率			孕产妇死亡率 = 当年孕产妇死亡人数 ÷ 当年孕产妇总人数×100000%
	甲、乙类法定报告传染病死亡率增长率			甲乙类法定报告传染病死亡率下降 =（当年甲乙类法定报告传染病死亡率 – 前一年死亡率）÷ 前一年死亡率×100%
	人均预期寿命			人均期望寿命：0 岁人口的平均预期寿命

（三）满意度部分指标选取

我国公共卫生服务是面向全体国民的，群众满意度是衡量公共卫生服务效益的最直接指标。由于公共卫生的理念是"以预防为主",大部分群众对相关工作接触不多、了解不深,因此,必须选取大多数人能够有直接感观的事项作为衡量指标。据此,构建了 3 个三级指标,如表 5 – 18所示。

表 5 – 18 群众满意度指标分解

二级指标	三级指标	指标解释	指标出处	指标内涵
群众满意度指标	专业公共卫生机构满意率	—	—	通过测评实现。 (评价范围内特定周期对专业公共卫生机构服务满意人数÷范围内特定周期接受测评总人数)×100%
	疫情防控工作满意率	—	—	通过测评实现。 (评价范围内特定周期对疫情防控满意人数÷范围内特定周期接受测评总人数)×100%
	公共卫生环境满意率	—	—	通过测评实现。 (评价范围内特定周期对公共卫生环境满意人数÷范围内特定周期接受测评总人数)×100%

四、评价指标权重的确立

在评价指标赋权过程中,学者们经常使用因子分析法、主成分分析法、层次分析法、专家咨询法等主流方法,因此本书根据卫生健康领域的特性及各种方法的特点,从中选取适合的方法。因子分析法和主成分分析法的特点是客观性,通过软件对数据进行运算,对各个指标的重要性进行排序,能够避免主观臆断造成的误差。但是卫生健康领域具有很强的专业性,需要专业人士的感性认识,从这个角度来说,因子分析法和主成分分析法太过于"机械"。而使用专家咨询法却又太过于主观,由专家直接给出各指标的权重,难以避免主观性、随意性带来的偏差。因此,本书选择将层次分析法和专家咨询法结合,由专家对各个层次的指标两两进行比较,并根据不同程度重要性进行标度刻画,最后计算出各个层次指标的权重,以此来避免过于客观和过于主观带来的误差。

（一）层次分析法原理

层次分析法（Analytic Hierarchy Process，AHP）由美国运筹学家、匹兹堡大学教授萨迪（Satty T. L.）于 20 世纪 70 年代提出，是一种将与决策有关的元素分解成目标、准则、方案等层次，在此基础上进行定性和定量分析的决策方法。常被运用于多目标、多准则、多要素、多层次的非结构化的复杂决策问题，特别是战略决策问题，可以较好地解决多要素相互关联、相互制约的复杂系统的评价问题，具有十分广泛的实用性，是一种新型简洁化、实用化的研究方法。在实际工作中，层次分析法经常和德尔菲法、百分权重法结合，用于确定评价指标的权重。其具体实施步骤如下。

1. 建立层次结构模型

将决策的目标、考虑的决策准则因素和决策对象按它们之间的相互关系分为目标层、准则层和方案层，绘出层次结构图。在此次层次结构模型的构建中，应将一级指标设为目标层，二级指标设为准则层，三级指标设为方案层，层次结构非常清晰明显。层次结构图如图 5 - 2 所示。

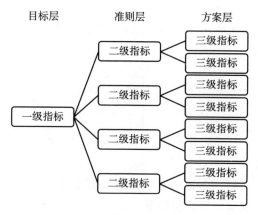

图 5 - 2　层次结构图简示

2. 构造判断矩阵

在确定各层次各因素之间的权重时，如果只是定性的结果，则常常不容易被别人接受，因而萨蒂等提出一致矩阵法，即不把所有因素放在一起比较，而是两两相互比较。对比时采用相对尺度，以尽可能减少性质不同因素相互比较的困难，从而提高准确度。

由专家对同一层次内 N 个指标的相对重要性（两两因素之间）进行打分。相对重要性的比例标度取 1 ~ 9 之间。同时，对各同级指标的重要性评价时，存在若干种标度选项（见表 5 - 19），根据研究需要自行选择。

表 5 - 19 重要性标度含义

重要性标度	含义
1	表示两个指标相比，具有同等重要性
3	表示两个指标相比，前者比后者稍重要
5	表示两个指标相比，前者比后者明显重要
7	表示两个指标相比，前者比后者强烈重要
9	表示两个指标相比，前者对后者极端重要
2，4，6，8	表示上述判断的中间值
倒数（如 1/3、1/5 等）	含义与上述意义相反，如 1/3 表示后者对前者稍重要。若指标 A 对 B 为 3，则 B 对 A 应为 1/3

以此构建判断矩阵 A（正交矩阵），用 a_{ij} 表示第 i 个因素相对于第 j 个因素的比较结果。

$$A = (a_{ij})_{n \times n} = \begin{Bmatrix} a_{11} & a_{12} & \cdots & a_{1n} \\ a_{21} & a_{22} & \cdots & a_{2n} \\ \vdots & \vdots & \cdots & \vdots \\ a_{n1} & a_{n2} & \cdots & a_{nn} \end{Bmatrix}$$

3. 计算权重

将矩阵 A 的各行向量进行几何平均（方根法），然后进行归一化，即得到各评价指标权重和特征向量 W。

4. 一致性检验

$$w_i = \bar{w}_i \Big/ \sum_{i=1}^{n} \bar{w}_i, \quad w = \begin{Bmatrix} w_1 \\ w_2 \\ \vdots \\ w_n \end{Bmatrix}$$

判断矩阵的一致性检验。所谓一致性是指判断思维的逻辑一致性，如当甲比丙是强烈重要，而乙比丙是稍微重要时，显然甲一定比乙重要。这就是判断思维的逻辑一致性，否则判断就会有矛盾。

计算最大特征根 λmax：

$$\lambda max = \frac{1}{n} \sum_{i=1}^{n} \frac{(AW)_i}{w_i}$$

计算一致性指标 CI（Consistency Index）、随机一致性指标 RI（Random Index）和一致性比例 CR（Consistency Ratio）：

一般情况下，当 CR（CI/RI）<0.1 时，即认为矩阵具有满意的一致性，否则需要对判断矩阵进行调整。

$$CI = \frac{\lambda max - n}{n - 1}$$

n	1	2	3	4	5	6	7	8	9	10	11
RI	0	0	0.58	0.90	1.12	1.24	1.32	1.41	1.45	1.49	1.51

（二）专家打分组织实施

1. 对指标进行编码

首先，应该将所有指标呈现给专家，为了便于观看，对所有指标进行编码。表 5 - 20、表 5 - 21 为医疗保健、公共卫生两个方面预算绩效评价指标列表，其中 x_1、y_{2-1} 等标识为指标编码。

表 5 - 20 医疗保健方面预算绩效评价指标及相应编码列表

一级指标	二级指标	三级指标
资金投入和使用管理（x_1）	资金投入（x_{1-1}）	预算完整性（x_{1-1-1}）
		预算编制科学性（x_{1-1-2}）
		资金分配合理性（x_{1-1-3}）
	资金管理（x_{1-2}）	资金到位率（x_{1-2-1}）
		预算执行率（x_{1-2-2}）
		资金使用合规性（x_{1-2-3}）
	组织实施（x_{1-3}）	管理制度健全性（x_{1-3-1}）
		制度执行有效性（x_{1-3-2}）

续表

一级指标	二级指标	三级指标
产出（x_2）	医疗保健服务整体能力建设（x_{2-1}）	每千人口执业（助理）医师数（x_{2-1-1}）
		每千人口注册护士数（x_{2-1-2}）
		每千人口公立医疗机构床位数（x_{2-1-3}）
		公立医院床位使用率（x_{2-1-4}）
	公立医院高质量发展（x_{2-2}）	高水平临床重点专科建设完成率（x_{2-2-1}）
		住院医师规范化培训完成率（x_{2-2-2}）
		信息化建设水平（x_{2-2-3}）
		内部管理制度建设（x_{2-2-4}）
		人事管理制度改革进度（x_{2-2-5}）
		薪酬分配制度改革进度（x_{2-2-6}）
		医疗服务收入占公立医院收入的比重（x_{2-2-7}）
	医疗保障发展（x_{2-3}）	基本医疗保险实际覆盖率（x_{2-3-1}）
		医疗救助人次数增长率（x_{2-3-2}）
		医保目录更新周期（x_{2-3-3}）
		医保基金累计结余可支付月数（x_{2-3-4}）
		范围内住院费用基本医保支付比例（x_{2-3-5}）
	药品供应保障发展（x_{2-4}）	医保目录内药品新增率（x_{2-4-1}）
		公立医疗机构基本药物采购金额占药品采购总额的比例（x_{2-4-2}）
		集中带量采购药品占医保目录内药品的比例（x_{2-4-3}）
	中医药服务发展（x_{2-5}）	中医药人员数增长率（x_{2-5-1}）
		设有中医类临床科室的医疗卫生机构占比（x_{2-5-2}）
		中医类医疗机构床位数增长率（x_{2-5-3}）
	分级诊疗建设（x_{2-6}）	患者两周首诊单位为县级以下医疗卫生机构的比例（x_{2-6-1}）
		每万人口全科医生数（x_{2-6-2}）
		基层医疗卫生机构人员数增长率（x_{2-6-3}）
		县级医疗机构达到三级医疗机构服务水平新增数量（x_{2-6-4}）

一级指标	二级指标	三级指标
效益（x_3）	社会效益指标（x_{3-1}）	调查地区住户到最近医疗单位所需时间为"15分钟及以内"的比例（x_{3-1-1}）
		城乡居民医疗保健支出占消费性支出平均比例（x_{3-1-2}）
		公立医院住院病人出院率（x_{3-1-3}）
		公立医院平均住院日（x_{3-1-4}）
		30天再住院率（x_{3-1-5}）
		门诊处方抗菌药物使用率（x_{3-1-6}）
满意度（x_4）	患者满意度指标（x_{4-1}）	门诊满意率（x_{4-1-1}）
		住院满意率（x_{4-1-2}）

表5-21　　公共卫生方面预算绩效评价指标及相应编码列表

一级指标	二级指标	三级指标（单位）
资金投入和使用管理（y_1）	资金投入（y_{1-1}）	预算完整性（y_{1-1-1}）
		预算编制科学性（y_{1-1-2}）
		资金分配合理性（y_{1-1-3}）
	资金管理（y_{1-2}）	资金到位率（y_{1-2-1}）
		预算执行率（y_{1-2-2}）
		资金使用合规性（y_{1-2-3}）
	组织实施（y_{1-3}）	管理制度健全性（y_{1-3-1}）
		制度执行有效性（y_{1-3-2}）
产出（y_2）	公共卫生整体服务能力建设（y_{2-1}）	每千人口执业（助理）医师（公共卫生方向）数（y_{2-1-1}）
		每千常住人口公共卫生人员数（y_{2-1-2}）
		每千人口专业公共卫生机构床位数（y_{2-1-3}）
		中医疫病防治及紧急医学救援基地建设进度（y_{2-1-4}）
	重点人群健康管理（y_{2-2}）	居民健康档案建档率（y_{2-2-1}）
		居民健康档案规范化电子化率（y_{2-2-2}）
		35岁及以上高血压、糖尿病患者管理率（y_{2-2-3}）

一级指标	二级指标	三级指标（单位）
产出（y_2）	重点人群健康管理（y_{2-2}）	严重精神障碍患者在册管理率（y_{2-2-4}）
		3 岁以下儿童系统管理率（y_{2-2-5}）
		0~6 岁儿童健康管理率（y_{2-2-6}）
		孕产妇系统管理率（y_{2-2-7}）
		结核病患者管理率（y_{2-2-8}）
		65 岁以上老年人健康管理率（y_{2-2-9}）
		中医药健康管理服务目标人群覆盖率（y_{2-2-10}）
		重点人群家庭医生签约率（y_{2-2-11}）
		国家免疫规划疫苗接种率（y_{2-2-12}）
	疾病防控（y_{2-3}）	甲、乙、丙类传染病报告时限（y_{2-3-1}）
		急性传染病监测任务完成率（y_{2-3-2}）
		重点职业病监测与健康风险评估报告及时完成率（y_{2-3-3}）
		血吸虫病监测覆盖率（y_{2-3-4}）
		耐多药肺结核高危人群筛查率（y_{2-3-5}）
		艾滋病检测率（y_{2-3-6}）
		妇女病普查及两癌筛查率（y_{2-3-7}）
	爱国卫生运动与居民健康素养（y_{2-4}）	无害化卫生厕所普及率（y_{2-4-1}）
		农村安全饮用水普及率（y_{2-4-2}）
		健康城市、健康村镇示范市和示范村镇数量（y_{2-4-3}）
		开发健康教育和科普宣传平面、视频、专著等材料（y_{2-4-4}）
		居民健康素养水平（y_{2-4-5}）
	突发公共卫生事件应急管理（y_{2-5}）	公共卫生事件应急处置率（y_{2-5-1}）
		开展突发公共卫生事件应急演练次数（y_{2-5-2}）
		应急物资储备率（y_{2-5-3}）
	食品卫生安全（y_{2-6}）	食品安全风险监测覆盖率（y_{2-6-1}）
		食源性疾病监测专项督导完成率（y_{2-6-2}）
		食品安全监测技术报告（y_{2-6-3}）

一级指标	二级指标	三级指标（单位）
效益（y_3）	社会效益指标（y_{3-1}）	婴儿死亡率（y_{3-1-1}）
		5 岁以下儿童死亡率（y_{3-1-2}）
		孕产妇死亡率（y_{3-1-3}）
		甲、乙类法定报告传染病死亡率增长率（y_{3-1-4}）
		人均预期寿命（y_{3-1-5}）
满意度（y_4）	群众满意度指标（y_{4-1}）	专业公共卫生机构满意率（y_{4-1-1}）
		疫情防控工作满意率（y_{4-1-2}）
		公共卫生环境满意率（y_{4-1-3}）

（三）制作需要专家打分的判断矩阵

判断矩阵分为医疗保健和公共卫生两个方面，为了能够计算出两方面各层次所有指标的权重，共设计了 24 个需要专家打分的判断矩阵。

1. 医疗保健评价指标打分矩阵

矩阵 1：4 个一级指标	x_1	x_2	x_3	x_4
x_1	1			
x_2		1		
x_3			1	
x_4				1

矩阵 2：资金投入和使用管理下 3 个二级指标	x_{1-1}	x_{1-2}	x_{1-3}
x_{1-1}	1		
x_{1-2}		1	
x_{1-3}			1

矩阵3：资金投入下3个三级指标	x_{1-1-1}	x_{1-1-2}	x_{1-1-3}
x_{1-1-1}	1		
x_{1-1-2}		1	
x_{1-1-3}			1

矩阵4：资金管理下3个三级指标	x_{1-2-1}	x_{1-2-2}	x_{1-2-3}
x_{1-2-1}	1		
x_{1-2-2}		1	
x_{1-2-3}			1

矩阵5：组织实施下2个三级指标	x_{1-3-1}	x_{1-3-2}
x_{1-3-1}	1	
x_{1-3-2}		1

矩阵6：产出下6个二级指标	x_{2-1}	x_{2-2}	x_{2-3}	x_{2-4}	x_{2-5}	x_{2-6}
x_{2-1}	1					
x_{2-2}		1				
x_{2-3}			1			
x_{2-4}				1		
x_{2-5}					1	
x_{2-6}						1

矩阵7：医疗保健服务整体能力建设下4个三级指标	x_{2-1-1}	x_{2-1-2}	x_{2-1-3}	x_{2-1-4}
x_{2-1-1}	1			
x_{2-1-2}		1		
x_{2-1-3}			1	
x_{2-1-4}				1

矩阵8：公立医院高质量发展下7个三级指标	x_{2-2-1}	x_{2-2-2}	x_{2-2-3}	x_{2-2-4}	x_{2-2-5}	x_{2-2-6}	x_{2-2-7}
x_{2-2-1}	1						
x_{2-2-2}		1					
x_{2-2-3}			1				
x_{2-2-4}				1			
x_{2-2-5}					1		
x_{2-2-6}						1	
x_{2-2-7}							1

矩阵9：医疗保障发展下5个三级指标	x_{2-3-1}	x_{2-3-2}	x_{2-3-3}	x_{2-3-4}	x_{2-3-5}
x_{2-3-1}	1				
x_{2-3-2}		1			
x_{2-3-3}			1		
x_{2-3-4}				1	
x_{2-3-5}					1

矩阵10：药品供应保障发展下3个三级指标	x_{2-4-1}	x_{2-4-2}	x_{2-4-3}
x_{2-4-1}	1		
x_{2-4-2}		1	
x_{2-4-3}			1

矩阵11：中医药服务发展下3个三级指标	x_{2-5-1}	x_{2-5-2}	x_{2-5-3}
x_{2-5-1}	1		
x_{2-5-2}		1	
x_{2-5-3}			1

矩阵12：分级诊疗建设下 4个三级指标	x_{2-6-1}	x_{2-6-2}	x_{2-6-3}	x_{2-6-4}
x_{2-6-1}	1			
x_{2-6-2}		1		
x_{2-6-3}			1	
x_{2-6-4}				1

矩阵13：社会效益指标下 6个三级指标	x_{3-1-1}	x_{3-1-2}	x_{3-1-3}	x_{3-1-4}	x_{3-1-5}	x_{3-1-6}
x_{3-1-1}	1					
x_{3-1-2}		1				
x_{3-1-3}			1			
x_{3-1-4}				1		
x_{3-1-5}					1	
x_{3-1-6}						1

矩阵14：患者满意度指标下2个三级指标	x_{4-1-1}	x_{4-1-2}
x_{4-1-1}	1	
x_{4-1-2}		1

2. 公共卫生评价指标打分矩阵

矩阵15：资金投入和使用 管理下4个一级指标	y_1	y_2	y_3	y_4
y_1	1			
y_2		1		
y_3			1	
y_4				1

矩阵16：产出下 6个二级指标	y_{2-1}	y_{2-2}	y_{2-3}	y_{2-4}	y_{2-5}	y_{2-6}
y_{2-1}	1					
y_{2-2}		1				
y_{2-3}			1			
y_{2-4}				1		
y_{2-5}					1	
y_{2-6}						1

矩阵17：公共卫生服务整体能力建设下4个三级指标	y_{2-1-1}	y_{2-1-2}	y_{2-1-3}	y_{2-1-4}
y_{2-1-1}	1			
y_{2-1-2}		1		
y_{2-1-3}			1	
y_{2-1-4}				1

矩阵18：重点人群健康管理下12个三级指标	y_{2-2-1}	y_{2-2-2}	y_{2-2-3}	y_{2-2-4}	y_{2-2-5}	y_{2-2-6}	y_{2-2-7}	y_{2-2-8}	y_{2-2-9}	y_{2-2-10}	y_{2-2-11}	y_{2-2-12}
y_{2-2-1}	1											
y_{2-2-2}		1										
y_{2-2-3}			1									
y_{2-2-4}				1								
y_{2-2-5}					1							
y_{2-2-6}						1						
y_{2-2-7}							1					
y_{2-2-8}								1				
y_{2-2-9}									1			
y_{2-2-10}										1		
y_{2-2-11}											1	
y_{2-2-12}												1

矩阵19：疾病防控下 7个三级指标	y_{2-3-1}	y_{2-3-2}	y_{2-3-3}	y_{2-3-4}	y_{2-3-5}	y_{2-3-6}	y_{2-3-7}
y_{2-3-1}	1						
y_{2-3-2}		1					
y_{2-3-3}			1				
y_{2-3-4}				1			
y_{2-3-5}					1		
y_{2-3-6}						1	
y_{2-3-7}							1

矩阵20：爱国卫生运动与居民健康素养下5个三级指标	y_{2-4-1}	y_{2-4-2}	y_{2-4-3}	y_{2-4-4}	y_{2-4-5}
y_{2-4-1}	1				
y_{2-4-2}		1			
y_{2-4-3}			1		
y_{2-4-4}				1	
y_{2-4-5}					1

矩阵21：突发公共卫生事件应急管理下3个三级指标	y_{2-5-1}	y_{2-5-2}	y_{2-5-3}
y_{2-5-1}	1		
y_{2-5-2}		1	
y_{2-5-3}			1

矩阵22：食品卫生安全下3个三级指标	y_{2-6-1}	y_{2-6-2}	y_{2-6-3}
y_{2-6-1}	1		
y_{2-6-2}		1	
y_{2-6-3}			1

矩阵23：社会效益指标下 5个三级指标	y_{3-1-1}	y_{3-1-2}	y_{3-1-3}	y_{3-1-4}	y_{3-1-5}
y_{3-1-1}	1				
y_{3-1-2}		1			
y_{3-1-3}			1		
y_{3-1-4}				1	
y_{3-1-5}					1

矩阵24：群众满意度指标下3个三级指标	y_{4-1-1}	y_{4-1-2}	y_{4-1-3}
y_{4-1-1}	1		
y_{4-1-2}		1	
y_{4-1-3}			1

（四）专家选择及打分表回收情况

按照层次分析法的一般原则，打分专家必须在3人以上，一般来讲，打分专家人数有10~15人，就能得到较为精确稳健的结果。按照卫生健康领域的专业性，进行打分的专家必须具有相关的专业知识基础或者工作经验。因此，我们邀请来自高校、科研院所的医疗卫生政策、医疗保障、公共卫生、财政学等领域的学者，也有来自财政绩效评价部门、医保部门、卫健部门的实务者参与评价打分。联系专家共15人。

专家打分表通过线上形式发送至专家处，由专家逐项打分完成后，通过线上各种方式返回（主要是Word电子版或纸质版拍照）。专家打分表共发出15份，回收10份，其中回收的10份打分表数据完整，均有效，可供使用。

五、数据计算及权重确定

（一）数据计算方法

基于回收的打分表，自动填充好阴影部分的数字，对每个矩阵进行归一化处理，计算出各个层次各个指标的权重。因为各个指标只在同一个层次进行相互比较，因此也只能计算出同一层次的权重占比，所以所有二级指标相对于整个指标体系的权重应该是该二级指标权重×所属一级指标权重，所有三级指标相对于整个指标体系的权重应该是该三级指标权重×所属二级指标权重。

另外，因为有 10 份打分表，那么对于每一个指标来说，都会被打 10 次分，为了中和 10 位专家不同的意见，取同一个指标 10 个权重的算术平均值作为该指标的最终权重。

由于篇幅原因，在此不一一列举计算结果。以医疗保健方面 4 个一级指标为例，展示数据计算过程。所有的数据计算基于 SPSS 在线分析系统（SPSSAU）完成。

表 5 – 22　　　　　　　　医疗保健一级指标层次分析结果

权重值	专家1	专家2	专家3	专家4	专家5	专家6	专家7	专家8	专家9	专家10
x1	0.13	0.14	0.17	0.07	0.05	0.11	0.12	0.06	0.15	0.07
x2	0.39	0.54	0.48	0.16	0.16	0.31	0.65	0.14	0.52	0.49
x3	0.30	0.24	0.06	0.18	0.40	0.27	0.12	0.31	0.23	0.29
x4	0.18	0.08	0.28	0.59	0.40	0.31	0.11	0.49	0.10	0.15
CR 值	0.058	0.077	0.084	0.021	0.027	0.068	0.005	0.088	0.046	0.007

如表 5 – 22 所示，医疗保健指标体系中 4 个一级指标的权重就计算出来了，均通过一致性检验（未通过的说明存在逻辑错误，联系专家再次进行调整，表中显示的是调整后的 CR 值），每个指标都有 10 个结果，再计算平均值，就能得到每个指标的最终权重。这 4 个一级指标的权重占比情况最终结果如表 5 – 23 所示。

表 5 – 23　　　　　　　　医疗保健一级指标权重最终结果

指标	权重
资金投入与使用管理	0.11
产出	0.38
效益	0.24
满意度	0.27

以此类推，便能将所有指标的权重计算出来。

（二）各指标权重列表

1. 医疗保健方面预算绩效评价指标权重分布

表5－24呈现的是在同一层次之间医疗保健预算绩效评价指标权重。

表5－24　　医疗保健预算绩效评价指标权重列表（同一层次之间）

一级指标	二级指标	三级指标
资金投入和使用管理（0.11）	资金投入（0.33）	预算完整性（0.11）
		预算编制科学性（0.31）
		资金分配合理性（0.58）
	资金管理（0.34）	资金到位率（0.33）
		预算执行率（0.34）
		资金使用合规性（0.33）
	组织实施（0.33）	管理制度健全性（0.33）
		制度执行有效性（0.67）
产出（0.38）	医疗保健服务整体能力建设（0.17）	每千人口执业（助理）医师数（0.39）
		每千人口注册护士数（0.39）
		每千人口公立医疗机构床位数（0.14）
		公立医院床位使用率（0.08）
	公立医院高质量发展（0.18）	高水平临床重点专科建设完成率（0.06）
		住院医师规范化培训完成率（0.16）
		信息化建设水平（0.08）
		内部管理制度建设（0.05）
		人事管理制度改革进度（0.16）
		薪酬分配制度改革进度（0.17）
		医疗服务收入占公立医院收入的比重（0.32）
	医疗保障发展（0.29）	基本医疗保险实际覆盖率（0.25）
		医疗救助人次数增长率（0.10）
		医保目录更新周期（0.07）
		医保基金累计结余可支付月数（0.26）
		范围内住院费用基本医保支付比例（0.32）

一级指标	二级指标	三级指标
产出（0.38）	药品供应保障发展（0.10）	医保目录内药品新增率（0.40）
		公立医疗机构基本药物采购金额占药品采购总额的比例（0.30）
		集中带量采购药品占医保目录内药品的比例（0.30）
	中医药服务发展（0.06）	中医药人员数增长率（0.46）
		设有中医类临床科室的医疗卫生机构占比（0.22）
		中医类医疗机构床位数增长率（0.32）
	分级诊疗建设（0.20）	患者两周首诊单位为县级以下医疗卫生机构的比例（0.26）
		每万人口全科医生数（0.08）
		基层医疗卫生机构人员数增长率（0.49）
		县级医疗机构达到三级医疗机构服务水平新增数量（0.17）
效益（0.24）	社会效益指标（1）	调查地区住户到最近医疗单位所需时间为"15分钟及以内"的比例（0.28）
		城乡居民医疗保健支出占消费性支出平均比例（0.28）
		公立医院住院病人出院率（0.06）
		公立医院平均住院日（0.06）
		30天再住院率（0.28）
		门诊处方抗菌药物使用率（0.04）

尔后，通过计算二级指标权重×所属一级指标权重，得出每个二级指标权重；通过计算三级指标权重×所属二级指标权重×所属一级指标权重，得出每个三级指标权重。整体指标权重如表 5 – 25 所示。

表 5 – 25　　　医疗保健预算绩效评价指标权重列表（整体）

一级指标	二级指标	三级指标
资金投入和使用管理（0.11）	资金投入（0.04）	预算完整性（0.005）
		预算编制科学性（0.012）
		资金分配合理性（0.023）

一级指标	二级指标	三级指标
资金投入和使用管理（0.11）	资金管理（0.04）	资金到位率（0.013）
		预算执行率（0.014）
		资金使用合规性（0.013）
	组织实施（0.03）	管理制度健全性（0.010）
		制度执行有效性（0.020）
产出（0.38）	医疗保健服务整体能力建设（0.065）	每千人口执业（助理）医师数（0.025）
		每千人口注册护士数（0.025）
		每千人口公立医疗机构床位数（0.009）
		公立医院床位使用率（0.006）
	公立医院高质量发展（0.068）	高水平临床重点专科建设完成率（0.004）
		住院医师规范化培训完成率（0.011）
		信息化建设水平（0.005）
		内部管理制度建设（0.003）
		人事管理制度改革进度（0.010）
		薪酬分配制度改革进度（0.012）
		医疗服务收入占公立医院收入的比重（0.022）
	医疗保障发展（0.110）	基本医疗保险实际覆盖率（0.028）
		医疗救助人次数增长率（0.011）
		医保目录更新周期（0.008）
		医保基金累计结余可支付月数（0.030）
		范围内住院费用基本医保支付比例（0.035）
	药品供应保障发展（0.038）	医保目录内药品新增率（0.016）
		公立医疗机构基本药物采购金额占药品采购总额的比例（0.011）
		集中带量采购药品占医保目录内药品的比例（0.011）
	中医药服务发展（0.023）	中医药人员数增长率（0.010）
		设有中医类临床科室的医疗卫生机构占比（0.005）
		中医类医疗机构床位数增长率（0.007）

续表

一级指标	二级指标	三级指标
产出（0.38）	分级诊疗建设（0.076）	患者两周首诊单位为县级以下医疗卫生机构的比例（0.020）
		每万人口全科医生数（0.006）
		基层医疗卫生机构人员数增长率（0.037）
		县级医疗机构达到三级医疗机构服务水平新增数量（0.013）
效益（0.24）	社会效益指标（0.24）	调查地区住户到最近医疗单位需时为"15分钟及以内"的比例（0.067）
		城乡居民医疗保健支出占消费性支出平均比例（0.067）
		公立医院住院病人出院率（0.014）
		公立医院平均住院日（0.014）
		30天再住院率（0.067）
		门诊处方抗菌药物使用率（0.009）
满意度（0.27）	患者满意度指标（0.27）	门诊满意率（0.135）
		住院满意率（0.135）

2. 公共卫生方面预算绩效评价指标权重分布

表5-26呈现的是在同一层次之间公共卫生预算绩效评价指标权重。

表5-26　公共卫生预算绩效评价指标权重列表（同一层次之间）

一级指标	二级指标	三级指标（单位）
资金投入和使用管理（0.12）	资金投入（0.33）	预算完整性（0.11）
		预算编制科学性（0.31）
		资金分配合理性（0.58）
	资金管理（0.34）	资金到位率（0.33）
		预算执行率（0.34）
		资金使用合规性（0.33）
	组织实施（0.33）	管理制度健全性（0.33）
		制度执行有效性（0.67）

一级指标	二级指标	三级指标（单位）
产出（0.38）	公共卫生服务整体能力建设（0.22）	每千人口执业（助理）医师（公共卫生方向）数（0.54）
		每千常住人口公共卫生人员数（0.28）
		每千人口专业公共卫生机构床位数（0.08）
		中医疫病防治及紧急医学救援基地建设进度（0.10）
	重点人群健康管理（0.16）	居民健康档案建档率（0.02）
		居民健康档案规范化电子化率（0.04）
		35岁及以上高血压、糖尿病患者管理率（0.14）
		严重精神障碍患者在册管理率（0.14）
		3岁以下儿童系统管理率（0.08）
		0~6岁儿童健康管理率（0.08）
		孕产妇系统管理率（0.08）
		结核病患者管理率（0.12）
		65岁以上老年人健康管理率（0.08）
		中医药健康管理服务目标人群覆盖率（0.04）
		重点人群家庭医生签约率（0.04）
		国家免疫规划疫苗接种率（0.14）
	疾病防控（0.14）	甲、乙、丙类传染病报告时限（0.28）
		急性传染病监测任务完成率（0.15）
		重点职业病监测与健康风险评估报告及时完成率（0.05）
		血吸虫病监测覆盖率（0.15）
		耐多药肺结核高危人群筛查率（0.15）
		艾滋病检测率（0.15）
		妇女病普查及两癌筛查率（0.08）
	爱国卫生运动与居民健康素养（0.17）	无害化卫生厕所普及率（0.17）
		农村安全饮用水普及率（0.33）
		健康城市、健康村镇示范市和示范村镇数量（0.16）
		开发健康教育和科普宣传平面、视频、专著等材料（0.15）
		居民健康素养水平（0.19）

续表

一级指标	二级指标	三级指标（单位）
产出（0.38）	突发公共卫生事件应急管理（0.18）	公共卫生事件应急处置率（0.51）
		开展突发公共卫生事件应急演练次数（0.27）
		应急物资储备率（0.22）
	食品卫生安全（0.13）	食品安全风险监测覆盖率（0.48）
		食源性疾病监测专项督导完成率（0.42）
		食品安全监测技术报告（0.10）
效益（0.32）	社会效益指标（1）	婴儿死亡率（0.25）
		5岁以下儿童死亡率（0.12）
		孕产妇死亡率（0.29）
		甲、乙类法定报告传染病死亡率增长率（0.14）
		人均预期寿命（0.20）
满意度（0.18）	群众满意度指标（1）	专业公共卫生机构满意率（0.11）
		疫情防控工作满意率（0.31）
		公共卫生环境满意率（0.58）

同理，计算出公共卫生预算绩效评价指标整体权重，如表5-27所示。

表5-27　　　公共卫生预算绩效评价指标权重列表（整体）

一级指标	二级指标	三级指标（单位）
资金投入和使用管理（0.12）	资金投入（0.04）	预算完整性（0.004）
		预算编制科学性（0.012）
		资金分配合理性（0.023）
	资金管理（0.04）	资金到位率（0.013）
		预算执行率（0.014）
		资金使用合规性（0.013）
	组织实施（0.04）	管理制度健全性（0.013）
		制度执行有效性（0.027）

一级指标	二级指标	三级指标（单位）
产出（0.38）	公共卫生整体服务能力建设（0.08）	每千人口执业（助理）医师（公共卫生方向）数（0.040）
		每千常住人口公共卫生人员数（0.020）
		每千人口专业公共卫生机构床位数（0.010）
		中医疫病防治及紧急医学救援基地建设进度（0.010）
	重点人群健康管理（0.06）	居民健康档案建档率（0.001）
		居民健康档案规范化电子化率（0.002）
		35岁及以上高血压、糖尿病患者管理率（0.008）
		严重精神障碍患者在册管理率（0.008）
		3岁以下儿童系统管理率（0.005）
		0~6岁儿童健康管理率（0.005）
		孕产妇系统管理率（0.005）
		结核病患者管理率（0.007）
		65岁以上老年人健康管理率（0.005）
		中医药健康管理服务目标人群覆盖率（0.002）
		重点人群家庭医生签约率（0.002）
		国家免疫规划疫苗接种率（0.008）
	疾病防控（0.06）	甲、乙、丙类传染病报告时限（0.017）
		急性传染病监测任务完成率（0.009）
		重点职业病监测与健康风险评估报告及时完成率（0.003）
		血吸虫病监测覆盖率（0.009）
		耐多药肺结核高危人群筛查率（0.009）
		艾滋病检测率（0.009）
		妇女病普查及两癌筛查率（0.005）
	爱国卫生运动与居民健康素养（0.06）	无害化卫生厕所普及率（0.010）
		农村安全饮用水普及率（0.020）
		健康城市、健康村镇示范市和示范村镇数量（0.010）
		开发健康教育和科普宣传平面、视频、专著等材料（0.009）
		居民健康素养水平（0.011）

续表

一级指标	二级指标	三级指标（单位）
产出（0.38）	突发公共卫生事件应急管理（0.07）	公共卫生事件应急处置率（0.036）
		开展突发公共卫生事件应急演练次数（0.020）
		应急物资储备率（0.015）
	食品卫生安全（0.05）	食品安全风险监测覆盖率（0.024）
		食源性疾病监测专项督导完成率（0.021）
		食品安全监测技术报告（0.005）
效益（0.32）	社会效益指标（0.32）	婴儿死亡率（0.080）
		5岁以下儿童死亡率（0.040）
		孕产妇死亡率（0.093）
		甲、乙类法定报告传染病死亡率增长率（0.045）
		人均预期寿命（0.064）
满意度（0.18）	群众满意度指标（0.18）	专业公共卫生机构满意率（0.020）
		疫情防控工作满意率（0.056）
		公共卫生环境满意率（0.104）

第三节　卫生健康领域预算绩效评价方法和具体方案

一、指标分值确定及应用

总分值设置为100分，则每个指标的分值＝整体指标权重×100。这里注意，因为三级指标权重保留三位小数，需要消除由于"四舍五入"带来的分值误差，即必须使得所有指标分值加起来等于100分。对最后得分实行分档管理，等级划分为四档：90（含）~100分为优；80（含）~90分为良；60（含）~80分为中；60分以下为差。将得分与区域卫生健康绩效"捆绑"，与区域下一期卫生健康领域预算支出份额挂钩，对成绩为"优"的区域实施奖励政策，对成绩为"差"的区域实施惩罚机制。有奖有罚，充分调动区域卫生健康工作积极性和主动性，提升区域卫生健康效能，提高居民健康水平。

二、打分方式

常用的考核指标的计分方法有五种：层差法、减分法、比率法、非此即彼法和说明法。层差法是将考核结果分为几个层次，实际执行结果落在哪个层次内，该层次所对应的分数即为考核的分数。减分法是针对标准分进行减扣而不进行加分的方法。在执行指标过程中当发现有异常情况时，就按照一定的标准扣分，如果没有异常则得到满分。比率法就是用指标的实际完成值除以计划值（或标准值），计算出百分比，然后乘以指标的权重分数，得到该指标的实际考核分数。非此即彼法是指结果只有几个可能性，不存在中间状态，对每种可能性确定分值。说明法主要是需要对绩效考核结果可能出现的几种情况进行说明，并设定每一种情况所对应的计分方法。

基于本书设计的指标情况，打分方式以层差法、非此即彼法和减分法为主。我们将评价指标分为预期性指标和约束性指标两种形式，预期性指标是指希望达到的水平，约束性指标是指必须达到的水平。针对预期性指标，将以层差法进行计分，即达到预期则得满分，未达到预期但在某一水平区间，也能够相应得分。针对约束性指标，以非此即彼法进行计分，即达到标准则得满分，未达到标准则不得分，对于一些要紧的、未达到标准会引发巨大隐患的指标，还将使用减分法，对未达到指标要求的进行额外的扣分。

三、组织实施

预算绩效评价分为整体评价和区域评价两个部分。区域评价由地方财政、卫生健康部门、中医药管理部门等部门牵头，对本区域卫生健康领域预算绩效进行自评。整体评价由财政部、国家卫生健康委员会、中医药管理局等部门牵头，结合地方自评相关材料，对各地方卫生健康领域预算绩效进行评价，以把握全国整体情况。整体和区域评价均可视自身情况，通过招投标的形式，委托第三方评估机构对所有或部分指标进行评价。

四、指标标准确定

指标标准确定的方法主要有两个方面。一是国家有关部门或出台文件已经明确的指标标准，则沿用；二是未能找到文件支撑的指标，则通过往年数据情况，对指标标准进行合理预测，需注意标准不可过低、太容易达成，也不可拔高标准，超出经济社会发展水平和能力。如此，课题组结合现实情况，对指标标准进行了厘定，如表5-28、表5-29所示。

表5-28　　　　　医疗保健领域预算绩效评价指标标准列表

一级指标	二级指标	三级指标	预期指标值
资金投入和使用管理	资金投入	预算完整性	要点全部满足
		预算编制科学性	要点全部满足
		资金分配合理性	要点全部满足
	资金管理	资金到位率	100%
		预算执行率	>75%
		资金使用合规性	要点全部满足
	组织实施	管理制度健全性	要点全部满足
		制度执行有效性	要点全部满足
产出	医疗保健服务整体能力建设	每千人口执业（助理）医师数	>3。《"十三五"卫生与健康规划》对2020年的要求是2.5
		每千人口注册护士数	>3.5。《"十三五"卫生与健康规划》对2020年的要求是3.14
		每千人口公立医疗机构床位数	6.1。《"十三五"卫生与健康规划》对2020年的要求是6
		公立医院床位使用率	91.4%。2017～2019年分别为91.3%、91.1%、91.2%
	公立医院高质量发展	高水平临床重点专科建设完成率	100%
		住院医师规范化培训完成率	>90%
		信息化建设水平	80%
		内部管理制度建设	100%
		人事管理制度改革进度	90%

续表

一级指标	二级指标	三级指标	预期指标值
产出	公立医院高质量发展	薪酬分配制度改革进度	70%
		医疗服务收入占公立医院收入的比重	>32%（通过卫生健康统计年鉴数据计算，2019年门急诊和住院检查收入＋治疗收入＋手术收入＋护理收入等医疗服务收入占各级医院收入的30.24%左右）
	医疗保障发展	基本医疗保险实际覆盖率	96%以上。当前实际参保率为95%以上
		医疗救助人次数增长率	32%。根据《中国统计年鉴》（2020）的数据显示，我国2015～2019年，我国享受医疗救助人次数我国医疗救助的人次数从2515.9万人次增长到7050.3万人次，年均增长率为30.39%
		医保目录更新周期	3年一次。有关文件明确不高于3年，但是已满足不了需求，应该不低于3年。如有能力2年一次为好
		医保基金累计结余可支付月数	10。累计结余可支付10个月以上，基金可持续性较安全
		范围内住院费用基本医保支付比例	75%左右。《"十三五"卫生与健康规划》对2020年的要求。跟随
	药品供应保障发展	医保目录内药品新增率	3%。2021年新增74种目录内药品，新增率大概为2.65%
		公立医疗机构基本药物采购金额占药品采购总额的比例	65%
		集中带量采购药品占医保目录内药品的比例	90%
	中医药服务发展	中医药人员数增长率	>11%。2010～2019年平均每年增长11.23%左右
		设有中医类临床科室的医疗卫生机构占比	>62%。根据《中国卫生健康统计年鉴》，2019年设有中医临床科室的二级以上综合医院、社区卫生服务中心和卫生院平均占61%
		中医类医疗机构床位数增长率	7%。2019年增长6.86%

一级指标	二级指标	三级指标	预期指标值
产出	分级诊疗建设	患者两周首诊单位为县级以下医疗卫生机构的比例	80%。根据《中国卫生健康统计年鉴》，2018 年患者首诊为卫生室、社区服务中心、卫生院等基层医疗卫生机构的比例为 74.5%
		每万人口全科医生数	>3。《"十三五"卫生与健康规划》对 2020 年的要求是 2
		基层医疗卫生机构人员数增长率	>5%。根据《中国卫生健康统计年鉴》，2019 年基层医疗卫生机构人员增长 4.94%
		县级医疗机构达到三级医疗机构服务水平新增数量	>6。2021～2025 年至少 1 000 家。除去香港和澳门两个特别行政区及台湾地区，32 个省份均需要有 6 个左右
效益	社会效益指标	调查地区住户到最近医疗单位所需时间为"15 分钟及以内"的比例	90%。根据《中国卫生健康统计年鉴》，2018 年城市和农村平均有 89.9% 的住户 15 分钟及以内能够到达
		城乡居民医疗保健支出占消费性支出平均比例	<8.56%。根据《中国卫生健康统计年鉴》，2020 年为 8.69%，比 2019 年下降 0.13%
		公立医院住院病人出院率	99.6%。2019 年住院病人病死率为 0.45%，需降到 0.4%
		公立医院平均住院日	<7.9。2019 年公立医院平均住院日为 7.94 天
		30 天再住院率	<2.3%。《"十三五"卫生与健康规划》对 2020 年的要求是 2.4
		门诊处方抗菌药物使用率	<9.8%。《"十三五"卫生与健康规划》对 2020 年的要求是 10%
满意度	患者满意度指标	门诊满意率	>80%
		住院满意率	>80%

表 5 – 29　　　　　　公共卫生领域预算绩效评价指标标准列表

一级指标	二级指标	三级指标	预期指标值
资金投入和使用管理	资金投入	预算完整性	要点全部满足
		预算编制科学性	要点全部满足
		资金分配合理性	要点全部满足
	资金管理	资金到位率	100%
		预算执行率	>75%
		资金使用合规性	要点全部满足
	组织实施	管理制度健全性	要点全部满足
		制度执行有效性	要点全部满足
产出	公共卫生整体服务能力建设	每千人口执业（助理）医师（公共卫生方向）数	0.06。按照《中国卫生健康统计年鉴》，2019 年每千人口疾控中心执业（助理）医师数量低于 0.05
		每千常住人口公共卫生人员数	0.9。《全国医疗卫生服务体系规划纲要》对 2020 年设定的目标是 0.83
		每千人口专业公共卫生机构床位数	0.25。根据《中国卫生健康统计年鉴》，2019 年每千人口专业公共卫生机构床位数仅为 0.2 张
		中医疫病防治及紧急医学救援基地建设进度	要点全部满足
	重点人群健康管理	居民健康档案建档率	80% 以上
		居民健康档案规范化电子化率	90% 以上
		35 岁及以上高血压、糖尿病患者管理率	40% 以上
		严重精神障碍患者在册管理率	80% 以上
		3 岁以下儿童系统管理率	85% 以上
		0~6 岁儿童健康管理率	85% 以上
		孕产妇系统管理率	>90%。《"十三五"卫生与健康规划》对 2020 年的要求。跟随
		结核病患者管理率	90% 以上
		65 岁以上老年人健康管理率	65% 以上
		中医药健康管理服务目标人群覆盖率	40% 以上
		重点人群家庭医生签约率	100%
		国家免疫规划疫苗接种率	>90%。《"十三五"卫生与健康规划》对 2020 年的要求。跟随

续表

一级指标	二级指标	三级指标	预期指标值
产出	疾病防控	甲、乙、丙类传染病报告时限	2小时内
		急性传染病监测任务完成率	100%
		重点职业病监测与健康风险评估报告及时完成率	100%
		血吸虫病监测覆盖率	100%
		耐多药肺结核高危人群筛查率	95%以上
		艾滋病检测率	40%
		妇女病普查及两癌筛查率	90%以上
	爱国卫生运动与居民健康素养	无害化卫生厕所普及率	100%
		农村安全饮用水普及率	100%
		健康城市、健康村镇示范市和示范村镇数量	（各区域）每年至少新增一个
		开发健康教育和科普宣传平面、视频、专著等材料	不少于7种
		居民健康素养水平	23。"十三五"期间从10提升至20，年均提升率为15%
	突发公共卫生事件应急管理	公共卫生事件应急处置率	100%
		开展突发公共卫生事件应急演练次数	各层次至少一年一次
		应急物资储备率	90%
	食品卫生安全	食品安全风险监测覆盖率	100%
		食源性疾病监测专项督导完成率	90%以上
		食品安全监测技术报告	每年至少一个

续表

一级指标	二级指标	三级指标	预期指标值
效益	社会效益指标	婴儿死亡率	<7.3‰。《"十三五"卫生与健康规划》给2020年设定的目标是7.5‰
		5岁以下儿童死亡率	<9‰。《"十三五"卫生与健康规划》给2020年设定的目标是9.5‰
		孕产妇死亡率	<17.5/10万。《"十三五"卫生与健康规划》给2020年设定的目标是18/10万
		甲、乙类法定报告传染病死亡率增长率	<7%。随着经济社会发展、居民生活方式和人口流动的改变，人口死亡率越来越高。2017年、2018年、2019年全国甲、乙、丙类报告传染病死亡率增长率分别为8.4%、17.6%、7.19%
		人均预期寿命	77.5。2019年为77.3
满意度	群众满意度指标	专业公共卫生机构满意率	>80%
		疫情防控工作满意率	>80%
		公共卫生环境满意率	>80%

五、卫生健康领域项目绩效评价指标体系整体呈现

　　综上所述，卫生健康领域医疗保健和公共卫生两个方面的预算绩效评价指标及方法已经非常清晰，下面将以两个表格整体呈现（见表5-30、表5-31）。

表5-30   医疗卫生保健领域方面预算绩效评价指标体系

一级指标	二级指标	三级指标	单位	指标性质	评价要点或计算公式	预期指标值	评分说明	得分
资金投入和使用管理(11)	资金投入(4)	预算完整性(0.5)	—	约束性	评价要点： (1) 是否将公立医院财政拨款纳入政府预算管理； (2) 是否将基层医疗卫生机构履行医疗保健职能的财政投入纳入政府预算管理； (3) 是否将城乡居民医疗保险财政补贴纳入政府预算管理； (4) 是否将医疗救助财政投入纳入政府预算管理等	要点全部满足	全部满足得0.5分，不全部满足不得分	
		预算编制科学性(1.2)	—	约束性	评价要点： (1) 预算编制是否经过科学论证； (2) 预算内容与项目内容是否匹配； (3) 预算额度测算依据是否充分，是否按照标准编制； (4) 预算确定的项目投资额或资金量是否与工作任务相匹配	要点全部满足	全部满足得1.2分，不全部满足不得分	
		资金分配合理性(2.3)	—	约束性	评价要点： (1) 预算资金分配依据是否充分； (2) 各子项目资金分配是否合理； (3) 城市与基层之间资金分配是否合理	要点全部满足	全部满足得2.3分，不全部满足不得分	
	资金管理(4)	资金到位率(1.3)	%	约束性	资金到位率＝实际到位资金÷预算资金×100% 实际到位资金：一定时期（本年度或项目期）内落实到具体项目的资金。 预算资金：一定时期（本年度或项目期）内预算安排到具体项目的资金	100	达到期望得1.3分，不达到不得分	
		预算执行率(1.4)	%	期望性	预算执行率＝实际支出资金÷实际到位资金×100%，超标准按相应比例扣分。 实际支出资金：一定时期（本年度或项目期）内项目实际放付的资金	<100	每超出1%，相应扣0.1分	

续表

一级指标	二级指标	三级指标	单位	指标性质	评价要点或计算公式	预期指标值	评分说明	得分
资金投入和使用管理(11)	资金管理(4)	资金使用合规性(1.3)	—	约束性	评价要点: (1) 符合国家财经法规和财务管理制度以及有关专项资金管理办法的规定; (2) 资金的拨付有完整规范的审批程序和手续; (3) 符合项目预算批复或合同规定的用途; (4) 不存在截留、挤占、挪用、虚列支出等情况	要点全部满足	全部满足得 1.3分,不全部满足不得分	
	组织实施(3)	管理制度健全性(1)	—	约束性	评价要点: (1) 已制定或具有相应的财务和业务管理制度; (2) 财务和业务管理制度合法、合规、完整	要点全部满足	全部满足得 1分,不全部满足不得分	
		制度执行有效性(2)	—	约束性	评价要点: (1) 遵守相关法律法规和相关管理规定; (2) 项目调整及支出调整有完善的调整手续; (3) 支出项目实施的人员条件、场地设备、信息支撑等落实到位	要点全部满足	全部满足得 2分,不全部满足不得分	
产出(38)	医疗保健服务整体能力建设(6.5)	每千人口执业(助理)医师数(2.5)	人	期望性	每千人口执业(助理)医师数 = 评价范围内执业或助理医师总数 ÷ 该范围内人口总数 × 1 000	>3	达到预期得 2.5分,每少 0.1 相应扣0.5分	
		每千人口注册护士数(2.5)	人	期望性	每千人口注册护士数 = 评价范围内注册护士总数 ÷ 该范围内人口总数 × 1 000	>3.5	达到预期得 2.5分,每少 0.1 相应扣1分	
		每千人口公立医疗机构床位数(0.9)	张	期望性	每千人口公立卫生机构床位数 = 评价范围内医疗卫生机构床位数 ÷ 该范围内人口总数 × 1 000	>6.1	达到预期得 0.9分,不达到则不得分	
		公立医院床位使用率(0.6)	%	期望性	公立医院床位使用率 = 评价范围内实际占用的总床日数 ÷ 实际开放的总床日数 × 100%	>91.4	达到预期得 0.6分,不达到则不得分	

续表

一级指标	二级指标	三级指标	单位	指标性质	评价要点或计算公式	预期指标值	评分说明	得分
产出 (38)	公立医院高质量发展 (6.8)	高水平临床重点专科建设完成率 (0.4)	%	约束性	高水平临床重点专科建设完成率=评价范围内当年在建的高水平临床重点专科个数÷当年拟建的高水平临床重点专科个数×100%	100	达到预期得 0.4 分，不达到不得分	
		住院医师规范化培训完成率 (1.1)	%	约束性	住院医师规范化培训完成率=评价范围内实际培训人数÷计划培训人数×100%	>90	达到预期得 1.1 分，每少一个百分点相应扣 0.1 分	
		信息化建设水平 (0.5)	%	期望性	评价要点： (1) 电子病历、智慧服务、智慧管理"三位一体"的智慧医院建设信息标准化建设； (2) 远程医疗和互联网诊疗； (3) 推动手术机器人等智能医疗设备和智能辅助诊疗系统的研发或应用。 信息化建设水平=评价范围内符合以上要点的公立医院数量÷范围内公立医院总数×100%	>80	达到预期得 0.5 分，每少一个百分点相应扣 0.1 分	
		内部管理制度建设 (0.4)	%	期望性	评价要点： (1) 实施预算绩效管理； (2) 开展风险评估和内部控制评价； (3) 实施绩效评价 内部管理制度建设=评价范围内符合以上要点的公立医院数量÷范围内公立医院总数×100%	100	达到预期得 0.4 分，不达到不得分	

续表

一级指标	二级指标	三级指标	单位	指标性质	评价要点或计算公式	预期指标值	评分说明	得分
产出（38）	公立医院高质量发展（6.8）	人事管理制度改革进度（1）	%	期望性	评价要点： （1）合理制定并落实公立医院人员编制标准，建立动态核增机制； （2）落实岗位管理制度，实行竞聘上岗、合同管理； （3）医护比总体达到 1∶2 左右。 人事管理制度改革进度 ＝ 评价范围内符合以上要点的公立医院数量 ÷ 范围内公立医院总数 ×100%	>90	达到预期得 1 分，每少一个百分点相应扣 0.1 分	
		薪酬分配制度改革进度（1.2）	%	期望性	评价要点：薪酬分配跟岗位职责和知识价值相挂钩的薪酬分配制度。评价范围内符合薪酬分配制度改革进度：评价范围内符合以上要点的公立医院数量 ÷ 范围内公立医院总数 ×100%	>70	达到预期得 1.2 分，每少一个百分点相应扣 0.1 分	
		医疗服务收入占公立医院收入的比重（2.2）	%	期望性	评价范围内公立医院医疗服务收入占该范围内公立医院总收入	>32	达到预期得 2.2 分，每少一个百分点相应扣 1 分	
		基本医疗保险实际覆盖率（2.7）	%	期望性	基本医疗保险实际覆盖率 ＝ 评价范围内基本医疗保险参保人数 ÷ 该范围内总人口数 ×100%	96 以上	达到预期得 2.7 分，每少一个百分点扣 1 分	
	医疗保障发展（11）	医疗救助人次数增长率（1.1）	%	期望性	医疗救助人次数增长率 ＝ 当年医疗救助受人次 － 前一年人次 ÷ 前一年人次 ×100%	32	达到预期得 1.1 分，每少一个百分点扣 0.1 分	
		医保目录更新周期（0.8）	次/年	期望性	医保药品目录的更新周期应不能少于三年一次（由于国家统一实施，整体和区域评价是一致的）	不少于 3 年一次	达到预期得 0.8 分，周期每多一年扣 0.2 分	

续表

一级指标	二级指标	三级指标	单位	指标性质	评价要点或计算公式	预期指标值	评分说明	得分
产出(38)	医疗保障发展(11)	医保基金累计结余可支付月数(3)	月	期望性	评价范围内医保基金累计结余÷该范围内每月平均医保支出额	10	达到预期得3分，每少一个月扣1分	
		范围内住院费用基本医保支付比例(3.4)	%	期望性	机关事业单位、城镇职工、城乡居民基本医保平均报销比例	75%左右	达到预期得3.4分，每低一个百分点扣1分	
		医保目录内药品新增率(1.6)	%	期望性	医保目录内药品新增率=(评价范围内当年医保目录药品新增种数÷范围内前一年已有种数)×100%(此指标由于由国家层面确定，因此整体和区域得分一致)	>3	达到预期得1.6分，每少一个百分点扣0.6分	
	药品供应保障发展(3.8)	公立医疗机构基本药物采购金额占药品采购总额的比例(1.1)	%	约束性	公立医疗机构使用基本药物采购金额的比例=各级各类医疗机构基本药物采购金额÷各级各类公立医疗机构药品采购总额	>65	达到预期得1.1分，每少一个百分点扣0.2分	
		集中带量采购药品占医保目录内药品的比例(1.1)	%	期望性	药品集中带量采购药品占医保目录内药品的比例=评价范围内集中采购的药品种数÷医保目录内药品种数×100%	>90	达到预期得1.1分，每少一个百分点扣0.2分	
	中医药服务发展(2.3)	中药人员数增长率(1)	%	期望性	(评价范围内中医类别执业(助理)医师、见习试用中医师和中药师)总人数当年数量-前一年数量)÷前一年数量×100%	>11	达到预期得1分，每少一个百分点扣0.1分	
		设有中医类临床科室的医疗卫生机构占比(0.5)	%	期望性	设有中医类临床科室的医疗卫生机构占比=评价范围内设有中医类临床科室的医疗卫生机构数量÷医疗卫生机构总数×100%	>62	达到预期得0.5分，每少一个百分点扣0.1分	

续表

一级指标	二级指标	三级指标	单位	指标性质	评价要点或计算公式	预期指标值	评分说明	得分
产出(38)	中医药服务发展(2.3)	中医类医疗机构床位数增长率(0.8)	%	期望性	中医类医疗机构床位数增长率＝(评价范围内当年中医类医疗机构床位数－前一年床位数)÷前一年床位数×100%	7	达到预期得0.8分，每少一个百分点扣0.2分	
		患者两周首诊单位为县级以下医疗卫生机构的比例(2)	%	期望性	患者两周首诊单位为县级以下医疗卫生机构的比例＝(评价范围内两周首诊单位为卫生院、社区卫生服务中心、室、站、卫生院的患者数量÷范围内两周患者总量)×100%	80	达到预期得2分，每少一个百分点扣0.5分	
	分级诊疗建设(7.6)	每万人口全科医生数(0.6)	人	约束性	每万人口全科医生数＝评价范围内全科医生总数÷范围内人口总数×10 000	>3	达到预期得0.6分，不达到不得分	
		基层医疗卫生机构人员数增长率(3.7)	%	期望性	基层医疗卫生机构人员数增长率＝(评价范围内当年基层医疗卫生机构人员数－前一年人员数)÷前一年人员数×100%	>5	达到预期得3.7分，每少一个百分点扣1分	
		县级医疗机构达到三级医疗水平新增数量(1.3)	家	期望性	县级医疗机构达到三级医疗水平服务数量＝评价范围内达到三级医疗水平的县级医疗机构数量－前一年数量	>6	达到预期得1.3分，每少一个扣0.3分	
效益(24)	社会效益指标(24)	调查地区住户到最近医疗单位所需时间为"15分钟及以内"的比例(6.7)	%	期望性	评价范围内调查地区住户到最近医疗单位所在范围时间为"15分钟及以内"内调查地区住户数量÷调查地区住户总量×100%	>90	达到预期得6.7分，每少一个百分点扣1分	
		城乡居民医保健支出占消费性支出平均比例(6.7)	%	期望性	(评价范围内城镇居民医疗保健支出÷消费性支出＋评价范围内农村居民医疗保健支出÷消费性支出)÷2×100%	<8.56	达到预期得6.7分，每多0.01扣1分	

续表

一级指标	二级指标	三级指标	单位	指标性质	评价要点或计算公式	预期指标值	评分说明	得分
效益（24）	社会效益指标（24）	公立医院住院病人出院率（1.5）	%	期望性	公立医院住院病人出院率＝评价范围内公立医院出院人次÷该范围内住院总人次×100%	>99.6	达到预期得1.5分，每少0.1个百分点扣0.5分	
		公立医院平均住院日（1.5）	日	期望性	包括各级各类医院	<7.9	达到预期得1.5分，每多0.1扣0.5分	
		30天再住院率（6.7）	%	期望性	评价范围内30天再住院患者人次÷范围内出院患者人次×100%	<2.3	达到预期得6.7个百分点，每多0.1个百分点，扣3分	
		门诊处方抗菌药物使用率（0.9）	%	期望性	评价范围内特定周期门诊处方包含抗菌药物次数÷范围内特定周期门诊处方开出次数×100%	<9.8	达到预期得0.9分，每多0.1百分点扣0.3分	
满意度（27）	患者满意度指标（27）	门诊满意率（13.5）	%	约束性	通过测评实现。门诊满意度＝评价范围内特定周期医疗服务满意人数÷范围内特定周期内接受门诊人数总数×100%	>80	达到预期得13.5分，每少一个百分点扣1分	
		住院满意率（13.5）	%	约束性	通过测评实现。住院满意度＝评价范围内特定周期调查患者对住院医疗服务满意人数÷范围内特定周期内住院人数总数×100%	>80	达到预期得13.5分，每少一个百分点扣1分	
					总分			

表 5 - 31　卫生健康领域项目绩效评价指标体系

一级指标	二级指标	三级指标	单位	指标性质	评价要点或计算公式	预期指标值	评分说明
资金投入和使用管理(12)	资金投入(4)	预算完整性(0.5)	—	约束性	评价要点： (1) 是否将专业公共卫生机构财政拨款纳入政府预算管理； (2) 是否将基层医疗卫生机构的财政拨款纳入政府预算管理； (3) 是否将基本公共卫生服务人均补贴纳入政府预算管理； (4) 是否将已立项的重大公共卫生服务项目资金纳入政府预算管理等	要点全部满足	全部满足得 0.5 分，不全部满足不得分
		预算编制科学性(1.2)	—	约束性	评价要点： (1) 预算编制是否经过科学论证； (2) 预算内容与项目内容是否匹配； (3) 预算额度测算依据是否充分，是否按照标准编制； (4) 预算确定的项目投资额或资金量是否与工作任务相匹配	要点全部满足	全部满足得 1.2 分，不全部满足不得分
		资金分配合理性(2.3)	—	约束性	评价要点： (1) 预算资金分配依据是否充分； (2) 各子项目资金分配额度是否合理； (3) 城市和基层资金分配是否合理	要点全部满足	全部满足得 2.3 分，不全部满足不得分
	资金管理(4)	资金到位率(1.3)	%	约束性	资金到位率＝实际到位资金÷预算资金 × 100% 实际到位资金：一定时期（本年度或项目目期）内落实到位的资金。 预算资金：一定时期（本年度或项目目期）内预算安排到位的资金	100	达到期望得 1.3 分，不达到不得分
		预算执行率(1.4)	%	期望性	预算执行率＝实际支出资金÷实际到位资金×100%，超标准按相应比例扣分。 实际支出资金：一定时期（本年度或项目目期）内项目实际拨付的资金	<100	每超出 1%，相应扣 0.1 分

一级指标	二级指标	三级指标	单位	指标性质	评价要点或计算公式	预期指标值	评分说明
资金投入和使用管理(12)	资金管理(4)	资金使用合规性(1.3)	一	约束性	评价要点： (1) 符合国家财经法规和财务管理制度以及有关专项资金管理办法的规定； (2) 资金的拨付有完整的审批程序和手续； (3) 符合项目预算批复或合同规定的用途； (4) 不存在截留、挤占、挪用、虚列支出等情况	要点全部满足	全部满足得1.3分，不全部满足不得分
	组织实施(4)	管理制度健全性(2)	一	约束性	评价要点： (1) 已制定或具有相应的财务和业务管理制度； (2) 财务和业务管理制度合规、完整	要点全部满足	全部满足得2分，不全部满足不得分
		制执行有效性(2)	一	约束性	评价要点： (1) 遵守相关法律法规和相关管理规定； (2) 项目调整及支出调整手续完备； (3) 支出项目实施的人员条件、场地设备、信息支撑等等落实到位	要点全部满足	全部满足得2分，不全部满足不得分
产出(38)	公共卫生整体服务能力建设(8)	每千人口执业(助理)医师(公共卫生方向)数(4)	人	期望性	每千人口执业(助理)医师(公共卫生方向)数=评价范围内公共卫生执业或助理医师总数÷该范围内人口总数×1000	0.06	达到预期得4分，每少0.01扣2分
		每千常住人口公共卫生人员数(2)	人	期望性	每千人口专业公共卫生机构人员数=评价范围内专业公共卫生机构人员总数÷该范围内人口总数×1000	0.9	达到预期得2分，每少0.1扣1分

续表

一级指标	二级指标	三级指标	单位	指标性质	评价要点或计算公式	预期指标值	评分说明
产出（38）	公共卫生整体服务能力建设（8）	每千人口专业公共卫生机构床位数（1）	张	期望性	每千人口专业公共卫生机构床位数＝评价范围内专业公共卫生机构床位数÷该范围内人口总数×1000	0.25	达到预期得1分，每少0.01扣0.5分
		中医疫病防治及紧急医学救援基地建设进度（1）	—	约束性	评价要点： （1）可转化传染病病区/ICU建设； （2）感染性疾病科标准化建设； （3）快速核算检测能力提升； （4）应急移动院建设； （5）院前急救能力提升； （6）强化应急救治物资储备； （7）应急培训能力提升； （8）临床科研能力提升。各方面是否符合方案要求	要点全部满足	达到预期得1分，不达到不得分
	重点人群健康管理（6）	居民健康档案建档率（0.2）	%	期望性	评价范围内城乡居民健康档案建档数量÷城乡居民人口数量×100%	80以上	达到预期得0.2分，不达到不得分
		居民健康档案规范化电子化率（0.2）	%	期望性	居民健康档案规范化电子建档率＝评价范围内居民健康档案电子建档数量÷居民健康档案数量	90以上	达到预期得0.2分，不达到不得分
		35岁及以上高血压、糖尿病患者管理率（0.8）	%	期望性	评价范围内35岁及以上高血压、糖尿病患者管理数量÷35岁及以上高血压、糖尿病患者数量×100%	40以上	达到预期得0.8分，每少一个百分点扣0.1分
		严重精神障碍患者在册管理率（0.8）	%	期望性	评价范围内严重精神障碍患者在册管理数量÷严重精神障碍患者数量×100%	80%以上	达到预期得0.8分，每少一个百分点扣0.1分
		3岁以下儿童系统管理率（0.5）	%	期望性	评价范围内3岁以下儿童管理数量÷3岁以下儿童数量×100%	85以上	达到预期得0.5分，每少一个百分点扣0.1分

续表

一级指标	二级指标	三级指标	单位	指标性质	评价要点或计算公式	预期指标值	评分说明
产出 (38)	重点人群健康管理 (6)	0~6岁儿童健康管理率 (0.5)	%	期望性	评价范围内0~6岁儿童健康管理数量÷0~6岁儿童数量×100%	85以上	达到预期得0.5分，每少一个百分点扣0.1分
		孕产妇系统管理率 (0.5)	%	期望性	评价范围内孕产妇管理人次÷孕产妇人次×100%	>90	达到预期得0.5分，每少一个百分点扣0.1分
		结核病患者管理率 (0.7)	%	期望性	评价范围内结核病患者管理人次÷结核病患者人次×100%	90以上	达到预期得0.7分，每少一个百分点扣0.1分
		65岁以上老年人健康管理率 (0.5)	%	期望性	评价范围内65岁以上老年人建立健康档案人数÷65岁以上老年人人口总数×100%	65以上	达到预期得0.5分，每少一个百分点扣0.1分
		中医药健康管理服务目标人群覆盖率 (0.2)	%	期望性	评价范围内目标人群进行中医药健康管理人数÷目标人群总数×100%	40以上	达到预期得0.2分，不达到不得分
		重点人群家庭医生签约率 (0.2)	%	约束性	评价范围内贫困人口家庭医生签约人数÷贫困人口总数×100%	100	达到预期得0.2分，不达到不得分
		国家免疫规划疫苗接种率 (0.9)	%	约束性	评价范围内适龄儿童接种免疫规划疫苗人数÷适龄儿童人口总数×100%	>90	达到预期得0.9分，不达到不得分

续表

一级指标	二级指标	三级指标	单位	指标性质	评价要点或计算公式	预期指标值	评分说明
产出 (38)	疾病防控 (6)	甲、乙、丙类传染病报告时限 (1.6)	小时	约束性	—	<2	达到预期得1.6分，超过2小时的额外扣2分
		急性传染病监测任务完成率 (0.9)	%	约束性	完成率=开展监测任务量（标本量、数据报送量）÷应完成的监测任务量×100%	100	达到预期得0.9分，不达到不得分
		重点职业病监测与健康风险评估报告及时完成率 (0.3)	%	约束性	完成率=评价范围内职业病监测与健康风险评估报告及时完成的区县数÷范围内总区县数×100%	100	达到预期得0.3分，不达到不得分
		血吸虫病监测覆盖率 (0.9)	%	约束性	血吸虫病监测覆盖率=评价范围内血吸虫病监测区县数÷范围内区县总数×100%	100	达到预期得0.9分，不达到不得分
		耐多药肺结核高危人群筛查率 (0.9)	%	约束性	耐多药肺结核高危人群筛查率=评价范围内耐多药肺结核筛查人数÷范围内耐多药肺结核筛查总人数×100%	95以上	达到预期得0.9分，不达到不得分
		艾滋病检测率 (0.9)	%	期望性	艾滋病检测率=评价范围内艾滋病检测人数÷范围内人口总数×100%	40	达到预期得0。9分，每少一个百分点扣0.1分
		妇女病普查及两癌筛查率 (0.5)	%	期望性	妇女病普查及两癌筛查率=评价范围内适龄女性参加普查及两癌筛选人数÷范围内适龄女性人数×100%	90以上	达到预期得0.5分，每少一个百分点扣0.1分

续表

一级指标	二级指标	三级指标	单位	指标性质	评价要点或计算公式	预期指标值	评分说明
产出 (38)	爱国卫生运动与居民健康素养 (6)	无害化卫生厕所普及率 (1)	%	约束性	使用无害化厕所户数÷农村总户数×100%	100	达到预期得 1 分，不达到不得分
		农村安全饮用水普及率 (2)	%	约束性	评价范围内农村使用安全饮用水户数÷农村总户数×100%	100	达到预期得 2 分，不达到不得分
		健康城市、健康村镇示范市和示范村镇数 (1)	个	期望性	示范市、示范镇需得到有关部门公示认证	（各区域）每年至少新增一个	达到预期得 1 分，不达到不得分
		开展健康教育和科普宣传平面、视频、专著等材料 (0.9)	种	期望性	—	不少于 7	达到预期得 0.9 分，每少一种扣 0.2 分
		居民健康素养水平 (1.1)	—	期望性	—	23	达到预期得 1.1 分，每少 1 扣 0.5 分
	突发公共卫生事件应急管理 (7)	公共卫生事件应急处置率 (3.5)	%	约束性	公共卫生事件应急处置数量÷处置公共事件发生数×100%	100	达到预期得 7 分，不达到额外扣 5 分
		开展突发公共卫生事件应急演练次数 (2)	次/年	约束性	必须是正式的，要有新闻报道	各层级至少一年一次	达到预期得 2 分，不达到不得分
		应急物资储备率 (1.5)	%	期望性	应急物资储备率=储备应急物资种类÷处置公共卫生应急所需物资种类×100%	90	达到预期得 1.5 分，每少一个百分点扣 0.2 分

续表

一级指标	二级指标	三级指标	单位	指标性质	评价要点或计算公式	预期指标值	评分说明
产出 (38)	食品卫生安全 (5)	食品安全风险监测覆盖率 (2.4)	%	约束性	食品安全风险监测覆盖率 = 评价范围内食品安全风险监测覆盖区县数量÷县区总数×100%	100	达到预期得 2.4 分，不达到预期不得分
		食源性疾病监测专项督导完成率 (2.1)	%	期望性	实际督导单位÷应督导单位×100%	90 以上	达到预期得 2.1 分，每少一个百分点扣 0.5 分
		食品安全监测技术报告 (0.5)	份	约束性	—	每年至少一个	达到预期得 0.5 分，不达到预期不得分
效益 (32)	社会效益指标 (32)	婴儿死亡率 (8)	‰	期望性	婴儿死亡率下降 = 当年婴儿死亡人数÷当年婴儿总人数×1 000‰	<7.3	达到预期得 8 分，每多 0.1 扣 4 分
		5 岁以下儿童死亡率 (4)	‰	期望性	5 岁以下儿童死亡率下降 = 当年 5 岁以下儿童死亡人数÷当年 5 岁儿童总人数×1 000‰	<9	不达到预期不得分
		孕产妇死亡率 (9.2)	/10 万	期望性	孕产妇死亡率 = 当年孕产妇死亡人数÷当年产妇总人数×100 000%	<17.5	达到预期得 9.2 分，每多 0.1 扣 4 分
		甲、乙类法定报告传染病死亡率增长率 (4.5)	%	期望性	甲乙类法定报告传染病死亡率下降 = (当年甲乙类法定报告传染病死亡率 ÷ 前一年死亡率)÷前一年死亡率×100%	<7	达到预期得 4.5 分，每多 1 扣 1 分
		人均预期寿命 (6.3)	岁	期望性	人均期望寿命: 0 岁人口的平均预期寿命	77.5	达到预期得 6.3 分，每少 0.1 扣 4 分

续表

一级指标	二级指标	三级指标	单位	指标性质	评价要点或计算公式	预期指标值	评分说明
满意度(18)	群众满意度指标(18)	专业公共卫生机构满意(2)	%	期望性	通过测评实现。评价范围内特定周期对专业公共卫生机构服务满意人数÷范围内特定周期受测评总人数×100%	>80	达到预期得2分,每少1扣0.5分
		疫情防控工作满意率(5.6)	%	期望性	通过测评实现。评价范围内特定周期对疫情防控满意人数÷范围内特定周期受测评总人数×100%	>80	达到预期得5.6分,每少1个百分点扣1分
		公共卫生环境满意率(10.4)	%	期望性	通过测评实现。评价范围内特定周期对公共卫生环境满意人数÷范围内特定周期接受测评总人数×100%	>80	达到预期得10.4分,每少一个百分点扣1分
总分							

第四节　某市社区卫生专项绩效评价案例

　　"看病难""看病贵"一直是万众瞩目的焦点，解决老百姓"看病难""看病贵"是深化医疗卫生体制改革非常重要的内容。对老百姓来讲，更重要的是不得病、少得病、不得大病，能够对慢性病进行有效的管理和控制。预防为主，公共卫生项目恰好承担了这样的功能。世界各国的研究和实践表明，在保障人民群众健康方面，公共卫生干预项目是成本收益最优的政策措施。

　　落实"预防为主"的方针政策，新医改以来中央和地方着力构建公共卫生服务体系，大力实施重大公共卫生项目和基本公共卫生项目，推进基本公共卫生服务均等化，保障广大居民的健康权益。为实现这一宏伟目标，政府加大了对基本公共卫生服务投入力度，基本公共卫生服务经费按人均计算，从 2009 年的人均 15 元开始，几乎每年都增长 5 元。把投入转化为服务，不但要求以绩效为导向，加强财政管理和业务管理，提高资金的分配效率和运作效率，还要"以评促建""以评促管"，通过绩效评价和考核的方式，推动基本公共卫生服务项目的开展，最终实现良好的公共卫生干预效果。

　　2010 年，卫生部和财政部联合出台了《关于加强基本公共卫生服务项目绩效考核的指导意见》。2011 年，卫生部出台了《国家基本公共卫生服务规范》和《社区卫生服务机构绩效考核办法（试行）》，对基本公共卫生服务的开展和社区开展公共卫生服务项目的绩效评价进行指导。2015 年，国家卫生和计划生育委员会、财政部、国家中医药局制订了《国家基本公共卫生服务项目绩效考核指导方案》。2019 年，财政部、国家卫生健康委员会（简称"卫健委"）、国家医疗保障局、国家中医药管理局四部委发布《基本公共卫生服务补助资金管理办法》。每年，财政部和卫健委都要印发下达基本公共卫生服务项目补助资金的通知，告知各地资金的用途和新增项目情况。各地也随之制定相应的基本公共卫生服务项目绩效考核方案，对考核的目的、原则、范围、内容、方法、周期等方面进行了详细的阐述，并将考核的结果与下级新年度核拨的基本公共卫生服务项目补助资金挂钩。本研究在某市社区卫生专项开展重点绩效评价工作的基础上，对卫生健康领域的项目绩效进行深入分析，探索卫生项目评估的指标体系结构和一般性评价方法。

一、项目基本情况

（一）项目概况

社区卫生专项是按照市政府《关于发展城市社区卫生服务的实施意见》的要求，为了加快推进某市社区卫生服务发展而设立的，明确政府或社会力量举办的社区卫生服务机构按有关要求定期完成服务区内流行病学社区卫生诊断，为社区居民提供传染病、地方病、寄生虫病和有关慢性病预防控制，并落实妇女、儿童、老年保健、健康教育、卫生信息管理等公共卫生服务项目。

社区卫生专项主要包括四项内容：一是社区基本公共卫生项目补助经费，即为常住居民提供基本公共卫生服务；二是社区基本医疗项目补助经费，即政府对社区卫生服务机构因行动不便或老年患者要求进行上门出诊、设置家庭病床给予补助；三是对政府办的社区卫生服务机构设备配置和更新给予补助经费；四是对政府办社区卫生服务中心给予一次性设备配置补助经费。

（二）项目绩效目标

1. 项目绩效总目标

提高社区卫生服务基础设施、设备水平，提升社区卫生服务能力，降低群众就医费用，为群众提供安全、有效、便捷、经济的基本公共卫生和基本医疗服务，促进基本公共卫生服务实现均等化。

2. 评价年度项目绩效目标

（1）完成社区公共卫生工作任务，主要社区公共卫生指标达标：传染病漏报率小于2%；户籍儿童免疫规划疫苗基础免疫接种率≥95%（流动儿童接种率≥85%）；孕产妇保健管理率、产后访视率≥95%；7岁以下儿童保健管理率≥95%。

（2）进一步完善社区公共卫生绩效考评机制，建立完成公共卫生工作数量质量与财政补助挂钩的工作机制；居民对社区卫生服务中心的满意度达到80%以上。

（三）项目实施情况

为实施好社区卫生专项，扎实推进社区基本公共卫生服务，某市制定、出台了一系列相关文件，强化了政策保障和组织保障；深化人事制度和收入分配制度改革，健全公共卫生服务管理体制。以业务用房建设为抓手，进一步完善该市社区卫生服务网络。组织了一系列培训，继续实施基本设备更新工作，加强社区卫生服务能力建设。建设了 28 个基本公共卫生项目社区管理示范点，组织创建"国家示范社区卫生服务中心"。转变医疗服务模式，改"坐堂行医"为"上门服务"。

评价年度社区卫生专项市、区两级共安排资金 X 万元，到位 X_1 万元，到位率为 98.02%；支出 Y 万元，支出率为 95.95%，预算完成率为 94.05%。

该评价年度，全市共建立居民健康档案 7 574 325 份，建档率为 71.61%；社区卫生服务机构开展健康教育讲座、咨询 6 000 场次，参加的居民达 66 万人次，发放健康教育宣传材料 320 万份；年度辖区内接受 1 次及以上访视的新生儿人数为 71 226 人，全市新生儿访视率达到 91.42%；年度辖区内接受 1 次及以上随访的 0～6 岁儿童数为 519 559 人，全市儿童健康管理率为 97.77%；辖区内按照规范要求在孕期接受 5 次及以上产前随访服务的人数为 72 186 人，全市的孕妇健康管理率为 87.83%；辖区内产后 28 天内接受 1 次及以上产后访视服务的产妇人数为 77 349 人，全市的产后访视率为 93.33%；已登记建档老年人数 584 742 人，全市老年人档案建档率为 84.04%；年度辖区内建立预防接种证儿童数为 401 582 人，全市 0～6 岁儿童预防接种建证率为 95.37%；全市儿童乙肝疫苗接种人数为 452 831 人，接种率为 99.52%；卡介苗接种人数为 170 335 人，接种率为 99.36%；脊灰疫苗接种人数为 597 508 人，接种率为 99.90%；百日破疫苗接种人数为 668 882 人，接种率为 99.24%；麻疹疫苗接种人数为 349 530 人，接种率为 99.19%；乙脑疫苗接种人数为 280 464 人，接种率为 99.19%；甲肝疫苗接种人数为 134 194 人，接种率为 99.05%；A 群流脑疫苗接种人数为 309 938 人，接种率为 99.15%；A＋C 流脑疫苗接种人数为 172 621 人，接种率为 98.92%；传染病报告卡片数 9 140 张，全市的传染病疫情报告率为 98.92%；报告及时的传染病病人数 8 916 人，全市的传染病疫情报告及时率为 99.99%；肺结核患者网络报告病人数 2 035 人，全市的肺结核患者报告率为 91.58%；年内已建档的高血压人数 549 656 人，全市的高血压患者建档率为 57.20%；年内已登记建档的 2 型糖尿病人数 131 359 人，2 型糖尿病患者建档率为 77.01%；所有登记建档的确诊重性精神疾病患者数 29 544 人，全市重性精神病患者建档率为 42.86%；及时报告的突发公共卫生事件相关信息总数 30 次，全市突发公共卫生事件相关信息报告率为 100.00%；巡查辖区内的学校数 2 123 所，全市的每学期学校巡查率为 89.09%。

购置到位的新购设备总值 1 437 万元，新购设备到位率 55.72%；全市居民对社区基本公共卫生的综合满意度为 81.02%，"对最近一次接受社区卫生服务的总体评价"满意度最高，达到 85.70%；对社区卫生服务机构的基本医疗服务满意度为 89.83%，对医生态度最为满意，满意度达 92.50%；参与调查问卷 1 621 人，健康知识答题正确率为 77.24%；年内社区卫生服务中心（站）在编在岗人员数 5 036 人，年内中心在编在岗人员到位率为 71.32%；某市全科医师人数为 1 848 人，全科医师配备率为 1.91。建立家庭病床 3 886 张、上门出诊达 14.8 万人次。

二、项目评价指标体系、权重与评价标准

采用文献研究、文件研究、焦点小组讨论、专家咨询等方法，本研究确定了社区卫生专项的评价指标体系、权重（指标得分）和评价标准。本次评价采用的指标体系共分三级，其中一级指标包括项目安排、项目管理、项目产出、项目效益四类指标，权重分别为 12%、21%、38%、29%。二级指标有 21 项，三级指标有 40 项。

项目安排主要考查项目立项依据是否充分，项目预算是否具有标准和依据，预算数的计算是否具有计算单位，项目绩效目标是否明确、可量化。

项目管理主要考查资金的实际到位率、支出率、预算完成率，部门单位是否建立专项资金管理办法，资金的使用是否遵循规章制度和规范要求（是否存在挪用、截留、挤占、超标或者不按标准支出资金等现象），会计核算是否遵循规章制度及其执行情况（社区卫生服务中心是否设置相关会计科目、是否设置专项资金备查簿），社区卫生服务中心是否有项目管理的年度工作计划、实施方案和年度考核办法。

项目产出主要用于考查社区卫生服务中心开展卫生服务的实际情况是否达标。

项目效益主要考查居民对社区公共卫生服务的满意度、健康知识知晓率和可持续性。具体情况详见表 5-32。

表5-32　社区卫生专项绩效评价指标体系、权重与评价标准

一级指标	二级指标	三级指标	指标说明	评价要点	评价标准	评分依据	测评情况	得分
项目安排（12分）	立项依据（4分）	政策性依据	考查项目是否根据有关政策文件的要求设立	是否按照《国务院关于发展城市社区卫生服务的指导意见》《某市人民政府关于发展城市社区卫生服务的实施意见》《某市基本公共卫生服务经费管理暂行办法》等的要求申请安排项目	不符合一项政策文件要求的扣1分，扣完为止	项目预算申报材料		
		计划性依据	考查项目申报内容是否属于部门单位事业发展目标和年度工作计划的范畴	部门单位事业发展目标、年度工作计划等	不符合一项政策文件要求的扣1分，扣完为止	部门单位的社区卫生服务发展目标、年度工作计划		
		可行性依据	考查项目的技术方案是否可行	项目实施的技术路线和技术方案符合《某市基本公共卫生服务包》的要求	项目设计方案在技术上可行得1分，不可行得0分	年度工作计划或实施方案		
		规范性依据	考查项目的申报立项过程是否规范	申报立项是否按照某市项目建议、可行性研究、立项批复、预算评审等方面的程序性要求进行	项目按程序申报得1分，否则得0分	项目申报建议书、可行性研究报告、立项批复等规范性材料		
	项目预算（2分）	计算依据	考查预算数的计算是否有各种标准和依据	预算申报额度是否按照《某市人民政府关于发展城市社区卫生服务的实施意见》规定的实施标准、定额等依据进行计算	项目预算数有计算依据得1分，没有得0分	预算申报文件		
		计算单位	考查预算数的计算是否具有计算单位	项目资金预算是否按照《某市人民政府关于发展城市社区卫生服务的实施意见》规定的常住的常住人口数进行计算	计算具有计算单位得1分，没有得0分	预算申报文件		

续表

一级指标	二级指标	三级指标	指标说明	评价要点	评分标准	评分依据	测评情况	得分
项目安排（12分）	绩效目标（6分）	绩效目标	考查项目绩效目标是否有明确、量化的预期产出和预期效果	按照《某市基本公共卫生服务包》的要求，设置有关社区卫生服务预期产出和预期效果的内容，产出指11类公共卫生服务项目的数量和内容，效果指要达到的满意度水平	绩效目标有量化的产出得2分，有量化的结果得2分，没有不得分	绩效目标申报表		
		绩效指标	考查项目的绩效目标是否具体到绩效指标和标准值，对项目进程进行监测	按照《某市基本公共卫生服务包》的要求，根据总体绩效目标设置11类公共卫生服务项目的绩效指标并确定标准值	有绩效指标并设定标准值得2分，没有不得分	绩效目标申报表		
项目管理（21分）	资金到位（7分）	实际到位率	拨付部门单位的款项与预算金额之间的比率，考查财政部门拨款情况；实际到位率＝实际到位资金÷计划下达资金×100%	财政部门拨付各社区卫生服务中心的资金额度与预算额度	全部到位率得2分，到位率＞50%得1分，<50%不得分	拨款文件和账户资料		
		实际支出率	部门单位支出金额与预算金额的比率，考查部门单位支出情况；支出率＝实际支出÷计划支出×100%	财政部门拨付各社区卫生服务中心的资金额度与社区卫生服务中心支出额度	全部支出得2分，支出率＞50%得1分，<50%不得分	拨款文件和账户资料		
		预算完成率	部门单位支出金额与预算金额的比率，考查整个项目预算的完成情况；预算完成率＝实际支出÷预算支出×100%	社区卫生服务中心支出额度与预算额度	完成预算得3分；>80%得2分；>60%得1分；<60%不得分	预算文件和账户资料		

续表

一级指标	二级指标	三级指标	指标说明	评价要点	评分标准	评分依据	测评情况	得分
项目管理（21分）	资金管理（6分）	资金管理办法	部门单位是否建立专项资金管理办法，考查资金管理制度的建立情况	社区卫生服务中心是否建立《社区基本医疗服务财政补助资金经费管理办法》《基本公共卫生服务资金管理办法》等方面的资金管理办法	缺一项管理办法扣1分，扣完为止	《社区基本医疗服务财政补助资金管理办法》《基本公共卫生服务经费管理办法》等财务管理办法		
		资金使用合规性	资金使用遵循规章制度的规范和要求，考查资金管理制度的执行情况	按国家和省市相关财政、财务规定，社区卫生服务中心是否存在不按规定用途使用资金的问题，如挪用、截留、挤占等；是否存在不按规定标准支出的资金，如超标，或不按标准支出等；是否合乎相关财务管理程序和规则，如不按规范要求操作等	每出现一例违规扣1分，扣完为止	社区卫生服务中心财务报表资料		
		财务会计核算	会计核算遵循规章制度要求的情况，考查会计核算的执行情况	社区卫生服务中心是否按《基层医疗卫生机构会计制度》设置相关会计科目；有无设置专项资金会计账簿	每出现一例违规扣1分，扣完为止	社区卫生服务中心财务报表资料		
	业务管理（8分）	业务计划	业务活动的计划管理内容，包括计划、实施方案和考核办法，考查业务工作的计划管理的情况	考查社区卫生服务中心是否有项目管理的年度工作计划，是否有社区卫生服务的实施方案，是否有社区卫生服务工作的考核办法	缺一项管理办法扣1分，扣完为止	社区卫生服务中心的年度工作计划、社区卫生服务的实施方案、社区卫生服务工作的考核办法		
		项目实施	业务活动实施管理过程，包括按计划进度、计划推进并进行监督和激励	考查社区卫生服务中心是否按规章制度推进项目，是否采取监控、奖罚等管理工作措施，是否按计划进度实施项目，有无进行经常性的监督检查和验收工作	有监督和激励制度得2分，设有不得分；进行了经常性监督检查得2分，设有不得分	社区卫生服务中心的规章制度、监控、奖罚等管理工作措施、计划进度、监督检查和验收记录等		

续表

一级指标	二级指标	三级指标	指标说明	评价要点	评分标准	评分依据	测评情况	得分
项目产出（38分）	1. 居民健康档案管理（2分）	健康档案建档率	在知情同意的情况下，为社区内常住居民建立居民健康档案	建档人数÷辖区内常住居民数×100%。目标：70%	健康档案建档率≥70%得2分；≥50%得1分，<50%不得分	社区卫生服务中心的工作资料、报表数据		
	2. 健康教育（2分）	健康教育计划和总结	组织开展的健康教育活动	有无具体的健康教育计划，总结和评价，有无健康教育活动的完整记录	有健康教育计划、总结和评价各得0.5分，没有不得分；有健康教育活动完整记录1分，没有不得分	社区卫生服务中心的工作资料、报表数据		
	3. 儿童保健（4分）	新生儿访视率	新生儿出院后1周内，医务人员到新生儿家中进行产后访视1次	新生儿访视率=年度接受1次及以上访视的新生儿活产数÷年度辖区内活产数×100%	≥95%得2分；90%~95%得1.5分；85%~90%得1分；<85%不得分	社区卫生服务中心的工作资料、报表数据		
		儿童健康管理率	指对0~6岁儿童进行随访和各项健康服务	儿童健康管理率=年度接受1次及以上随访的0~6岁儿童人数÷该地年度内应管理的0~6岁儿童数×100%	≥95%得2分；90%~95%得1.5分；85%~90%得1分；<85%不得分	社区卫生服务中心的工作资料、报表数据		
	4. 妇女保健（4分）	孕妇健康管理率	指对孕妇在各个时期的健康状况进行评估、随访、服务和管理	孕妇健康管理率=辖区内按照规范要求在孕期接受5次及以上产前随访服务的人数÷该地该时间内活产数×100%。目标：95%及以上	≥95%得2分；90%~95%得1.5分；85%~90%得1分；<85%不得分	社区卫生服务中心的工作资料、报表数据		
		产后访视率	于产妇或新生儿出院后1周内进行产后访视（与新生儿访视同步），加强产褥期健康管理、母乳喂养和新生儿护理指导	产后访视率=辖区内产后28天内接受过产后访视的产妇人数÷该地年度内活产数×100%。目标：95%及以上	≥95%得2分；90%~95%得1.5分；85%~90%得1分；<85%不得分	社区卫生服务中心的工作资料、报表数据		

续表

一级指标	二级指标	三级指标	指标说明	评价要点	评分标准	评分依据	测评情况	得分
项目产出（38分）	5. 老年人健康管理（2分）	老年人建档率	按要求为老年人建立健康档案	已登记建档老年人数÷辖区内65岁及以上常住居民数×100%。目标：老年人建档率≥70%	老年人建档率≥70%得2分；≥50%得1分，<50%不得分	社区卫生服务中心的工作资料、报表数据或填报数据		
	6. 预防接种（4分）	建证率	预防接种证建证率	年度辖区内建立预防接种证人数÷年度辖区内应建立预防接种人数（0~6岁儿童）×100%。目标：户籍儿童建证率≥98%，流动儿童建证率≥90%	建证率每低于目标2%扣1分，扣完为止	社区卫生服务中心的工作资料、报表数据或填报数据		
		疫苗接种率	根据国家免疫规划疫苗免疫程序，对适龄儿童按要求进行乙肝、卡介苗、脊髓灰质炎、百白破、麻疹、甲肝、流脑、乙脑、麻腮风（麻腮）等国家免疫规划疫苗预防接种	年度辖区内某种疫苗年度实际接种人数÷某种疫苗年度应接种人数×100%。目标：户籍儿童≥95%，流动儿童≥85%	每低于目标2%扣1分，扣完为止	社区卫生服务中心的工作资料、报表数据或填报数据		
	7. 传染病疫情报告和管理（8分）	传染病疫情情报告率	在诊疗过程中发现法定传染病病人、疑似病人，按要求填写《传染病报告卡》并通过各种方式限时报告	传染病疫情报告率=报告卡片数÷登记传染病病人数×100%。目标：100%	传染病疫情报告率每低于目标1%扣1分，扣完2分为止	社区卫生服务中心的工作资料、报表数据或填报数据		

续表

一级指标	二级指标	三级指标	指标说明	评价要点	评分标准	评分依据	测评情况	得分
项目产出（38分）	7. 传染病疫情报告和管理（8分）	传染病疫情报告及时率	传染病疫情报告及时率	报告及时的传染病病人数÷登记传染病病人数×100%。目标100%	每低于目标1%扣1分，扣完为止	社区卫生服务中心的工作资料、报表资料或填报数据		
		艾滋病专责人员配备及培训	艾滋病防治专责人员配备及培训	配备和培训符合要求	有防治专责人员得1分，没有不得分；有培训得1分，没有不得分	社区卫生服务中心的工作资料、报表资料或填报数据		
		肺结核患者报告率	发现报告肺结核病人的情况	肺结核患者报告率=网络报告病人数÷发现病人数×100%。目标：100%	肺结核患者报告率每低于目标1%扣1分，扣完为止	社区卫生服务中心的工作资料、报表资料或填报数据		
	8. 慢性病预防控制（4分）	高血压患者建档率	对明确诊断的高血压患者按照规定要求建立健康档案	高血压患者建档率=年内已建档的高血压人数÷年内辖区内高血压患病总人数×100%。目标：≥70%	高血压患者登记建档率≥70%得2分；≥60%得1.5分；≥50%得1分；≥40%得0.5分；<40%不得分	社区卫生服务中心的工作资料、报表资料或填报数据		
		2型糖尿病患者建档率	对明确诊断的2型糖尿病患者按照规定要求建立健康档案	2型糖尿病患者建档率=年内已登记建档的2型糖尿病人数÷年内辖区内2型糖尿病患病总人数×100%。目标：≥70%	2型糖尿病患者登记建档率≥70%得2分；≥60%得1.5分；≥50%得1分；≥40%得0.5分；<40%不得分	社区卫生服务中心的工作资料、报表资料或填报数据		

续表

一级指标	二级指标	三级指标	指标说明	评价要点	评分标准	评分依据	测评情况	得分
项目产出（38分）	9. 重性精神病管理（2分）	重性精神病患者建档率	为辖区内已确诊的新重性精神病患者进行一次全面评估，并将患者的基本信息录入某市精防网络信息系统，以生成相应的信息表卡	重性精神病患者管理率＝所有登记在册的确诊重性精神疾病患者数÷（辖区内常住人口总数×患病率）× 100%。目标：≥70%	患者登记建档率≥70%得2分；≥60%得1.5分；≥50%得1分；≥40%得0.5分；<40%不得分	社区卫生服务中心的工作资料、报表数据或填报数据		
	10. 突发公共卫生事件和报告处理（2分）	突发公共卫生事件相关信息报告率	在辖区内发生疑似突发公共卫生事件时，按要求填写《突发公共卫生事件信息报告卡》并限时报告	突发公共卫生事件相关信息报告率＝及时报告的突发公共卫生事件相关信息数÷应报告突发公共卫生事件相关信息数×100%。目标：100%	报告率每低于目标1%扣1分，扣完2分为止	社区卫生服务中心的工作资料、报表数据或填报数据		
	11. 卫生监督协管（2分）	每学期巡查率	协助卫生监督机构定期对学校传染病防控、饮用水卫生、教学环境卫生和游泳场所、厕所、宿舍等卫生活动场所开展巡访等	巡查辖区内的学校数÷辖区内学校总数×100%。目标100%	巡查率每低于目标2%扣1分，扣完2分为止	社区卫生服务中心的工作资料、报表数据或填报数据		
	设备（2分）	新购设备到位率	社区卫生服务中心新购设备的到位情况	设备到位率＝申请购买的设备是否全部购置到位。目标：100%	按购买资金量计算，每低于目标1%扣1分，扣完为止	社区卫生服务中心的工作资料、报表数据或填报数据		

续表

一级指标	二级指标	三级指标	指标说明	评价要点	评分标准	评分依据	测评情况	得分
项目效益（29分）	满意度（20分）	基本公共卫生服务的满意度（5分）	社区居民对各项公共卫生服务的满意程度	居民对社区公共卫生服务的满意度调查	满意度≥80%得15分，每下降1%扣3分，扣完为止	服务对象调查		
		基本医疗服务满意度	社区居民对各项基本医疗服务的满意程度	居民对社区基本医疗服务的满意度调查	满意度≥80%得5分，每下降1%扣1分，扣完为止	服务对象调查		
	健康知识知晓率（5分）	健康知识知晓率	社区居民对基本健康知识的认知情况	居民对健康知识知晓率调查	知晓率≥80%得5分，每下降1%扣1分，扣完为止	服务对象调查		
	可持续性（4分）	人员到位率	公共卫生服务人力配备的基本情况	在编人数÷定编人数	人编率≥80%得2分，每下降5%扣1分，扣完为止	定编文件和在编人员名册		
		全科医师配备率	保持公共卫生服务人员的合理结构	按辖区人口每万人配备1~2名全科医师（或经过全科医学培训的内科医师）	≥1名得2分，否则不得分	人员名册和资格证书		

三、评价的目的、原则、方法与过程

（一）目的

强化政府有关部门对基本公共卫生服务项目工作的组织领导、财政投入、人才队伍建设、监督管理和考核等责任，完善工作机制，促进基本公共卫生服务目标的落实。督促、指导基层医疗卫生机构认真履行职能，规范服务行为，提高医疗卫生机构基本公共卫生服务项目管理水平和项目资金使用效益。

（二）原则

（1）分级考核。以区（县级市）为考核对象，重点对使用社区卫生专项的社区卫生服务中心和站进行考核，通过分级考核实现对项目的整体评价。

（2）客观公正。明确考核程序、内容、标准，所有按照规定使用社区卫生专项经费的社区卫生服务中心和站均纳入考核范围，考核结果能客观、真实地反映基本公共卫生服务项目实施和进展情况。

（3）科学规范。考核工作采用定量和定性相结合、财务考核与业务考核相结合、重点核查与全面报送相结合的方法，力争准确、合理地评价基本公共卫生服务项目的绩效情况。

（三）方法

为了客观公正地评价本项目的绩效，第三方综合运用了以下6种方法：

（1）目标评价法。项目在设计和申报过程中，包括市卫生局及各区（县级市）卫生局已经明确提出各自的绩效目标，第三方将其作为绩效评价的主要参考标准，即考查各区（县级市）是否实现了其在申请资金时所承诺的绩效目标。

（2）比较法。主要采用横向比较的方法，将各区（市）的项目执行情况进行比较，评估各区（县级市）的相对绩效水平。

（3）因素法。分析项目在推进过程中，可能影响项目实施进度、成本收益和干预结果的各种主客观因素。一方面可以总结好的经验，另一方面也有利于分析问题，便于下一步改进。

（4）专家咨询法。第三方邀请了各相关领域的专家参与评价。专家咨询法主要应用在三个阶段：一是项目前期准备阶段，邀请各相关领域专家对评价方案进行论证；二是在项目的评审阶段，邀请专家对抽样的社区卫生服务中心进行现场核查和评价；三是在项目的后期评审阶段，邀请专家对初步评价结果进行会审。

（5）公众评价法。本项目的最终受惠对象是公众，因而对项目绩效的评价需要对公众进行问卷调查，测评公众对健康知识的知晓率和对基本公共卫生服务的满意度。

（四）过程

本次主要对社区卫生专项资金进行评价，涉及金额 X 万元，涉及用款单位为某市 12 个区（县级市）的 180 个社区服务中心（站），对社区专项的投入、管理、产出和结果进行全面评价

（1）前期准备。在财政和卫生部门的配合下，第三方成立专家评价小组，收集基础资料，进行评价前调查，制订评价方案，确定评价范围、评价时间、评价方法、评价指标等。对区（县级市）卫生局、社区卫生服务中心（站）进行培训，指导各社区公共卫生服务中心填写基础信息表，提交相关绩效材料。

（2）组织实施。由两部分组成，第一部分是对各社区卫生服务中心的佐证材料进行书面评价，第二部分是进行现场评价。在实施评价的过程中，对书面材料严格按照评价指标体系进行评价计算。现场评价主要是通过现场座谈、查阅资料、随机走访、电话随访等方式进行评价，同时进行居民满意度和知晓率调查。

本次评价综合地域、收支、项目特点等方面的因素，从不同区抽取相应数量的社区卫生服务机构进行现场评价。本次共有 11 个区（县级市）36 个卫生服务中心被纳入现场评价范围，抽样比例达 20%。

（3）现场评价。评价期内，由第三方派出 6 组人员，每组 5 人，小组成员包括公共卫生专家一名、财务专家一名、助理一名、满意度调查人员两名。现场评价首先由社区卫生服务中心人员介绍项目基本情况，然后评价小组现场查阅资料和抽查资料。要求项目单位提前准备好相关绩效材料，包括家庭病床档案、设备清单、健康档案建档、健康教育计划和总结、健康教育活动的完整记录、新生儿访视率档案、儿童健康管理档案、

孕妇健康管理档案、老年人建档资料、预防接种资料、传染病疫情报告资料、艾滋病专责人员配备及培训资料、肺结核患者报告资料、高血压患者建档资料、2型糖尿病患者建档资料、重性精神病患者建档资料、突发公共卫生事件相关信息报告资料、巡查辖区内学校的工作记录、中心定编文件、中心在编人员名册、全科医师名册和证书复印件、社区卫生服务中心关于基本公共卫生服务的规章制度、基本公共卫生服务各项工作记录等。

四、绩效指标分析与评分

根据社区卫生专项绩效评价指标体系和评价标准，第三方对各区县和社区卫生服务中心（站）的各项绩效指标得分进行评定，对总体评分进行统计测算，得出总评得分和绩效排名。

（一）项目安排

（1）立项依据（4分）。某市及各区按照《国务院关于发展城市社区卫生服务的指导意见》《某市人民政府关于发展城市社区卫生服务的实施意见》《某市基本公共卫生服务经费管理暂行办法》等的要求申请安排项目，符合卫生部门的事业发展规划和目标，具有年度工作计划，项目实施的技术路线和技术方案符合《某市基本公共卫生服务包》的要求，项目申报立项遵循某市财政预算立项的程序性要求，得4分。

（2）项目预算（2分）。项目预算按照《某市人民政府关于发展城市社区卫生服务的实施意见》规定的标准定额X元申报，基本按照人口普查的常住人口数进行计算，得2分。

（3）绩效目标（6分）。项目按照《某市基本公共卫生服务包》的要求，设置了主要社区公共卫生指标和标准值，满意度水平设置了80%的标准值，得6分。

（二）项目管理

1. 资金到位（7分）

（1）实际到位率（2分）。指拨付部门单位的款项与预算金额之间的比率，实际到位率＝实际到位资金÷计划下达资金×100%。43 731.1÷44 340.04＝98.63%，得2分。

（2）实际支出率（2分）。指部门单位支出金额与到账金额的比率，

实际支出率 = 实际支出 ÷ 计划支出 × 100%。41 702.52 ÷ 43 462.94 = 95.95%，得2分。

（3）预算完成率（2分）。部门单位支出金额与预算金额的比率，预算完成率 = 实际支出 ÷ 预算支出 × 100%。41 702.52 ÷ 44 340.04 = 94.05%，得3分。

2. 资金管理（6分）

（1）资金管理办法（2分）。部门单位是否建立专项资金管理办法，考查资金管理制度的建立情况，基本上所有区和社区卫生服务中心都建立了相应管理办法，得2分。

（2）资金使用合规性（分）。资金使用遵循规章制度的规范和要求，考查资金管理制度的执行情况。现场核查发现个别社区卫生服务中心存在资金使用不规范问题，扣1分，得1分。

（3）财务会计核算（分）。会计核算遵循规章制度要求的情况，考查会计核算制度的执行情况。现场核查发现个别社区卫生服务中心存在财务会计核算不规范问题，扣1分，得1分。

3. 业务管理（8分）

（1）业务计划（4分）。指业务活动的计划管理内容，包括计划、实施方案和考核办法等，考查业务工作的计划管理情况。现场核查和书面评审发现个别社区卫生服务中心存在业务计划不实的问题，扣1分，得3分。

（2）项目实施（4分）。指业务活动实施管理过程，包括按制度、计划推进并进行监督和激励，考查社区卫生服务中心是否按规章制度推进项目，是否采取监控、奖罚等管理/工作措施，是否按计划进度实施项目，有无进行经常性的监督检查和验收工作。现场核查和书面评审发现个别社区卫生服务中心存在未按计划进度实施的问题，扣1分，得3分。

（三）项目产出

1. 居民健康档案管理（2分）

健康档案指记录社区居民健康资料的系统化文件。在知情同意的情况下，社区卫生服务中心（站）为社区常住的居民建立居民健康档案。完整而系统的健康档案可作为全面掌握居民健康状况的工具，有助于全面评价居民的健康问题，有利于发现居民的健康危险因素和疾病，有利于为病人及其家庭提供及时的预防保健服务，可为政府改善居民健康水平提供决策依据。评估指标为健康档案建档率。

$$健康档案建档率 = 建档人数 \div 辖区内常住居民数 \times 100\%$$
$$= 7\ 574\ 325 \div 10\ 576\ 978 = 71.61\%$$

大于70%的目标值，得2分。

2. 健康教育（2分）

健康教育通过有计划、有组织、有系统的社会教育活动，教育人们树立健康意识、促使人们改变不健康的行为生活方式，养成良好的行为生活方式，以降低或消除影响健康的危险因素，预防疾病、促进健康，提高生活质量。考查社区卫生服务中心（站）组织开展健康教育活动的情况，其内容比较多，主要通过有无具体的健康教育计划、有无健康教育活动的完整记录进行评估。

$$健康教育计划管理率 = 有具体的健康教育计划、总结和评价的社区$$
$$卫生中心（站）数 \div 承担健康教育任务的$$
$$中心（站）数 \times 100\% = 167 \div 167 \times 100\%$$
$$= 100.00\%$$

全部开展，得1分。

$$健康教育活动开展率 = 有健康教育活动完整记录的社区卫生中心（站）数 \div$$
$$承担健康教育任务的中心（站）数 \times 100\%$$
$$= 167 \div 167 \times 100\% = 100.00\%$$

全部开展，得1分。

3. 儿童保健（4分）

儿童保健通过系统的保健检查，能正确评价儿童的生长发育情况；及时发现体弱儿，给予矫治；并给予营养、体格锻炼、智力开发及儿童常见疾病防治等指导，保证儿童健康成长，保障和改善人一生的健康。社区卫生服务机构主要有两方面的儿童保健工作：一是新生儿访视，二是儿童健康管理。

$$新生儿访视率 = 年度接受 1 次及以上访视的新生儿人数 \div 年度$$
$$辖区内活产数 \times 100\% = 71\ 226 \div 77\ 912 \times 100\%$$
$$= 91.42\%$$

目标值为95%，扣0.5分，得1.5分。

$$儿童健康管理率 = 年度接受 1 次及以上随访的 0 \sim 6 岁儿童数 \div$$
$$年度辖区内应管理的 0 \sim 6 岁儿童数 \times 100\%$$
$$= 519\ 559 \div 537\ 369 \times 100\% = 96.69\%$$

大于95%的目标值，得2分。

4. 妇女保健（4分）

妇女属脆弱人群，也担当母亲的角色，妇女的健康直接关系到子代的健康和出生人口的素质。妇女健康直接影响整个社会的卫生健康水平，保护妇女健康有利于家庭稳固和社会稳定，直接关系到社会的发展。社区基本公共卫生项目针对妇女保健主要有两方面的内容：一是针对孕妇开展产前随访服务，开展孕妇健康状况评估及孕早期保健指导，进行产前筛查和产前诊断的宣传，指导孕妇到有资质的助产机构进行产前检查和住院分娩；二是孕妇产后，社区卫生服务机构提供产后访视服务，提高优生优育水平。

$$孕妇健康管理率 = 辖区内按照规范要求在孕期接受5次及以上产前$$
$$随访服务的人数 \div 该地年度内活体数 \times 100\%$$
$$= 72\ 186 \div 82\ 186 \times 100\% = 87.83\%$$

目标值为95%，扣1分，得1分。

$$产后访视率 = 辖区内产后28天内的接受过产后访视的产妇人数 \div$$
$$该地年度内活体数 \times 100\% = 77\ 349 \div 82\ 879 \times 100\%$$
$$= 93.33\%$$

目标值为95%，扣0.5分，得1.5分。

5. 老年人健康管理（2分）

运用健康管理的办法帮助老年人控制慢性病健康危险行为，让个人及医生能够更准确地评价服务对象的危险程度、发展趋势及其相关危险因素，在此基础上对危险因素进行干预控制并追踪，减少某些间接医疗费用，满足社区不同层次居民的健康需求，达到促进生命健康的目标。为此，最基础的工作是逐步掌握辖区内65岁及以上老年人口数量，建立了老年人名册和健康档案。

$$老年人建档率 = 已登记建档老年人数 \div 辖区内65岁及以上常住$$
$$居民数 \times 100\% = 584\ 742 \div 695\ 814 \times 100\%$$
$$= 84.04\%$$

大于70%的目标值，得2分。

6. 预防接种（4分）

传染病是人类生命与健康的最大威胁，预防接种是针对传染病综合性预防的重要措施之一。预防接种的目的是通过接种自动或被动免疫制剂使个体和群体产生自动或被动免疫力，保护个体和人群不受病原因子的感染和发病。预防接种的目的是控制针对传染病的发生和流行，最终消除或消灭所针对的传染病。开展预防接种工作，是落实免疫规划、搞好卫生防疫、保护人民健康、保证我国社会主义经济建设的一项重要策略。

社区基本公共卫生项目针对妇女保健主要有两方面的内容，一是各社区卫生服务机构及时为辖区内所有居住满 3 个月的 0~6 岁儿童建立了预防接种证等儿童预防接种档案；二是对适龄儿童按要求进行乙肝、卡介苗、脊髓灰质炎、百白破、麻疹、乙脑、甲肝、流脑等国家免疫规划疫苗的预防接种，开展乙肝、脊灰、麻疹等疫苗强化免疫、查漏补种和应急接种工作。

预防接种证建证率 = 年度辖区内建立预防接种证人数 ÷ 年度辖区内
应建立预防接种证人数（0~6 岁儿童）× 100%
= 401 582 ÷ 421 066 × 100% = 95.37%

目标值为 98%，扣 1 分，得 1 分。

某种疫苗接种率 = 年度辖区内某种疫苗年度实际接种人数 ÷
某种疫苗年度应接种人数 × 100%

全市儿童乙肝疫苗接种率为 99.52%，卡介苗接种率为 99.36%，脊灰疫苗接种率为 99.90%，百日破疫苗接种率为 99.24%，麻疹疫苗接种率为 99.19%，乙脑疫苗接种率为 99.19%，甲肝疫苗接种率为 99.05%，A 群流脑疫苗接种率为 99.15%，A + C 流脑疫苗接种率为 98.92%，较好地完成了接种率 95% 的任务目标。从各区情况来看，各种疫苗的接种率均超过 96%，都实现了年初目标。

大于 95% 的目标值，得 2 分。

7. 传染病疫情报告和管理（8 分）

传染病多具有起病急、发展迅速、变化快、病性危重、并发症多且重、具有传染性的特点，所以传染病管理制度要求社区卫生服务机构按相关标准规范地填写门诊日志、出/入院登记等，首诊医生在诊疗过程中发现法定传染病病人、疑似病人能够按要求填写《传染病报告卡》，并基本能按规定的报告程序和方式、规定的报告时限报告传染病的情况。

传染病疫情报告率 = 报告卡片数 ÷ 登记传染病病人数 × 100%
= 9 140 ÷ 9 240 × 100% = 98.92%

目标值为 100%，扣 1 分，得 1 分。

传染病疫情报告及时率 = 报告及时的传染病病人数 ÷ 登记传染病
病人数 × 100% = 8 916 ÷ 8 917 × 100%
= 99.99%

近似达到100%的目标值，得2分。

$$肺结核患者报告率 = 肺结核患者报告率 = 网络报告病人数 ÷$$
$$发现病人数 × 100\% = 2\ 035 ÷ 2\ 222 × 100\%$$
$$= 91.58\%$$

目标值为100%，扣2分，得0分。

$$艾滋病专责人员配备率 = 已配备专责人员的社区卫生服务中心（站）数 ÷$$
$$应配备专责人员的社区卫生服务中心（站）数 × 100\%$$
$$= 163 ÷ 165 × 100\% = 98.79\%$$

接近完全配备，得1分。

$$艾滋病专责人员培训率 = 已培训专责人员的社区卫生服务中心（站）数 ÷$$
$$应培训专责人员的社区卫生服务中心（站）数$$
$$= 162 ÷ 165 × 100\% = 98.18\%$$

基本全部培训，得1分。

8. 慢性病预防控制（4分）

慢性病是人类面临的又一巨大挑战，它很难完全治愈，需要患者终身服药，给患者、家庭和社会造成很大的疾病负担。我国目前有2亿人患有高血压疾病，每年新增1 000万人，糖尿病患者有3 000万人，社区卫生服务中心采取积极有效的防治措施可延迟居民患病，缩短患病时间，降低患病率，同时减少了慢性病并发症的发生，保障了居民身心健康。首要的，需要对高血压患者、2型糖尿病患者实行检查和出具报告，为确诊的患者登记建档。

$$高血压患者建档率 = 年内已建档的高血压人数 ÷ 年内辖区内$$
$$高血压患病总人数 × 100\% = 549\ 656 ÷$$
$$960\ 860 × 100\% = 57.20\%$$

目标值为70%，扣1分，得1分。

$$2型糖尿病患者建档率 = 年内已登记建档的2型糖尿病人数 ÷$$
$$年内辖区内2型糖尿病患病总人数 × 100\%$$
$$= 131\ 359 ÷ 170\ 582 × 100\% = 77.01\%$$

大于70%的目标值，得2分。

9. 重性精神病管理（2分）

重性精神病指那些表现为严重的精神障碍的精神疾病，患者具有危险性。3级以上的重性精神病人具有明显打砸行为，不分场合且针对财物，不能经过劝说而停止。最严重的甚至持危险武器对人有暴力行为，如纵火、引爆炸药等。社区卫生服务机构首要的是加强对重性精神病患者的建档管理，对辖区内已确诊的新重性精神病患者进行全面评估，并将患者的基本信息录入某市精防网络信息系统，生成相应的信息表卡。

$$重性精神病患者管理率 = 所有登记在册的确诊重性精神疾病患者数 \div$$
$$（常住人口总数 \times 80\% \times 1\%） \times 100\%$$
$$= 29\,544 \div （8\,616\,662 \times 80\% \times 1\%） \times 100\%$$
$$= 42.86\%$$

目标值70%，扣1.5分，得0.5分。

10. 突发公共卫生事件报告和处理（2分）

突发公共卫生事件是指已经发生或者可能发生的、对公众健康造成或者可能造成重大损失的传染病疫情和不明原因的群体性疫病，还有重大食物中毒和职业中毒，以及其他危害公共健康的突发公共事件。及时报告，有利于政府有力管控危机和减少损失。

$$突发公共卫生事件相关信息报告率 = 及时报告的突发公共卫生$$
$$事件相关信息数 \div 应报告$$
$$突发公共卫生事件相关$$
$$信息数 \times 100\% = 30 \div$$
$$30 \times 100\% = 100\%$$

目标值为100%，得2分。

11. 卫生监督协管（2分）

卫生监督协管是卫生监督网络体系建设的重要补充，通过在社区卫生服务中心内建立卫生监督协管机制，开展巡查、信息收集、信息报告、协助调查违法行为，可以不断提高人民群众的疾病防控意识，最大限度地减少突发公共卫生事件的发生。卫生监督协管内容较多，这里选择最为关键的学校卫生相关指标。

$$每学期巡查率 = 巡查辖区内的学校数 \div 辖区内学校总数 \times 100\%$$
$$= 2\,123 \div 2\,383 \times 100\% = 89.09\%$$

目标值为100%，扣2分，得0分。

12. 设备（2分）

设备是社区卫生服务中能力建设的重要内容之一，社区卫生专项专门安排了新购设备补助，以改善社区卫生服务中心的服务条件和服务能力。

$$新购设备到位率 = 已经到位的设备金额 \div 申请购买的设备金额 \times$$
$$100\% = 1\,437 \div 2\,579 \times 100\% = 55.72\%$$

目标值为100%，扣2分，得0分。

（四）项目效益

1. 满意度（20分）

社区卫生专项财政投入所产生的效果在特定的经济社会效益外，还必须考虑人民群众的感知和满意度。第三方设计了满意度5级李克特量表，对接受过社区卫生服务的人员进行现场问卷调查，回收调查问卷1 621份，视比较满意以上的选项为满意，分析结果如下：

（1）基本公共卫生服务方面的满意度（15分）。

受访者对社区基本公共卫生服务的综合满意度为81.02%，高于80%的年初目标。居民对社区卫生服务机构的设施、服务感到较为满意。在各项满意度中，"对最近一次接受社区卫生服务的总体评价"满意度最高，达到85.70%；"对中心疾病预防接种的时间安排"的满意度最低，满意度仅有79.10%。

超过80%的目标值，得15分。

（2）基本医疗服务方面的满意度（5分）。

受访者对社区卫生服务机构提供的基本医疗服务综合满意度为89.83%，高于80%的年初目标。在各项满意度中，对医生态度感到最为满意，满意度达92.50%；对挂号人员满意度最低，满意度为89.60%。

超过80%的目标值，得5分。

2. 健康知识知晓率（5分）

本次对基本健康知识的调查共回收调查问卷1 621份，其中有效问卷1 590份（10道题目至少回答8道），健康知识答题正确率为77.24%，未实现知晓率80%的预期目标。

低于80%的目标值，扣2分，得3分。

3. 可持续性（4分）

项目效益非常重要的一点是对社区卫生服务中心进行能力建设，提高社区卫生服务中心人员的素质和水平，维系和吸引医务人员在社区卫生服务中心从事基本公共卫生服务方面的工作。这里通过全科医师配备率和人员到位率指标进行考查。

全科医师配备率＝全科医师数÷辖区内服务人口数＝1 848÷935.7＝1.97

高于每万人配备1名全科医师的目标值，得2分。

人员到位率＝在编人数÷定编人数×100%＝5 036÷7 061×100%＝71.32%

低于80%的目标值，扣1分，得1分。

对某市下辖各区（市）和180个社区卫生服务中心的分析，以及对专项资金的预算安排、到位、支出、预算完成率的分析，限于篇幅，这里略过，不再详述。

（五）总体绩效评价得分及结论（见表5-33）

表5-33　　　　　　　社区卫生专项绩效评估得分

一级指标	二级指标	得分
项目安排（12分）	立项依据（4分）	4
	项目预算（2分）	2
	绩效目标（6分）	6
项目管理（21分）	资金到位（7分）	7
	资金管理（6分）	4
	业务管理（8分）	6
项目产出（38分）	居民健康档案管理（2分）	2
	健康教育（2分）	2
	儿童保健（4分）	3.5
	妇女保健（4分）	2.5
	老年人健康管理（2分）	2
	预防接种（4分）	3
	传染病疫情报告和管理（8分）	5
	慢性病预防控制（4分）	3
	重性精神病管理（2分）	0.5
	突发公共卫生事件报告和处理（2分）	2
	卫生监督协管（2分）	0
	设备（2分）	0
项目效益（29分）	满意度（20分）	20
	知晓率（5分）	3
	可持续性（4分）	3
合计		80.5

（1）总体绩效评价得分。总体来说，阶段性绩效目标基本实现。社区卫生专项总体绩效评估得分 80.5 分，处于良好水平。各区（县级市）社区卫生专项绩效评价得分这里不再详述，都处于良好水平（＞80 分），其中某区绩效评价得分 89.97 分，接近优秀水平。

（2）市财政资金投入带动效应显著。评价年度该项目涉及 180 个社区卫生服务中心（站），预算安排资金 X 万元，实际到位金额 X_1 万元。其中，市级财政实际到位 X_2 万元，占总投入的 45.86%，带动区（县级市）级财政投入 X_3 万元，区财政占总投入的 54.14%。由此可见，市财政资金的带动效应较为显著。

（3）医务人员配备改善。通过项目的顺利实施，改善了社区卫生服务机构的基础设施，提高了对社区卫生服务机构的补助力度，促使医务人员配备得到了补充和改善。全市每万人配备全科医师 1.97 名，超过了每万人配 1 名全科医师的年初目标。从各区情况来看，某区未达到年初目标，其余各区均超过每万人配备 1 名全科医师的目标。

（4）基本公共卫生服务质量逐步提高。随着项目的组织实施，各社区卫生服务机构优化了居民健康档案管理，广泛开展健康教育活动普及健康知识，提高了居民的健康知识知晓率。强化了儿童保健工作，做好新生儿访视和儿童健康管理。完善妇女保健项目，落实孕产妇访视制度。逐步加强老年人健康管理，提高老年人建档率。重视预防接种工作，强化预防接种建证，提高主要疫苗的接种率。规范传染病疫情报告和管理工作，提高疫情报告及时性。提高慢性病和精神病的预防控制水平，控制其传染速度及对社会的危害程度。完善突发公共卫生事件相关信息报告制度，提高上报速度，优化应急联动流程。提高卫生监督协管服务水平，加强学校巡查。优化卫生机构设备配置，提高机构的基础设施水平。改善医疗服务水平，提高了居民满意度。

五、问题和建议

（一）问题

1. 社区卫生服务机构条件有待改善

（1）服务人员待遇较低、业务素质有待提高、人员结构不合理等问题仍显突出。

在人员编制方面，部分区（县级市）存在人员编制不足和有空编但缺少人员现象，部分区（县级市）未能按 8 人/万人口标准配置社区卫生服务机构的工作人员编制。如某中心编制为 60 人，配置比例仅为 5 人/万人口，全科医师、公卫医师、全科护士严重不足，不能为辖区居民提供良好的医疗卫生服务。如某中心人员编制 22 人，实际招聘到位仅 12 人，其中全科医师 1 人、公卫医师 4 人、社区护士 5 人，医护人手严重不足，以致部分应由医师提供的公共卫生服务只能由护士来担任。

在人员流动性方面，专业医务人员的流动性较大，稳定性差。现在的本科预防医学毕业生要工作 1 年后才有资格考执业医师，拿到执业医师证后才能考计划免疫上岗证。在有资格考证前的这段时间，也需要对工作进行熟悉和了解，有证的公卫人员流动性很大。加上社区工作人员收入普遍处于中低水平，且奖励性绩效工资占比例小，难以留住人才和调动积极性。

在人员业务素质和人员结构配备方面，人员业务素质不高、结构不合理。社区服务中心在岗医务人员呈年轻化、职称偏低，缺少专业技术人员，使得社区公共卫生服务的开展有困难，因此，社区公共卫生服务人员的服务技能和服务意识有待提高。

（2）业务用房不足，布局不合理。部分社区卫生服务机构位置偏远，所在区域人口虽不多，但区域面积大、分散，交通十分不便，缺少车辆，给随访等工作带来极大困难。一些社区卫生服务中心业务用房不足，如某中心业务用房面积狭小，只有不足 400 平方米，无空间开展所有公共卫生服务工作。部分社区的业务用房是租赁的。个别中心（站）业务用房无房产证，机构环境破旧，布局不合理，上下楼无电梯，不方便患者就医。

（3）后勤保障无法满足公共卫生服务需要。个别社区卫生服务中心缺少车辆和司机，下乡工作困难重重；缺少水电、设备维修人员，后勤无保障。

（4）基本设施不足，影响公共卫生服务的开展。中心设备不齐全，基本设备未更新，基本检验/影像等检查无法自主完成，严重影响基本医疗和公共卫生工作。对非政府兴办的社区卫生服务中心没有设备方面的投入。

2. 项目管理个别环节有待完善

在居民建档管理方面，由于居民健康档案建立未完全得到居民的理解，工作开展较为缓慢。在预防接种工作方面，由于流动儿童较多，流动性大造成部分儿童不能及时接种疫苗。在传染病防控方面，由于大部分传染病患者对传染病的认识不足，患者不太配合，导致后续的个案随访、流行病学调查、消杀、隔离等防控工作难以落实。在儿童保健和妇女保健方面，访视工作按户籍管理开展，效率较为低下。在慢性病管理方面，对高血压、糖尿病病人的筛查、发现和管理工作难度较大。在老年人、慢性病病人健康管理方面，居民对于免费体检项目响应度不高，导致体检率低。居民反映社区卫生服务中心药物品种较少。

3. 资金到位时间较晚

市财政资金投入及时足额到位，但区（县级市）财政配套资金没有完全到位，尤其是财政比较困难的区（县级市），配套资金到位率较低。区（县级市）的财政资金到位较晚。

4. 资金使用规范性有待加强

项目的资金管理存在 6 方面不规范之处。

（1）资金分配未按规定执行。部分区（县级市）未将资金严格按照服务人口人均标准分配到各社区卫生服务机构。

（2）财务账户不规范。部分社区卫生服务机构未能按照项目用途单独设置明细账或辅助账，且未设置资金备查簿。将支出大于收入的原因解释为支出包含单位自筹资金，无法区分明细。

（3）资金拨付不及时。部分设备采购资金未及时下达，新购置的设备到位也不及时。

（4）部分专项资金直接由社管中心拨付给医院，社区卫生服务中心不进行账务处理，无任何痕迹。现场评价的某区 3 家中心均为独立核算单位，均存在该问题。

（5）资金使用用途不够合理。社区卫生服务机构的账面反映，实际支出涉及住房公积金、社保、临聘人员工资等，不符合基本公共卫生支出的合理范围。

（6）票据管理不规范。部分原始票据不合法，如水电费直接交给房东，对方不能提供发票，只有收据。

5. 信息化滞后，服务成本高、效率低

社区卫生服务中心无完整电子档案，且平台不统一，无法实现数据共享；沟通不畅，造成社区中心难以找到建档和随访目标、重复工作、资源浪费等。例如个别社区由于信息化程度低、流动人口多导致患病率与一般人群有偏差。

6. 部分绩效目标未能实现，一些指标重量不重质

全市新生儿访视率、孕妇健康管理率、产后访视率、传染病疫情报告率、肺结核患者报告率、突发公共卫生事件相关信息报告率、每学期学校巡查率、新购设备到位率、健康知识知晓率、年内中心在编在岗人员到位率均未实现绩效目标。部分地区部分绩效目标未能实现。存在数量上完成指标，但质量不过关现象，例如健康档案的建立，任务量大，部分中心（站）在数量上完成了指标，但内容和质量上需要改进。

7. 绩效评价系统有待进一步完善

绩效评价体系个别指标值过高。各地域的人口结构不同，造成任务指标不能及时或无法完成，特别是慢性病档案（高血压、糖尿病）、重症精神病、结核病等。个别评价指标需要更明确，如学校巡查的评价标准。绩效考核只有结果，不考核过程，不能提供具体个人的相关评分标准及评价过程。

8. 社区和街道支持力度不够

政府宣传力度不够，导致居民对政府的卫生服务不了解，不配合建立健康档案，从而导致工作人员工作效率降低。属于非营利性医疗机构的中心（站）没有法人单位资格，不具备工商营利登记、社会团体登记和事业单位法人登记条件，工商局和民政局都不予办理登记手续，需要政府给予支持和帮助。由于与街道沟通不畅，公共卫生服务包里面要求街道提供的如街道及各居委会最新人口数据、新生儿月出生数基本拿不到真实数据，即使能拿到也不能按服务包的要求及时获得。

（二）相关建议

（1）加强资金到位管理。针对部分困难区（县级市）无法足额配套资金、资金到位较晚的问题，建议个别调整市、区配套比例，同时市财政部门和卫生部门加强监管，采取有效措施，督促区配套资金落实到位，及时拨付。

（2）强化资金使用管理。区（县级市）主管部门按照标准拨付资金，加强对社区卫生服务机构的检查和监管，完善账户管理、票据管理和资金拨付流程，进一步明确项目资金用途。

（3）合理改善社区卫生服务机构条件。针对部分区（县级市）人员编制不足的问题，建议政府做好前期调研，重新核对该中心辖区人口数，摸查缺口，根据服务人口数按标准比例增加中心人员编制，适当增加财政拨款。

针对医务人员流动性较大的问题，建议根据现存的执业医师资格获得制度、公共卫生医师在计划免疫工作岗位上岗的资格要求，适当给计划免疫工作岗位的工作人员一个过渡时间，让其熟悉、适应岗位职责，有资格证后能马上上岗。并对在岗人员加强培训教育，不断提升业务水平。

针对人员业务素质不高、结构不合理问题，建议提高工作人员待遇水平，稳定人心，合理利用绩效激励机制，吸引人才。加强人员培训教育，提高人员基本素质、专业素质和服务意识，调整专业技术人员的比例，合理分配各类医师、护士、医技人员，以满足公共卫生服务项目需求。

针对后勤保障问题，建议政府支持配备业务用车，社区卫生服务中心自身加强后勤管理，培养自己的设备维修管理人员，以保障中心能正常开展下乡工作。

针对基础设施不足问题，建议政府加大投资力度，根据各社区业务开展实际情况配置相关设备，提高设备使用率，增加对非政府兴办的社区卫生服务中心资金及设备的投入，以利于辖区内居民享有公平、均等的卫生服务权益。针对业务用房问题，建议适当加建或改建业务用房，合理布局，改善周边环境，加大在硬件设施建设中的投入。

（4）有针对性地完善项目管理的关键环节。针对居民建档进度缓慢的问题，建议进一步加大对公共卫生服务的公益宣传力度，争取居民的理解和支持。针对预防接种不及时的问题，建议有关部门加大对预防接种的公益宣传力度，提高流动儿童家长对疫苗接种的重视程度。针对传染病防控患者配合度不高的问题，建议卫生部门统一工作要求，综合医院首诊医生做好相关传染病的宣教，同时各大医院要做好传染病报病的质控和院感防控工作。针对儿童保健和妇女保健效率低下问题，建议儿保、妇保访视工作按居住地进行管理，将大大提高工作效率。针对慢性病人健康管理难度大的问题，建议高血压、糖尿病病人的管理参考肿瘤病人、传染病的管理，建立高血压、糖尿病报病系统，综合医院履行报病反馈责任，社区跟踪管理慢性病，才能提高慢性病管理数量和质量。针对老年人、慢性病人体检率低的问题，建议政府将免费体检费用划入老年人及慢性病人医保卡账户，体检对象每年可享受居住地社区卫生服务中心医保全记账体检一次，以此提高居民参与度、体检率。建议调整基本药物的品种和数量。

（5）加强社区卫生服务中心的信息化建设。请相关政府部门和管理机构设计及制作统一标准，考虑基层工作实际需要，部分数据系统应建立统一平台，实现数据共享，避免重复性工作，减轻基层医务人员的工作负担和压力。建议加快社区—医院间信息交流渠道，建立信息共享机制及提高信息化程度，便于进行建档和管理，使社区公共卫生服务更具科学性、规范性，实现中心一体化管理。

（6）加强绩效管理，努力在"质"和"量"两方面同时实现绩效目标。建议制订阶段性计划，实施内部阶段性检查或考核，及时掌握实施情况，以促进绩效目标的实现。

（7）进一步完善社区基本公共卫生绩效评价系统。建议结合实际情况，适度调整个别过高指标，明确学校巡查评价指标，考核适度考虑实施过程，提供具体个人的相关评分标准及评价过程。

（8）继续加大政府支持力度，发挥协调职能，帮助解决实际问题。建议政府继续加大宣传力度，让更多的社区居民了解卫生服务，并积极主动配合社区建立相关档案。进一步加大工作力度，进一步完善有关配套政策与措施，及时协调解决各种问题和困难，加强与街道、社区的联系与合作，加大对非政府办社区卫生服务中心的支持力度，加强经费投入。

第六章

生态环保领域项目绩效评价指标与方法

第一节　生态环保领域预算项目绩效评价国际借鉴

生态环保领域预算绩效评价的发展离不开国家预算绩效管理制度的完善。20 世纪 70 年代以来，一些发达国家和国际组织相继开展了预算绩效评价工作，部分国家借助法律法规和政策工具，通过立法手段确立了预算绩效评价的法律地位，形成权威的上位基本法及范式体系，推动了预算绩效评价在公共管理和国家治理中的运用与发展。其中，美国是预算绩效管理改革的先行者，其注重法律建设，以作为推动预算绩效管理改革的法律支撑。同时，美国也是世界上最先探索政府环境类项目绩效管理的国家之一。而英国作为政府预算绩效管理应用最持久、最广泛，技术方法较为成熟的国家之一，形成了较为完善的绩效管理体制框架，取得了显著成效。研究国际预算绩效管理改革和经验，对于优化我国预算绩效管理水平以及生态环保领域预算绩效评价具有较强的借鉴意义。

一、部分国家环境绩效评价指标体系

（一）美国环境保护署环境绩效评价指标

作为世界上最先探索政府绩效管理的国家之一，美国在环境类公共支出项目的绩效评估领域已形成了较为完整的评估体系，并开发了多种绩效评估与管理手段以应用于环境类公共支出项目绩效评估过程中，包括项目

分级评估工具、逻辑框架法、平衡记分卡法、指标法、费用效益分析法
等。[①] 美国环境保护署（EPA）作为美国环境管理系统的最高行政机构，
主要负责维护自然环境和保护人类健康不受环境危害影响。为高效地对生
态环保领域预算进行绩效管理和评估，美国环境保护署会根据实际需要建
立绩效评价指标体系。比如，EPA 监察长办公室（OIG）运用平衡记分卡
对 EPA 在 2003 年的绩效进行评估时设计了绩效评价指标体系，如表 6－1
所示。

表 6－1　　　　　　　　2003 年 EPA 环境绩效评价指标

人类健康和环境质量改善		
前期指标：产出	当前指标：中期效果	后期指标：项目效果
环境改善； 环境改善方法； 环境风险	法律/制度的改变； EPA 环境政策、指令、实践变动； OIG 提出的建议或咨询被接受的比例	环境质量、人类健康等改善的程度； 降低环境风险
EPA 管理、问责制和项目运作的改进		
前期指标：产出	当前指标：中期效果	后期指标：项目效果
咨询管理管理方法，改进管理漏洞与缺陷	咨询费用； 节约的成本； 资金收益； 法律问责； 因管理改进节省的费用； 管理的改进； OIG 提出的建议或咨询被接受的比例	OIG 在 2003 年投资的回报率； 管理改进效果评价； 项目的经济性、效果性、风险性的影响
为满足客户需求的产品和服务		
顾客、参与者、利益相关方	时间期限	财务/资源
顾客对产品的评价； 顾客对服务的评价； 与合作单位的合作； 顾客要求； 工作要求； 合作是否成功	审计平均工作日； 项目进度； 项目完成时间	花费总金额； 上一年花费总金额； 平均总成本； 挪用下一年预算金额

① 杨玉楠、康洪强、孙晖、程亮、孙宁、吴舜泽：《美国环境类公共支出项目绩效评估体系研究》，载于《环境污染与防治》2011 年第 1 期，第 87~91 页。

续表

项目运作		
人员编制、发展和规划	创新	管理行为
普通人员数量； 达到专业水平人员的数量； 物质奖励； 全天工作时间比例	工作中应用的新技术； 自动化完成的工作量； 工作可自动化程度； 完成的任务数； 地方参与	OIG 的评价； 合同稽查与审计； 分析报告； 调查案例的开展； 调查结果

资料来源：Environmental Protection Agency. *Significant and Quantifiable Results.* Washington，D. C.. Environmental Protection Agency，2008.

（二）英国环保局预算绩效评估指标体系

英国环境绩效评估体系由环境、食品与农村事务部制定并发布。[①] 英国环境关键绩效指标包括向空气排放、向水体排放、向土壤排放、资源使用等大类共 22 项考核指标（见表 6 - 2）。

表 6 - 2　　　　　　　　英国环境关键绩效指标

一级指标	二级指标
释放到大气	温室气体及造成光化学烟雾物质
	造成酸雨，富营养化物质
	粉尘和颗粒物
	消耗臭氧层物质
	挥发性有机物含物
	重金属（大气）
释放到水体	造成富营养化和有机污染物
	重金属（水体）
释放到土壤	杀虫剂和化肥
	重金属（土壤）
	酸和有机污染物
	废物填埋、焚烧和利用造成的污染
	放射性废物

[①] 许涓、郑洋、郭瑞等：《英国环境绩效考核制度研究及我国危险废物规范化管理的建议》，载于《环境与可持续发展》2018 年第 3 期，第 111 ~ 114 页。

续表

一级指标	二级指标
资源利用	取水量及用水量
	天然气
	油
	金属
	煤
	矿物质
	骨料
	森林
	农业

资料来源：Environmental Key performance Indicators, reporting guidelines for UK business. Department for Environment Food And Rural Affairs, UK. 2006.

（三）经济合作与发展组织（OECD）关键环境指标体系

20 世纪 80 年代，OECD 着手开发环境指标，提出了全面环境指标（CEI）、关键环境指标（KEI）、部门环境指标（SEI）和缓解环境指标（DEI）4 个指标体系。经济合作与发展组织制定环境指标主要有三个用途：一是衡量环境进展和绩效；二是监测和促进政策整合，特别是确保在制定和实施运输、能源、农业等部门相关政策时，能考虑到环境概念；三是确保将环境问题类似地纳入经济政策中。

KEI 是在 CEI 基础上开发的 10 个关键环境指标，涉及气候变化、臭氧层、空气质量、废物产生、淡水质量、淡水资源、森林资源、鱼类资源、能源资源和生物多样性 10 个方面。[①] 2008 年 KEI 的选取考虑到与 21 世纪第一个十年的主要挑战相关的政策相关性，包括污染问题以及自然资源和资产相关的问题、分析的可靠性以及它们的测量性等。具体指标如表 6 - 3 所示。

---

① 环境统计教材编写委员会：《环境统计分析与应用》，中国环境出版社 2016 年版，第 25～28 页。

表 6 – 3   2008 年 OECD 关键环境指标体系

分类	一级指标	可用指标 *	中期指标 **
污染问题	气候变化	CO_2 排放强度	温室气体排放指数
		温室气体排放指数	
	臭氧层	臭氧表观消耗指数	与可用指标相同，并加上耗氧物质表观消费总量
		消耗性物质（ODS）	
	空气质量	SO_x 和 NO_x 排放强度	空气污染暴露人群
	废物产生	城市垃圾产生强度	总废物产生强度，从物料流核算中得出的指标
	淡水质量	废水处理连接率	对水体的污染负荷
自然资源和资产	淡水资源	水资源利用强度	与可用指标相同，并加上国家细分
	森林资源	森林资源利用强度	与可用指标相同
	鱼类资源	鱼类资源利用强度	与可用指标相同，并加上与可用资源的更紧密联系
	能源资源	能源使用强度	能源效率指数
	生物多样性	受威胁物种	物种和栖息地或生态系统多样性
			主要生态系统区域

注：* 本报告中列出的指标是大多数经济合作与发展组织国家都可以使用的。** 需要进一步规范和开发的指标（基本数据集、基本概念和定义的可用性）。

资料来源：OECD Key Environmental Indicators 2008.

二、国际生态环保领域绩效评价的主要领域及评价重点

从国际现有的生态环保领域预算绩效评价指标体系可以发现，各个国家以及国家组织逐渐重视生态环境保护，将绩效理念引入生态环境保护预算安排和管理中。生态环保领域的预算绩效评价指标内容不断丰富、覆盖的范围越发全面，尤其体现在大气、水体、土壤等具体领域。不同国家和国际组织的评价重点不尽相同，一般通过指标权重呈现各个阶段绩效评价的重点，并随着不同阶段的经济发展水平、国家战略和规划、部门职能以及生态环境保护状况等动态调整。国际生态环保领域预算绩效评价指标的主要领域、评价目的和重点如表 6 – 4 所示。

表6-4　　　　国际生态环保领域绩效评价的主要领域及评价重点

国别或国际组织、研究中心	主要领域	评价重点
美国环境保护署环境指标	大气环境、水环境、农业化肥使用、食品农药残留、污染物和疾病、湿地、土地利用对环境和人体健康的影响等方面	以公共健康为核心,对环境污染物的界定主要取决于其对公共健康的影响,将污染物分为普遍及对公共健康危害较大的污染物、一些污染范围较小或对公共健康危害较小的污染物两类*
英国环保局预算绩效评估指标	大气、水体、土壤、资源利用4大类	环境评价的目的旨在预防工业项目发展带来的环境问题;随之发展了战略环境评价和可持续性评价:战略环境评价旨在提高政策制定过程的可持续性,通过将环境议题纳入规划、计划准备和决定过程以达到最小化潜在环境影响的目的;可持续性评价将评价的维度从环境扩展到了经济、社会、环境三个方面**
联合国可持续发展目标生态环保领域指标	大气、水、海洋、森林、湿地、生物多样性等领域	旨在帮助各个国家(地区)找出需要优先解决的问题以及实施过程中面临的挑战,进行国家(地区)之间的横向比较,以期在2030年实现可持续发展目标
可持续发展目标生态环保领域指标	空气质量、卫生与饮用水、重金属、废物管理、生物多样性与栖息地、生态系统服务、渔业、气候变化、污染排放、水资源、农业等12个领域	关注环境可持续性和每个国家当前的环境表现,指标分为环境健康方面的指标和生态系统活力方面的指标两大类,通过一系列的政策制定和专家认定的表现核心污染和自然资源管理挑战的指标来收集数据
经济合作与发展组织关键环境指标	气候变化、臭氧层、空气质量、废物产生、淡水质量、淡水资源、森林资源、鱼类资源、能源资源和生物多样性10大类	满足与公众沟通、交流服务的需求,并向公众和政策制定者提供关键信息

资料来源:　*吕忠梅、杨诗鸣:《控制环境与健康风险:美国环境标准制度功能借鉴》,载于《中国环境管理》2017年第1期,第52~58页。**孙冰、田蕴、李志林、包存宽:《英国环境影响评价制度演进对中国的启示》,载于《中国环境管理》2018年第5期,第15~23页。其他根据相关资料和数据整理获得。

三、国际生态环保领域预算绩效评价的启示

从国际绩效评价改革和发展历程,可以总结出以下几点推动我国预算绩效管理改革和完善生态环保领域预算绩效评价的经验及启示:

（一）追求绩效理念，推进预算与绩效改革深度结合

20世纪70年代末，西方各国普遍面临经济停滞、财政危机和政府公信力下降等问题，迫使各国纷纷以新公共管理理论为指导，在公共管理领域引入私人部门的绩效管理理念，开展以市场化为导向的政府治理运动，进行政府绩效改革。美国、英国、新西兰等国家相继以财政绩效管理机制改革为突破口，将绩效与预算相结合，旨在完善政府公共管理服务功能，优化财政支出结构，控制政府治理成本。如英国撒切尔政府推行的"雷诺评审"就是对政府既定目标和过程进行效率评审，并以此为基础建立起较为完善的绩效评估机制。经过多年的发展，预算绩效评价成为政府财政预算管理和提高政府绩效与服务水平的工具，并被广泛应用到生态环境部门等中央和地方部门预算管理过程中，以实现预算编制的科学性、财政资金使用的合理规范性和有效性等。而政府绩效改革的连贯性，也有利于巩固绩效预算改革的阶段性成果，实现绩效预算与政府绩效改革的深度结合。①

（二）注重生态环保领域法治化建设，促进绩效评价的制度化和常态化发展

各国预算绩效的推进与其国内良好的政治环境和立法推动密切相关。西方发达国家在推进预算绩效评价过程中，都注重预算绩效评价的法治化建设，采取法律先行的推广路径，并在实践中不断进行动态的调整和完善，保证了绩效评价工作的权威性、制度化和常态化，为预算绩效评价改革提供强大的法理支持和保障，较好地减少了改革阻力。美国的预算绩效评价在不同历史阶段都有相关法律法规的支持，如美国通过1993年颁布的《政府绩效和结果法案》将政府部门的绩效评价制度第一次以立法的形式确定下来，使得绩效预算获得合法地位。此外，美国还通过《政府绩效与结果现代化法案》，以法律形式重申了绩效导向管理和问责制报告的重要性，为美国环境保护署环境指标体系的构建和绩效管理的开展提供了法律保障。英国也通过《综合支出审查法案》《政府资源和账目法案》《公共服务协定》（PSAs）等法律法规和文件建立英国预算绩效评价制度和运

---

① 财政部预算评审中心：《部门整体预算绩效评价研究》，经济科学出版社2020年版，第126页。

行机制的基本框架，推动绩效评价在英国环保局预算管理中的制度化和常态化发展。

（三）强化完备的生态环保领域管理制度，推进绩效评价系统化发展

完备的管理制度是预算管理的基础。绩效管理制度通常包括目标管理制度、过程监测制度、绩效评价制度和结果反馈与应用制度。[①] 西方发达国家在推行预算绩效的过程中，都重点加强和完善了相关的管理制度，规范预算绩效评价程序，明确各方在预算绩效管理中的权责关系，具体包括公共资产管理、国库集中收付、政府采购、权责发生制等方面的建设，并进一步强化了公共部门报告制度、问责制度，以及信息系统收集制度，为预算绩效管理提供合理的激励约束机制。[②] 比如，英国为加强支出和成本的管理，施行管用分离制度、政府采购制度、权责发生制会计等，以利于评价和考核。美国 1969 年颁布实施的《国家环境政策法》中要求设立的环境质量委员会（CEQ）是对生态环保领域管理制度的完善，是推动美国环境评估制度的重要力量，其制定的《国家环境政策实施程序条例》（CEQ 条例，1992）已经成为环境影响评价制度的主要操作规范和工作指引，并得到法院的承认与援引。[③]

（四）完善生态环保领域预算绩效评价指标体系和评价技术体系，为绩效评价提供理论和技术支撑

预算绩效的落实离不开各类技术工具和理论框架的支撑。在推进绩效评价在生态环保领域预算管理的运用时，西方国家和国际组织都致力于完善绩效评价指标体系和评价技术体系。在评价指标设计上，既注重共性也强调个性。在评价指标内容上，既注重对水、大气、土壤等具体生态领域的全面评价，也强调经济、社会和环境的可持续评价。比如耶鲁大学环境法律与政策中心等研究中心联合开发的全球环境绩效指数，注重评价内容覆盖全面，设计了涵盖空气质量、卫生与饮用水、重金属、废物管理、生物多样性与栖息地、生态系统服务、渔业、气候变化、污染排放、水资源、农业等 12 个政策领域共 32 个具体评估指标的环境评价指标体系，以

---

① 程亮、孙宁、吴舜泽等：《环境保护投资项目绩效评价——理论、方法与实践》，中国环境出版集团 2018 年版，第 56 页。
② 王海涛：《我国预算绩效管理改革研究》，财政部财政科学研究所，2014 年。
③ 陈松：《美国环境质量委员会评介——基于 NEPA 和 CEQ 规则的分析》，载于《环境保护》2016 年第 8 期，第 69～71 页。

评估各个国家、地区在各方面的环境表现。在生态环保领域绩效评价技术体系建设方面，西方国家和国际组织都注重包括绩效评价框架、绩效评价标准、绩效评价结果测量方法、绩效评价结果反馈与应用工具等方面在内的绩效评价技术体系的完善，通过科学、合理的绩效评价技术体系，提高绩效评价的合理性、准确性和质量，指导后续的预算决策等工作。美国、英国等国家已将计量模型应用于绩效成果指标分析工作，并在结果应用与绩效改进方面给予执行机构更大的灵活性和自主性。[①] 比如，美国针对项目评估的 PART 工具、平衡记分卡工具、"优先绩效目标"工具等；OECD 等国家的 PSR、DPSIR 模型框架等。

（五）重视生态环保领域预算绩效评价结果应用，推动绩效信息数据库建设

各国政府高度重视绩效评价结果的应用，将绩效评价结果作为下一年度生态环保资金预算安排的重要依据，根据绩效评价结果的优先次序及重要性安排和分配资源，改进和优化管理。同时，预算绩效评价结果也是议会、财政部和内阁办公室监督各部门行政责任制是否落实的重要依据。美国在评价结果运用方面，国家会计总署根据评价情况及时发现职能机构在公共管理中可能存在的问题，提出切合实际的解决措施建议以便为政府决策提供参考，并将评价结果与部门的管理责任相结合，将绩效评价的结果与预算管理挂钩，作为下一个财政年度预算分配的重要依据。[②] 在绩效信息数据信息化方面，完善的绩效信息是推行预算绩效评价的重要前提。生态环保领域的预算编制、预算监督执行、绩效测量、预算决策各个阶段都离不开相关数据信息的支持，预算绩效的每一个过程也都需要大量的绩效信息的收集、管理与应用工作，为预算绩效管理工作的全面开展奠定数据基础。

（六）注重生态环保领域预算绩效评价的配套政策制度和体制机制的建立，实现预算绩效信息公开透明

生态环保领域预算绩效评价的有效进行有赖于各方面政策制度的配

---

① 钟玮、何利辉：《政府绩效管理的国际经验与立法建议》，载于《地方财政研究》2016 年第 8 期，第 108～112 页。
② 王胜华：《典型国家财政支出绩效评价经验借鉴与启示》，载于《财政科学》2018 年第 6 期，第 145～154 页。

套和协同，以及相关体制机制的支持，从而对目前现有的与预算脱节的规划、政策以及项目的制度性缺陷进行完善，提高绩效评价全面实施的可能性。西方国家在推行预算绩效时，都注重配套政策制度和体制机制的建立，形成了以政府战略规划为起点的完整管理循环，为预算绩效评价的推广和全面实行构建了良好的制度环境。比如，英国、新西兰等国家注重绩效审计制度，在预算过程中引入权责发生制的会计原则，以提高预算过程的透明度，实现对财政的有效监督。此外，预算绩效信息的透明和公开一直是相关国家政府预算绩效管理所坚持的原则，各国一般通过财政部门官网公布除涉及国家机密外的、各部门与绩效工作相关的各种文件，并定期更新，以数据集的形式供公众查阅，接受各界监督。

第二节　我国生态环保领域项目绩效评价指标体系构建

　　预算绩效评价指标是衡量绩效目标实现程度的考核工具。在进行生态环保领域预算绩效评价指标体系构建时，可以遵循如下程序：首先是确定生态环保领域预算绩效评价指标设计的原则，即目标关联性、重点突出、强调成本效益、需求导向性、客观性、可比性、可衡量性和可调节性原则；其次是基于逻辑分析模型和多元价值模型构建指标设计的框架模型；最后是结合既定的绩效目标和框架模型，构建分领域的生态环保领域预算绩效评价指标，形成生态环保领域的预算绩效评价指标体系。生态环保领域预算绩效评价指标的编制流程具体包括：预算绩效指标名称及解释、预算绩效指标来源及佐证材料、绩效指标值设定依据、预算绩效指标完成值取值方式、预算绩效指标完成值数据来源、指标分值权重和指标评分规则等。

　　本部分将重点选择大气、水、土壤三大领域，构建大气、水、土壤污染防治专项资金预算绩效评价指标体系，为农村环境整治、海洋生态保护修复、海岛及海域保护等其他生态环保领域专项资金预算绩效评价指标的构建提供思路和路径参考（见图6-1）。

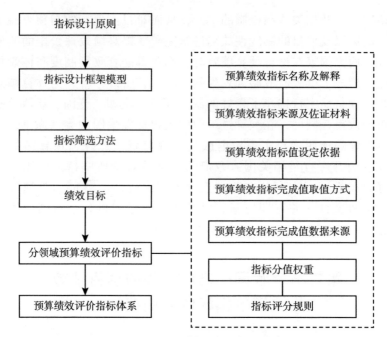

图 6 - 1　生态环保领域预算绩效评价指标体系构建思路

一、生态环保领域预算绩效评价指标构建原则

（一）目标关联性原则

生态环保领域预算绩效评价指标设计应当与绩效目标有直接的联系，能够全面、系统地反映评价对象的特点以及绩效目标的实现程度，结果应当清晰反映支出和产出绩效之间的紧密对应关系。各个指标之间能够相互衔接，能综合反映绩效构成要素之间的关系、内在联系和规律性。

（二）重点突出原则

绩效评价指标应涵盖政策目标、支出方向主体内容，应选取能体现生态环保领域专项资金主要产出和核心效果的指标，突出重点。

（三）强调成本效益原则

生态环保领域预算绩效评价应强化成本的概念，加强成本效益分析，根据项目实际情况,可以考虑将成本指标由之前的二级指标调整为一级指标;突出对支出成本的全面反映;逐步实现指标的量化反映,以便于进行成本效益分析比较。

(四) 需求导向性原则

生态环保领域预算绩效评价指标构建应基于需求导向和问题导向,把人民群众反映强烈的突出生态环境问题摆上重要议事日程,集中攻克老百姓身边的突出生态环境问题。

(五) 客观性原则

生态环保领域预算绩效评价指标体系应当以事实为依据进行设计,应当依据统一的、标准的衡量尺度进行取舍,注意排除指标选样和确定过程汇总个人主观因素的影响。同时,选取的指标数据应该有合法、准确的来源,符合客观实际,能够真实反映评价对象的实际情况。

(六) 可比性原则

生态环保领域预算绩效评价指标体系应具有统一性,对同一指标应采用统一的标准评价。同时,在同一层次上应该相互独立,不仅体现共性,在本质一致的条件下,对同类评价对象设定的绩效评价指标,能够在不同时间、不同地区、不同行业、不同部门之间均具有可比性。

(七) 可衡量性原则

生态环保领域预算绩效评价指标应尽量是数量化或行为化的。可衡量性既包括对定量指标的量化,还包括对定性指标的分级分档描述。对于一些难以量化的指标,可以通过在表述上与历史年度相比、与其他地区相同部门的情况对比、与部门应当实现的目标对比等方式,形成级别或档次。①

(八) 可调节性原则

生态环保领域预算绩效评价指标的确定除了受国家战略规划、部门职

---

① 财政部预算评审中心:《部门整体预算绩效评价研究》,经济科学出版社 2020 年版,第 221 页。

能等自身发展规律限制外，还要随着外部经济、政治、文化、民众需求等诸多因素的变化而变化。因此生态环保领域预算绩效评价指标体系应该是可调节的，可以根据绩效评价工作的开展情况以及组织内外部环境的变化，不断调整、完善各级指标。

二、生态环保领域预算绩效评价指标构建的框架模型

绩效评价模型是一种用来理解和设计评价指标的逻辑框架，它体现测评内容之间的逻辑关系，以此系统地确定与绩效测评最为相关的指标，提高指标设计和选择的科学性及合理性。[①] 目前，国际上存在多种设计预算绩效评价指标的理论模型，主要包括压力—状态—响应模型（Pressure – State – Response Model，PSR 模型）、驱动力—状态—响应模型（Drive – State – Response Model，DSR 模型）、驱动力—压力—状态—影响—响应模型（Drive – Pressure – State – Impact – Response Model，DPSIR 模型）逻辑分析模型、平衡记分卡、多元价值导向模型、费用效益模型等，这些模型各有其构建原理及使用领域。其中，DPSIR 模型和 PSR 模型满足不同目标需求的指标体系；费用效益模型是美国使用较为广泛且较为成熟的环境类项目绩效评价模型，通过充分分析项目行为的一切影响并转换为货币值，以此定量和表现项目效益。

生态环保领域预算绩效主要评价预算支出以及项目的经济性、效率性、效益性和公平性，目的在于提高资金使用效益，提高资金使用的规范性、安全性和有效性。结合生态环保领域预算绩效评价特性以及各理论模型基本原理，本部分选择逻辑分析模型和多元价值模型为理论基础，通过厘清投入、过程、产出与结果之间的关系，将与生态环保领域预算活动密切相关的效率、效益和效果、社会满意度等纳入评价范围，设计生态环保领域预算绩效评价指标构建的框架模型。

（一）逻辑分析模型及其适用性

1. 逻辑分析模型

逻辑分析法，又称为逻辑模型或逻辑推理法，是通过对事件背景的分析，借助逻辑推理思维，将事件分为投入、过程、产出、结果和影响等要

---

① 孙君涛：《财政支出绩效评价的理论与实践》，河南大学出版社 2008 年版，第 63 页。

件，来寻求这些要件之间的关系，找出投入资金与产出效果之间的内在联系。[1] 在实践中，通常运用"如果……那么……"的逻辑来描述事件之间的逻辑关系，通过对投入、过程、产出、期望结果和影响的逻辑分析，建立事件之间的联系，确定前后原因与结果的关系，并在此基础上确定相关利益者的责任与应履行的义务。应用逻辑分析模型确定生态环保领域预算绩效评价指标时，应遵循以下步骤：

（1）以国家相关发展战略和规划、生态环境部等相关部门职能以及国家需要等为依据，辨认生态环保领域预算绩效的相关主客体及其利益诉求，并对这些利益诉求进行分析归类，据此设定绩效目标。同时，要关注绩效目标之间的关系，包括绩效目标的重要程度、各绩效目标是否重复、是否存在价值冲突等。

（2）分析实现绩效目标的手段和途径，确定关键活动组，并对这些关键活动组设定对应的绩效指标及评价标准。

（3）根据既定的绩效目标，分析目标实现所需的资源及外部环境假设，设定资源投入评价指标、目标与外部环境适应性的效益和效果评价指标，以及可能产生的影响评价指标等。当结果难以衡量时，可以在产出与结果之间加入一个"中间成果"要素。中间成果是最终成果的间接指标，一般与客户满意度有关，通过客户满意度调查，比较容易获得中间成果的绩效。[2]

2. 逻辑分析模型的适用性

目前，国际国内财政绩效评价指标设计通常选择逻辑分析法。基于逻辑分析的绩效评价模型描述了项目活动内部的因果关系，能较好地将项目目标与所依附的外部客观环境相结合，有助于更好地按照因果关系从结果中辨别投入和产出的规模及效率，辨析测量结果所需要的绩效信息的内容，明确需要评价的地方和关键的评价点。该模型适用于投入产出较为明确且易于测量的项目，可以层次清晰地表明项目的绩效和绩效成因，较好地反映出项目各个环节之间的因果关系，从而提高项目管理和绩效水平。可以应用于项目策划、风险分析、评价、检查、监测和可持续性分析等方面。比如，美国 EPA 运用逻辑分析模型剖析了国家河口项目（NEP）项

---

[1] 章建良：《逻辑分析法及其在政府绩效管理中的应用研究》，上海财经大学硕士学位论文，2005 年。

[2] 财政部预算评审中心：《部门整体预算绩效评价研究》，经济科学出版社 2020 年版，第 199～200 页。

目管理和项目目标之间的联系，提出了项目绩效的一级指标和二级指标，如表6-5所示。

表6-5　　　　　基于逻辑分析模型的 NEP 绩效评价指标

评价内容	一级指标	二级指标
项目管理	项目实施过程	财务管理
		项目完成程度
		项目管理
		公众参与
	生态系统	河口环境现状
		环境改善程度
项目目标	对环境的影响	动植物栖息地的面积和环境质量
		水质
		生物种类
		人类健康
	环保技术支持和治污能力建设	设备配置
		相关人员的训练

资料来源：杨玉楠、康洪强、孙晖、程亮、孙宁、吴舜泽：《美国环境类公共支出项目绩效评估体系研究》，载于《环境污染与防治》2011年第1期，第87~91页。

（二）多元价值模型及其适用性

1. 多元价值模型

多元价值模型，是指以"3E"为基础的多元价值取向，即经济性、效率性和效益性。其中，经济性着眼于支出的合理性，通常用实际投入与计划投入的比值来衡量支出是否合理；效率性着眼于将投入和产出进行比较，通常用实际投入与实际产出进行比较，以追求用最小的投入取得预期的产出，或者以既定的投入水平取得最大化的产出效果；效益性主要衡量能够在多大程度上达到预定目标和其他预期效果，通常用实际产出与计划产出的比值来测量工作的有效性。3E理论可以直接作为政府预算绩效评价的理论基础，能在逐步逐层分析和理解系统所面临的复杂环境、复杂问题的基础上，提出逻辑合理且现实可行的解决方案。随着新公共管理运动的不断深入，加上以"3E"理论为基础的绩效评价指标体系对以体现社会公平为主、经济效益不明显的项目较难进行有效的评价，因而"公平性""适当性""回应性"等也逐渐成为绩效评价的新价值取向。其中，"公平性"关注努力和效果在社会群体中的不同分配，具体包括机会公平、过程公平和结果公平。在公共经济领域，机会公平指提供的投入资源公平，过程公平指资源分配过程公平，结果公平指资源分配结果公平。[①]"适当性"侧重于考查项目是否符合国家经济社会发展的总体目标、部门职能以及国家需要。"回应性"侧重于衡量绩效评价指标是否真实反映了特定人群的需要、偏好和价值观，是否符合社会公众需求。

2. 多元价值模型的适用性

基于多元价值的绩效评价模型具有很好的普适性。比如，英国审计委员会将"3E"标准纳入绩效审计的框架中，并运用于地方政府以及国家健康服务的管理实践中。我国近年来大力推进的财政支出绩效评价工作十分重视"3E"原则的应用，尤其是将其广泛应用于审计领域。将多元价值模型运用于生态环保领域预算绩效评价指标体系构建中，能更好地从投入产出角度衡量预算执行情况，重视生态环保专项资金的成本问题。在我国各地开展的生态环保领域预算绩效评价的实践过程中，指标体系框架的设计也注重"3E"原则的使用。比如浙江省环境保护厅财政支出项目绩效评价基本指标中的个性指标主要包括经济效益、社会效益、生态环境效益和可持续性影响等。但是，多元价值模型在应用过程中存在随意性的问题，不同评价主体对预算绩效评价多元价值的理解存在较大的差异性，易造成指标体系设置较为松散或缺乏稳定性。

（三）生态环保领域预算绩效评价指标构建的框架模型

1. 生态环保领域预算绩效评价指标体系构建的框架模型

在逻辑分析模型和多元价值模型的基础上，设计生态环保领域预算绩效评价指标构建的框架模型（见图6－2）。该框架模型以经济性、效率性、效益性、效果、公平性、适当性、回应性等为价值导向，基于生态环保领域专项资金投入产出角度，从决策、过程、产出、效益以及影响等维度，构建生态环保分领域预算绩效评价指标体系。在实际应用中，可结合主体需求和专项资金特点等对框架模型进行必要的修正。

---

① 刘敏、王萌:《3E还是4E:财政支出绩效评价原则探讨》,载于《财政监督》2016年第1期,第59~61页。

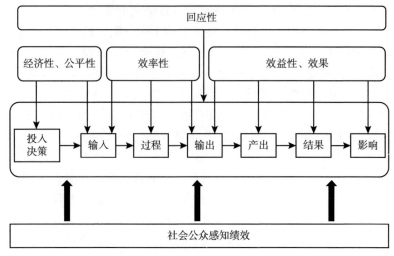

图 6 – 2 生态环保领域预算绩效评价指标体系构建的框架模型

2. 生态环保领域预算绩效评价指标的维度

从生态环保专项资金投入产出角度，生态环保专项资金预算绩效评价可分为决策、过程、产出、效益和影响五个维度：

（1）决策评价维度：其目的是从生态环保专项资金的决策过程，绩效目标以及资金分配等评价指标对生态环保专项资金安排的必要性、可行性，绩效目标设置的科学性，资金分配的方式、方法的合理性等方面进行客观、公正的评价。根据国家相关法律法规、国民经济发展规划、部门战略规划、事业发展规划、项目申报理由等内容，具体评价年度专项资金立项依据是否充分、决策过程的相关程序和手续是否明确和规范、设定的绩效目标是否科学合理且明确可行、项目是否发生重大变化、资金分配方法是否科学合理。只有对生态环保专项资金预算决策进行充分评价，才能进一步优化生态环保专项资金预算配置，提高决策水平和管理水平。

（2）过程评价维度：其目的是对执行过程中的生态环保专项资金实施情况进行评价，具体包括对资金到位情况、资金使用的合规性、资金预算执行率、资金管理和业务管理情况进行评价，其核心内容有三：一是生态环保专项资金在使用过程中是否合规；二是生态环保专项资金在使用过程中是否存在偏差；三是生态环保专项资金的合理有效使用是否有相关制度机制的保障。只有对生态环保专项资金使用过程的评价，才能更好地规范生态环保专项资金的使用，发挥生态环保专项资金真正的影响力。

（3）产出评价维度：其目的是对生态环保专项资金产出绩效目标匹配情况和实现程度的评价，实际上是对生态环保专项资金的使用效率进行评价，可以根据实际产出数与计划产出数计算得出。只有对生态环保专项资金的产出进行充分分析，才能更好把握生态环保专项资金使用的可行性以及效率性，并依此确定生态环保专项资金的调整方向和调整目标。

（4）效益评价维度：主要是对生态环保专项资金使用产生的经济效益、社会效益、生态效益以及可持续影响等进行评价。其中，经济效益是指生态环保专项资金使用对经济发展所带来的直接或间接的影响情况；社会效益是指生态环保专项资金使用对社会发展所带来的直接或间接影响情况；生态效益是生态环保专项资金使用的核心目标，是指生态环保专项资金使用对生态环境，包括污染治理和环境保护等方面所带来的直接或间接影响；可持续影响是生态环保专项资金的使用对污染防治管理模式带来的改革、创新举措以及这种管理改革创新的示范性和可持续性情况。通过对生态环保专项资金使用所产生的不同结果进行分析，解释其中差异原因、总结积极影响因素、明确在何种情况下能达到最佳效果，从而更好地控制那些会影响生态环保专项资金使用的因素。

（5）影响评价维度：主要是评价社会对生态环保专项资金使用效果的满意程度，一般采用社会调查的方式。通过对社会满意度的分析，能更好地获得社会对该项工作的感知情况和满意程度，为绩效目标的调整方向提供参考价值。

3. 生态环保领域预算绩效评价指标体系的案例分析

（1）水污染防治资金绩效评价指标体系。2020 年，为强化水污染防治资金管理，提高资金使用的规范性、安全性和有效性，支持和引导《水污染防治行动计划》目标任务的实现，财政部会同生态环境部，制定了《水污染防治资金绩效管理办法》，并制定了水污染防治资金绩效评价指标体系，如表 6-6 所示。

表 6 - 6   水污染防治资金绩效评价指标体系

一级指标	二级指标	三级指标	基准分	指标解释	评分方法	备注
决策指标	绩效目标	支持项目调整比例	5	支持项目中调增和调减的项目数量及建设内容等发生重大变化的项目数量之和与资金支持项目数量的百分比	项目实际调整比例低于10%的，得5分；超过10%但低于20%（含）的，得2分；超过20%的，不得分。项目建设内容发生重大变化界定为绩效目标、核心技术路线、投资额等单项调整在30%（含）以上	
过程指标	资金和项目管理	制度健全性和使用合规性	5	资金管理制度是否健全和规范，资金使用是否符合相关规定要求	资金及项目管理制度健全且严格执行，得5分；未严格执行制度的发现一处扣1分，制度不健全的发现一处扣2分。未严格执行国库集中支付制度，支出依据不合规，超范围、超标准、超项目进度或未按合同约定支出资金的每发现一处扣2分；贪污、套取、截留、挤占挪用资金的不得分；项目管理存在严重问题，如招标、验收等存在严重漏洞的不得分；在项目存续期内所有部门的审计、监督检查发现重大问题的均不得分	
		预算执行率	30	年度专项资金使用单位执行数占年度专项资金的比例，反映资金支出进度	预算执行率 ≥ 90%时，该指标得满分；预算执行率 < 90%时，指标得分 = 预算执行率 ÷ 90% × 指标基准分	

续表

一级指标	二级指标	三级指标	基准分	指标解释	评分方法	备注
产出指标	数量	集中式饮用水源地整治数量	15	完成的集中式饮用水源地整治个数	指标得分＝实际值÷目标值×指标基准分	结合中央资金支持项目情况，从三级指标中选择相应指标，可适当增加特征性指标，基准分平均分配。指标得分超过基准分的，按基准分计
		新增污染负荷COD削减量		新增污染负荷COD削减量（吨/年）	指标得分＝实际值÷目标值×指标基准分	
		新增污染负荷氨氮削减量		新增污染负荷氨氮削减量（吨/年）	指标得分＝实际值÷目标值×指标基准分	
		新增污染负荷总氮削减量		新增污染负荷总氮削减量（吨/年）	指标得分＝实际值÷目标值×指标基准分	
		新增污染负荷总磷削减量		新增污染负荷总磷削减量（吨/年）	指标得分＝实际值÷目标值×指标基准分	
		新增污染负荷其他特征污染物削减量		新增污染负荷其他特征污染物削减量（吨/年）	指标得分＝实际值÷目标值×指标基准分	
		新增区域再生水循环利用量		新增区域再生水循环利用量（万吨/年）	指标得分＝实际值÷目标值×指标基准分	
		地下水污染场地修复或风险管控个数		完成地下水污染场地修复或风险管控个数	指标得分＝实际值÷目标值×指标基准分	
		新增湿地恢复面积		新增湿地恢复面积（平方千米）	指标得分＝实际值÷目标值×指标基准分	
		新增河湖生态缓冲带修复面积		新增河湖生态缓冲带修复面积（平方千米）	指标得分＝实际值÷目标值×指标基准分	
	质量	项目验收合格率	5	年度中央资金支持的已完成项目竣工验收的项目中，按照正规要求通过项目验收的项目数量比例	指标得分＝项目验收合格率×指标基准分	
	时效	开工项目数量	5	年度专项资金支持的所有项目中已开工的项目数量（个），反映项目实施进度	指标得分＝实际值÷目标值×指标基准分	
		完工项目数量	5	年度中央资金支持的所有项目中完成竣工验收的项目数量（个），反映项目实施进度	指标得分＝实际值÷目标值×指标基准分	

续表

一级指标	二级指标	三级指标	基准分	指标解释	评分方法	备注
效益指标	经济效益	带动地方和社会资金投入	5	年度中央资金支持项目地方和社会资金投入资金合计，反映中央资金投入带动作用，地方资金投入是指地方各级政府的资金投入	带动地方和社会资金投入÷中央资金大于2（含）的，得满分；0.7（含）至2的，得分为指标基准分×80%；低于0.7的不得分	
	生态效益	地表水水质优良（达到或优于Ⅲ类）改善比例	15	与预期改善程度相比，区域水质优良（Ⅰ－Ⅲ类）水体改善程度	指标得分 =（实际值－上年值）÷（目标值－上年值）×指标基准分	结合中央资金支持项目情况，从三级指标中选择适合的指标，基准分平均分配。指标得分超过基准分的，按基准分计
		地表水劣Ⅴ类水体降低比例		与预期消减程度相比，地表水劣Ⅴ类水体实际消减程度	指标得分 =（实际值－上年值）÷（目标值－上年值）×指标基准分	
		地级及以上城市集中式饮用水水源水质达到或优于Ⅲ类比例		与预期改善程度相比，地级及以上城市集中式饮用水水源水质达到或优于Ⅲ类改善程度	指标得分 =（实际值－上年值）÷（目标值－上年值）×指标基准分	
		地下水质量极差控制比例		与预期改善程度相比，地下水质量极差消减程度	指标得分 =（实际值－上年值）÷（目标值－上年值）×指标基准分	
	可持续影响	横向生态补偿机制建设等改革创新		地方在水污染防治管理模式上的改革、创新举措，如积极开展横向生态补偿机制建设等	开展和探索相关工作，成效有效的，得4~5分；成效较好的，得2~4分；成效一般的，得0~2分。未开展和探索相关工作的不得分	
	满意度	相关受益方满意度		居民和其他利益相关者对水污染防治效果的满意情况，数据通过向有关对象发放调查问卷的形式获得，发放问卷数量在100份以上。满意度得分=问卷调查平均得分÷总分×100%	满意度≥90%，得分5分；90%＞满意度≥60%，得分=满意度÷90%×5；满意度＜60%，不得分	

资料来源：中华人民共和国财政部自然资源和生态环境司：《财政部生态环境部关于印发〈水污染防治资金绩效管理办法〉的通知》，http://zyhj.mof.gov.cn/gjz/zcfg/202012/t20201215_3634736.htm，2020 年 12 月 15 日。

（2）土壤污染防治专项资金区域绩效评价指标体系。2020 年，为提高土壤污染防治专项资金使用效益，提高资金使用的规范性、安全性和有效性，建立健全绩效评价机制，财政部根据《中华人民共和国预算法》《中共中央　国务院关于全面实施预算绩效管理的意见》《关于贯彻落实〈中共中央　国务院关于全面实施预算绩效管理的意见〉的通知》等文件，制定了《土壤污染防治专项资金绩效评价管理暂行办法》，并会同生态环境部制定了土壤污染防治专项资金区域绩效评价指标体系，如表6－7所示。

表6－7　　　土壤污染防治专项资金区域绩效评价指标体系

一级指标	二级指标	三级指标	基准分	指标解释	评分方法	备注
决策指标	绩效目标	支持项目调整比例	5	截至评价时，支持项目中调增和调减的项目数量及建设内容等发生重大变化的项目数量之和与资金支持项目数量的百分比	项目实际调整比例低于 10% 的，得 5 分；超过 10% 但低于 20%（含）的，得 2 分；超过 20% 的，不得分	
过程指标	资金管理	制度健全性和使用合规性	10	资金管理制度是否健全和规范，资金使用是否符合相关规定要求	制度健全且严格执行，得 10 分；审计、监督检查过程中发现资金管理及项目管理方面存在重大问题，不得分；其余情况酌情打分	
		预算执行率	30	截至评价时，年度专项资金使用单位执行数占年度专项资金的比例，反映资金支出进度	预算执行率 ≥90% 时，该指标得满分；预算执行率 < 90% 时，指标得分 = 预算执行率×指标基准分	
产出指标	数量	完成土壤污染监测点位数（个）、完成土壤污染调查、评估面积（亩）	15	土壤污染监测类项目完成的土壤监测点位数，土壤污染状况调查、评估类项目合计完成的土壤调查、评估面积	指标得分 = 实际值÷目标值×指标基准分	结合中央资金支持项目情况，从三级指标中选择适合的指标，可适当增加指标，基准分平均分配
		完成建设用地风险管控、治理修复地块数（块）		污染地块风险管控和治理修复项目合计开展的土壤污染治理修复地块数量	指标得分 = 实际值÷目标值×指标基准分	

续表

一级指标	二级指标	三级指标	基准分	指标解释	评分方法	备注
产出指标	数量	完成农用地安全利用面积（亩）		农用地安全利用项目合计开展的受污染耕地安全利用面积	指标得分 = 实际值 ÷ 目标值 × 指标基准分	结合中央资金支持项目情况，从三级指标中选择适合的指标，可适当增加指标，基准分平均分配
		完成土壤污染源治理数量（个）		耕地周边重金属污染源防控和历史遗留污染源整治项目合计开展的污染源治理数量	指标得分 = 实际值 ÷ 目标值 × 指标基准分	
	质量	建设用地、农用地管控或修复项目效果评估通过率	10	建设用地、农用地管控或修复项目效果评估通过率。此项仅含已开展效果评估的项目	指标得分 = 效果评估通过率 × 指标基准分	结合中央资金支持项目情况，从三级指标中选择适合的指标，基准分平均分配
		项目验收合格率		年度中央资金支持的已完成项目竣工验收的项目中，按照正规要求通过项目验收的项目数量比例	指标得分 = 项目验收合格率 × 指标基准分	
	时效	开工项目数量（个）	5	年度专项资金支持的所有项目中已开工的项目数量，反映项目实施进度	指标得分 = 实际值 ÷ 目标值 × 指标基准分	
		完工项目数量（个）	5	年度中央资金支持的所有项目中完成竣工验收的项目数量，反映项目实施进度	指标得分 = 实际值 ÷ 目标值 × 指标基准分	
效益指标	经济效益	带动地方和社会资金投入（万元）	10	截至评价时，年度专项资金支持项目地方和社会资金投入资金合计，反映专项资金的投资带动作用。地方资金投入是指地方各级政府的资金投入	带动地方和社会资金投入 ÷ 中央专项资金大于 2（含）的，得满分；0.7（含）至 2 的，得分为指标基准分 × 80%；低于 0.7 的不得分	

一级指标	二级指标	三级指标	基准分	指标解释	评分方法	备注
效益指标	生态效益	保护污染源周边耕地面积（亩）	5	统计耕地周边重金属污染源防控和历史遗留污染源整治项目的实施对周边土壤环境质量产生的生态效益	指标得分＝实际值÷目标值×指标基准分。目标值为年度中央资金计划支持的污染源治理项目周边5千米范围内耕地面积。实际值为截至评价时中央资金实际支持已完成的污染源治理项目周边5千米范围内耕地面积	
	可持续影响	管理改革创新	5	截至评价时，地方在土壤污染防治管理模式上的改革、创新举措，如设立土壤污染防治基金等	积极开展和探索相关工作并取得积极成效，得5分	

资料来源：中华人民共和国财政部自然资源和生态环境司：《财政部生态环境部关于印发〈土壤污染防治专项资金绩效评价管理暂行办法〉的通知》，http://zyhj.mof.gov.cn/gjz/zcfg/202004/t20200403_3493359.htm，2020年4月3日。

（3）湖南省2018年省级环境保护专项资金绩效评价共性指标表。为进一步规范财政资金管理，强化部门责任意识，切实提高财政资金使用效益，湖南省生态环境厅根据《湖南省财政厅关于开展2018年度部门整体支出绩效自评工作的通知》等文件要求，发布了《湖南省生态环境厅关于开展2018年度省级环境保护专项资金绩效评价工作的通知》。对2018年度省级环境保护专项资金安排的大气、土壤、农环及能力建设类项目共3.85亿元资金开展绩效评价工作，并制定了2018年省级环保专项资金绩效评价共性指标表，如表6-8所示。

表6-8　　　　2018年省级环保专项资金绩效评价共性指标表

一级指标	二级指标	三级指标	指标解释	指标说明
投入指标（20分）	项目立项（12分）	项目立项规范性	项目的申请、设立过程是否符合相关要求，用以反映和考核项目立项的规范情况	评价要点： ①项目是否按照规定的程序申请设立； ②所提交的文件、材料是否符合相关要求； ③事前是否已经过必要的可行性研究、专家论证、风险评估、集体决策等

一级指标	二级指标	三级指标	指标解释	指标说明
投入指标（20分）	项目立项（12分）	绩效目标合理性	项目所设定的绩效目标是否依据充分，是否符合客观实际，用以反映与考核项目绩效目标和项目实施的相符情况	评价要点： ①是否符合国家相关法律法规、国民经济发展规划和党委政府决策； ②是否与项目实施单位或委托单位职责密切相关； ③项目是否为促进事业发展所必需； ④项目预期产出效益和效果是否符合正常的业绩水平
		绩效指标明确性	依据绩效目标设定的绩效指标是否清晰、细化、可衡量等，用以反映和考核项目绩效目标的明细化情况	评价要点： ①是否将项目绩效目标细化分解为具体的绩效指标； ②是否通过清晰、可衡量的指标值予以体现； ③是否与项目年度任务数或计划数相对应； ④是否与预期确定的项目投资额或资金量相匹配
	资金落实（8分）	资金到位率	实际到位资金与计划投入资金的比率，用以反映和考核资金落实情况对项目实施的总体保障程度	资金到位率＝（实际到位资金÷计划投入资金）×100% 实际到位资金：一定时期（本年度或项目期）内实际落实到具体项目的资金。 计划投入资金：一定时期（本年度或项目期）内计划投入到具体项目的资金
		到位及时率	及时到位资金与应到位资金的比率，用以反映和考核项目资金落实的及时性程度	到位及时率＝（及时到位资金÷应到位资金）×100% 及时到位资金：截至规定时点实际落实到具体项目的资金。 应到位资金：按照合同或项目进度要求截至规定时点应落实到具体项目的资金
过程指标（30分）	业务管理（10分）	管理制度健全性	项目实施单位的业务管理制度是否健全，用以反映和考核业务管理制度对项目顺利实施的保障情况	评价要点： ①是否已制定或具有相应的业务管理制度； ②业务管理制度是否合法、合规、完整

一级指标	二级指标	三级指标	指标解释	指标说明
过程指标（30分）	业务管理（10分）	制度执行有效性	项目实施是否符合相关业务管理规定，用以反映和考核业务管理制度的有效执行情况	评价要点： ①是否遵守相关法律法规和业务管理规定； ②项目调整及支出调整手续是否完备； ③项目合同书、验收报告、技术审定等资料是否齐全并及时归档； ④项目实施的人员条件、场地设备、信息支撑等是否落实到位
		项目质量可控性	项目实施单位是否为达到项目质量要求而采取了必需的措施，用以反映和考核项目实施单位对项目质量的控制情况	评价要点： ①是否已制定或具有相应的项目质量要求或标准； ②是否采取了相应的项目质量检查、验收等必需的控制措施或手段
	财务管理（20分）	管理制度健全性	项目实施单位的财务制度是否健全，用以反映和考核财务管理制度对资金规范安全运行的保障情况	评价要点： ①是否已制定或具有相应的项目资金管理办法； ②项目资金管理办法是否符合相关财务会计制度的规定
		资金使用合规性	项目资金使用是否符合相关的财务管理制度规定，用以反映和考核项目资金的规范运行情况	评价要点： ①是否符合国家财经法规和财务管理以及有关专项资金管理办法的规定； ②资金的拨付是否有完整的审批程序和手续； ③项目的重大开支是否经过评估认证； ④是否符合项目预算批复或合同规定的用途； ⑤是否存在截留、挤占、挪用、虚列支出等情况
		财务监控有效性	项目实施单位是否为保障资金的安全、规范运行而采取了必要的监控措施，用以反映和考核项目实施单位对资金运行的控制情况	评价要点： ①是否已制定或具有相应的监控机制； ②是否采取了相应的财务检查等必要的监控措施或手段

一级指标	二级指标	三级指标	指标解释	指标说明
产出指标（30分）	项目产出（30分）	实际完成率	项目实施的实际产出数与计划产出数的比率，用以反映和考核项目产出数量目标的实现程度	实际完成率＝实际产出数÷计划产出数×100% 实际产出数：一定时期（本年度或项目期）内项目实际产出的产品或提供的服务数。 计划产出数：项目绩效目标确定的在一定时期（本年度或项目期）内计划产出的产品或提供的服务数量
		完成及时率	项目实际提前完成时间与计划完成时间的比率，用以反映和考核项目产出时效目标的实现程度	完成及时率［（计划完成时间－实际完成时间）÷计划完成时间］×100%
		质量达标率	项目完成的质量达标产出数与实际产出数的比率，用以反映和考核项目产出质量目标的实现程度	质量达标率＝质量达标产出数÷实际产出数×100% 质量达标产出数：一定时期（本年度或项目期）内实际达到既定质量标准的产品或服务数量。 既定质量标准：项目实施单位设立绩效目标时依据计划标准、行业标准、历史标准或其他标准而设定的绩效指标值
		成本节约率	完成项目计划工作目标的实际节约成本与计划成本的比率，用以反映和考核项目的成本节约程度	成本节约率＝（计划成本－实际成本）÷计划成本×100% 实际成本：项目实施单位如期、保质、保量完成既定工作目标实际所耗费的支出。 计划成本：项目实施单位为完成工作目标计划安排的支出，一般以项目预算为参考
效果指标（20分）	项目效益（20分）	经济效益	项目实施对经济发展所带来的直接或间接影响情况	此四项指标为设置项目支出绩效评价指标时必须考虑的共性要素，可根据项目实际并结合绩效目标设立情况有选择地进行设置，并将其细化为相应的个性化指标
		社会效益	项目实施对社会发展所带来的直接或间接影响情况	
		生态效益	项目实施对生态环境所带来的直接或间接影响情况	
		可持续影响	项目后续运行及成效发挥的可持续影响情况	

续表

一级指标	二级指标	三级指标	指标解释	指标说明
效果指标（20分）	项目效益（20分）	社会公众或服务对象满意度	社会公众或服务对象对项目实施效果的满意程度	社会公众或服务对象是指因该项目实施而受到影响的部门（单位）、群体或个人。一般采取社会调查的方式

资料来源：湖南省生态环境厅：《湖南省生态环境厅关于开展 2018 年度省级环境保护专项资金绩效评价工作的通知》，http：//sthjt. hunan. gov. cn/xxgk/tzgg/tz/201904/t20190418_5317477. html，2019 年 4 月 18 日。

三、生态环保领域预算绩效评价指标筛选方法

（一）生态环保领域预算绩效评价指标筛选的方法

评价指标和指标体系的选用是否科学合理对评价结果是否准确起到至关重要的作用。面对庞杂的指标数据库，首先需要进行科学合理的筛选，在指标可获得的前提下，保证选择的指标符合系统性、代表性、敏感性、简明性和特异性等原则。绩效评价指标筛选方法众多，主要可以分为定性方法和定量方法。其中，定性方法立足于绩效评价目标和原则，由相关主体主观确定具体的评价指标体系，如专家打分法等。定量方法主要应用统计工具，对一个由众多变量构成的高维系统通过降维处理求得最具有代表性的若干主分量，以此来近似表达待评价系统的评价指标体系，包括系统聚类法、因子分析法、相关性分析方法、主成分分析法和层次分析法等。

在进行生态环保领域预算绩效评价指标筛选时，可以根据实际操作情况，选择某一种方法或者综合运用若干种方法筛选指标，以形成科学、合理的绩效评价指标体系。

1. 专家打分法

专家打分法是目前出现较早且应用较广的一种评价方法，包括定性方法和定量方法。其评价的基本步骤为：首先根据评价对象的具体绩效目标和原则选定评价指标，对每个指标进行打分并定出评价等级，每个等级的标准用分值表示；然后以此为基准，由专家对评价对象进行分析和评价，

确定各个指标的分值和优先顺序。[①]

2. 系统聚类法

系统聚类法是目前实践中使用最多的聚类分析法。其基本思想是：首先，将 n 个样本各自看成一类，共 n 类，并规定样本与样本之间的距离和类与类之间的距离。由于各个样本自成一类，类与类之间的距离与样本之间的距离是相同的。其次，在所有的类中，选择距离最小的两个类合并成一个新类，并计算出所得新类和其他各类的距离；接着再将距离最近的两类合并，形成一个新类，以此类推，直至将所有的样本都合并成一类为止。最后，用聚类谱系图来表示这样一种连续并类的过程，根据自身需要决定分多少类。常见的聚类分析方法包括单连接法、完全连接法、平均连接法、组平均连接法和离差平方和法等。[②]

3. 相关性分析方法

相关性分析方法的原理在于利用指标间的某种相关性对评价指标进行筛选，剔除信息重叠的部分指标。通过相关性分析剔除信息重复性指标的方法主要有两种：一是根据相关分析或偏相关分析剔除相关系数和偏相关系数比较高的部分指标；二是利用互信息剔除反映信息重叠的指标，该方法通常需要结合其他方法剔除相对不重要的指标。互信息作为利用信息熵测度指标间依赖程度的工具，其大小能够反映指标相关性的强弱。一般来说，互信息越大，关系越密切。[③]

4. 主成分分析法

主成分分析法是一种使用最为广泛的降维方法。利用主成分分析降低原始指标体系维度的方法主要有两种：一是将原始指标集降维为少量的主成分，其主要思想是把多个指标转化为少数几个原始指标的线性组合，以此反映绝大多数原始指标的信息。二是剔除部分原始指标的主成分分析，主要是通过剔除负载系数小的指标来进行指标遴选。[④]

5. 层次分析法

层次分析法主要基于权重系数筛选绩效评价指标。该方法利用特征向

① 肖婷、朱昌明、翟东宇、邓莹：《聚类分析法与专家评价法在企业绩效评价中的应用与结果比较》，载于《科技创业月刊》2016 年第 7 期，第 32～33、36 页。

② 胡雷芳：《五种常用系统聚类分析方法及其比较》，载于《浙江统计》2007 年第 4 期，第 11～13 页。

③ 张立军、高春晓：《基于 k-means 聚类与粗糙集算法的指标筛选方法研究》，载于《运筹与管理》2020 年第 12 期，第 8～12 页。

④ 迟国泰、陈洪海：《基于信息敏感性的指标筛选与赋权方法研究》，载于《科研管理》2016 年第 1 期，第 153～160、162 页。

量法，将比较矩阵的特征向量作为权重向量，并依据权重向量的分量值的大小确定评价指标集，计算时要求比较矩阵必须具有一致性。① 在实际操作中，一般可以运用最小平方法和最小对数方法确定权重向量。②

（二）生态环保领域预算绩效评价指标筛选步骤

生态环保领域预算绩效评价指标的筛选大致可以分为三个步骤：（1）专家打分法初步确定概念形态的生态环保领域预算绩效指标。由生态环保领域绩效管理、生态环保领域绩效评价等领域的研究专家以及从事生态环保领域管理的行政管理者、一线绩效评价工作者和部分社会工作者组成专家组，对基于生态环保领域预算绩效评价指标体系构建理论模型构建的绩效指标体系，实施两轮或以上问卷调查的专家打分，根据专家打分所确定的指标重要程度排序，初步确定主观建构的指标，然后召开指标研讨会讨论初建指标，确定概念形态的生态环保领域绩效指标。（2）运用模型工具进行统计学意义上的筛选，形成操作形态的生态环保领域预算绩效评价指标。由于各个指标之间可能存在一定程度的相似性，还需从相似程度较高的指标中挑选出最具有代表性的指标。在实际操作中，可以选择合适的模型工具，如可以采用系统聚类法，筛选出对不同分析对象的差异敏感能力和区别能力较强，且在一定程度上也能反映其他落选指标的信息的生态环保领域预算绩效评价指标。（3）主观价值分析和判断，确立可运算的操作形态指标。对于经过筛选和验证后保留的指标，可以再结合绩效目标对其加以主观价值分析和判断，最终确立可以进入运算的操作形态指标（见图 6 - 3）。

四、生态环保领域预算绩效目标管理

我国绩效目标管理是以自上而下的目标责任制为核心的一套管理制度，通过层层分解和制定目标任务来达到管理和控制的目的。③ 政府绩效

---

① 徐慧、罗超、刘志刚：《层次分析法评价指标筛选方法探讨》，载于《中国海上油气》2007 年第 6 期，第 415 ~ 418 页。

② Satty TL, Vargas L G. Comparison of eigenvalue, logarithmic least square and least square methods in estimating ratio. *Journal of Mathematical Modelling*, 1984（5）：309 - 324.

③ 邓雪琳、欧瑞秋、邓惠文：《地方政府职能部门绩效目标设置的逻辑：基于不完全信息动态博弈》，载于《云南行政学院学报》2021 年第 5 期，第 1 ~ 10 页。

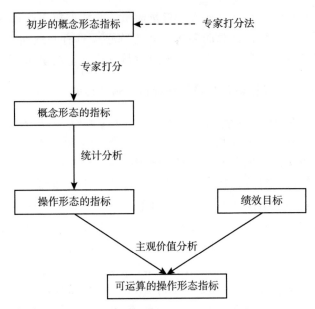

图 6 – 3　生态环保领域预算绩效评价指标筛选流程

目标设置居于政府绩效管理的核心地位[①]，是建设项目库、编制部门预算、实施绩效监控、开展绩效评价等工作的重要基础和依据。我国绩效目标源起于中央党、政纲领性文件，与国家规划和部门职能相符合，具体绩效目标体现国家需要。生态环保领域预算绩效目标要体现国家相关政策、国民经济和社会发展规划、生态环境保护规划和污染防治规划、部门职能及事业发展规划等，并与相应的防治资金支持范围、资金量、方向、效果紧密相关。绩效目标要能反映预算资金的预期产出和效果，能用相应的绩效指标予以细化、量化描述。

　　生态环保领域全过程预算绩效管理要求强化绩效目标管理。对生态环保领域预算绩效目标的管理有利于加强对预算的投入产出和可行性分析，明确资金使用者未来工作的方向和自身职责，提升责任意识，保证资金目的的顺利达成，通过及时跟踪绩效目标进展情况，发现并纠正问题，保证绩效目标的按时完成。根据《中央部门预算绩效目标管理办法》《中央对地方专项转移支付绩效目标管理暂行办法》等文件以及生态环保领域专项

　　① Latham G P, Borgogni L, Petitta L. Goal setting and performance management in the public sector. *International Public Management Journal*, 2008（4）：385 – 403.

资金的特性，生态环保领域预算绩效目标管理就是财政部门、各级预算部门及其所属单位以绩效目标为对象，以绩效目标的设定，审核，批复、调整和应用为主要内容所开展的预算绩效管理活动。①②

（一）绩效目标的设定

绩效目标设定是指中央部门或其所属单位按照部门预算管理和绩效目标管理的要求，遵循"谁申请资金、谁设定目标"的原则，编制绩效目标并向财政部或中央部门报送绩效目标的过程。在具体操作中，有关省级财政部门会同同级环境保护部门组织本地区相关地市制定本地区本年度专项资金绩效目标申报表，并与其他材料于每年3月底之前上报财政部和环境保护部；根据确定的中央专项资金规模和绩效目标，调整完善年度实施方案及绩效目标申报表，并报财政部、生态环境部备案。

预算单位编制的预算目标应当符合国民经济和社会发展规划、生态环境保护规划和污染防治规划等，并与相应的防治资金支持范围、方向、效果紧密相关；要求从数量、质量、时效以及经济效益、社会效益、生态效益、可持续影响、满意度等方面进行细化，尽量进行定量描述，不能以量化形式表述的，可以采用定性的分级分档形式表述，但应具有可衡量性；制定绩效目标时，要经过调查研究和科学论证，目标要符合客观实际，与防治资金年度实施方案中的任务量相对应，与预算确定的投资额或资金量相匹配。

各部门、单位在编制绩效目标时，可以参考相关历史或横向标准，即设定绩效指标时所依据或参考的标准。一般包括：（1）历史标准，是指同类指标的历史数据等；（2）行业标准，是指国家公布的行业指标数据等；（3）计划标准，是指预先制定的目标、计划、预算、定额等数据；（4）财政部认可的其他标准。

（二）绩效目标的审核

绩效目标的审核是指财政部或中央部门对相关部门或单位报送的绩效目标进行审查核实，并将审核意见反馈相关单位，指导其修改完善绩效目

① 中华人民共和国财政部预算司：《关于印发〈中央部门预算绩效目标管理办法〉的通知》，http：//yss. mof. gov. cn/zhengceguizhang/201506/t20150610_1255854. htm，2015年6月11日。
② 中华人民共和国财政部预算司：《关于印发〈中央对地方专项转移支付绩效目标管理暂行办法〉的通知》，http：//yss. mof. gov. cn/zhengceguizhang/201511/t20151105_1546134. htm，2015年11月5日。

标的过程。按照"谁分配资金，谁审核目标"的原则，绩效目标由财政部或中央部门按照预算管理级次进行审核，根据工作需要，绩效目标可委托第三方，组织相关部门、专家学者、科研院所、中介机构、社会公众代表等共同参与审核，提出审核意见。对于不符合要求的，比如绩效目标不完善或者与资金不匹配的，财政部或中央部门应要求报送单位限时修改、完善。审核符合要求后，进入项目库，并进入下一步预算编审流程。

绩效目标审核的主要内容包括四个方面：一是完整性审核，主要审核绩效目标的内容是否完整，绩效目标是否明确、清晰。二是相关性审核，主要审核绩效目标的设定与部门职能、事业发展规划是否相关，是否对申报的绩效目标设定了相关联的绩效指标，绩效指标是否细化、量化。三是适当性审核，主要审核资金规模与绩效目标之间是否匹配，在既定资金规模下，绩效目标是否过高或过低；或者要完成既定绩效目标，资金规模是否过大或过小。四是可行性审核，主要审核绩效目标是否经过充分论证和合理测算，所采取的措施是否切实可行，并能确保绩效目标如期实现；综合考虑成本效益，是否有必要安排财政资金。

绩效目标审核程序包括中央部门及其所属单位审核和财政部审核。其中，中央部门及其所属单位审核是指中央部门及其所属单位对下级单位报送的绩效目标进行审核，提出审核意见并反馈给下级单位。下级单位根据审核意见对相关绩效目标进行修改完善，重新提交上级单位审核，审核通过后按程序报送财政部。财政部审核是指财政部对中央部门报送的绩效目标进行审核，提出审核意见并反馈给中央部门。中央部门根据财政部审核意见对相关绩效目标进行修改完善，重新报送财政部审核。财政部根据绩效目标审核情况提出预算安排意见，随预算资金一并下达中央部门。

（三）绩效目标的批复、调整与应用

按照"谁批复预算，谁批复目标"的原则，财政部和中央部门在批复年初部门预算或调整预算时，一并批复绩效目标。绩效目标确定后，一般不予调整。预算执行中因特殊原因确需调整的，应按照绩效目标管理要求和预算调整流程报批。中央部门及所属单位应按照批复的绩效目标组织预算执行，并根据设定的绩效目标开展绩效监控、绩效自评和绩效评价。同时，中央部门应按照有关法律、法规要求，逐步将有关绩效目标随同部门预算予以公开。

五、生态环保分领域预算绩效评价指标体系

本部分将重点选择大气、水、土壤三大领域，参照《中央部门项目支出核心绩效目标和指标设置及取值指引（试行）》等规定的绩效指标具体编制流程，构建大气、水、土壤污染防治专项资金预算绩效评价指标体系，为农村环境整治、海洋生态保护修复等其他生态环保领域专项资金预算绩效评价指标的构建提供思路和路径参考。

（一）生态环保领域预算绩效评价指标体系的具体编制流程

根据《中央部门项目支出核心绩效目标和指标设置及取值指引（试行）》[①] 规定的绩效指标具体编制流程，可以将生态环保领域预算绩效评价指标的编制分为：预算绩效指标名称及指标解释、预算绩效指标来源及佐证材料、绩效指标值设定依据、预算绩效指标完成值取值方式、预算绩效指标完成值数据来源、指标分值权重和指标评分规则等步骤。

1. 预算绩效评价指标名称及指标解释

预算绩效评价指标名称是指末级指标的名称，是对指标含义的简要描述，一般要求简洁明确、通俗易懂，比如新增湿地恢复面积、项目验收合格率、地表水劣 V 类水体降低比例等指标。指标解释是对末级指标名称的概念性定义，包括对指标衡量的内容和范围、计算方法等。

2. 预算绩效评价指标来源及佐证材料

预算绩效指标来源包括政策文件，部门日常工作，社会机构评比、新闻媒体报道，其他参考指标，并提供对应的佐证材料，主要包括正式资料、工作资料、原始凭证、说明材料等类型。

（1）政策文件：财政部门、生态环境部门和单位可以从党中央、国务院或本部门在某一个领域明确制定的目标、规划、计划、工作要求中提炼绩效指标。此类指标主要是有明确的统计口径和获取规范的统计指标，有较高数据质量和权威性，如从《中共中央　国务院关于深入打好污染防治攻坚战的意见》中提出的空气质量优良天数比率、黄河干流上中游（花园口以上）水质 II 类比例等。

---

① 中华人民共和国财政部：《关于印发〈中央部门项目支出核心绩效目标和指标设置及取值指引（试行）〉的通知》，http://www.mof.gov.cn/jrtts/202108/t20210825_3748046.htm，2021年 8 月 25 日。

（2）部门日常工作：包括统计指标、部门管理（考核）指标、部门工作计划和项目实施方案等。其中，统计指标是指在部门日常工作中约定俗成、经常使用，并且有统计数据支撑的，可以作为绩效指标。部门管理（考核）指标是指中央部门对下属单位、地方各类考核中明确的考核指标，可以作为绩效指标。部门工作计划和项目实施方案是指中央部门对实施项目的考虑和工作安排，经规范程序履行审批手续后的，可以作为宣教指标。

（3）社会机构评比、新闻媒体报道等：具有社会公信力的非政府机构、公益机构、新闻媒体等对公共服务质量和舆论情况等长期进行不定期跟踪调查，形成的具有一定权威性和公认度的指标。

（4）其他参考指标：比如国外绩效评价管理中重点使用的指标、开展重点绩效评价采用的指标、已纳入绩效指标库管理和应用的指标等。

3. 绩效指标值设定依据

绩效指标值通常可以用绝对值和相对值表示，主要依据可以参考行业标准、计划标准、历史标准、经验标准或财政部和业务主管部门认可的其他标准进行设定。

（1）行业标准：行业标准是以某一具体行业许多个体或某项财政经费的相关指标数据为样本，运用数理统计方法，计算和制定的该行业评价标准，包括行业国际标准、行业国家标准和行业省级标准等。行业标准具有易取得性、权威性和客观性，广为评价工作者使用；行业标准的充分应用一般需要强大的数据资料库做支撑。

（2）计划标准：计划标准在国内外项目绩效评价中应用最为广泛。计划标准是指以预先制定的计划、目标、预算或定额等数据作为绩效评价标准。根据计划依据可以再细分为国家级、中央部门级计划或要求。

（3）历史标准：历史标准是以绩效评价指标的历史数据作为样本，运用一定的统计学方法，计算出各类指标的平均历史水平。在运用历史标准进行评价时，要根据价格指数、统计口径或核算方法的变化对历史标准进行修订和完善。一般可以参考近三年绩效指标的平均值、上年值、历史极值等。历史标准要求数据具有权威性和代表性，适用于较为成熟和稳定的项目及领域，对于变动较大或者新兴的项目和领域，不具有太大的参考价值。

（4）经验标准：经验标准是指根据长期的财经活动管理实践，由在该领域中具有丰富经验的专家学者，经过严密分析与研究，得到的相关指标标准。该标准适合在缺乏同行业标准比较时使用。即便行业标准与经验标准两者都可得到并使用，如果前者不如后者有权威性，为保证评价结果的认可度，也应当选择经验标准，而不是选择行业标准。

（5）其他标准：其他参考数值、类似项目的情况等。

4. 预算绩效评价指标完成值取值方式

根据生态环保领域预算绩效评价指标具体数值（情况）的特点、来源等明确取值方式。财政部门和生态环境部门等在设置绩效指标时，一并明确有关取值要求和方法。常用的方法有：

（1）直接证明法：可以根据外部权威部门出具的数据、鉴证、报告证明的方法，通常适用于常见的官方统计数据等。

（2）情况统计法：按规定口径对有关数据和情况进行清点、核实、计算、对比、汇总等整理的方法，一般适用于产出指标的取值。

（3）情况说明法：对于定性指标等难以通过量化指标衡量的情况，由部门根据设置绩效目标时明确的绩效指标来源和指标值设定依据，对指标完成的程度、进度、质量等情况进行说明并证明，并依据说明对完成等次进行判断。

（4）问卷调查法：运用统一设计的问卷向被选取的调查对象了解情况或征询意见的调查方法，一般适用于满意度调查等。部门可以根据必要性、成本和实施可行性，明确由实施单位在项目实施过程中开展。

（5）趋势判断法：运用大数据思维，结合项目实施期总体目标，对指标历史数据进行整理、修正、分析，预判项目在全生命周期不同阶段的数据趋势。

5. 预算绩效评价指标完成值数据来源

生态环保领域预算绩效评价指标完成值数据来源一般包括统计部门统计数据、权威机构调查（统计）、部门统计年鉴、部门业务统计、部门业务记录、部门业务评判、问卷调查报告、媒体舆论以及其他数据来源。

6. 指标分值权重

生态环保领域预算绩效评价指标分值权重根据项目实际情况确定。绩效评价指标一般包括成本指标、产出指标、效益指标和满意度指标四类一级指标，原则上每一项目均应设置产出指标和效益指标。一级指标权重统一按以下方式设置：对于设置成本指标的项目，成本指标20%、产出指标40%、效益指标20%、满意度指标10%（其余10%的分值权重为预算执行率指标，编制预算时暂不设置，部门或单位开展自评时使用，下同）；

对于未设置成本指标的项目，产出指标 50%、效益指标 30%、满意度指标 10%；对于不需设置满意度指标的项目，其效益指标分值权重相应可调增 10%。各指标分值权重应依据指标的相对重要程度合理设置、动态调整。在预算批复中予以明确，设立后原则上不得调整。

在进行具体指标权重设计时，可以采取三大类赋权方法：第一类是主观赋权法，即决策者或专家凭借其主观经验或直接判断人为直接给定各评价指标权重的方法，如 G1、G2 法；第二类是根据评价指标的变异程度和对其他指标的影响程度来确定权重系数的"差异驱动"型客观赋权方法，包括层次分析法、熵值法、CRITIC 法等；第三类是根据主观赋权方法和客观赋权方法进行有机结合来体现主客观信息的综合集成赋权法，如 AHP – 标准离差组合法、熵权 – G1 组合法等。

7. 指标评分规则

（1）直接赋分：主要适用于进行"是"或"否"判断的单一评判指标。符合要求的得满分，不符合要求的不得分或者扣除相应的分数。

（2）按照完成比例赋分，同时设置及格门槛。主要适用于量化的统计类等定量指标，具体可根据指标目标值的精细程度、数据变化区间进行设定。比如，指标得分 = 实际值 ÷ 目标值 × 指标基准分。

（3）按评判等级赋分。主要适用于情况说明类的定性指标，一般可以分为基本达成目标、部分实现目标、实现目标程度较低三个档次，并分别按照该指标对应分值区间 100% ~ 80%（含）、80% ~ 60%（含）、60% ~ 0 合理确定分值（分值区间可根据实际情况进行调整）。

（4）满意度赋分。适用于对服务对象、受益群体的满意程度询问调查，一般按照区间进行赋分。比如，居民和其他利益相关者对水污染防治效果的满意度 ≥90%，得 5 分；90% > 满意度 ≥60%，得分 = 满意度 ÷ 90% × 5；满意度 <60%，不得分。

（二）大气污染防治专项资金预算绩效评价指标体系

1. 大气污染防治专项资金预算绩效评价指标体系构建的基本思路

"十四五"是开启全面建设社会主义现代化国家新征程的第一个五年。为深入打好蓝天保卫战，下一步，我国将在大气污染防治行动计划已取得成效的基础上，立足新发展阶段，完整准确全面贯彻新发展理念，助力构建新发展格局，锚定 2035 年"美丽中国建设目标基本实现"以及"十四五"时期"生态文明建设实现新进步"的目标，全面落实《中共中央　国务院关于深入打好污染防治攻坚战的意见》有关要求，坚持方向不变、力度不减，突出精准、科学、依法治污，以减污降碳协同增效为总抓手，以PM2.5和臭氧协同控制为主线，强化多污染物协同控制和区域联防联控，坚决打好重污染天气消除、臭氧污染防治、柴油货车污染治理三大标志性战役，力争实现到2025年，地级及以上城市PM2.5浓度下降10%，空气质量优良天数比率达到87.5%，重污染天气基本消除的目标。

本部分结合"十四五"期间大气污染防治有关要求和总体目标以及《2021－2022年秋冬季大气污染综合治理攻坚方案》的相关要求，利用生态环保领域预算绩效评价指标框架模型细化量化目标指标，构建大气污染防治专项资金预算绩效评价指标体系。大气污染防治专项资金预算绩效评价针对资金决策进行整体性评价，侧重于对产出指标和效益指标的评价。

2. 绩效评价指标设定的主要依据

（1）《大气污染防治行动计划》；

（2）《国务院办公厅关于印发大气污染防治行动计划实施情况考核办法（试行）的通知》；

（3）《大气污染防治资金管理办法》；

（4）《2021－2022年秋冬季大气污染综合治理攻坚方案》；

（5）《财政支出绩效评价管理暂行办法》；

（6）《中央对地方专项转移支付绩效目标管理暂行办法》；

（7）《中央对地方专项转移支付管理办法》；

（8）《中共中央　国务院关于全面实施预算绩效管理的意见》；

（9）《中央部门项目支出核心绩效目标和指标设置及取值指引（试行）》；

（10）《中共中央　国务院关于深入打好污染防治攻坚战的意见》；

（11）各级环保部门提供的业务资料、财务资料及各地空气质量数据等。

3. 大气污染防治专项资金预算绩效评价指标体系的内容

大气污染防治专项资金预算绩效评价指标体系的内容包括5个一级指标、17个二级指标以及36个三级指标。其中，决策指标又分为决策过程、绩效目标、资金分配3个二级指标；过程指标又分为资金到位、资金使用、资金管理3个二级指标；产出指标又分为燃煤锅炉和炉窑综合整治、煤炭消费总量控制、VOCs综合治理、秸秆综合利用、工业排放治理、扬尘综合整治、工业结构调整、交通运输排放整治8个二级指标；效益指标

又分为生态效益和可持续影响 2 个二级指标；满意度指标分为满意度 1 个
二级指标。具体如表 6 - 9 所示。

表 6 - 9　　　　大气污染防治专项资金预算绩效评价指标体系

一级指标	二级指标	三级指标	基准分	指标解释	评分方法
决策指标（10）	决策过程	决策立项的相符性	1	年度专项资金立项条件的相符性，是指立项是否符合相关政策文件、发展规划和主管部门年度工作计划；是否根据需要制定中长期实施规划；是否满足国家需要	对照中央有关要求，项目立项与中央相关政策、国家发展战略、中央主管部门年度工作计划相符，得 1 分，制定了中长期规划，得 0.5 分；存在重大差异情况的，不得分；其余情况酌情打分
		决策程序的明确性和规范性	1	专项资金决策过程中，申报、批复程序是否明确和健全，是否符合相关管理办法；项目调整是否履行相应手续	申报、批复程序明确、符合相关管理办法，得 0.5 分；项目实施调整履行相应手续，得 0.5 分；存在重大问题的，不得分；其余情况酌情打分
	绩效目标	绩效目标的科学合理性	2	绩效目标是否符合国家相关法律法规、国民经济发展规划、部门发展政策与规划，是否符合现阶段需求，是否符合社会公众需求	绩效目标符合国家相关法律法规、国民经济发展规划、部门发展政策与规划，得 1 分；绩效目标符合现阶段需求，得 1 分，否则不得分
		绩效指标的明确性	1	绩效目标（含长期目标和年度目标）在数量、质量、成本、时效、效益等方面是否设置了细化的绩效指标，指标内容是否清晰合理，与项目年度计划数、资金量是否相符	绩效指标细化、量化程度高，绩效指标内容与年度计划数、资金量相符合，得 1 分；其余情况酌情打分
		支持项目调整比例	1	截至评价时，支持项目中调增和调减的项目数量及建设内容等发生重大变化的项目数量之和与资金支持项目数量的百分比	支持项目调整比例 10% 以下得 1 分，每增加 1% 扣 0.1 分，超过 20% 的，不得分
	资金分配	资金分配办法的科学性	2	是否根据需要制定相关资金管理办法，并在管理办法中明确资金分配依据	办法健全、规范，得 1 分；分配依据合理，得 1 分；存在重大问题的，不得分；其余情况酌情打分
		资金分配结果的合理性	2	资金分配结果是否合理，是否根据行动规划，有针对性地向重点区域倾斜	资金分配的结果合理，得 2 分；符合行动规划要求，得 1 分；其余情况酌情打分

一级指标	二级指标	三级指标	基准分	指标解释	评分方法
过程指标（20）	资金到位	资金到位率	3	中央资金下发各省份后，省一级按照项目建设计划下拨到资金使用单位情况	根据财政部关于中央对地方专项转移支付相关政策以及各省向财政部、生态环境部的汇报文件计算。资金到位率100%得5分，每减少1%扣0.1分
		资金到位时效	3	评价专项资金是否按规定时间拨付到资金使用单位	根据现场评价结果，资金及时到位，不影响项目开展的进度，得1分。按照"优秀""良好""一般"三档打分，分别得100%、80%和50%的分数
	资金使用	资金使用的合规性	3	评价是否存在支出依据不合规、虚列项目支出的情况；是否符合预算批复的用途；是否存在截留、挤占、挪用资金情况等违规情况；是否存在超标准开支情况	存在虚列（套取）、支出依据不合规、截留、挤占、挪用、超标准开支等情况，且不按规定整改的，均不得分。按照"优秀""良好""一般"三档打分，分别得100%、80%、50%的分数
		资金预算执行率	5	截至评价时，年度专项资金使用单位执行数占年度专项资金的比例	预算执行率90%以上得3分，每降低1%扣0.1分
	资金管理	资金管理制度的健全性和有效性	3	评价资金管理、费用支出等制度健全、严格执行；会计核算规范，资金管理措施与制度的执行有效，且严格按照相关制度执行	资金管理措施和制度健全，得1分。资金管理措施与制度的执行有效，且严格按照相关制度执行，得1分。按照"优秀""良好""一般"三档打分，分别得100%、80%、50%的分数
		财务监控机制的健全性和有效性	3	评价财务监控机制健全性，财务监控措施与制度的执行有效，且严格按照相关制度执行	该项分值为1分。监控机制健全，得0.5分。严格按照相关制度执行且执行有效，得0.5分。按照"优秀""良好""一般"三档打分，分别得100%、80%、50%的分数

一级指标	二级指标	三级指标	基准分	指标解释	评分方法
产出指标（40）	燃煤锅炉和炉窑综合整治	燃煤锅炉淘汰数量	2.5	燃煤锅炉淘汰数量	指标得分＝实际值÷目标值×指标基准分
		炉窑监管情况	2.5	炉窑污染治理设施建设数量	指标得分＝实际值÷目标值×指标基准分
	煤炭消费总量控制	散煤减少使用情况	2.5	散煤减少使用数量	指标得分＝实际值÷目标值×指标基准分
		煤炭消费总量控制	2.5	煤炭消费总量控制减少数量	指标得分＝实际值÷目标值×指标基准分
	VOCs综合治理	VOCs源头替代情况	2.5	VOCs原辅材料和产品源头替代数量	指标得分＝实际值÷目标值×指标基准分
		VOCs废气收集情况	2.5	VOCs废气收集量	指标得分＝实际值÷目标值×指标基准分
		VOCs自动监控设施安装数量	2.5	VOCs自动监控设施安装数量	指标得分＝实际值÷目标值×指标基准分
	秸秆综合利用	秸秆综合利用情况	2.5	评价秸秆综合利用数量	指标得分＝实际值÷目标值×指标基准分
	工业排放治理	工业烟尘治理	2.5	累计完成工业污染治理任务的数量	指标得分＝实际值÷目标值×指标基准分
		工业挥发性有机物治理	2.5	工业挥发性有机物治理任务完成的数量	指标得分＝实际值÷目标值×指标基准分
	扬尘综合整治	扬尘治理	2.5	包括"施工扬尘管控""道路扬尘控制""堆场扬尘控制""裸露地面扬尘管控"以及城市保洁和清扫任务完成数量	指标得分＝实际值÷目标值×指标基准分
	工业结构调整	淘汰落后产能和化解过剩产能	2.5	重点区域钢铁、焦化、电解铝等产业行业淘汰落后产能和化解过剩产能相关任务目标完成数量	指标得分＝实际值÷目标值×指标基准分
		产业集群绿色低碳化改造	2.5	钢铁、水泥、焦化行业及锅炉超低排放改造，玻璃、铸造、石灰、矿棉等行业提标改造，燃气锅炉推行低氮燃烧改造完成数量	指标得分＝实际值÷目标值×指标基准分

一级指标	二级指标	三级指标	基准分	指标解释	评分方法
产出指标（40）	交通运输排放整治	大宗货物和中长途货物运输"公转铁""公转水"	2.5	完成的大宗货物和中长途货物运输"公转铁""公转水"数量，铁路货运量、水路货运量	指标得分＝实际值÷目标值×指标基准分
		淘汰柴油和燃气货车	2.5	累计完成的淘汰柴油和燃气货车任务的数量	指标得分＝实际值÷目标值×指标基准分
		车用油品质量监管情况	2.5	车用油品质量抽查点建设数量	指标得分＝实际值÷目标值×指标基准分
效益指标（25）	生态效益	PM2.5浓度下降情况	4	PM2.5浓度下降情况，要求"十四五"期间地级及以上城市PM2.5浓度下降10%	指标得分＝（实际值－上年值）÷（目标值－上年值）×指标基准分
		单位国内生产总值二氧化碳排放下降情况	4	单位国内生产总值二氧化碳排放下降情况，要求"十四五"期间单位国内生产总值二氧化碳排放比2020年下降18%	指标得分＝（实际值－上年值）÷（目标值－上年值）×指标基准分
		空气质量优良天数比率	4	空气质量优良天数目标比率完成情况，要求"十四五"期间空气质量优良天数比率达到87.5%，重污染天气基本消除	指标得分＝（实际值－上年值）÷（目标值－上年值）×指标基准分
		挥发性有机物、氮氧化物排放总量控制情况	4	挥发性有机物、氮氧化物排放总量控制情况，要求"十四五"期间挥发性有机物、氮氧化物排放总量比2020年分别下降10%以上	指标得分＝（实际值－上年值）÷（目标值－上年值）×指标基准分
		臭氧浓度增长趋势控制情况	4	臭氧浓度增长趋势控制情况，要求臭氧浓度增长趋势得到有效遏制，实现细颗粒物和臭氧协同控制	指标得分＝（实际值－上年值）÷（目标值－上年值）×指标基准分
	可持续影响	管理改革创新	5	截至评价时，在大气污染防治管理模式上的改革、创新举措及其示范性和可持续性	开展和探索相关工作，成效有效的，得4～5分；成效较好的，得2～4分；成效一般的，得0～2分。未开展和探索相关工作的不得分
满意度指标（5）	满意度	社会满意度	5	社会对大气污染防治工作的满意度	满意度大于90%，得5分；70%≤满意度＜90%，得3分；满意度＜70%，不得分

4. 大气污染防治专项资金预算绩效评价指标的分值权重与指标调整

大气污染防治专项资金预算绩效评价指标分值权重的确定，主要参考项目绩效评价、大气污染防治专项资金绩效评价的经验数据以及各级大气污染防治专项资金预算绩效评价指标应当占有的合理比重等。根据《中央部门项目支出核心绩效目标和指标设置及取值指引（试行）》的要求，设置大气污染防治专项资金预算绩效评价指标中的一级指标权重为：决策指标 10%、过程指标 20%、产出指标 40%、效益指标 25%、满意度指标 5%。其中，二级、三级指标的分值权重可以综合应用定性、定量赋权方法进行确定。在评价指标体系的具体使用过程中，可以采用科学、合理的方法，根据大气污染防治专项资金的实际情况进行指标增减和权重调整等。比如，效益指标下的二级指标——经济指标和社会指标，在大气污染防治专项资金预算绩效评价中不作为具体考查重点，在具体开展时可根据实际情况进行增减。

（三）水污染防治专项资金预算绩效评价指标体系

1. 水污染防治专项资金预算绩效评价指标体系构建的基本思路

为深入打好污染防治攻坚战，"十四五"规划以及《中共中央 国务院关于深入打好污染防治攻坚战的意见》要求以更高标准打好碧水保卫战，要求坚持水资源、水环境、水生态系统治理思路，在污染减排与生态扩容两方面提出了硬招实招：一是巩固提升攻坚成效，要在国控断面点位新增近 1 倍的情况下，将全国Ⅰ—Ⅲ类水体比例上升至 83.4%，劣Ⅴ类水体比例下降至 0.6%，城市集中式饮用水水源水质优良比例达到 96%，地级及以上城市建成区黑臭水体消除比例达到 98.2%。二是紧盯重点流域和重大战略区域，延续长江保护修复攻坚战，突出问题整改和生态修复，有效恢复长江水生生物多样性；新增黄河生态保护治理攻坚战，充分考虑黄河上中下游的差异性，分区分类提出治理思路和举措。三是加强陆海统筹，重点海域综合治理攻坚战范围从渤海拓展到长江口—杭州湾、珠江口邻近海域，"一湾一策"实施综合治理，统筹推进海洋环境质量改善、生态保护修复、亲海品质提升和环境风险防范。[①]

本部分根据"十四五"期间水污染防治有关要求和总体目标以及《中

---

① 中华人民共和国生态环境部：《系列解读（1）：深入打好污染防治攻坚战建设人与自然和谐共生的美丽中国》，http://www.mee.gov.cn/zcwj/zcjd/202111/t20211109_959737.shtml，2021 年 11 月 9 日。

共中央　国务院关于深入打好污染防治攻坚战的意见》等文件的相关要求，利用生态环保领域预算绩效评价指标框架模型细化量化目标指标，构建水污染防治专项资金预算绩效评价指标体系。水污染防治专项资金预算绩效评价针对资金决策进行整体性评价，侧重于对产出指标和效益指标的评价。

2. 水污染防治专项资金预算绩效评价指标设定的主要依据

（1）《国务院关于印发水污染防治行动计划的通知》；

（2）《关于推进水污染防治领域政府和社会资金合作的实施意见》；

（3）《水污染防治资金绩效管理办法》；

（4）《水污染防治资金管理办法》；

（5）《财政支出绩效评价管理暂行办法》；

（6）《中央对地方专项转移支付绩效目标管理暂行办法》；

（7）《中央对地方专项转移支付管理办法》；

（8）《中共中央　国务院关于全面实施预算绩效管理的意见》；

（9）《中央部门项目支出核心绩效目标和指标设置及取值指引（试行）》；

（10）《中共中央　国务院关于深入打好污染防治攻坚战的意见》；

（11）各级环保部门提供的业务资料、财务资料及各地水质量数据等。

3. 水污染防治专项资金预算绩效评价指标体系的内容

水污染防治专项资金预算绩效评价指标体系的内容包括 5 个一级指标、13 个二级指标以及 35 个三级指标。其中，决策指标又分为决策过程、绩效目标、资金分配 3 个二级指标；过程指标又分为资金到位、资金使用、资金管理 3 个二级指标；产出指标又分为数量、质量和时效 3 个二级指标；效益指标又分为经济社会效益、生态效益、可持续影响 3 个二级指标；满意度指标分为满意度 1 个二级指标。具体如表 6 - 10 所示。

表 6 - 10　　水污染防治专项资金预算绩效评价指标体系

一级指标	二级指标	三级指标	基准分	指标解释	评分方法
决策指标（10）	决策过程	决策立项的相符性	1	年度专项资金立项条件的相符性，是指立项是否符合相关政策文件、发展规划和主管部门年度工作计划；是否根据需要制定中长期实施规划；是否满足国家需要	对照中央有关要求，项目立项与中央相关政策、国家发展战略、中央主管部门年度工作计划相符，得1分，制定了中长期规划，得0.5分；存在重大差异情况的，不得分；其余情况酌情打分

续表

一级指标	二级指标	三级指标	基准分	指标解释	评分方法
决策指标（10）	决策过程	决策程序的明确性和规范性	1	专项资金决策过程中，申报、批复程序是否明确和健全，是否符合相关管理办法；项目调整是否履行相应手续	申报、批复程序明确、符合相关管理办法，得0.5分；项目实施调整履行相应手续，得0.5分；存在重大问题的，不得分；其余情况酌情打分
	绩效目标	绩效目标的科学合理性	2	绩效目标是否符合国家相关法律法规、国民经济发展规划、部门发展政策与规划，是否符合现阶段需求，是否符合社会公众需求	绩效目标符合国家相关法律法规、国民经济发展规划、部门发展政策与规划，得1分；绩效目标符合现阶段需求，得1分，否则不得分
		绩效指标的明确性	1	绩效目标（含长期目标和年度目标）在数量、质量、成本、时效、效益等方面是否设置了细化的绩效指标，指标内容是否清晰合理，与项目年度计划数、资金量是否相符	绩效指标细化、量化程度高，绩效指标内容与年度计划数、资金量相符合，得1分；其余情况酌情打分
		支持项目调整比例	1	截至评价时，支持项目中调增和调减的项目数量及建设内容等发生重大变化的项目数量之和与资金支持项目数量的百分比	支持项目调整比例10%以下得1分，每增加1%扣0.1分，超过20%的，不得分
	资金分配	资金分配办法科学性	2	是否根据需要制定相关资金管理办法，并在管理办法中明确资金分配依据	办法健全、规范，得1分；分配依据合理，得1分；存在重大问题的，不得分；其余情况酌情打分
		资金分配结果的合理性	2	资金分配结果是否合理，是否根据行动规划，有针对性地向重点区域倾斜	资金分配的结果合理，得2分；符合行动规划要求，得1分；其余情况酌情打分
过程指标（20）	资金到位	资金到位率	3	中央资金下发各省份后，省一级按照项目建设计划下拨到资金使用单位情况	根据财政部关于中央对地方专项转移支付相关政策以及各省向财政部、生态环境部的汇报文件计算。资金到位率100%得5分，每减少1%扣0.1分

一级指标	二级指标	三级指标	基准分	指标解释	评分方法
过程指标(20)	资金到位	资金到位时效	3	评价专项资金是否按规定时间拨付到资金使用单位	根据现场评价结果,资金及时到位,不影响项目开展的进度,得1分。按照"优秀""良好""一般"三档打分,分别得100%、80%和50%的分数
	资金使用	资金使用的合规性	3	评价是否存在支出依据不合规、虚列项目支出的情况;是否符合预算批复的用途;是否存在截留、挤占、挪用资金情况等违规情况;是否存在超标准开支情况	存在虚列(套取)、支出依据不合规、截留、挤占、挪用、超标准开支等情况,且不按规定整改,均不得分。按照"优秀""良好""一般"三档打分,分别得100%、80%、50%的分数
		资金预算执行率	5	截至评价时,年度专项资金使用单位执行数占年度专项资金的比例	预算执行率90%以上得3分,每降低1%扣0.1分
	资金管理	资金管理制度的健全性和有效性	3	评价资金管理、费用支出等制度健全、严格执行;会计核算规范,资金管理措施与制度的执行有效,且严格按照相关制度执行	资金管理措施和制度健全,得1分。资金管理措施与制度的执行有效,且严格按照相关制度执行,得1分。按照"优秀""良好""一般"三档打分,分别得100%、80%、50%的分数
		财务监控机制的健全性和有效性	3	评价财务监控机制健全性,财务监控措施与制度的执行有效,且严格按照相关制度执行	该项分值为1分。监控机制健全,得0.5分。严格按照相关制度执行且执行有效,得0.5分。按照"优秀""良好""一般"三档打分,分别得100%、80%、50%的分数

一级指标	二级指标	三级指标	基准分	指标解释	评分方法
产出指标（40）	数量	集中式饮用水源地整治数量	3	完成的集中式饮用水源地整治个数	指标得分 = 实际值 ÷ 目标值 × 指标基准分
		新增污染负荷COD削减量	3	新增污染负荷COD削减量（吨/年）	指标得分 = 实际值 ÷ 目标值 × 指标基准分
		新增污染负荷氨氮削减量	3	新增污染负荷氨氮削减量（吨/年）	指标得分 = 实际值 ÷ 目标值 × 指标基准分
		新增污染负荷总氮削减量	3	新增污染负荷总氮削减量（吨/年）	指标得分 = 实际值 ÷ 目标值 × 指标基准分
		新增污染负荷总磷削减量	3	新增污染负荷总磷削减量（吨/年）	指标得分 = 实际值 ÷ 目标值 × 指标基准分
		新增污染负荷其他特征污染物削减量	3	新增污染负荷其他特征污染物削减量（吨/年）	指标得分 = 实际值 ÷ 目标值 × 指标基准分
		新增区域再生水循环利用量	3	新增区域再生水循环利用量（万吨/年）	指标得分 = 实际值 ÷ 目标值 × 指标基准分
		地下水污染场地修复或风险管控个数	3	完成地下水污染场地修复或风险管控个数	指标得分 = 实际值 ÷ 目标值 × 指标基准分
		新增湿地恢复面积	3	新增湿地恢复面积（平方千米）	指标得分 = 实际值 ÷ 目标值 × 指标基准分
		新增河湖生态缓冲带修复面积	3	新增河湖生态缓冲带修复面积（平方千米）	指标得分 = 实际值 ÷ 目标值 × 指标基准分
		七大重点流域水质达标数量	3	七大重点流域水质达标（达到或优于Ⅲ类）数量	指标得分 = 实际值 ÷ 目标值 × 指标基准分
	质量	项目验收合格率	3	年度中央资金支持的已完成项目竣工验收的项目中，按照正规要求通过项目验收的项目数量比例	指标得分 = 项目验收合格率 × 指标基准分
	时效	开工项目数量	2	年度专项资金支持的所有项目中已开工的项目数量（个），反映项目实施进度	指标得分 = 实际值 ÷ 目标值 × 指标基准分
		完工项目数量	2	年度中央资金支持的所有项目中完成竣工验收的项目数量（个），反映项目实施进度	指标得分 = 实际值 ÷ 目标值 × 指标基准分

续表

一级指标	二级指标	三级指标	基准分	指标解释	评分方法
效益指标（25）	经济社会效益	带动地方和社会资金投入	5	年度中央资金支持项目地方和社会资金投入资金合计，反映中央资金投入带动作用，地方资金投入是指地方各级政府的资金投入	带动地方和社会资金投入÷中央资金大于2（含）的，得满分；0.7（含）至2的，得分为指标基准分×80%；低于0.7的不得分
	生态效益	地表水Ⅰ–Ⅲ类水体比例上升情况	2.5	地表水Ⅰ–Ⅲ类水体比例上升情况，要求"十四五"期间完成地表水Ⅰ–Ⅲ类水体比例达到85%	指标得分＝（实际值－上年值）÷（目标值－上年值）×指标基准分
		城市黑臭水体消除情况	2.5	城市黑臭水体消除情况，要求"十四五"期间实现县级城市建成区基本消除黑臭水体，京津冀、长三角、珠三角等区域力争提前1年完成	指标得分＝（实际值－上年值）÷（目标值－上年值）×指标基准分
		长江流域总体水质以及干流水质状况	2.5	长江流域总体水质以及干流水质状况，要求"十四五"期间长江流域总体水质保持为优，干流水质稳定达到Ⅱ类	指标得分＝（实际值－上年值）÷（目标值－上年值）×指标基准分
		黄河干流上中游（花园口以上）水质以及干流和主要支流生态流量情况	2.5	黄河干流上中游（花园口以上）水质以及干流和主要支流生态流量情况，要求"十四五"期间实现黄河干流上中游（花园口以上）水质达到Ⅱ类，干流及主要支流生态流量得到有效保障	指标得分＝（实际值－上年值）÷（目标值－上年值）×指标基准分
		县级及以上城市集中式饮用水水源水质达到或优于Ⅲ类比例上升情况	2.5	县级及以上城市集中式饮用水水源水质达到或优于Ⅲ类比例上升情况，要求"十四五"期间实现全国县级及以上城市集中式饮用水水源水质达到或优于Ⅲ类比例总体高于93%	指标得分＝（实际值－上年值）÷（目标值－上年值）×指标基准分
		重点海域水质优良情况	2.5	重点海域水质优良情况，要求"十四五"期间实现重点海域水质优良比例比2020年提升2个百分点左右，省控及以上河流入海断面基本消除劣Ⅴ类	指标得分＝（实际值－上年值）÷（目标值－上年值）×指标基准分
	可持续影响指标	管理改革创新	5	截至评价时，在水污染防治管理模式上的改革、创新举措及其示范性和可持续性	开展和探索相关工作，成效有效的，得4～5分；成效较好的，得2～4分；成效一般的，得0～2分。未开展和探索相关工作的不得分

一级指标	二级指标	三级指标	基准分	指标解释	评分方法
满意度指标（5）	满意度指标	社会满意度	5	社会对水污染防治工作的满意度	满意度大于90%，得5分；70%≤满意度<90%，得3分；满意度<70%，不得分

4. 水污染防治专项资金预算绩效评价指标的分值权重与指标调整

水污染防治专项资金预算绩效评价指标分值权重的确定，主要参考项目绩效评价、水污染防治专项资金绩效评价的经验数据以及各级政府水污染防治专项资金预算绩效评价指标应当占有的合理比重等。根据《中央部门项目支出核心绩效目标和指标设置及取值指引（试行）》要求，设置一级指标权重为：决策指标10%、过程指标20%、产出指标40%、效益指标25%、满意度指标5%；二级、三级指标的分值权重可以综合应用定性、定量赋权方法进行确定。在评价指标体系的具体使用过程中，可以采用科学、合理的方法，根据水污染防治专项资金的实际情况进行指标增减和权重调整等。

（四）土壤污染防治专项资金预算绩效评价指标体系

1. 土壤污染防治专项资金预算绩效评价指标体系构建的基本思路

"十四五"规划以及《中共中央　国务院关于深入打好污染防治攻坚战的意见》对"十四五"时期土壤污染防治工作做出新的部署，要求以更高标准打好净土保卫战。要求坚持保护优先、风险管控的原则，提出了保障农产品质量安全和人居环境安全的重点举措：一是有效防控土壤污染风险，实施农用地土壤镉等重金属污染源头防治行动，推进土壤污染面积较大的100个农用地安全利用示范，严格建设用地环境准入管理和用途管制。二是突出农业农村污染治理，因地制宜推进农村厕所革命、生活污水治理、生活垃圾治理，基本消除较大面积黑臭水体，深入实施化肥农药减量增效行动和农膜回收行动，加强农业面源污染防治。三是提升固体废物和新污染物治理能力，对"无废城市"建设、新污染物治理等领域，根据最新要求提出了针对性举措。①

　　本部分根据"十四五"期间土壤污染防治有关要求和总体目标以及《中共中央　国务院关于深入打好污染防治攻坚战的意见》等文件的相关要求，利用生态环保领域预算绩效评价指标框架模型细化量化目标指标，构建土壤污染防治专项资金预算绩效评价指标体系。土壤污染防治专项资金预算绩效评价针对资金决策进行整体性评价，侧重于产出指标和效益指标。

　　2. 土壤污染防治专项资金预算绩效评价指标设定的主要依据

　　（1）《国务院关于印发土壤污染防治行动计划的通知》；

　　（2）《土壤污染防治行动计划实施情况评估考核规定（试行）》；

　　（3）《建设用地土壤污染状况调查、风险评估、风险管控及修复效果评估报告评审指南》；

　　（4）《土壤污染防治基金管理办法》；

　　（5）《财政支出绩效评价管理暂行办法》；

　　（6）《中央对地方专项转移支付绩效目标管理暂行办法》；

　　（7）《中央对地方专项转移支付管理办法》；

　　（8）《中共中央　国务院关于全面实施预算绩效管理的意见》；

　　（9）《中央部门项目支出核心绩效目标和指标设置及取值指引（试行）》；

　　（10）《中共中央　国务院关于深入打好污染防治攻坚战的意见》；

　　（11）各级环保部门提供的业务资料、财务资料及各地土壤质量数据等。

　　3. 土壤污染防治专项资金预算绩效评价指标体系的内容

　　土壤污染防治专项资金预算绩效评价指标体系的内容包括6个一级指标、15个二级指标以及30个三级指标。其中，决策指标又分为决策过程、绩效目标、资金分配3个二级指标；成本指标含项目成本管理1个二级指标；过程指标又分为资金到位、资金使用、资金管理3个二级指标；产出指标又分为数量、质量和时效3个二级指标；效益指标又分为经济效益、社会效益、生态效益、可持续影响4个二级指标；满意度指标含满意度1个二级指标。具体如表6-11所示。

---

　　① 中华人民共和国生态环境部：《系列解读（1）：深入打好污染防治攻坚战建设人与自然和谐共生的美丽中国》，http://www. mee. gov. cn/zcwj/zcjd/202111/t20211109 _959737. shtml，2021 年 11 月 9 日。

表6-11 土壤污染防治专项资金预算绩效评价指标体系

一级指标	二级指标	三级指标	基分值	指标解释	评分方法
决策指标（10）	决策过程	决策立项的相符性	1	年度专项资金立项条件的相符性，是指立项是否符合相关政策文件、发展规划和主管部门年度工作计划；是否根据需要制定中长期实施规划；是否满足国家需要	对照中央有关要求，项目立项与中央相关政策、国家发展战略、中央主管部门年度工作计划相符，得1分，制定了中长期规划，得0.5分；存在重大差异情况的，不得分；其余情况酌情打分
		决策程序的明确性和规范性	1	专项资金决策过程中，申报、批复程序是否明确和健全、是否符合相关管理办法；项目调整是否履行相应手续	申报、批复程序明确、符合相关管理办法，得0.5分；项目实施调整履行相应手续，得0.5分；存在重大问题的，不得分；其余情况酌情打分
	绩效目标	绩效目标的科学合理性	2	绩效目标是否符合国家相关法律法规、国民经济发展规划、部门发展政策与规划，是否符合现阶段需求，是否符合社会公众需求	绩效目标符合国家相关法律法规、国民经济发展规划、部门发展政策与规划，得1分；绩效目标符合现阶段需求，得1分，否则不得分
		绩效指标明确性	1	绩效目标（含长期目标和年度目标）在数量、质量、成本、时效、效益等方面是否设置了细化的绩效指标，指标内容是否清晰合理，与项目年度计划数、资金量是否相符	绩效指标细化、量化程度高，绩效指标内容与年度计划数、资金量相符合，得1分；其余情况酌情打分
		支持项目调整比例	1	截至评价时，支持项目中调增和调减的项目数量及建设内容等发生重大变化的项目数量之和与资金支持项目数量的百分比	支持项目调整比例10%以下得1分，每增加1%扣0.1分，超过20%的，不得分
	资金分配	资金分配办法科学性	2	是否根据需要制定相关资金管理办法，并在管理办法中明确资金分配依据	办法健全、规范，得1分；分配依据合理，得1分；存在重大问题的，不得分；其余情况酌情打分
		资金分配结果的合理性	2	资金分配结果是否合理，是否根据行动规划，有针对性地向重点区域倾斜	资金分配的结果合理，得2分；符合行动规划要求，得1分；其余情况酌情打分

一级指标	二级指标	三级指标	基分值	指标解释	评分方法
成本指标（10）	项目成本管理	项目采购成本节约率	5	评价同类型项目采购成本节约情况	成本节约率超过20%，得4~5分；超过10%，得2~4分；未节约得0~1分
		项目实施成本	5	项目实施过程中成本管理情况	成本控制得好，得4~5分；成本控制一般，得2~4分；成本控制不好，得0分
过程指标（15）	资金到位	资金到位率	2	中央资金下发各省份后，省一级按照项目建设计划下拨到资金使用单位情况	根据财政部关于中央对地方专项转移支付相关政策以及各省向财政部、生态环境部的汇报文件计算。资金到位率100%得5分，每减少1%扣0.1分
		资金到位时效	2	评价专项资金是否按规定时间拨付到资金使用单位	根据现场评价结果，资金及时到位，不影响项目开展的进度，得1分。按照"优秀""良好""一般"三档打分，分别得100%、80%和50%的分数
	资金使用	资金使用的合规性	2	评价是否存在支出依据不合规、虚列项目支出的情况；是否符合预算批复的用途；是否存在截留、挤占、挪用资金情况等违规情况；是否存在超标准开支情况	存在虚列（套取）、支出依据不合规、截留、挤占、挪用、超标准开支等情况，且不按规定整改的，均不得分。按照"优秀""良好""一般"三档打分，分别得100%、80%、50%的分数
		资金预算执行率	3	截至评价时，年度专项资金使用单位执行数占年度专项资金的比例	预算执行率90%以上得3分，每降低1%扣0.1分
	资金管理	资金管理制度的健全性和有效性	3	评价资金管理、费用支出等制度健全、严格执行；会计核算规范，资金管理措施与制度的执行有效，且严格按照相关制度执行	资金管理措施和制度健全，得1分。资金管理措施与制度的执行有效，且严格按照相关制度执行，得1分。按照"优秀""良好""一般"三档打分，分别得100%、80%、50%的分数

续表

一级指标	二级指标	三级指标	基分值	指标解释	评分方法
过程指标（15）	资金管理	财务监控机制的健全性和有效性	3	评价财务监控机制健全性，财务监控措施与制度的执行有效，且严格按照相关制度执行	该项分值为1分。监控机制健全，得0.5分。严格按照相关制度执行且执行有效，得0.5分。按照"优秀""良好""一般"三档打分，分别得100%、80%、50%的分数
产出指标（40）	数量	完成土壤污染监测点位数（个）	6	土壤污染监测类项目完成的土壤监测点位数	指标得分＝实际值÷目标值×指标基准分
		完成土壤污染调查、评估面积（亩）	6	土壤污染状况调查、评估类项目合计完成的土壤调查、评估面积	指标得分＝实际值÷目标值×指标基准分
		完成建设用地风险管控、治理修复地块数（块）	6	污染地块风险管控和治理修复项目合计开展的土壤污染治理修复地块数量	指标得分＝实际值÷目标值×指标基准分
		完成农用地安全利用面积（亩）	6	农用地安全利用项目合计开展的受污染耕地安全利用面积	指标得分＝实际值÷目标值×指标基准分
		完成土壤污染源治理数量（个）	6	耕地周边重金属污染源防控和历史遗留污染源整治项目合计开展的污染源治理数量	指标得分＝实际值÷目标值×指标基准分
	质量	项目整体验收通过情况	5	对照相关质量管理制度和验收情况，评价参与验收的项目质量达标情况	根据现场调研情况，对照年度项目的达标情况，按照"优秀""良好""一般"三档打分，分别得100%、80%、50%的分数
	时效	项目整体进度实施的合理性	5	项目整体进度实施的合理性	项目整体进度与计划进度完全相符，得2分，按照"优秀""良好""一般"三档打分，分别得100%、80%、50%的分数

续表

一级指标	二级指标	三级指标	基分值	指标解释	评分方法
效益指标（20）	经济效益指标	带动地方和社会资金投入	4	截至评价时，年度专项资金支持项目地方和社会资金投入资金合计，反映专项资金投资带动作用	带动地方和社会资金投入÷中央专项资金≥2的，得3分；0.7≤带动地方和社会资金投入÷中央专项资金<2的，得1.5分；低于0.7的不得分
	社会效益指标	带动相关产业发展、就业人数增加	4	截至评价时，年度专项资金支持项目带动的就业人数增加量	指标得分＝实际值÷目标值×3。其中，实际值为年度中央专项资金支持项目实际带动增加的就业人数；目标值为年度中央专项资金支持项目计划带动增加的就业人数基准值
	生态效益指标	农村生活污水治理率上升情况	2	农村生活污水治理率上升情况，要求"十四五"期间实现农村生活污水治理率达到40%	指标得分＝（实际值－上年值）÷（目标值－上年值）×指标基准分
		化肥农药利用率上升情况	2	化肥农药利用率上升情况，要求"十四五"期间实现化肥农药利用率达到43%	指标得分＝（实际值－上年值）÷（目标值－上年值）×指标基准分
		全国畜禽粪污综合利用率上升情况	2	全国畜禽粪污综合利用率上升情况，要求"十四五"期间实现全国畜禽粪污综合利用率达到80%以上	指标得分＝（实际值－上年值）÷（目标值－上年值）×指标基准分
		受污染耕地安全利用率上升情况	2	受污染耕地安全利用率上升情况，要求"十四五"期间实现受污染耕地安全利用率达到93%左右	指标得分＝（实际值－上年值）÷（目标值－上年值）×指标基准分
	可持续影响指标	管理改革创新	4	截至评价时，在土壤污染防治管理模式上的改革、创新举措及其示范性和可持续性	开展和探索相关工作，成效有效的，得4分；成效较好的，得2～4分；成效一般的，得0～2分。未开展和探索相关工作的不得分
满意度指标（5）	满意度指标	社会满意度	5	社会对土壤污染防治工作的满意度	满意度大于90%，得5分；70%≤满意度<90%，得3分；满意度<70%，不得分

4. 土壤污染防治专项资金预算绩效评价指标的分值权重与指标调整

土壤污染防治专项资金预算绩效评价指标分值权重的确定，主要参考项目绩效评价、土壤污染防治专项资金绩效评价的经验数据以及各级政府土壤污染防治专项资金预算绩效评价指标应当占有的合理比重等。根据《中央部门项目支出核心绩效目标和指标设置及取值指引（试行）》要求，设置一级指标权重为：决策指标 10%、过程指标 20%、产出指标 40%、效益指标 25%、满意度指标 5%；二级、三级指标的分值权重可以综合应用定性、定量赋权方法进行确定。在评价指标体系的具体使用过程中，可以采用科学、合理的方法，根据土壤污染防治专项资金的实际情况进行指标增减和权重调整等，突出重点评价。

第三节　我国生态环保领域预算项目绩效评价方法构建

推进预算绩效评价从理论到实践的转化，实现绩效的可比性和绩效管理的精细化，不仅涉及预算绩效评价指标体系的设计，还包括评价方法的选择、指标权重确定等诸多问题。预算绩效评价方法众多，随着绩效评价的渐进式推进而持续演变不断带来更新的方法，包括定性评价方法和定量评价方法。生态环保领域预算绩效评价应遵循目标引领、科学规范性、独立客观性、公正公开性、绩效相关性原则，选择科学合理的评价方法进行预算绩效评价，以推进绩效评价的落实，促进绩效评价发挥预期作用。

通过工具筛选后的指标以及调查获得的数据通常不能直接进行分析，而是需要进行预处理，尤其对于某些方法来说预处理是必备的。数据预处理一般需要解决三个方面的问题：第一，数据属性问题。一些指标的属性值越大越好，而一些指标的属性则要求越小越好，在具体评价前需要对其进行处理。第二，数据非量纲化问题。指标的复杂多样性决定了指标量纲的多样性，在绩效评价前需要对指标进行无量纲化处理，通过简单的数学变换来消除各指标量纲的影响。常见的无量纲化方法包括标准化处理法、线性比例法（一般包括一般线性变换法、归一化处理法）、极值处理法、向量规范法、功效系数法等。在选取无量纲化方法时，需要将无量纲化方法特征同特定的综合评价方法结合起来考虑，据此确定匹配绩效评价方法的最佳无量纲化方法。[1] 第三，指标取值范围问题。数据的取值范围大小不一，需要对数据进行归一化处理。[2]

（一）标准化处理法

$$x_{ij}^* = \frac{x_{ij} - \bar{x}_j}{s_j}$$

其中，$\bar{x}_j$、s_j（$j = 1, 2, \cdots, m$）分别为 j 项指标观测值的（样本）平均值和（样本）标准差，x_{ij}^* 为标准观测值。

标准化处理法处理样本均值为 0，方差为 1，对于指标值恒定（即 $s_j = 0$）、要求指标值 $x_{ij}^* > 0$ 的评价方法并不适用。

（二）线性比例法

1. 一般线性变化法

$$z_{ij} = \frac{y_{ij}}{y_j^*}, \ i \in M, \ M = \{1, 2, \cdots, m\}; \ j \in N, \ N = \{j = 1, 2, \cdots, n\}$$

其中，y_j^* 为一取定的特殊点，根据指标属性类型，一般可取 y_j^{max}、y_j^{min} 或 $\bar{y}_j$，三者分别为 y_j^* 的最大值、最小值和均值。

2. 归一化处理法

$$z_{ij} = \frac{y_{ij}}{\sum_{i=1}^{n} y_{ij}}$$

归一化处理可以看成是线性比例法的一种特例。[3] 通过归一化处理，使得所有指标数据之和等于 1。

（三）极值处理法

效益型指标：$z_{ij} = \dfrac{y_{ij} - y_j^{min}}{y_j^{max} - y_j^{min}}$；

---

① 李玲玉、郭亚军、易平涛：《无量纲化方法的选取原则》，载于《系统管理学报》2016年第 6 期，第 1040～1045 页。

② 财政部预算评审中心：《中国财政支出绩效评价体系研究》，经济科学出版社 2017 年版，第 226 页。

③ 郭亚军、易平涛：《线性无量纲化方法的性质分析》，载于《统计研究》2008 年第 2 期，第 93～100 页。

成本性指标：$z_{ij} = \dfrac{y_j^{max} - y_{ij}}{y_j^{max} - y_j^{min}}$；

固定性属性：$z_{ij} = 1 - \dfrac{y_{ij} - y_j^{max}}{\max_i |y_{ij} - y_j^{max}|}$，$i \in M$，$j \in N$；

区间型属性：$z_{ij} = |y_{ij} - y_j^{min}| - \dfrac{\min_i |y_{ij} - y_j^{min}|}{\max_i |y_{ij} - y_j^{min}| - \min_i |y_{ij} - y_j^{min}|}$，$i \in$

M，$j \in N$；

偏离型属性：$z_{ij} = \begin{cases} 1 - \dfrac{\max(y_{j_1}^{max} - y_{ij},\ y_{ij} - y_{j_2}^{max})}{\max(y_{j_1}^{max} - y_j^{min},\ y_j^{max} - y_{j_2}^{max})} & x_{ij} \in [x_{j_1}^{max},\ x_{j_1}^{max}], \\ 1, & x_{ij} \notin [x_{j_1}^{max},\ x_{j_1}^{max}], \end{cases}$

$i \in M$，$j \in N$。

极值处理法对每类属性度量出来的属性值严格从 0 到 1 变化，其中，0 表示最差的状态，1 表示最好的状态，且不会带来结果上比例差异的改变。[1]

（四）向量规范法

$$x_{ij}^* = \dfrac{x_{ij}}{\sqrt{\sum_{i=1}^n x_{ij}^2}}$$

当$x_{ij} \geq 0$时，$x_{ij}^* \in (0,\ 1)$，无固定的最大值、最小值，$\sum_i (x_{ij}^*)^2 = 1$。

（五）功效系数法

$$x_{ij}^* = c + \dfrac{x_{ij} - m_j'}{M_j' - m_j'} * d$$

其中，M_j'、m_j'分别为指标x_j的满意值和不容许值，c、d均为已知正常数，c的作用是对变换后的值进行"平移"，d的作用是对变换后的值进行"放大"或"缩小"。取值的最大值为$c + d$，最小值为c。[2]

---

① 张晓明：《决策分析中的数据无量纲化方法比较分析》，载于《闽江学院学报》2012 年第 5 期，第 21 ~ 25 页。
② 企业绩效评价课题研究组、王济民、蔡颖：《对功效系数法中标准值确定方法的研究》，载于《财务与会计》2016 年第 12 期，第 26 ~ 27 页。

一、生态环保领域预算绩效评价方法

生态环保领域预算绩效评价方法众多，一般可以分为定性评价方法和定量评价方法两类。计算方法的选择将直接影响绩效评价结果的科学性、合理性和准确性。在进行实际的生态环保领域预算绩效评价时，可以根据具体实施情况，选择某一种方法计算，或者综合运用若干种方法，再根据不同的权重加权计算各种方法的评价结果，得到最终得分。常见的定性评价方法包括因素分析法、目标与实施结果比较法、德尔菲法、综合评价法等；常见的定量评价方法包括层次分析法、主成分分析法、数据包络分析法、TOPSIS 法、功效系数法等。

（一）定性评价方法

1. 因素分析法

因素分析法，又称因素替代法，是一种通过对某项综合指标的变动原因按其内在的组成因素进行顺次逐个的数量分析，从而确定各个因素对该指标的影响程度和方向的分析方法。运用因素分析法时，首先要研究分析对象的形成过程，从中找出构成分析对象的各个因素，再通过与相对应的判断标准的构成因素逐项对比，确定各个因素差异形成的影响程度，帮助分析者从中找出主要矛盾，为下一步解决问题指明主攻方向。[1]

因素分析法揭示了各因素变动对指标的影响程度和方向，有利于判断原因和分清责任，适用于因素与指标的因果关系较为清晰、易于衡量的政策或项目的评价。当潜在影响因素较多、因素与指标的关系式较为复杂且数据不易获得或者不易衡量时，因素分析法的局限就显露出来了。

2. 目标与实施结果比较法

目标与实施结果比较法通过将一项项目或政策所产生的实际效果与预定目标进行对比，分析目标完成情况以及未完成目标的原因，进而对比预定目标和实际效益、横向部门和地区同类投入实施效果，以及本部门和地区历史记录与当前状况，从而评价绩效目标的实现程度。[2]

---

[1]　杨妍珑：《浅议杜邦分析法和因素分析法在财务管理中的应用》，载于《财政监督》2010年第 20 期，第 34～36 页。
[2]　财政部预算评审中心：《中国财政支出政策绩效评价体系研究》，经济科学出版社 2017年版，第 61 页。

目标与实施结果比较法简单易行，可用于对部门和单位的评价，也可用于对周期性较长项目的评价，还可用于规模及结构效益方面的评价。但由于该方法主观性较强，模糊空间较大，对于目标不明确的政策或项目，绩效评价能力不强，因此往往需要与其他评价方法结合使用。

3. 德尔菲法

德尔菲法，也称专家调查法，是1946年美国兰德公司与道格拉斯公司合作研究一个美国空军发起的项目时，提出的一种调查和分析专家意见的有效方法，该方法广泛应用于商业、军事、教育、卫生保健等领域。德尔菲法使专家系统地、匿名地、有充分时间地利用自己的知识水平去处理复杂的问题，通过一系列集中的专家调查问卷并辅以有控制的观点反馈，直到达成共识。[1] 在缺乏数据、不确定性高的情况下，德尔菲法是预测未来的最好方法。[2] 经典的德尔菲法原理主要包括建立项目评估（预测）领导小组、选择专家、轮回征询、统计分析4个步骤。[3]

作为一种成熟的定性系统评价和预测方法，德尔菲法被广泛应用于各种评价指标体系的建立、指标的确定以及绩效评价过程中，尤其适用于缺乏精确数据支撑时，需要根据专家集体的专业知识和经验来进行直观判断的情形。[4] 德尔菲法在实际运用中也存在局限性，比如专家的选择是决定德尔菲法成败的关键，专家选择的标准和质量存在不稳定性、低代表性等问题，容易导致评价结果质量参差不齐。此外，德尔菲法对问卷设计的要求比较高，既要求问题描述清晰完整，又对专家意见汇总提出较高的要求。

4. 综合评价法

在绩效评价过程时，往往存在一些不能定量化计算的指标，如政策目标群体的满意度指标。对此，可以通过建立编码簿等手段将定性的资料定量化，最终得到可以反映程度的数值结果。定量指标值的确定通常遵循递进平均与分段平均两种方式。（1）递进平均法：递进平均法的基本过程为：首先，计算样本数据在指定指标上的平均值a，并将a设为该项指标

① Krzyzanowska M K. Identifying population-level indicators to measure the quality of cancer care for women. *International Journal for Quality in Health Care*, 2011, 23（5）：554–564.

② Dalkey N., Helmer O. An experimental application of the Delphi method to the use of experts. *Management Science*, 1963, 9（3）：458–467.

③ 邓芳：《采用德尔菲法构建精神卫生立法评价指标框架》，中南大学硕士学位论文，2014年。

④ Dalkey N, Helmer O. An experimental application of the Delphi method to the use of experts. *Management Science*, 1963, 9（3）：455–468.

上评价标准值的平均值。其次，在全部的指标数据中挑选出小于 a 的数据，求出这些数据的平均值 b，b 设为该项指标上评价标准值的较差值。最后，从全部指标数据中挑选出小于 b 的数据，求出这些数据的平均值 c，c 被视为该项指标上评价标准值的差值。同理，反向计算可以得到较优值 d 与优值 e。① （2）分段平均法：首先，将指定指标上的样本数据从高到低进行排序，并根据需要分为 n 段。比如将样本数据分为五段，取最高的 20% 数据的平均值作为"优"的标准值，以此类推，得出"较优""中等""较差""差"的标准值。②

综合评价法适用于难以直接量化的政策或项目，通过将定性资料定量化，从而得到可比性的数值结果。但该方法不太适合复杂的政策或项目，容易导致评价结果粗糙、失真等问题。

（二）定量评价方法

1. 层次分析法

层次分析法（AHP）是由美国匹兹堡大学教授托马斯·萨蒂于 20 世纪 70 年代中期提出的一种层次权重决策分析方法。其基本思想就是将组成复杂问题的多个元素权重的整体判断转变为对这些元素进行"两两比较"，然后再转为对这些元素的整体相对重要性进行排序判断，最后确立各元素的权重。③ 在进行设计前，首先需要专家团来初步确定各项指标的权重值，并对专家判断的结果通过设立矩阵的方式进行一致性检验，当检验不通过时，需要专家团重新讨论设定权重值，直至通过检验为止。④ 层次分析法有 4 种计算权重的方法。一般而言，利用层次分析法解决实际问题时，都是采用其中的某一种方法求权重变量，并得出相应的结果。这 4 种方法得出的结果一般比较接近，但也存在细微差别，这些细微的差别可能在解决实际问题时会导致得出不一样的结果。

层次分析法作为一种动态的评估方法，把定性分析和定量分析有机结合起来，避免了人们由于主观判断可能导致的偏颇，因而能处理许多传统

---

① 刘俊勇：《公司业绩评价与激励机制》，中国人民大学出版社 2009 年版。
② 王爱学：《公共产品政府供给绩效评估理论与实证分析》，中国科学技术大学博士学位论文，2008 年。
③ 彭国甫、李树丞、盛明科：《应用层次分析法确定政府绩效评估指标权重研究》，载于《中国软科学》2004 年第 6 期，第 136 ~ 139 页。
④ 申志东：《运用层次分析法构建国有企业绩效评价体系》，载于《审计研究》2013 年第 2 期，第 106 ~ 112 页。

的最优化技术无法着手的实际问题，应用范围比较广泛。但是，在具体应用中，层次分析法也难以摆脱评价过程中的随机性和评价专家主观上的不确定性以及认识上的模糊性等问题。当指标众多时，容易使判断矩阵出现严重的不一致现象，导致很难出现一致性。

2. 主成分分析法

主成分分析法（简称"PCA"）是使用一种数学上的降维思想方式，在损失很少信息的前提下把多个指标转化为几个综合指标的多元统计方法。主成分分析法最早是作为多元数据的降维处理技术而被提出的，现已被广泛应用于综合评价。主成分分析法的基本思想是在众多的相关指标（变量）中，寻找某种变换（通常是线性的），生成少数较有代表性的综合指标。[1] 但是，由于主成分分析的结果依赖于原始变量的结构，因此对如何选择原始变量没有统一的方法。

主成分分析方法作为一种客观的评价方法，通过指标之间相关性的内在联系，能在保留原有信息的基础上减少指标，大大简化原来的指标体系和指标结构，是社会经济统计中应用最多、效果最好的方法。[2] 但是，主成分分析法的计算过程比较烦琐，对样本量的要求较大，而且评价结果依赖于原始变量的结构，因此对如何选择原始变量没有统一的方法。此外，主成分分析法假设指标之间都为线性关系，在实际应用中，对于指标之间并非线性关系的项目或政策，可能会导致评价结果出现偏差。

3. 数据包络分析法

数据包络分析法（Data Envelopment Analysis，DEA）是以相对效率概念为基础，对同类型的多输入、多输出决策单元进行相对有效性评估的非参数系统分析方法。[3] DEA 的研究历史最早可以追溯到 1957 年法雷尔（Farrell）提出的包络思想[4]，正式诞生则是于 1978 年，由查恩斯、库珀和罗兹（Charnes，Cooper and Rhodes）提出了首个数据包络分析的方法。[5] DEA 的核心部分就是求产出与投入的比值，其基本思路是将每一个被评价

---

① 刘国永等：《预算绩效管理实践指导》，江苏大学出版社 2014 年版，第 90 页。

② 虞晓芬、傅玳：《多指标综合评价方法综述》，载于《统计与决策》2004 年第 11 期，第 119~121 页。

③ 魏权龄：《数据包络分析（DEA）》，载于《科学通报》2000 年第 17 期，第 1793~1808 页。

④ Farrell M J. The measurement of productive efficiency. *Journal of the Royal Statistical Society*, 1957, 120 (3): 253-290.

⑤ Charnes A, Cooper W W, Rhodes E. Measuring the efficiency of decision making units. *European Journal of Operational Research*, 1978, 2 (6): 429-444.

单位作为一个决策单元（Decision Making Units，DMU），再由众多的 DMU 构成被评价群体，通过对投入和产出比率的综合分析，以 DMU 的各个投入和产出指标的权重为变量进行评价运算，确定有效生产前沿面，并根据各 DMU 与有效生产前沿面的距离状况，确定各 DMU 是否 DEA 有效，同时还可以用投影方法指出非 DEA 有效或弱 DEA 有效 DMU 的原因以及改进的方向和程度。[①] 根据生产可能集、测度、偏好、变量的类型、问题的层次以及数据是否确定等因素，可以形成不同的 DEA 模型。[②] 现有 DEA 模型已有上百种，用以解决不同的实践问题。

DEA 模型的优势在于：一是自行设计权重，避免主观设计干扰；二是无须事先设定评估标准和相关参数；三是指标不受单位影响，无须去量纲化；四是可以处理多投入多产出的问题；五是对数据类别要求不高，无须统一。但是，由于各个决策单元都是从最有利于自己的角度求权重的，导致这些权重随着 DMU 的不同而不同，每个决策单元的特性缺乏可比性。

4. TOPSIS 法

优劣解举例法（Technique for Order Preference by Similarity to an Ideal Solution，TOPSIS）是有限方案多目标决策分析中常用的一种科学方法。TOPSIS 法于 1981 年被首次提出[③]，其基本原理是构造评价问题的理想解和负理想解，并通过测度被评价对象的指标向量与综合评价问题的理想解和负理想解的相对距离进行排序，确定最优方案。

TOPSIS 方法对样本资料要求较低，易于理解、应用方便且计算简单，加上对原始数据利用得比较充分，信息损失较少，因而被广泛地应用于各研究领域，但该方法不能解决评价指标间相关造成的评价信息重复问题，因而需要与其他方法配合使用。此外，由于 TOPSIS 法的权重是事先主观确定的，因而具有一定的随意性。当评判的环境及自身条件发生变化时，指标值也相应会发生变化，可能引起"最优点"与"最劣点"的改变，使得排出的顺序随之改变，进而导致评价结果不具有唯一性。

5. 功效系数法

功效系数法，又称为功效函数法，是哈灵顿（E. C. Harrington）于

[①] 李美娟、陈国宏：《数据包络分析法（DEA）的研究与应用》，载于《中国工程科学》2003 年第 6 期，第 88~94 页。

[②] 杨国梁、刘文斌、郑海军：《数据包络分析方法（DEA）综述》，载于《系统工程学报》2013 年第 6 期，第 840~860 页。

[③] 朱永松、国澄明：《基于相关系数的相关跟踪算法研究》，载于《中国图象图形学报》2004 年第 8 期。

1965年提出的用于解决多目标决策问题的一种研究方法。其含义是：在评价某一整体的综合效益时，一般有多种性质和度量单位不同的指标，这些指标之间量化标准不明确，不能直接进行运算，需要通过一定形式的函数关系将其转化为同度量指标，再将这些同度量指标加权综合，使之形成一种综合指标，称为总功效系数，以此评价整体的综合效益。功效系数法的基本原理是对每一个评价指标确定一个满意值和不允许值，以满意值为上限，不允许值为下限，计算指标达到满意值的程度，以此确定指标分数，对各指标进行加权评价，从而对研究对象进行综合评价。

功效系数法作为一种常见的定量评价方法，评价不受各种主观因素的干扰，能够客观、公正地判断组织的绩效情况。但是此方法对不同性质的指标处理能力有限，只能反映某一时间点该评价单元的绩效情况。

6. 模糊综合评价法

模糊综合评价法以应用模糊系统为基本理论基础，对具体事物建立评价因素集、各因素权重集、各种评价结果组成的评价集，采用一定的合成算子进行综合预算和评价。一般而言，一个模糊评价包括指标体系的选用、标准值的确定、目标集确定、原始数据的标准化、各因素权重确定、合成算子的选择、计算综合指标值和综合指标隶属度等步骤。[1] 模糊综合评价法将难以量化的模糊问题转化为数量，即将定性指标定量化，使得结论更加清晰。

模糊综合评价法实现了定性和定量方法的有效结合，能很好地解决判断模糊性和不确定性的问题。其结果为向量，克服了传统数学方法结果单一性的缺陷，可以挖掘的信息更丰富。但是，模糊综合评价法各因素权重的确定带有一定的主观性，不能解决评价指标间相关造成的评价信息重复问题。此外，在某些情况下，该方法操作比较烦琐，实用性不强。

（三）生态环保领域预算绩效评价方法的应用

1. 生态环保领域预算绩效评价方法应用

在进行具体生态环保领域预算绩效评价时，需要综合考虑生态环保专项资金具体实施情况、绩效目标以及绩效评价方法的特性和适用范围等因素，科学地选择合理、准确的评价方法，以得出客观、科学、公正的生态

---

① 李玉琳、高志刚、韩延玲：《模糊综合评价中权值确定和合成算子选择》，载于《计算机工程与应用》2006年第23期，第38～42、197页。

环保领域预算绩效评价结果。各绩效评价方法的适用范围和使用步骤如表
6－12所示。

表6－12　　　　　　　生态环保领域预算绩效评价方法应用

类型	方法名称	特征	使用步骤
定性方法	因素分析法	不确定性较强，容易受各类因素的影响	（1）列举专项资金使用过程中的主要影响因素； （2）分析内外因素对专项资金使用结果的影响； （3）综合评价专项资金使用效果
	目标与实施结果比较法	需要对绩效目标、专项资金使用效果进行比较	（1）比较专项资金实际效益同预定目标； （2）分析目标完成情况和未完成目标的原因； （3）进行不同部门、不同地区的横向对比和本部门不同时间的纵向对比； （4）综合评价绩效目标实现程度
	德尔菲法	缺乏数据、不确定性高的情况，评价时间较为充裕，需要较高的准确率	（1）选取相关领域专家； （2）制定调查表； （3）根据设定程序，向专家进行征询； （4）专家以匿名信件的方式反馈意见； （5）经过反复多次的征询与反馈，统一专家意见； （6）根据专家意见作出最终评价
	综合评价法	难以直接量化、较为简单的专项资金和项目	（1）将定性资料定量化； （2）确定定量指标值； （3）综合评价专项资金使用效果
定量方法	层次分析法	应用范围较广泛，绩效目标可分解，指标数量合适	（1）将绩效目标分解为多个目标或准则； （2）进一步分解为多指标的若干层次； （3）计算层次单排序（权数）和总排序； （4）进行综合评价
	主成分分析法	绩效指标繁多，样本量较大，对原始变量要求较高	（1）通过对变量和数据的处理，推导出更多有用的信息； （2）从众多变量中选出具有代表性的变量进行统计分析； （3）将多指标简化为几个综合指标； （4）对综合指标进行评价
	数据包络分析法	需要综合考虑投入产出	（1）将每个被评价对象视为一个决策单元； （2）对投入和产出比率进行综合分析； （3）计算有效生产前沿面； （4）确定各个决策单元是否有效

类型	方法名称	特征	使用步骤
定量方法	TOPSIS 法	有限方案多目标决策分析	(1) 构建评价问题的理想解和负理想解; (2) 测度专项资金的指标向量与综合评价问题的理想解和负理想解的相对距离进行排序; (3) 确定最优方案并进行综合评价
	功效系数法	专项资金具有明确的标准	(1) 确定每一个指标的不允许值和满意值; (2) 假设功效分值和各指标数值为线性相关关系,根据指标实际值计算绩效得分
	模糊综合评价法	定性指标和定量指标并存	(1) 对每一个评价指标因素进行隶属度评判; (2) 根据各评价指标的权重综合所有评价指标隶属度对被评价对象做出综合评价

资料来源:财政部预算评审中心:《中国财政支出政策绩效评价体系研究》,经济科学出版社2017年版,第64~65页。同时根据其他相关文献整理。

2. 生态环保领域预算绩效评价方法应用案例分析

本部分以河北省2018年大气污染防治专项资金绩效评价报告为例,分析生态环保领域预算绩效评价方法在实际操作中的应用。为客观反映河北省2018年大气污染防治专项资金成效、发现专项资金使用中存在的问题并提出改进建议,按照《河北省财政厅关于印发2019年省级财政重点绩效评价工作计划的通知》和《河北省财政厅关于开展2018年大气污染防治专项资金绩效评价的通知》等政策文件的要求,2019年4~6月,河北省财政厅委托第三方河北德永会计师事务所有限公司对全省2018年大气污染防治专项资金进行了绩效评价。[①]

(1) 河北省2018年度大气污染防治专项资金绩效评价基本情况。

①评价对象基本情况:2018年度河北省大气污染防治专项资金150.27亿元,重点用于电代煤气代煤、燃煤锅炉整治、火电关停、露天矿山整治、新能源汽车推广、大气监测能力建设、空气污染(雾霾)对人群健康影响防治研究等项目。其中,中央资金63.72亿元,省级资金86.55亿元。按照大气污染防治任务和环境空气质量改善目标任务等因素进行资

---

① 《河北省财政厅.2018年大气污染防治专项资金绩效评价报告》,http://czt. hebei. gov. cn/root17/zfxx/202001/t20200106_1177801. html,2019年12月30日。

金分配，其中：省直部门 0.7 亿元，13 个市（含定州、辛集市）146.82 亿元，雄安新区 2.75 亿元。

②绩效评价目标及指标体系：2018 年度河北省大气污染防治专项资金的绩效目标是通过专项资金的投入，逐步减少污染物排放，改善空气质量。2018 年秋冬季（2017 年 10 月至 2018 年 3 月）较上年度秋冬季（2016 年 10 月至 2017 年 3 月），全省细颗粒物平均浓度同比下降 15% 以上；2018 年全省细颗粒物平均浓度较 2017 年下降 5%；2018 年全省主要污染物氮氧化物、二氧化硫分别减少 4.16 万吨和 2.9 万吨。

本次绩效评价指标体系主要包括工作活动设置（14 分）、工作活动管理（30 分）、工作活动产出（30 分）、工作活动效果（26 分）4 个一级指标、7 个二级指标和 17 个三级指标，满分 100 分。工作活动设置指标主要评价资金分配相关性、绩效目标指标科学性等情况；工作活动管理指标主要评价财务管理规范性、工作活动实施保障等情况；工作活动产出指标主要评价项目实施和完成等情况；工作活动效果指标主要评价环境效益、大气环境质量改善等情况。

③工作组织实施：为开展好此项工作，前期搜集了 2018 年大气污染防治专项资金相关政策文件，完成了评价指标体系制定等工作，评价前对相关人员进行了业务培训。评价过程中采取定量和定性评价相结合的方法，综合运用因素分析法、专家评议法、目标和实施结果比较法等方法，按照《2018 年大气污染防治专项资金绩效评价指标体系》的评分标准从工作活动设置、工作活动管理、工作活动产出、工作活动效果四个方面进行现场评价。

④综合评价得分及绩效分析：通过评价，2018 年度大气污染防治专项资金绩效评价总得分为 81.15 分，评价等级为"良"。4 个一级指标中，工作活动设置指标（14 分）实际加权得 13.08 分，其中资金分配相关性、绩效目标设定、绩效指标设定、2017 年大气污染防治专项资金各项检查发现问题整改落实情况 4 个三级指标完成得比较好，主要扣分原因为部分项目未实施未发挥效益。工作活动管理指标（30 分）实际加权得 24.86 分，其中专项资金到位率、资金使用规范性、会计核算 3 个三级指标完成得相对较好，专项资金实际使用率、管理制度健全性、制度执行有效性 3 个三级指标完成得较差，主要是因部分项目承担单位存在专项资金未使用、管理制度不健全等问题。工作活动产出指标（30 分）实际加权得 25.73 分，其中项目方案一致性、项目完成及时性、项目完成质量 3 个三级指标完成

得相对较差，主要是因为部分项目承担单位实施方案制定不完善、项目实施进度慢、项目未及时验收等。工作活动效果指标（26 分）实际加权得17.48 分，其中受益群众满意度指标完成相对较好，环境效益实现率、大气环境质量改善情况 2 个三级指标完成得相对较差，主要是因为个别地区2018 年大气污染综合治理考核结果不佳，未达到优秀等级；个别地区PM2.5 平均浓度下降率未达到年度任务目标。

（2）河北省 2018 年度大气污染防治专项资金绩效评价方法选择分析。

本次大气污染防治专项资金绩效评价综合采用了因素分析法、专家评议法、目标以及实施结果比较法等方法。评价方法选择的原理以及具体操作步骤如下：

①因素分析法：因素分析法可以确定不同因素对各个指标的影响程度和方向，帮助找出大气污染防治专项资金使用中存在的主要矛盾和问题，分析指标扣分的主要原因，为下一步解决问题指明方向。

在具体操作中，假设 F 为某一大气污染防治专项资金绩效评价指标，它由（x、y、z）三个相互独立的因素决定，f 表示因素间的函数关系，这个关系式是根据各个因素之间的依存关系和内在关系确定的，具体为：

$$F = f(x, y, z) = x \times y \times z$$

设基期 $F_0 = f(x_0, y_0, z_0)$，报告期 $F_1 = f(x_1, y_1, z_1)$，以基期指标各因素的计算式为基础，与报告期指标各因素的计算式相比较，则调查所考察的报告期和基期的总变化量为 $\Delta F = F_1 - F_0$。

且 $x_1 - x_0$ 导致的 F 的变化为 $F_2 - F_0 = f(x_1, y_0, z_0) - f(x_0, y_0, z_0)$；
$y_1 - y_0$ 导致的 F 的变化为 $F_3 - F_2 = f(x_1, y_1, z_0) - f(x_1, y_0, z_0)$；
$z_1 - z_0$ 导致的 F 的变化为 $F_1 - F_3 = f(x_1, y_1, z_1) - f(x_1, y_1, z_0)$。

②专家评议法：由于 2018 年度河北省大气污染防治专项资金绩效评价指标包含工作活动设置和工作活动管理等定性指标，比如评价资金分配相关性、绩效目标指标科学性等情况，这些指标的权重设置和指标评价无法或难以量化，因此可以邀请该领域的专家对这些指标进行绩效评价。

在具体操作中，首先根据 2018 年度河北省大气污染防治专项资金的绩效目标等具体情况选定评价指标，对每个指标进行打分并定出评价等级，每个等级的标准用分值表示；然后以此为基准，由专家进行分析和评价，确定各个指标的分值，可以采用加法评分法、乘法评分法或加乘评分法求出各个评价对象的总分值，从而得到评价结果。[①]

③目标与实施结果比较法：2018 年度河北省大气污染防治专项资金制定了较为明确的绩效目标，绩效结果可以通过专项资金使用所产生的产出效益来表示，比如用全省细颗粒物平均浓度、氮氧化物减少量、二氧化硫减少量等指标表示，因此，对于大气污染防治专项资金的产出指标和效果指标可以采取目标与实施结果比较法进行绩效评价，客观、清晰地反映出本年度大气污染防治专项资金绩效情况。

在具体操作中，首先，需要对大气污染防治专项资金使用产生的实际效益与既定的绩效目标进行比较；其次，分析绩效目标完成情况以及未完成目标的原因；再次，对河北省不同年度大气污染防治专项资金绩效目标和实际产出效果进行纵向对比；最后，综合评价 2018 年度河北省大气污染防治专项资金绩效目标的实现程度，得出相应的产出和效益指标的绩效结果。

二、生态环保领域预算绩效评价结果评分标准

绩效评价结果可以量化为百分制综合评分，并按照综合评分进行分级。综合评分为 90 分（含）以上的为"优"，80 分（含）至 90 分的为"良"，60 分（含）至 80 分的为"中"，60 分以下的为"差"（见表 6-13）。

表 6-13　　　　　　生态环保领域预算绩效评价评分标准

评分分数	等级
x≥90	优
90>x≥80	良
80>x≥60	中
60≥x	差

第四节　生态环保领域预算绩效评价的案例分析

从 2000 年起，为确保退耕还林工程顺利实施，解决退耕农户的生计

---

① 肖婷、朱昌明、翟东宇、邓莹：《聚类分析法与专家评价法在企业绩效评价中的应用与结果比较》，载于《科技创业月刊》2016 年第 7 期，第 32~33、36 页。

问题，国务院相继出台了《国务院关于进一步做好退耕还林还草试点工作的若干意见》《国务院关于进一步完善退耕还林政策措施的若干意见》和《国务院办公厅关于完善退耕还林粮食补助办法的通知》等办法，对退耕农户发放生活补助。退耕还林补助陆续到期后，为巩固退耕还林成果、解决退耕农户生活困难和长远生计问题，国务院又出台了《国务院关于完善退耕还林政策的通知》与《财政部关于印发完善退耕还林政策补助资金管理办法的通知》继续对退耕农户给予现金补助，完善退耕还林补助资金管理办法。

本部分以财政部预算评审中心 2018 年度完善退耕还林补助资金绩效评价为例，进一步了解实践中生态环保领域专项资金预算绩效评价的工作状况。

1. 评价对象和范围

2018 年度完善退耕还林补助资金绩效评价的评价对象不仅为 2018 年度安排的 77.72 亿元资金，还对完善退耕还林补助资金政策实施以来的情况进行系统评价。

2. 绩效评价前期准备工作

成立评价工作组，梳理完善退耕还林补助政策的相关制度规定，了解政策背景及资金安排，明确绩效评价目标和工作要求，草拟绩效评价工作方案及评价指标体系。在此基础上，对北京市通州区等区县进行预调研，召开专家咨询会征求意见，完善评价指标体系并制订评价实施方案，明确绩效评价目的、评价原则、评价方法、评价指标体系框架和评价标准等。

（1）绩效评价目的：通过对完善退耕还林补助资金开展绩效评价，摸清补助资金实施多年来产生的效果，分析补助资金政策实施过程中存在的现实问题，为后续接续政策提出建议。

（2）绩效评价原则：本次评价侧重政策导向，评价过程中不仅关注任务完成情况，还侧重对政策合理性与有效性进行评价；坚持客观全面原则，协调受益群体、相关部门共同参与，采用定量与定性分析相结合的方式开展。

（3）绩效评价方法：评价工作中主要采用了文献查阅法、实地调查法、比较法、专家评议法等方法。其中调查方式主要包括两类，一是与各级财政、林业主管部门进行座谈，二是入村入户与退耕农户交流并进行问卷调查。

（4）绩效评价指标体系框架：完善退耕还林补助资金绩效评价由政策制定、政策实施、政策效果和政策可持续性 4 个一级指标构成，在一级指标下各设置了若干二级指标和三级指标，如表 6-14 所示。

表 6-14　　　　　完善退耕还林补助资金绩效评价指标体系

一级指标	二级指标	三级指标	分值	指标解释	指标说明	评价标准及评分规则
政策制定（10）	政策目标（8）	政策目标科学性	4	反映政策目标是否清晰、可实现	①政策目标是否符合退耕还林工程阶段性现实需求（2分）；②政策内容是否匹配目标（1分），并能有效支持目标实现（1分）	要点①，符合得2分，基本符合得1分，不符合得0分；要点②，匹配得1分，基本匹配得0.5分，不匹配得0分；有效支持得1分，一定程度支持得0.5分，无法支持得0分
		绩效指标明确性	4	反映根据政策制定的绩效指标选取是否细化、可衡量	①是否制定绩效指标（1分）；②绩效指标细化、量化程度，至少包括产出指标、效益指标、满意度指标等，能充分反映补助政策的预期产出和效果（3分）	要点①，制定得1分，未制定得0分；要点②，细化、量化程度高得3分，细化、量化程度一般得2分，细化、量化程度较差得0分
	资金分配（2）	资金分配合理性	2	反映政策资金分配是否合理	①是否明确资金分配标准（1分）；②资金分配因素设置是否科学、合理（1分）	要点①，是得1分，否得0分；要点②，是得1分，否得0分
政策实施（40）	组织管理（16）	组织机制健全性	4	反映负责政策执行的各部门职责分工是否明确、具体	①中央层面有关退耕还林的职责分工是否明确、具体（2分）；②地方层面有关退耕还林的职责分工是否明确、具体（2分）	要点①，明确、具体得2分；比较明确、具体得1分，不明确、不具体得0分；要点②，明确、具体得2分；比较明确、具体得1分，不明确、不具体得0分

续表

一级指标	二级指标	三级指标	分值	指标解释	指标说明	评价标准及评分规则
政策实施（40）	组织管理（16）	管理制度有效性	12	反映是否建立政策实施所需管理制度，并按照制度要求落实	①是否制定保证政策实施的必要的管理制度（2分）；②地方在补助发放前，是否按照小班地块对退耕林地进行验收，将退耕还林面积、补助资金数额严格登记造册（4分）；③补助资金发放前，是否对退耕农户公示、公告（2分）；④林权证发放情况（4分）	要点①，是得2分，否得0分；要点②，得分＝4×调研县中按规定进行验收、按规定登记造册的县数÷调研县数；要点③，得分＝2×调研村中公示、公告的村数÷调研村数；要点④，得分＝4×调研村中调研县发放林权证的村数÷调研村数
	资金管理（14）	补助发放及时性	5	反映是否将资金及时拨付至退耕农户	①资金由中央拨付至省是否及时（1分）；②资金由地方发放到退耕农户手中是否及时（4分）	要点①，资金由中央拨付至地方及时得1分，不及时得0分；要点②，资金由地方发放到退耕农户手中及时得4分，存在一个调研县不及时扣0.2分
		资金使用规范性	6	反映资金使用是否符合规定要求	①调研县资金拨付是否有完整的审批程序和手续（2分）；②地方是否按合格面积按标准发放补助资金给退耕农户（2分）；③省、市、县是否存在超范围发放、挤占、挪用、截留情况（2分）	要点①，每出现一例审批程序和手续不完整扣0.1分，扣完为止；要点②，每出现一例未按合格面积按标准拨付资金给退耕农户行为扣0.2分，扣完为止；要点③，每发现一例超范围发放、挤占、挪用、截留情况扣0.2分，扣完为止

一级指标	二级指标	三级指标	分值	指标解释	指标说明	评价标准及评分规则
政策实施（40）	资金管理（14）	监督机制完善性	3	反映资金落实到退耕农户是否有相应的监督检查工作	①2016 年以来，相关部门是否开展过监督检查工作，形成监督检查报告，并逐级上报（1.5 分）；②2018 年省级林业主管部门是否开展绩效自评（1.5 分）	要点①，得分 = 1.5 × 监督检查落实省数÷抽样调研省总数；要点②，得分 = 1.5 × 抽查的省中开展绩效考核的省数量占比
	实施结果（10）	补助资金兑付情况	10	反映补助资金是否按计划兑付完毕	资金兑付率 = 2018 年各区县实际拨付至退耕农户的资金÷（2017 年结转 + 2018 年上级下达的资金）（10 分）	该指标数据由抽样各县财政/林业部门提供 得分 = 10 × 抽样各区县资金兑付率之和÷抽样区县数量
政策效果（35）	社会效益（15）	退耕农户对补助的依赖程度	15	反映目前退耕农户生活对补助资金的依赖程度	补助资金在退耕农户收入中的占比变化情况，目前来说，补助资金是否会对退耕农户生活产生重大影响（15 分）	对补助资金完全不依赖得15 分，基本不依赖得12 分，还有一定依赖得 7.5 分，无法离开补助得 0 分
	生态效益（10）	林地保存率	10	反映完善退耕还林政策实施后，对退耕林地的保存效果	林地保存率 = 调研各县提供退耕还林地保存面积÷调研各县阶段性验收面积×100%（10 分）	该指标数据由调研各县林业部门提供；存在一个调研县林地保存率低于90%，扣 0.5 分
	相关方满意度（10）	退耕农户满意度	10	反映退耕农户对政策执行效果的满意程度	①退耕农户对补助发放及时性的满意度（3 分）；②退耕农户对补助发放便利性的满意度（3 分）；③退耕农户对生态环境的改善效果是否满意（4 分）	该指标通过调查问卷方式获取：要点①，得分 = 3 × 满意度 要点②，得分 = 3 × 满意度 要点③，得分 = 4 × 满意度

续表

一级指标	二级指标	三级指标	分值	指标解释	指标说明	评价标准及评分规则
政策可持续性（15）	成果可持续（15）	退耕成果可持续性	10	反映政策到期后，退耕成果是否具备可持续条件	政策到期后，退耕农户对林地的意愿，包括老百姓继续管护或老旧树木轮换，不再管护、无所谓，想换种经济林，以及复耕或改变林地用途（10分）	该指标通过调查问卷获取 得分=10×（1-复耕或改变林地用途的比例）
		林地后续保护及利用开发	5	反映退耕林地是否得到有效利用开发，充分发挥退耕还林工程效益	①林地后续保护方面，中央及地方是否制定相关政策规定（1分），所制定政策规定有效（1分）； ②林地后续利用开发方面，中央层面是否制定相关政策规定（0.5分）；地方层面是否制定相关政策规定（0.5分）；所制定政策规定有效（2分）	要点①，中央制定相关政策规定（0.5分），且有效（0.5分）；地方制定相关政策规定（0.5分），且有效（0.5分）； 要点②，中央制定相关政策规定（0.5分），且有效（1分）；地方制定相关政策规定（0.5分），且有效（1分）
总体评价	—	—	100	—	—	—

资料来源：《完善退耕还林补助资金绩效评价报告》。

（5）评分标准：绩效评价结果根据评价分数分为4个等级：综合得分90（含）~100分为优，80（含）~90分为良，60（含）~80分为中，60分以下为差。

3. 绩效评价的组织与实施

对四川、陕西、甘肃、黑龙江、湖北、广西、内蒙古、吉林、湖南、河南10个省进行实地调研，重点对政策的具体实施情况以及绩效情况进行核实，对掌握的有关信息资料进行分类、整理和初步分析，形成现场调研意见。对现场调研意见进行汇总分析论证，形成初步评价意见，并在此基础上召开专家评价会，对初步评价意见和部分评价指标进行修订完善。

4. 绩效评价报告的撰写、报送及应用

评价工作组综合前期收集的政策资料、现场调研的结果以及专家完善后的评价意见等撰写评价报告，并与相关部门沟通完善评价报告。将绩效评价报告报送财政部及上级预算部门，针对绩效评价揭示的问题提出相应的解决措施，参考年度绩效评价结果分配以后年度的专项资金。

（1）绩效综合评价结论及指标分析：完善退耕还林补助政策总体评价分数为 85.27 分，评价结果为"良"（见表 6-15）。总体来看，补助资金增加了退耕农户的收入，退耕农户满意度较高，同时林地保存率较高，退耕还林成果持续良好。但从政策实施情况看，该项补助政策对提高退耕农户收入的作用非常有限，林木采伐和后期管护相关政策不明确，同时在补助资金发放过程中，一些地方还存在林地验收工作不细致、资金发放不及时、林权证未能按期办理等问题。

表 6-15　　　　完善退耕还林补助资金绩效评价指标得分表

一级指标	二级指标	三级指标	分值	得分	扣分原因
政策制定（10）	政策目标	政策目标科学性	4	4	—
		绩效指标明确性	4	3	绩效指标仅从补助面积及满意度的角度去考查补助资金政策绩效，未设置补助发放时效、质量、效果等指标，细化、量化程度不够
	资金分配	资金分配合理性	2	2	—
政策实施（40）	组织管理	组织机制健全性	4	4	—
		管理制度有效性	12	10.2	3 个调研县验收工作不够细致，未能逐个按地块核查验收；6 个调研县林权证未全部发放
	资金管理	补助发放及时性	5	3.6	存在 7 个县 2018 年补助于 2019 年兑现的情况，扣 1.4 分
		资金使用规范性	6	5.6	存在一例未合格面积仍然发放补助情况，扣 0.2 分；存在一例超范围发放情况，扣 0.2 分
		监督机制完善性	3	2.85	湖北省未根据财政部《关于开展 2018 年度中央对地方专项转移支付预算执行情况绩效自评工作的通知》要求开展绩效自评
	实施结果	补助资金兑付情况	10	8.63	2018 年补助资金兑付率达 86.31%

一级指标	二级指标	三级指标	分值	得分	扣分原因
政策效果 (35)	社会效益	退耕农户对补助的依赖程度	15	12	政策目标基本实现,绝大部分退耕农户不再依赖补助解决生计问题,但黑龙江、内蒙古、少数民族地区及贫困人口,对补助还有一定程度依赖
	生态效益	林地保存率	10	9	存在两个调研县林地保存率低于90%的情况
	相关方满意度	退耕农户满意度	10	9.6	根据调查问卷统计,退耕农户对补助发放及时性的综合满意度为95.60%,对补助发放便利性的综合满意度为97.11%,对环境改善效果综合满意度为95.39%
政策可持续性 (15)	成果可持续	退耕成果可持续性	10	9.29	农户愿意继续管护或老旧树木轮换的、换种经济林、不再管护或持无所谓态度的占比为92.9%,有意复耕或用作其他用途的占比为7.1%,扣0.71分
		林地后续保护及利用开发	5	1.50	林地后续保护方面,森林抚育资金相关规定还不完善,不利于实施,扣0.5分;对补助到期后的林木砍伐和林地利用未出台相关政策文件,不利于农户经营林地提高收入,扣3分

资料来源:《完善退耕还林补助资金绩效评价报告》。

（2）绩效评价中发现的问题。

①少量贫困人群及个别地区退耕大户对补助资金仍有依赖,未及时研究针对特定群体的相关政策。从抽样调研总体情况看,补助资金在退耕农户家庭收入中占比极小,对农民生活影响微乎其微,但仍有个别退耕人群对补助存有依赖性,主要是退耕农户为鳏寡老人的或极度贫困家庭,收入渠道来源有限。此外,东北三省及内蒙古部分地区的退耕大户,退耕补助资金收入动辄超过千元,占家庭纯收入的比例达5%,补助政策到期后会对其生活产生一定影响。针对上述特定群体,有关部门还未能全面掌握情况和进行评估,未及时研究接续政策的必要性。

②预算安排与林地核验工作衔接不够,影响了财政资金效益。年度完善退耕护林补助资金总预算安排是根据之前退耕还林任务安排和"阶段验收"（国家林草局组织）结果确定的,如2018年全国总补贴预算大体对应2003年的退耕任务和2011年的阶段验收面积,但在预算资金实际执行中,为确保林地成果,各市县每年在向退耕农户发放补贴前,均对退耕林地面积和质量进行再核验,即2018年预算下达后,各市县有关部门根据2018

年当年验收的林地面积和质量给退耕农户发放补贴。由于2011年的阶段验收和2018年当年验收时间跨度大，退耕林地情况变化多，导致预算资金结余沉淀、兑现不及时或补贴不规范等问题比较普遍：一是退耕林地已被征用或转变用途，未实现"占补平衡"的，相关预算补贴资金不再发放，形成资金结余；二是核验中部分林地质量不达标，需要补植补造，导致补贴资金兑现时间较长，资金沉淀超过一年；三是一些地方出于预算执行进度考虑，未严格开展年度核验工作，仅按照阶段验收面积发放补贴，对不达标地块也进行了补贴。

③补助到期后林地开发相关政策缺失，影响了资源的有效利用和退耕农户权益的实现。《退耕还林条例》中提出，"资金和粮食补助期满后，在不破坏整体生态功能的前提下，经有关主管部门批准，退耕还林者可以依法对其所有的林木进行采伐"，但实际执行中各地均简单禁伐，未能结合实际研究出台可操作的办法，影响了退耕农户的合法权益，也妨碍了资源有效利用。存在以下几种情况：一是对已到采伐期林木的采伐政策不明确，林地效益受影响。退耕还林工程陆续实施20余年，部分地方退耕林已进入或即将进入采伐期，如辽宁的速生杨、广西的杉树等即将进入采伐期，采伐期后，树木会逐渐枯死，失去经济价值及生态价值，但由于缺少上级部门相关政策，基层部门仍然简单禁伐。二是有关政策对部分适宜地块生态林转经济林的规定不明确，影响了林地开发和农户增收。部分退耕还林地块适宜由生态林转为经济林，在不影响整体生态的条件下可以为退耕农户带来收入，但鉴于退耕还林工程生态林面积占比不得低于80%的要求，同时无明确的转换制度文件，生态林难以转为经济林，这类型林地的利用开发率较低。三是对已经成林的退耕林地开发，缺少相关政策支持。对退耕林地特别是经济林的利用、更新、换种等缺少可操作的制度规定，对发展种植、养殖等林下经济以及林地流转还缺少政府统筹指导和相关政策支持。

（3）改进建议。

①完善退耕还林补助政策到期后，建议不再针对退耕还林工程继续安排同类型直接补助。一是从生态效益角度来看，完善退耕还林补助政策作为一项退耕还林工程的后续普惠性政策，旨在解决退耕农户生计困难，防止毁林复耕。经过各级政府各级部门多年来坚决贯彻实施相关政策，全国范围内基本未出现退耕农户因为生计困难而选择毁林复耕的现象，林地保存率高；二是从社会效益角度来看，退耕农户家庭收入结构已经形成多元

化格局，劳务收入及工副业收入占比增长明显，家庭收入过度依赖种植业的情况得到根本改善，补贴资金对退耕农户生活影响微乎其微；三是从政策持续性角度来看，本次调研情况和数据反映，各调研县补助已经到期的退耕农户无持续要求补助的强烈诉求，补助即将到期的退耕农户对继续补助的政策关注度低，退耕农户在补助到期后普遍无毁林复耕倾向，退耕成果可以得到有效保存。综上所述，完善退耕还林补助的政策目标已经实现，补助政策到期后无继续实施直接补助的必要。

②分类研究后续帮扶政策，确保极少数退耕农户生活持续稳定。完善退耕还林补助政策到期后，为促进后续相关政策实施精准性，建议相关部门在总结经验和问题的基础上积极开展分类帮扶政策研究，主要针对退耕贫困户和退耕还生态林大户，结合脱贫攻坚任务和这部分群体的实际收入情况，探索研究帮扶政策的覆盖面和除资金直补以外的帮扶方式。

③加快制定出台相关办法，进一步确保退耕农户权益和退耕还林成果可持续。各省级相关部门应结合本地区情况，加快研究制定对本地退耕林地资源开发利用的指导性意见，加快建立对退耕农户个体的激励和约束机制，县级相关部门应根据本地林木生长情况加快研究拟订具体措施，对已到期可采伐生态林出台采伐、更新相关办法，既保障退耕农户合法利益，又确保补植补造和管护不落空，同时结合新一轮退耕还林工程的开展，积极对林地流转、林下经济发展等提供政策支持，为退耕农户增收创造条件。

主要参考文献

[1] [美] 鲍勃·杰索普：《治理的兴起及其失败的风险：以经济发展为例的论述》，载于《国际社会科学》1999 年第 11 期。

[2] [美] 道格拉斯·C. 诺斯：《制度、制度变迁与经济绩效》，杭行/韦森（译审），格致出版社、上海人民出版社 2014 年版。

[3] [美] 弗朗西斯·福山：《国家构建：21 世纪的国家治理与世界秩序》，黄胜强、许铭原译，中国社会科学出版社 2007 年版。

[4] [美] 盖伊·彼得斯：《政府未来的治理模式》，吴爱明、夏宏图译，中国人民大学出版社 2013 年版。

[5] [美] 格里·斯托克：《作为理论的治理：五个论点》，载于《国际社会科学》1999 年第 11 期。

[6] [美] 赫尔曼·哈肯：《高等协同学》，科学出版社 1989 年版。

[7] [美] R. 科斯、A. 阿尔钦、D. 诺思：《财产权利与制度变迁》，上海三联书店、上海人民出版社 1994 年版。

[8] [德] 马克斯·韦伯：《韦伯政治著作选》，阎克文译，东方出版社 2009 年版。

[9] [德] 马克斯·韦伯：《支配社会学》，康乐、简惠美译，广西师范大学出版社 2004 年版。

[10] [美] 米格代尔：《强社会与弱国家》，江苏人民出版社 2012 年版。

[11] [美] 乔纳森·卡恩：《预算民主——美国的国家建设和公民权（1890–1928）》，叶娟丽等译，格致出版社 2008 年版。

[12] [美] 萨缪尔·P. 亨廷顿：《变革社会中的政治秩序》，华夏出版社 1998 年版。

[13] [日] 佐藤庆幸：《官僚制社会学》，朴玉、苏东花、金洪云译，生活·读书·新知三联书店 2009 年版。

[14] 安秀梅：《公共治理与中国政府预算管理改革》，中国财政经济

出版社 2005 年版。

[15] 北京远东太平洋经济研究中心国情课题组:《在制度学习和创新中改革政治体制》,载于《领导决策信息》1998 年第 27 期。

[16] 毕然、魏津瑜、刘曰波:《基于网络分析法的信息化人才评价研究》,载于《情报杂志》2008 年第 1 期。

[17] 财政部:《项目支出绩效评价管理办法》,http://www.gov.cn/zhengce/zhengceku/2020 - 03/02/content_5485586.htm,2020 年 2 月 25 日。

[18] 财政部:《中央部门项目支出核心绩效目标和指标设置及取值指引(试行)》,http://www.mof.gov.cn/jrtts/202108/t20210825 _ 3748046.htm,2021 年 8 月 25 日。

[19] 财政部预算评审中心:《中国财政支出政策绩效评价体系研究》,经济科学出版社 2017 年版。

[20] 曹堂哲:《强化成本效益理念深化预算管理制度改革》,载于《中国财经报》2021 年 4 月 24 日第 007 版。

[21] 曹堂哲、陈铭媛、潘昊:《英国政府预算绩效管理中的成本收益分析——溯源、制度、应用与展望》,载于《财政监督》2020 年第 12 期。

[22] 岑科:《用货币打分的世界》,https://mp.weixin.qq.com/s/RHwPi6Mf5AwOTvQw1gMEnw,2021 年 6 月 15 日。

[23] 晁毓欣、李干、彭蕾:《全面预算绩效管理下政府购买服务绩效评价的理论思考》,载于《经济研究参考》2019 年第 11 期。

[24] 陈共:《财政学对象的重新思考》,载于《财政研究》2015 年第 4 期。

[25] 陈辉、林超辉、夏承鹏等:《基于 PCA 和综合指数法的高水平理工科高校科技成果转化绩效评价体系构建》,载于《科技管理研究》2019 年第 22 期。

[26] 陈琨、李晓轩、杨国梁:《意大利科研评价制度的变革》,载于《中国科技论坛》2015 年第 2 期。

[27] 陈振明:《政治与经济的整合研究——公共选择理论的方法论及其启示》,载于《厦门大学学报》(哲学社会科学版)2003 年第 2 期。

[28] 成思危:《制度创新是改革的红利之源》,载于《人民政协报》2013 年 4 月 9 日。

[29] 程如烟:《主要国家公共研究商业化测度研究》,载于《中国科

技论坛》2016 年第 11 期。

　　[30] 程如烟、姜桂兴、蔡凯：《欧洲创新评价指标体系变化趋势——基于对〈欧洲创新记分牌〉的分析》，载于《中国科技论坛》2018 年第 5 期。

　　[31] 程燕林：《研究基础设施的影响评价：OECD 的经验及启示》，载于《中国科技论坛》2020 年第 9 期。

　　[32] 邓茹：《基于 AHP 的地方财政科技项目绩效评价研究——以河南省焦作市为例》，载于《财会通讯》2016 年第 28 期。

　　[33] 丁志刚、董洪乐：《现代政治文化与民族国家治理》，载于《新疆社会科学》2012 年第 1 期。

　　[34] 董玲、安艳芳：《政府预算绩效评价指标体系研究》，载于《山西高等学校社会科学学报》2011 年第 2 期。

　　[35] 董鹏刚、杨水利、吕瑞：《科技产业化项目结题绩效评价指标体系研究》，载于《科技进步与对策》2010 年第 11 期。

　　[36] 杜兴洋、田进：《公共教育支出绩效评价的研究现状》，载于《财政研究》2007 年第 1 期。

　　[37] 范英杰、徐芳：《如何看待研究成果社会影响力评价？——英国高等教育机构科研水平评估框架概览》，载于《科学与社会》2019 年第 1 期。

　　[38] 高培勇：《理解、把握和推动经济高质量发展》，载于《经济学动态》2019 年第 8 期。

　　[39] 高培勇：《论国家治理现代化框架下的财政基础理论建设》，载于《中国社会科学》2014 年第 12 期。

　　[40] 高喜珍、刘超超：《基于政府视角的科技成果转化项目绩效评价指标体系研究》，载于《科技进步与对策》2014 年第 12 期。

　　[41] 苟燕楠：《绩效预算：模式与路径》，中国财政经济出版社 2011 年版。

　　[42] 苟燕楠、李金城：《当代中国预算绩效管理：理论发展与实践探索》，载于《求索》2019 年第 4 期。

　　[43] 官永彬：《公众参与对民生类公共服务满意度影响的理论分析》，载于《重庆师范大学学报》2014 年第 6 期。

　　[44] 贵斌威：《成本有效性分析与中国监管制度改革》，载于《经济研究导刊》2014 年第 34 期。

　　[45] 郭小聪：《财政改革：国家治理转型的重点》，载于《人民论

坛》2010 年第 5 期。

[46] 何栩如、孙喜琢、宫芳芳、林锦春、李文海：《大规模人群新冠病毒核酸筛查成本效益分析》，载于《现代医院》2021 年第 9 期。

[47] 洪向华：《为什么要同时强调问责与容错》，载于《人民论坛》2017 年第 9 期。

[48] 胡景男：《北京地区高等教育财政支出绩效评价研究》，北京化工大学硕士学位论文，2011 年。

[49] 胡欣欣：《财政科技支出项目绩效评价指标体系设计》，长安大学硕士学位论文，2013 年。

[50] 扈剑晖：《绩效预算的模式和工具的发展、应用及经验借鉴——基于 OECD 2019 年调查报告及中国实践的对比》，载于《财政监督》2019 年第 17 期。

[51] 黄秋菊：《经济转型进程中的国家制度能力演进：中俄转型的比较政治经济学分析》，经济管理出版社 2013 年版。

[52] 纪根达：《基于分类与综合赋权的财政类科研项目绩效评价研究》，北京交通大学硕士学位论文，2020 年。

[53] 贾品、李晓斌、王金秀：《几种典型综合评价方法的比较》，载于《中国医院统计》2008 年第 4 期。

[54] 江书军、白瑜诗：《管理会计若干工具与部门整体支出绩效评价融合应用——以市级科技局为例》，载于《财会通讯》2020 年第 21 期。

[55] 江书军、蔡晓冉：《全过程预算绩效信息公开框架与促进机制》，载于《地方财政研究》2020 年第 11 期。

[56] 江书军、陈茜林：《部门整体支出全过程预算绩效管理链条构建研究》，载于《财政监督》2020 年第 1 期。

[57] 蒋红珍：《政府规制政策评价中的成本收益分析》，载于《浙江学刊》2011 年第 6 期。

[58]《科技成果转化的评价要与国际接轨》，载于《科技学报》2015 年 2 月 9 日。

[59] 兰峰：《科技投入项目绩效考评体系的研究》，北京交通大学硕士学位论文，2008 年。

[60] 李建华、陈其辉：《政府预算绩效评价指标体系的构建》，载于《系统工程》2009 年第 3 期。

[61] 李金珊、王倩倩：《财政支出绩效评价体系刍议：3E 维度的引

入与改进》，载于《财政研究》2018 年第 3 期。

[62] 李俊生：《盎格鲁—撒克逊学派财政理论的破产与科学财政理论的重建》，载于《经济学动态》2014 年第 4 期。

[63] 李强：《制度能力体现执政能力》，载于《人民日报》2011 年 7 月 27 日。

[64] 李文钊：《公共组织决策理论：起源、模型与发展趋势》，载于《管理世界》2006 年第 12 期。

[65] 李秀君、刘冬冬：《财政支出有效性综合评价分析——基于 DEA 模型及标杆管理理论》，载于《投资研究》2018 年第 6 期。

[66] 李燕：《国家治理现代化视角下的全面预算绩效管理改革》，载于《中国财政》2019 年第 7 期。

[67] 李义平、魏碧莹、赖富明等：《深圳市 105 例新型冠状病毒肺炎患者住院费用及结构分析》，载于《中国医院管理》2020 年第 3 期。

[68] 李志刚、徐莉萍：《基于平衡计分卡的高校绩效预算管理研究》，载于《财会通讯》2013 年第 34 期。

[69] 梁洪力、郝君超、李研：《国家创新体系绩效评价的基本框架》，载于《中国科技论坛》2014 年第 1 期。

[70] 林尚立：《政治建设与国家成长》，中国大百科全书出版社 2008 年版。

[71] 刘安长：《关键绩效指标设计在财政支出绩效评价中的应用——以某市义务教育支出为例》，载于《地方财政研究》2013 年第 6 期。

[72] 刘卜林：《基于投入产出理论的科技项目绩效评价标准研究》，北京化工大学硕士学位论文，2016 年。

[73] 刘从兵：《高校预算绩效评价指标体系构建——基于绩效评价"3E"原则》，载于《会计之友》2012 年第 7 期。

[74] 刘国斌、冀晶焱：《基于 BSC 和 KPI 的高校绩效预算评价体系构建》，载于《会计之友》2015 年第 8 期。

[75] 刘建伟：《国家治理能力现代化研究述评》，载于《上海行政学院学报》1995 年第 1 期。

[76] 刘敏、王萌：《3E 还是 4E：财政支出绩效评价原则探讨》，载于《财政监督》2016 年第 1 期。

[77] 刘平：《科技项目财政投入绩效评价模型的选择与构建》，载于《赣南师范大学学报》2016 年第 6 期。

[78] 刘轩宇，方有云：《关于建立公共预算激励约束机制的粗略构想》，载于《预算管理与会计》2015 年第 8 期。

[79] 陆庆平：《公共财政支出的绩效管理》，载于《财政研究》2003 年第 4 期。

[80] 骆笑红、陈崴、李秋兰等：《高校科研预算绩效评价模型的研究》，载于《财会学习》2021 年第 21 期。

[81] 马蔡琛：《全球公共预算改革的最新演化趋势：基于 21 世纪以来的考察》，载于《财政研究》2018 年第 1 期。

[82] 马蔡琛、桂梓椋：《平衡计分卡在政府预算绩效管理与指标设计中的应用》，载于《华南师范大学学报（社会科学版)》2019 年第 6 期。

[83] 马海涛、孙欣：《预算绩效评价结果应用研究》，载于《中央财经大学学报》2020 年第 2 期。

[84] 马海涛、肖鹏：《预算项目支出标准定额体系建设研究——基于成本效益分析视角》，载于《经济研究参考》2018 年第 14 期。

[85] 马峻：《新新绩效预算》，载于《中央财经大学学报》2004 年第 8 期。

[86] 茆英娥：《地方政府一般预算绩效评价指标体系的构建》，载于《财经论丛》2007 年第 5 期。

[87] 孟习贞：《公众参与促进基本公共服务的有效供给》，载于《生产力研究》2014 年第 11 期。

[88] 彭向刚、张杰：《论我国公共服务创新中公民参与的价值及路径》，载于《吉林大学社会科学学报》2010 年第 4 期。

[89] 乔治·弗里德里克森：《公共行政的精神》，中国人民大学出版社 2003 年版。

[90] 权龄：《数据包络分析》，科学出版社 2004 年版。

[91] 沈刚：《政府创新需"顶层设计"和"基层探索"良性互动》，载于《经济》2012 年第 4 期。

[92] 施筱勇、杨云、迟计等：《科技项目绩效评价指标体系研究》，载于《科技管理研究》2016 年第 10 期。

[93] 石林芬、杨峻：《测度知识经济的系统指标——〈1999 年 OECD 科学、技术和产业公报：知识经济标准〉指标分析》，载于《中国科技论坛》2000 年第 5 期。

[94] 唐皇凤：《新中国 60 年国家治理体系的变迁及其理性审视》，

载于《经济社会体制比较》2009 年第 5 期。

[95] 田时中、田淑英、钱海燕：《财政科技支出项目绩效评价指标体系及方法》，载于《科研管理》2015 年第 S1 期。

[96] 万红波、康明玉：《国家科技计划项目绩效评价指标体系研究》，载于《社会科学管理与评论》2013 年第 2 期。

[97] 万时雨、刘珏、刘民：《新型冠状病毒基本再生数研究进展》，载于《科学通报》2020 年第 22 期。

[98] 汪丁丁：《制度创新的一般理论》，载于《经济研究》1992 年第 5 期。

[99] 王柳：《理解问责制度的三个视角及其相互关系》，载于《经济社会体制比较》2016 年第 2 期。

[100] 王绍光、马骏：《走向"预算国家"——财政转型与国家建设》，载于《公共行政评论》2008 年第 1 期。

[101] 王馨迪：《科技投入项目（应用类）绩效评价体系研究》，北京交通大学博士学位论文，2017 年。

[102] 王宣焯、廖聪慧、李志慧等：《广东省新型冠状病毒肺炎早期流行与时空分布情况初步分析》，载于《热带医学杂志》2020 年第 4 期。

[103] 王雍君：《预算绩效评价：区分成效分析与成本有效性分析》，载于《财政监督》2021 年第 9 期。

[104] 卫雅琦、陈平泽：《基于 BSC 的高校预算绩效评价体系探索》，载于《财务与会计》2016 年第 6 期。

[105] 魏治勋：《"善治"视野中的国家治理能力及其现代化》，载于《法学论坛》2014 年第 3 期。

[106] 吴俊培：《现代财政理论与实践》，经济科学出版社 2005 年版。

[107] 吴迎新、张娟娟：《基于 BSC 和 G1 法的高校绩效预算评价研究》，载于《会计之友》2017 年第 6 期。

[108] 肖田野、张衡、卢进：《财政项目预算绩效评价指标体系的构建》，载于《财会月刊》2008 年第 35 期。

[109] 徐芳芳、刘旭涛：《美国公务员绩效激励机制之经验借鉴》，载于《公共管理理论》2018 年第 7 期。

[110] 徐建中、夏杰、吕希琛等：《基于"4E"原则的我国政府预算绩效评价框架构建》，载于《社会科学辑刊》2013 年第 3 期。

[111] 徐建中、夏杰、曲小瑜：《基于 BSC 的政府绩效预算评价研

究》，载于《社会科学战线》2013 年第 6 期。

［112］徐晓冬：《制度体系现代化：理论经纬和技术细节》，载于《人民论坛》2013 年第 34 期。

［113］许光建、魏义方：《成本收益分析方法的国际应用及对我国的启示》，载于《价格理论与实践》2014 年第 4 期。

［114］杨锡春：《公共投资项目绩效评价研究》，西南财经大学博士学位论文，2012 年。

［115］杨子桐、黄显峰、方国华、叶健、陆承璇：《基于改进云模型的南水北调东线工程效益评价》，载于《水利水电科技进展》2021 年第 7 期。

［116］易颜新：《成本管理会计》，经济科学出版社 2021 年版。

［117］于宁：《我国科技研发支出绩效评价体系设计》，载于《商业时代》2006 年第 2 期。

［118］俞可平：《国家治理的中国特色和普遍趋势》，载于《公共管理评论》2019 年第 3 期。

［119］喻中：《改进党对法治建设的领导方式》，载于《北京行政学院学报》2013 年第 1 期。

［120］袁旭梅、张旭、祝雅妹：《基于 ANP 理论的科技项目绩效评价模型及应用》，载于《科技管理研究》2015 年第 21 期。

［121］曾莉、李佳源：《公共服务绩效主客观评价的契合性研究——来自 H 市基层警察服务的实证分析》，载于《公共行政评论》2013 年第 2 期。

［122］张军果、任浩、谢福泉：《项目后评价视角下的财政科技项目绩效评估体系研究》，载于《科学学与科学技术管理》2007 年第 2 期。

［123］张利华、肖健：《基于 DEA 的科技项目绩效评价研究——以海淀区科技计划项目为例》，载于《中国高新技术企业》2011 年第 33 期。

［124］张涛：《科技创新、可持续发展与绩效评价》，引自《中国会计学会财务管理专业委员会 2012 年学术年会暨第十八届中国财务学年会论文集》，2012 年。

［125］赵俊平、宋艳爽：《基于三阶段 DEA 模型的石油企业管道科技项目绩效评价研究》，载于《石油科技论坛》2016 年第 6 期。

［126］赵丽：《政府审计的现状与完善策略研究》，载于《陕西行政学院学报》2017 年第 4 期。

［127］赵迎春、肖刚：《公共财政运行绩效的理论思考》，载于《财政研究》2006 年第 12 期。

［128］郑方辉、王彦冰：《全面实施绩效管理背景的财政政策绩效评价》，载于《中国行政管理》2018 年第 4 期。

［129］郑建君：《政治参与、政治沟通对公共服务满意度影响机制的性别差异——基于 6159 份中国公民调查数据的实证分析》，载于《清华大学学报》（哲学社会科学版）2017 年第 5 期。

［130］周庆智：《在政府与社会之间：基层治理诸问题研究》，中国社会科学出版社 2015 年版。

［131］*A Composite Indicator for Knowledge Transfer*，https：//meri. belspo. be/site/docs/papers/ERAC% 20Report_2011 _A% 20Composite% 20Indicator% 20for% 20Knowledge% 20Transfer. pdf.

［132］Balana B. B. , Vinten A. , Slee B. A review on cost-effectiveness analysis of agri-environmental measures related to the EU WFD：Key issues, methods, and applications. *Ecological Economics*, 2011, 70（6）：1021 – 1031.

［133］Boardman, Anthony E. et al. *Cost – Benefit Analysis：Concepts and Practice*. Upper Saddle River, NJ：Prentice Hall, 1996.

［134］Brian T. Yates, Cost-inclusive evaluation：A banquet of approaches for including costs, benefits, and cost-effectiveness and cost-benefit analyses in your next evaluation. *Evaluation and Program Planning*, 2009, 32：52 – 54.

［135］De Jong M. and Ho A. T – K. Sequencing of Performance – Based Budget Reforms. PFM Blog by the International Monetary Fund, 2017（January 26）. Available at http：//blog – pfm. imf. org/pfmblog/2017/01/sequencing – of – performancebased – budget – reforms. html.

［136］*Federal Laboratory Technology Transfer Fiscal Year* 2016：*Summary Report to the President and the Congress*, https：//www. nist. gov/system/files/documents/2019/10/30/fy2016 _fed _lab _tech _transfer _rept _fina_9 – 10 – 19. pdf.

［137］Fu Z H, Wang Y Q, Lu W T et al. An inexactstochastic optimization model for multi-conflict regional water resources allocation in the south-to-north water benefited area. *Journal of Hydro Informatics*, 2018, 20（4）：946 – 959.

[138] Giles Atkinson, Nils Axel Braathen, Ben Groom and Susana Mourato. *Cost – Benefit Analysis and the Environment*: *Further Developments and Policy Use*, OECD, 2018.

[139] *Guidance for Preparing Annual Agency Technology Transfer Reports Under the Technology Transfer Commercialization Act*, https://www. nist. gov/system/files/documents/2019/11/27/November2019MetricsGuidance. pdf.

[140] *Guidance on revisions to REF* 2021, https://www. ref. ac. uk/publications – and – reports/guidance – on – revisions – to – ref – 2021/.

[141] Hawje l. Performance budgeting in Australia. *OECD Journal on Budgeting*, 2007, 7 (3).

[142] Hicks, J. R. . Foundations of welfare economics. *Economic Journal*, 1939, 49: 696 – 712.

[143] Hicks, J. R. The four consumer's surpluses. *Review of Economic Studies*, 1943, 11: 31 – 41.

[144] HM Treasury. *The Green Book*, 2018.

[145] Jun Ma. The Dilemma of Developing Financial Accountability without Election. *Australian Journal of Public Administration*, 2009, 68.

[146] Kaldor, N. . Welfare propositions of economics and interpersonal comparisons of utility. *Economic Journal*, 1939, 49: 549 – 552.

[147] Lind, Robert C. A Primer on the Major Issues Relating to the Discount Rate for Evaluating National Energy Projects. In Robert C. Lind et al. *Discounting for Time and Risk in Energy Policy*. Washington, DC: Resources for the Future, 1982.

[148] Locke, E. A. Toward a theory of task motivation and incentives. *Organizational Behavior and Human Performance*, 1968 (3).

[149] Lu H. Performance budgeting resuscitated: why is it still inviable? *Journal of Public Budgeting*, 1998, 10 (2).

[150] Lyman W. Porter, Edward E. Lawler. *Perspectives on Behavior in Organizations*. New York: McGraw – Hill book Companies, 1977.

[151] Moore, Michael J. and W. Kip Viscusi. Doubling the Estimated Value of Life: Results Using New Occupational Fatality Data. *Journal of Policy Analysis and Management*, 1988, 7 (Spring): 476 – 499.

[152] Moynihan D. Beazley I. *Toward next-generation performance budge-*

ting: *lessons from the experiences of seven reforming countries*. Washington DC: World Bank, 2016.

[153] *Overview of Evaluation Methods for R&D Programs*, https: // www1. eere. energy. gov/analysis/pdfs/evaluation_methods_r_and_d. pdf.

[154] Polinder S, Toet H, Panneman M, et al. Methodological approaches for cost-effectiveness and cost-utility analysis of injury prevention measures. *World Health Organization*, 2011 (7).

[155] P. R. Moody. Trends in the Study of Chinese Political Culture. *The China Quarterly*, September, 1994.

[156] Robinson Marc. Budget Reform Before and After the Global Financial Crisis. *OECD Journal on Budgeting*, 2016 (1).

[157] Rosalie Ruegg and Gretchen Jordan. *Overview of Evaluation Methods for R&D Programs*, 2017.

[158] *Science and Engineering Indicators* 2021, https: //www. nsf. gov > statistics >.

[159] Verba S., Schlozman K. L., Brady H. *Voice and Equality*: *Civic Voluntarism in American Politics*. Cambridge, MA: Harvard University Press, 1995.

[160] Wang X. Conditions to implement outcome-oriented performance budgeting: some empirical evidence. *Journal of Public Budgeting*, *Accounting & Financial Management*, 1999, 11 (4).

[161] Weimer, David L. and Aidan R. Vining. 1999. Policy Analysis: Concepts and Practoce (5th Edition), Longman, 2013 – 03 – 04.

[162] Yu M, Wang C, Liu Y et al. Sustainability of megawater diversion projects: experience and lessons from China. *Science of the Total Environment*, 2018, 619 /620: 721 – 731.

[163] Zhang X L, Zou R, Wang Y et al. Is water age a reliable indicator for evaluating water quality effectiveness of water diversion projects in Eutrophic lakes? *Journal of Hydrology*, 2016, 542: 281 – 291.

[164] Zhu J. *Quantitative Models for Performance Evaluation and Benchmarking*: *Data Envelopment Analysis with Spreadsheets*. Springer, 2014.